行政复议法实务手册

ADMINISTRATIVE RECONSIDERATION LAW

郝安琪 编著

中国法制出版社
CHINA LEGAL PUBLISHING HOUSE

序 言

行政复议是政府系统自我纠错的监督制度和解决“民告官”行政争议的救济制度，是推进法治政府建设的重要抓手，也是维护公民、法人和其他组织合法权益的重要渠道。

1999年《中华人民共和国行政复议法》（以下简称《行政复议法》）出台，标志着行政复议制度正式成为与行政诉讼制度并行的行政争议解决机制。行政复议法实施的20余年间，为解决行政争议，维护当事人合法权益；监督行政行为，促进依法行政；强化法治观念，助推法治政府建设；规范复议行为，推动复议制度完善起到了重要作用。[①] 为适应时代的发展，2023年9月1日，新修订的《行政复议法》出台，该次修改将党中央关于行政复议的重大决策部署充分体现在立法目的、主要原则和具体规定之中，为实现国家治理体系和治理能力现代化，基本建成法治国家、法治政府、法治社会，贡献重要法治力量，具有重大意义。

修改后的《行政复议法》中，最值得关注的是对行政复议定位的整体变化。为充分贯彻落实习近平总书记关于行政复议工作的重要指示，新行政复议法将“发挥行政复议化解行政争议的主渠道作用”写入立法目的中，并进行了一系列配套制度的设置，为建构“大复议，中诉讼，小信访”的合理行政争议解决渠道格局提供了法治力量。根据全国人大常委针对《关于〈中华人民共和国行政复议法（修订草案）〉的说明》，本次修法明确了行政复议的原则、职责和保障，强化了行政复议吸纳和化解行政争议的程序，完善了行政复议的受理及审理程序，强化了行政复议对行政执法的监督。修改后的行政复议法从原有的43条扩充至90条，增加法条47条，修改法条32条，其修改范围之广泛，不亚于重新立法。具体而言，本次修改为行政复议法中新增了行政复议指导性案例制度、行政复议委员会制度、行政机关负责人出席听证制度、行政复议意见书、约谈通报、行政

---

① 许安标：《行政复议法实施二十周年回顾于展望》，载《中国法律》2019年第5期。

复议决定抄告制度等一系列全新制度；厘清了行政复议机关和行政复议机构之间的关系，并强化了对行政复议机构的履职保障；展开了相对集中行政许可权管辖，大幅调整了行政复议的管辖范围，将原有行政复议的“条块管辖”调整为“条条管辖”，并设置本级政府管辖原则的一系列例外情况；扩大了行政复议的受案范围和复议前置的案件，大幅强化了行政复议吸纳和化解行政争议的能力；在原有基础上完善了全套的行政复议决定制度，细化变更、确认违法等决定的适用情形，增加确认无效、责令履行行政协议等决定类型，并且明确了行政复议针对规范性文件的附带性审查的程序。

为助力对行政复议法学深学透，本书一方面重视原理，针对行政复议法逐条进行阐释。在一些概念的界定过程中，立足于行政复议的准司法性性质，借鉴了一系列诉讼法原理，针对行政复议中沿用诉讼法概念的内容进行了诠释。另一方面偏向实务，对于相关的行政规范性文件和司法实践进行了全面的收集和整理，包括行政复议法修订前一些先行试点的实践经验。本书兼具理论性与实践性，以期对于实际开展行政复议工作的行政复议机关工作人员、行政复议申请人与被申请人和律师、法官等实务工作人员提供一定的参考与借鉴。

在准备和写作本书的过程中，我的导师罗智敏老师给我提出了许多宝贵的指导和建议，我对此极为感激。负责这套书的编辑王彧针对我的书稿进行了极为细致、耐心的修订，并且提出了极为有用的意见，在她的帮助下，我有效地完善了本书的内容，非常感谢她在本书写作过程中的指导。我的师姐韩利楠在我写作的过程中，为我提供了许多宝贵的写作经验的指导，并且帮助我收集了本书中的一部分案例，同时，也是在她的不断鼓励下，我才能坚持写作完成这本书。此外，我还要感谢和我一起审阅、校对本书的同学李诗勤和许峭。最后，我必须感谢我的父母，在假期我写作这本书的过程中，我的父母给了我非常多的鼓励和支持，帮助我最终完成了这本书。

尽管我已尽可能地追求完美，囿于人力有限，本书的不足之处欢迎读者多提宝贵意见。

郝安琪

2024年2月19日

目　　录

第一章　总　　则

第一条　立法目的[1]

为了防止和纠正违法的或者不当的行政行为，保护公民、法人和其他组织的合法权益，监督和保障行政机关依法行使职权，发挥行政复议化解行政争议的主渠道作用，推进法治政府建设，根据宪法，制定本法。

条文注释

本条是关于行政复议法立法目的的规定。

本次修订中，行政复议法的立法目的新增了“发挥行政复议化解行政争议的主渠道作用”“推进法治政府建设”两大目标，并将原有规定中的“保障和监督行政机关依法行使职权”变更为“监督和保障行政机关依法行使职权”。这一修改为行政复议法增加了全新的功能定位，其中“发挥行政复议化解行政争议的主渠道作用”，成为行政复议法修改的核心目标，为行政复议制度实现行政争议的“诉源治理”，回应法治政府建设的需要提供了全新的动力。同时，监督和保障行政机关依法行使职权两大目标的顺序调整，更是服务于这一渠道，强调了行政复议作为行政机关行使职权的监督制度的功能。

相关规定

◎法律

《宪法》（2018年3月11日）[2]

第四十一条　中华人民共和国公民对于任何国家机关和国家工作人员，有提出批评和建议的权利；对于任何国家机关和国家工作人员的违法失职行为，有向有关国家机关提出申诉、控告或者检举的权利，但是不得捏造或者歪曲事实进行诬告陷害。

对于公民的申诉、控告或者检举，有关国家机关必须查清事实，负责处理。任何人不得压制和打击报复。

由于国家机关和国家工作人员侵犯公民权利而受到损失的人，有依照法律规定取得赔偿的权利。

◎党内法规

《法治政府建设实施纲要（2021－2025年）》（2021年8月11日）

（二十二）发挥行政复议化解行政争议主渠道作用。全面深化行政复议体制改革，整合地方行政复议职责，按照事编匹配、优化节约、按需调剂的原则，合理调配编制资源，2022年年底前基本形成公正权威、统一高效的行政复议体制。全面推进行政复议规范化、专业化、信息化建设，不断提高办案质量和效率。健全优化

---

〔1〕此法条主旨为编者加注，下同。

〔2〕此日期为法律文件的实施日期。若法律文件经过修改，则为修改后的最新实施日期，下同。本书援引法律文件名称省略了“中华人民共和国”。

行政复议审理机制。县级以上各级政府建立行政复议委员会，为重大、疑难、复杂的案件提供咨询意见。建立行政复议决定书以及行政复议意见书、建议书执行监督机制，实现个案监督纠错与倒逼依法行政的有机结合。全面落实行政复议决定书网上公开制度。

第二条　适用范围

公民、法人或者其他组织认为行政机关的行政行为侵犯其合法权益，向行政复议机关提出行政复议申请，行政复议机关办理行政复议案件，适用本法。

前款所称行政行为，包括法律、法规、规章授权的组织的行政行为。

条文注释

本条是关于行政复议法适用范围的规定，为本次行政复议法修法过程中修改的条款。相较于原有规定，本条扩大了行政机关的范围，将规章授权的组织的行政行为纳入本法的调整范围。从立法和行政管理的实践上看，我国的一些事业单位、社会团体也承担了一定的行政管理任务，同时，伴随着政府简政放权等一系列改革的深化，社会组织也承担了越来越多的公共管理职能和服务职能。因此，有必要将社会组织按照法律、法规、规章行使行政管理权的行为纳入行政复议的受案范围。

1. 与《行政诉讼法》的修改相配套。《行政复议法》将受案范围从原有规定的"具体行政行为"修改为"行政行为"，使本法的适用范围具有更大的包容性，并与本法第十三条所规定的规范性文件的附带审查更为契合。

2. 理解本法中所规定的"行政行为"要注意：（1）"行政行为"的范围不包含行政机关制定的规范性文件；（2）行政行为的范围不仅包含作为，还包含不作为；（3）行政行为还包括学理上所说的"事实行为"，即行政主体所实施的不产生法律约束力但影响或改变事实状态的行为；（4）行政机关签订、履行行政协议的行为亦属于行政行为。

3. 行政行为包括法律、法规、规章授权的组织的行政行为。

相关规定

◎法律

《行政诉讼法》（2017 年 7 月 1 日）

第二条　公民、法人或者其他组织认为行政机关和行政机关工作人员的行政行为侵犯其合法权益，有权依照本法向人民法院提起诉讼。

前款所称行政行为，包括法律、法规、规章授权的组织作出的行政行为。

◎行政法规

《行政复议法实施条例》（中华人民共和国国务院令第 499 号　2007 年 8 月 1 日）

第十一条　公民、法人或者其他组织对行政机关的具体行政行为不服，依照行政复议法和本条例的规定申请行政复议的，作出该具体行政行为的行政机关为被申请人。

第十二条　行政机关与法律、法规授权的组织以共同的名义作出具体行政行为的，行政机关和法律、法规授权的组织为共同被申请人。

行政机关与其他组织以共同名义作出具体行政行为的，行政机关为被申请人。

第十三条　下级行政机关依照法律、法规、规章规定，经上级行政机关批准作出具体行政行为的，批准机关为被申请人。

第十四条　行政机关设立的派出机构、内设机构或者其他组织，未经法律、法规授权，对外以自己名义作出具体行政行为的，该行政机关为被申请人。

第三条　工作原则

行政复议工作坚持中国共产党的领导。

行政复议机关履行行政复议职责，应当遵循合法、公正、公开、高效、便民、为民的原则，坚持有错必纠，保障法律、法规的正确实施。

条文注释

本条规定了行政复议工作的基本原则。

相较于2017年行政复议法，本次修改进一步明确了行政机关在履行行政复议职责过程中应当遵循的基本原则，具体表现为如下几个方面：首先，明确规定了党的领导在行政复议工作中的指导作用；其次，将及时修改为高效，进一步规范化对于行政复议中各项基本原则的表述，将行政复议的基本原则与《全面推进依法行政实施纲要》中关于依法行政的基本原则相对应；最后，在行政复议的基本原则中新增为民原则，强调行政复议机关应当坚持以人民为中心的思想，站在人民群众的立场上思考问题、开展工作，依法保障人民群众的合法权益。

第四条　行政复议机关、机构及其职责

县级以上各级人民政府以及其他依照本法履行行政复议职责的行政机关是行政复议机关。

行政复议机关办理行政复议事项的机构是行政复议机构。行政复议机构同时组织办理行政复议机关的行政应诉事项。

行政复议机关应当加强行政复议工作，支持和保障行政复议机构依法履行职责。上级行政复议机构对下级行政复议机构的行政复议工作进行指导、监督。

国务院行政复议机构可以发布行政复议指导性案例。

条文注释

本条规定了行政复议机关和行政复议机构及其职责。

本次行政复议法的修改中，最值得关注的莫过于相对集中复议权改革的实施。新修订的行政复议法改变了原有行政复议法下同级政府和上级职能部门同时承担复议职责的行政复议管辖模式，将行政复议职责统一收归县级以上人民政府，由统一的行政复议机关办理。这一改革成效经过了地方试点的验证，能够有效整合地方政府复议职责，优化复议资源的配置，统一复议案件办案标准，增强复议公正性，满足人民群众需求，有助于打造与主渠道目标相适应的“公正权威、统一高效”的行政复议体制。

值得注意的是，目前的相对集中复议权改革主要集中于市、县两级政府。省级政府和国务院及其部门依然遵循着原有的行政复议法下的“自己复议”的复议模式，海关、金融、外汇管理等实行垂直领导的行政机关，税务和国家安全机关等机关的行政行为的复议机关也仍然是其上一级主管部门。因此，总体而言，新修订的行政复议法确立了以“块块管辖”为原则，以“条条管辖”为例外的行政复议管辖体制。

同时，本法明确规定了行政复议机关和行政复议机构的具体内涵，规定了行政复议机关与行政复议机构的关系。根据本法的规定，依照本法履行行政复议职责的行政机关是行政复议机关，行政复议机关负责对外作出最终决定，承担决定的法律后果；而行政复议机构是行政复议机关中的内设机构，具体承担办理行政复议事项的职责，组织办理行政复议机关的行政应诉事项。

实践中，行政复议机关主要是县级以上各级人民政府，而行政复议机构则主要是法制工作机构，即县级以上各级人民政府法制办公室或者各级政府部门内部的法制机构，伴随着政府部门内部的行政复议工作职责的取消，行政复议机构就主要为县级以上各级人民政府法制办公室。

此外，本条还在第四款中授权国务院行政复议机构发布行政复议指导性案例，确立了行政复议领域的指导性案例制度。指导性案例是指最高检察院、最高人民法院等行使广义司法权的司法机关所总结、颁布的具有普遍指导意义的案例。指导性案例能够起到总结工作经验，统一法律适用，维护公平正义的效果，有着良好的制度成效，因此，在行政复议法实施后，立法机关专门在行政复议领域建立了指导性案例制度，授权作为最高行政复议机构的国务院行政复议机构发布指导性案例，以指导行政复议实践，为后续行政复议工作的统一化、公平化奠定了良好的制度基础。

相关规定

◎行政法规

《行政复议法实施条例》（中华人民共和国国务院令第499号　2007年8月1日）

第二条　各级行政复议机关应当认真履行行政复议职责，领导并支持本机关负责法制工作的机构（以下简称行政复议机构）依法办理行政复议事项，并依照有关规定配备、充实、调剂专职行政复议人员，保证行政复议机构的办案能力与工作任务相适应。

第三条　行政复议机构除应当依照行政复议法第三条的规定履行职责外，还应当履行下列职责：

（一）依照行政复议法第十八条的规定转送有关行政复议申请；

（二）办理行政复议法第二十九条规定的行政赔偿等事项；

（三）按照职责权限，督促行政复议申请的受理和行政复议决定的履行；

（四）办理行政复议、行政应诉案件统计和重大行政复议决定备案事项；

（五）办理或者组织办理未经行政复议直接提起行政诉讼的行政应诉事项；

（六）研究行政复议工作中发现的问题，及时向有关机关提出改进建议，重大问题及时向行政复议机关报告。

第五十三条　行政复议机关应当加强对行政复议工作的领导。

行政复议机构在本级行政复议机关的领导下，按照职责权限对行政复议工作进行督促、指导。

第五十四条　县级以上各级人民政府应当加强对所属工作部门和下级人民政府履行行政复议职责的监督。

行政复议机关应当加强对其行政复议机构履行行政复议职责的监督。

第五十五条　县级以上地方各级人民政府应当建立健全行政复议工作责任制，将行政复议工作纳入本级政府目标责任制。

第五十六条　县级以上地方各级人民政府应当按照职责权限，通过定期组织检查、抽查等方式，对所属工作部门和下级人民政府行政复议工作进行检查，并及时向有关方面反馈检查结果。

第五十八条　县级以上各级人民政府行政复议机构应当定期向本级人民政府提交行政复议工作状况分析报告。

第五十九条　下级行政复议机关应当及时将重大行政复议决定报上级行政复议机关备案。

◎地方规范性文件

《湖南省人民政府关于行政复议体制改革的实施意见》（湘政发〔2021〕9号　2021年6月1日）

二、主要措施

（一）整合行政复议职责。

1. 省、市州、县市区各级只保留一个行政复议机关，由本级人民政府统一行使行政复议职责，各级部门不再行使行政复议职责，各级司法行政部门为本级人民政府的行政复议机构，依法办理本级人民政府行政复议事项，以本级人民政府的名义作出行政复议决定。

2. 省人民政府统一管辖以省人民政府、省人民政府派出机关、市州人民政府、省人民政府部门及其派出机构、省人民政府或者部门管理的法律法规规章授权的组织为被申请人的行政复议案件。

3. 市州人民政府统一管辖以市州人民政府派出机关、县市区人民政府、市州人民政府部门及其派出机构、市州人民政府或者部门管理的法律法规规章授权的组织、受省人民政府委托管理的开发区管委会、队部在辖区的高速公路交警支队为被申请人的行政复议案件。

4. 县市区人民政府统一管辖以县市区人民政府派出机关、乡镇人民政府、县市区人民政府部门及其派出机构、县市区人民政府或者部门管理的法律法规规章授权的组织、受市州人民政府委托管理的开发区管委会、队部在辖区的高速公路交警大队为被申请人的行政复议案件。按照属地管理原则，区人民政府统一管辖以市人民政府部门在本辖区的分局、大队或者派出机构为被申请人的行政复议案件。

5. 实行中央垂直领导或者以中央为主与地方政府双重领导的海关、金融、外汇、税务等行政机关和国家安全机关继续保留行政复议职责。下列中央在湘单位及其直属机构或者派出机构为被申请人的行政复议案件由其上一级主管部门管辖：省税务局、长沙海关、省气象局、省地震局、省烟草专卖局、审计署驻长沙特派员办事处、国家粮食和物资储备局湖南局、国家统计局湖南调查总队、湖南煤矿安全监察局、省通信管理局、省邮政管理局、人民银行长沙中心支行、国家能源局湖南监管办、财政部湖南监管局、省国家安全厅、省消防救援总队、湖南出入境边防检查总站、银保监会湖南监管局、证监会湖南监管局等。

6. 改革实施前，政府部门已经受理的行政复议案件，由该部门继续办理至终结。改革实施后，政府部门收到行政复议申请的，应当按照本意见的管辖规定，告知申请人申请行政复议的途径，或者将行政复议申请转送有管辖权的行政复议机关。行政机关作出可能影响当事人权利义务的行政行为时，应当按照本意见的管辖规定，告知当事人申请行政复议的途径。

……

《河南省人民政府关于推进行政复议体制改革的意见》（豫政〔2020〕33号 2021年1月1日）

二、主要任务

（一）整合行政复议职责

除实行垂直领导或以中央为主与地方政府双重领导的海关、金融、税务等行政机关和国家安全机关外，全省县级以上政府按照“一级政府只设立一个行政复议机关”的要求，由本级政府集中行使行政复议职责，统一管辖本级政府派出机关、政府部门及其派出机构、下一级政府以及有关法律、法规授权的组织为被申请人的行政复议案件，并以本级政府的名义作出行政复议决定。济源示范区管委会参照省辖市政府，统一行使行政复议职责。

自2021年1月1日起，县级以上政府集中行使行政复议职责，政府部门不再受理新的行政复议案件。已经受理的行政复议案件，由原受理部门继续审理。

（二）健全行政复议工作机制

县级以上政府要在整合行政复议职责的基础上，研究修订工作制度，完善工作机制，优化工作流程，规范案件审理程序，全面提升行政复议工作水平，维护公民、法人和其他组织的合法权益。进一步畅通行政复议申请渠道，探索建立行政复议申请引导、转送以及集中承办等工作机制。优化行政复议受理方式，鼓励案件数量较多的地方实行立案和审理相分离的工作机制。改进行政复议案件审理工作，做好事实和证据的调查核实，提高办案质量和效果。把依法调解的理念贯穿行政复议案件办理全过程，推动从源头上实质性化解行政争议，切实提高各级政府公信力。

按照“政府主导，相关政府部门、专家学者参与”的原则，探索建立行政复议咨询委员会，研究行政复议案件审理中遇到的重大或疑难问题，为依法审理情况复杂、专业性强的行政复议案件提供咨询意见。

（三）推动行政复议信息化建设

按照让“数据多跑路、群众少跑腿”的要求，推动行政复议工作信息化、数字化。省政府办公厅牵头建设全省行政复议工作平台，并与国家级行政复议工作平台相衔接，实现行政复议案件网上申请、办理、审批、查询及送达等功能，推行行政复议决定网上公开，建立行政复议案件数据库和电子档案，做到实时更新、及时上报、数据共享。通过行政复议工作平台，畅通行政复议申请渠道，方便公民、法人和其他组织参加行政复议活动，保障行政复议当事人的知情权、参与权和监督权，提高工作透明度和案件办理质量，提升行政复议公信力。

（四）发挥行政复议监督作用

县级以上政府要积极履行行政复议职责，在案件审理中准确适用法律法规，严格审查标准，切实纠正违法或不当的行政行为。依法加强对行政行为所依据的规定的审查，根据法定权限和程序及时纠正违反法律法规和政策，以及侵犯公民、法人和其他组织合法权益的规定。建立行政复议监督履行机制，对行政机关履行行政复议决定及行政复议意见书、建议书、调解书的情况进行监督，并将有关情况作为法治政府建设考核的重要指标。建立健全行政复议机构与纪检监察机关的沟通协作机制，及时转送、移交行政复议案件审理中发现的违法线索，依法处理失职渎职等违法行政行为。

各级行政复议机构要定期将行政复议工作情况向本级党委和政府报告，同时向下一级政府和本级政府部门通报；对于以本级政府部门为被申请人的行政复议案件，要将行政复议决定抄告其上一级主管部门。各级政府部门要结合下一级政府行政复议机构抄告的行政复议决定，有针对性地加强对下级部门的指导监督，不断提高本系统依法行政能力和水平，从源头上预防违法或不当行政行为产生。

三、保障措施

（一）强化行政复议工作保障

要加强行政复议机构建设，确保本级政府行政复议机构的编制、人员配备与改革后所承担的工作任务相适应。每个行政复议案件至少由2名行政复议人员办理，不得安排事业编制人员或政府购买服务人员单独办理行政复议案件，不得委托或变相委托事业单位、社会机构办理行政复议事项。建立健全适应行政复议工作特点的经费保障机制，将行政复议工作经费列入财政预算。为行政复议机构正常开展工作提供必要的工作场所和设备，为调查核实证据、出庭应诉等工作提供办案专用车辆等保障。

（二）加强行政复议工作统筹指导

各级行政复议机构要加强对下级行政复议机构相关工作的统筹指导，建立健全监督指导制度和工作交流机制。要关注行政复议工作中反映出来带有普遍性的问题和社会关注的热点、难点问题，及时提出意见建议，并提交本级政府或有关部门研究处理。省政府办公厅要采取多种形式构建并完善行政复议工作交流平台，组织开展理论研讨、业务培训，统一办案尺度，明确证据标准，规范裁判文书，不断提高行政复议工作规范化水平；特别要结合我省实际，加强对土地（房屋）征迁、投诉举报、信息公开等重点类别行政复议案件的研究，针对发现的问题及时提出指导意见，提升全省行政复议工作能力。

（三）加强行政复议工作内部监督

各级行政复议机构要在本级政府的领导下，定期对下级政府行政复议工作进行检查、督促、指导。对工作不力、问题较多的，要及时约谈、责令整改、通报批评；对在行政复议工作中做出显著成绩的单位和个人，依照有关规定给予表彰和奖励。防止和克服地方和部门保护主义，坚决排除对行政复议工作的干预。认真落实行政复议机构及其工作人员责任追究机制，对在行政复议工作中失职渎职、徇私舞弊或有其他违法违规行为的，严格依法依规依纪处理。

（四）广泛开展宣传引导

各地要积极开展形式多样、内容丰富、贴近群众的宣传活动，切实做好行政复议体制改革的宣传工作，为改革营造良好氛围。认真做好政策解读工作，确保群众广泛知悉改革后的“变”与“不变”，方便群众找准改革后的行政复议机关。要以复议体制改革为契机，宣传行政复议不收费、申请方便、程序简单、审理高效的制度优势，引导群众通过行政复议途径解决行政争议，力争把行政争议化解在行政机关内部，进一步提升各级政府的公信力，树立法治政府的良好形象。

《江西省人民政府关于进一步深化行政复议体制改革的意见》（赣府发〔2018〕3号 2018年1月9日）

为全面贯彻党的十九大精神，落实《中共中央国务院关于印发〈法治政府建设实施纲要（2015-2020年）〉的通知》（中发〔2015〕36号）有关积极探索整合地方行政复议职责的要求，现就进一步深化我省行政复议体制改革，提出如下意见。

一、顺应形势，深化改革创新

（一）深刻认识行政复议体制改革的重要意义。深化行政复议体制改革，既是坚决贯彻党的十九大提出的深化机构和行政体制改革，形成科学合理的管理体制的要求，也是充分发挥行政复议化解行政争议的主渠道作用和加快推进法治政府建设的现实需要，必须切实增强工作责任感和紧迫感。通过深化改革，整合行政复议职责，集中和优化行政复议资源配置，进一步发挥行政复议纠正违法行为的制度功能。为人民群众提供便捷、高效的争议解决和权利救济途径，对于推动政府治理能力现代化建设，具有重要的现实意义。

（二）积极适应行政复议工作面临的新形势。推进政府职能转变，主动对接“放管服”改革要求，以更加有效的监督、更加优质的服务，将行政争议化解在基层、化解在初发阶段、化解在行政机关内部，维护公民、法人和其他组织的合法权益，促进社会和谐稳定。创新行政复议案件集中办理方式，对接行政诉讼管辖体制改革，切实解决行政复议资源配置不合理、效率不高、能力不强、监督纠错力度不大等问题，提升行政复议专业性、透明度和公信力，维护社会公平正义。

（三）认真总结行政复议体制改革试点的新经验。全面总结我省设区市和部分县（市、区）行政复议改革试点工作经验，认真分析集中政府部门行政复议职责、畅通行政复议渠道和完善行政复议审理机制等试点成效，统筹解决改革试点中工作开展不平衡、运行机制不统一、管辖体制不顺畅、工作保障不到位等问题。顺应司法体制改革和“诉访”分离依法分类处理信访诉求等信访制度改革的要求，通过改革“条块结合”“多头管理”的行政复议管辖体制，科学创建行政复议工作的新模式。

二、明确任务，完善体制机制

（四）集中行政复议工作职责。优化行政复议资源配置，避免行政复议管辖模糊和推诿的现象，实行一级政府只设一个行政复议机构。对以政府工作部门或法律法规授权组织为被申请人的行政复议案件，由同级人民政府受理，行政复议决定以人民政府名义作出，加盖人民政府印章或者人民政府行政复议专用印章。省、市、县（区）政府工作部门及其法律法规授权组织收到行政复议申请后，应按照行政复议职责集中后的案件管辖权引导申请人向相关的县级以上人民政府提出，或直接转交相关的人民政府行政复议工作机构。

省直管试点县（市）人民政府为被申请人的行政复议案件，由其所属的设区市人民政府负责办理。

海关、金融、国税、外汇管理等实行国家垂直领导的行政机关和国家安全机关的行政复议案件，按照《中华人民共和国行政复议法》相关规定办理。

（五）集中办理行政复议案件。县级以上人民政府行政复议工作机构统一受理行政复议申请。申请人通过邮寄等方式向政府部门提交行政复议申请的，政府部门应在收到申请后3个工作日内将行政复议申请书转交有关人民政府行政复议机构。行政复议申请受理后，由政府行政复议工作机构依法集中办理、统一审查。行政复议决定按照有关规定程序由本级政府依法作出，并由政府行政复议工作机构依法送达，实现“统一受理、统一审理、统一决定、统一送达”的行政复议案件办理工作模式。

因行政复议决定引起的行政应诉工作，按照《江西省人民政府关于印发〈江西省人民政府行政应诉工作规则〉的通知》（赣府发〔2015〕48号）的有关规定执行。

（六）完善工作机制和制度。制定和完善行政复议案件集中受理工作制度，畅通受理渠道。推行行政复议委员会审理案件制度，吸纳人大代表、政协委员和基层群众参与复议工作。实行案件受理、调查和审理相分离的工作机制。推进“阳光复议”，完善听证审理程序规定。强化行政复议决定书的说理性，提升行政复议公信力和专业化水平。探索建立案件受理前行政争议调解机制，引导申请人自愿选择行政调解程序，解决行政争议。加大案件办理过程中的调解力度，注重运用协调、调解的办法化解行政争议。建立健全行政复议与行政诉讼、行政调解、信访工作的协调机制。加强行政复议机构与有关业务主管部门之间的日常沟通和信息互通，建立健全行政复议机关与人民法院的信息共享、行政复议案件办理协商和文书送达等机制。

（七）加强行政复议能力建设。县级以上人民政府要加强行政复议工作机构能力建设，全面梳理并集中各级政府部门承担行政复议工作的职责，在现有的机构和编制总量内，推动工作机构综合设置，通过划转、调剂行政复议工作人员等方式，配备与工作任务相适应的人员力量，确保行政复议职责集中与工作机构、工作人员相匹配，确保改革推进与能力提升相协调。通过政府购买服务等方式，解决职责集中后工作力量不够的问题，发挥社会力量参与行政复议等工作。引入政府法律顾问、专家学者参与案件审理工作，提高行政复议工作质量和效率。逐步实行行政复议工作人员资格制度。

（八）强化行政复议法律文书履行情况监督。各级人民政府行政复议工作机构要加大行政复议意见书、建议书制发力度，督促行政机关依法规范行政行为。行政机关要自觉接受行政复议监督，认真履行行政复议答复职责，准确及时提交证据材料，依法执行行政复议决定并反馈行政复议意见书、建议书和决定书落实情况。对不履行或者无正当理由拖延履行行政复议决定和行政复议意见书、建议书的，行政复议工作机构依法将有关材料转送监察机关处理，切实增强行政复议的纠错和规范功能。注重法治考核结果的运用，将行政复议工作纳入法治政府建设和综治目标考核评价指标体系，并占有必要权重。

三、统筹安排，分步推进实施

（九）统筹安排。已开展行政复议改革试点工作的市、县（区）要进一步探索行政复议工作机构的功能定位、职责范围和组织形式，充分发挥行政复议工作机构在审理复杂案件、解决行政争议中的机制优势；未开展行政复议改革试点工作的县（市、区）要根据实际情况，落实改革的各项任务，确保全省县级以上人民政府按本意见要求完成行政复议体制改革工作任务，实现一级政府的行政复议工作以一个机构对外，形成行政复议工作的“江西模式”。

（十）分步推进。2018 年年底前，设区市和已经开展行政复议体制改革试点的县（市、区）要按照本意见要求，完善行政复议体制、机制；其他县（市、区）同步推进，逐项落实改革各项工作任务。2019 年 6 月底前，省政府本级在总结市、县（区）改革工作的基础上，完成改革任务。2019 年年底前，对全省深化改革情况进行总结评估，研究落实改进措施。

四、强化保障，抓好工作落实

（十一）加强组织领导。各地要加强对行政复议工作的领导，将行政复议工作纳入本地法治政府建设的重要内容，把行政复议体制改革工作列入重要议事日程，统筹规划、扎实推进；各级人民政府主要负责人要切实履行法治建设第一责任人的职责，通过行政复议体制改革，强化政府内部层级监督，深入推进依法行政和法治政府建设。

（十二）明确责任分工。各市、县（区）人民政府要履行行政复议体制改革主体责任，根据行政复议工作需求和本地实际，做好行政复议工作机构编制调整及人员录用等工作。涉及机构、编制调整的，要严格按照有关规定执行。县级以上人民政府法制机构要会同编办、财政、人社等部门研究制订实施方案，切实抓好落实。省政府法制办、省编办等有关部门要发挥牵头作用，加强行政复议体制改革的指导和督促。省直相关主管部门要积极配合行政复议体制改革工作，支持行政复议职责集中和集中后的行政复议案件办理工作。

（十三）加强工作保障。各地要按照行政复议规范化建设的要求，切实落实行政复议工作接待、调解、听证等办案场所和有关装备，外出实地调查取证用车纳入公务用车保障范围。要按照《中华人民共和国行政复议法》的规定，将行政复议活动所需经费列入本级财政预算，由本级财政予以保障。

（十四）强化监督落实。省政府法制办会同省编办等部门采取情况通报、经验交流、检查考核等措施，加强对改革工作的督导。各地要加强沟通和交流，及时研究解决深化行政复议体制改革工作中遇到的问题，重大问题及时报告省政府。

2018年1月4日

《浙江省人民政府关于深化行政复议体制改革的意见》（浙政发〔2017〕24号 2017年6月27日）

为贯彻落实《中共中央国务院关于印发〈法治政府建设实施纲要（2015-2020年）〉的通知》精神，加强行政复议工作，加快建设法治政府，现就深化我省行政复议体制改革提出如下意见。

一、总体要求

（一）指导思想。全面贯彻党的十八大和十八届三中、四中、五中、六中全会精神，落实《法治政府建设实施纲要（2015-2020年）》有关积极探索整合地方行政复议职责的要求，按照省委省政府关于深化法治浙江建设和加快法治政府建设的决策部署，以整合行政复议职责、加强行政复议机构力量、健全行政复议机制为重点，以落实行政复议责任、强化行政复议保障为支撑，深化行政复议体制改革，深入推进法治政府建设，依法将行政争议化解在基层、化解在初发阶段、化解在行政机关内部，切实增强行政复议专业性、透明度和公信力，维护公民、法人和其他组织合法权益与社会和谐稳定。

（二）基本原则。

——坚持依法实施。在行政复议法的框架内，对行政复议职责和资源进行整合，充分发挥行政复议制度的监督、纠错功能，规范行政机关行政权力运行，深入推进依法行政，加快建设法治政府。

——坚持便民高效。认真贯彻以人民为中心的发展思想，坚持正当程序与便捷高效相结合，突出行政复议便民、高效、专业的优势，为人民群众提供多元、便捷的矛盾纠纷解决方式。

——坚持改革创新。在认真总结义乌、桐庐、黄岩等地行政复议体制改革试点经验的基础上，在全省推行行政复议体制改革工作，科学把握改革时序，做到体制改革先行、机制完善和能力提升逐步跟进，确保我省行政复议体制改革不断创新推进、取得实效。

（三）主要目标。2017年，设区市率先开展行政复议体制改革，有条件的县（市、区）同步推进改革。2018年，全省全面推进并基本完成行政复议体制改革，做到一级政府行政复议工作以“一个口子”对外，形成一支稳定、专业的行政复议人员队伍，建立较为完善的行政复议工作机制，努力推进行政复议能力建设，发挥行政复议在推进依法行政、解决行政争议中的重要作用，使我省行政复议工作走在全国前列。

二、主要任务

（一）集中行政复议职责。对以市、县（市、区）政府工作部门及其依法设立的派出机构等为被申请人的行政复议申请，原则上由该部门的本级政府统一受理，行政复议决定以本级政府名义作出，加盖政府印章。市、县（市、区）政府集中行政复议职责后，有关政府工作部门应当引导申请人向相关市、县（市、区）政府提出行政复议申请。对向政府工作部门申请行政复议的案件，应当转送本级政府行政复议机构集中承办，并以该政府工作部门名义作出行政复议决定，加盖部门印章。

涉及海关、金融、国税、外汇等实行国家垂直领导的行政机关和国家安全机关的行政复议案件，按照行政复议法有关规定办理。

（二）加强行政复议机构和人员队伍建设。在市、县（市、区）政府法制办公室或者政府办公室增挂政府行政复议局牌子，负责承办本级政府行政复议案件，集中承办本级政府工作部门行政复议案件并承担相关行政应诉工作，办理以本级政府为被告的行政应诉案件、以本级政府为赔偿义务机关的行政赔偿案件（涉案行政行为有承办机关或机构的除外），承担行政复议、行政应诉、行政调解监督指导等工作。

市、县（市、区）政府要加强行政复议机构力量和能力建设，推动相关机构设置、人员配备与改革后所承担的工作任务相适应。加强行政复议人员资格条件与公职律师制度的衔接。

（三）健全行政复议机制。畅通行政复议申请渠道，建立行政复议申请引导、转送以及集中承办等工作机制。按照“最多跑一次”的理念和要求，优化行政复议工作流程，为当事人行使行政复议权利提供便利。健全和规范行政复议申请权告知制度。建立健全行政复议依法受理与信访事项法定途径分类处理的协调配合机制。

提高行政复议办案质量和效率。改进行政复议案件审理方式，加大听证审理和实地调查核实证据力度。坚持将协调、调解的理念贯穿于行政复议办案全过程。探索专家参与行政复议案件审理，完善行政复议咨询专家法律意见制度。建立健全行政复议局与业务主管部门之间的办案协商机制。加强行政行为依据的附带审查。

推进“阳光复议”工作。加大生效行政复议决定书公开力度，接受社会公众监督。依托浙江政务服务网，加强行政复议案件管理信息系统建设。加强行政复议规范化建设。增强行政复议决定的说理性。

（四）督促落实行政复议职责。行政复议机关应切实履行行政复议职责，依法及时受理并审理行政复议案件，纠正违法或不当行政行为。行政复议局应向社会公布行政复议案件受理的范围、条件、程序等事项。充分发挥行政复议意见书、建议书作用，督促行政机关规范行政行为，推动解决行政管理中带有普遍性的问题。行政机关应自觉接受行政复议监督，认真履行行政复议答复职责，准确及时提交证据材料，依法执行行政复议决定并反馈行政复议意见、建议落实情况。

强化行政复议职责履行情况监督指导，依法纠正无正当理由不予受理行政复议申请等行为。加大法治政府建设等考核力度，定期通报行政复议工作开展和行政复议职责落实情况。做好典型行政复议案例选编和行政复议决定备案审查工作。健全行政复议与行政诉讼衔接机制，统一行政复议案件审理标准。

（五）加强行政复议工作保障。落实行政复议接待、调解、听证等办案场所和行政复议办案有关装备。实地调查取证纳入公务用车保障范围。健全行政复议文书送达机制，实行专用邮寄方式。加强行政复议业务培训，推动培训常态化、制度化。行政复议经费列入本级政府预算。

市、县（市、区）政府应定期总结行政复议工作，对成绩显著的单位和个人，依照有关规定给予鼓励。发现存在行政复议法、行政复议法实施条例等相关法律法规和规定追责情形的，由行政复议机构按程序提出责任追究建议。

三、组织实施

（一）加强组织领导。各地要加强对行政复议工作的领导，将行政复议体制改革纳入本地区法治政府建设的整体规划和工作计划，建立健全工作推进机制。加强行政复议救济途径宣传，提升公众知晓率和信任度，营造行政复议体制改革良好氛围。各级政府主要负责人应切实履行本地区法治政府建设第一责任人职责，以深化行政复议体制改革为契机，推动完善政府内部层级监督和专门监督，深入推进依法行政。

（二）明确工作责任。各市、县（市、区）政府应落实行政复议体制改革主体责任，切实抓好组织实施，围绕工作任务，明确责任分工，落实相关保障。设区市政府应将行政复议体制改革实施工作方案在2017年10月底前上报省政府。省法制办和省编办要发挥牵头作用，加强行政复议体制改革指导和督促，经省政府同意后批复各设区市行政复议体制改革实施工作方案。

（三）严肃工作纪律。在行政复议职责集中、机构和人员编制整合调整过程中，应确保政令畅通，妥善做好工作交接，确保无缝衔接。省级相关业务主管部门应积极配合行政复议体制改革工作，支持行政复议职责集中和集中后的行政复议案件办理工作。

深化行政复议体制改革工作中遇到的重大问题要及时报告省政府。

浙江省人民政府

2017年6月23日

第五条　行政复议调解

行政复议机关办理行政复议案件，可以进行调解。

调解应当遵循合法、自愿的原则，不得损害国家利益、社会公共利益和他人合法权益，不得违反法律、法规的强制性规定。

条文注释〔3〕

本条是关于行政复议中的调解制度的规定。本次修改进一步扩大了行政复议中调解制度的适用范围，使所有的行政复议案件中均可以适用调解。通过扩大行政复议流程中行政复议机关和行政机关的自由裁量权，帮助行政复议机关在行政复议流程中更好地解决争议。

作为解决争议的一种手段和方式，调解被广泛地运用于各种解决社会冲突的制度之中。除法院用调解方式处理民事诉讼外，仲裁机构、行政机关、民间组织也运用调解处理其主管范围内的民事纠纷。行政复议调解制度具有一系列的优点：（1）有利于彻底地解决当事人之间的行政争议。对自愿达成的调解协议，多数当事人都能够自动履行，履行意愿和履行效果均较好。（2）有利于减少行政争议处理的时间、精力和费用，使当事人尽快从争议中解脱出来，也有利于节约国家的行政资源。

值得注意的是，根据本条的规定，行政复议机关对于是否进行调解具有裁量权，可以根据行政复议案件的实际情况，选择是否进行调解。

本条第二款规定了行政复议调解的基本原则，包含三个方面：

第一，调解应当遵循合法、自愿的原则。在行政复议中，只有行政争议双方都自愿接受调解时，行政复议机关才可以进行调解。合法原则强调行政复议机关在进行行政复议调解的过程中必须遵循实体合法和程序合法的要求。实体合法是指在行政复议机关的主持下各方当事人达成的调解协议必须符合宪法、法律及相应的行政法规等实体法的规定。程序合法原则，是指行政复议机关的调解活动应当按照法定的程序进行，如调解协议的达成和调解书的送达等均应符合程序法的规定。调解自愿原则包括是否接受调解处理案件完全自愿；调解过程中是否作出让步完全自愿；调解结束时是否愿意达成调解协议完全自愿；是否接受调解结果完全自愿。强调调解自愿原则，本质上是要求行政复议机关以及被申请人不得利用其强势地位，强迫申请人接受调解。行政复议机关作为调解的主持者，要引导当事人就争议进行协商，化解对立情绪，劝说当事人作出必要的妥协和让步，最终在法律允许的范围内达成调解协议解决纠纷。

第二，调解不得损害国家利益、社会公共利益和他人合法权益。这一规定考虑到了行政复议制度的独特性。在行政复议中，被申请行政复议的行政行为往往涉及公权力行使和对公共资源的分配，因此，强调不得损害国家利益、社会公共利益和他人合法权益就有十分重要的意义。即使双方当事人出于合法、自愿的意愿达成调解协议，但如果行政复议机构经审查认为该协议存在损害国家利益、社会公共利益和他人合法权益的情形，亦有可能不认可其有效性。从广义上讲，损害国家利益、社会公共利益和他人合法权益也是一种不合法的表现形态。

第三，调解不得违反法律、法规的强制性规定。这一规定亦是实质合法原则的要求。具体而言，如果经审查，被申请行政复议行政行为已属违法，则不可以适用调解；即使被申请行政复议行政行为合法，当事人达成的调解协议也不得违反相

〔3〕参见本书编写组编著：《〈中华人民共和国行政复议法实施条例〉释义》，人民出版社2007年版，第162-163页；参见江必新主编：《中华人民共和国行政诉讼法理解释用与实务指南》，中国法制出版社2015年版，第285-286页。

关法律的禁止性规定。

相关规定

◎法律

《行政诉讼法》（2017 年 7 月 1 日）

第六十条　人民法院审理行政案件，不适用调解。但是，行政赔偿、补偿以及行政机关行使法律、法规规定的自由裁量权的案件可以调解。

调解应当遵循自愿、合法原则，不得损害国家利益、社会公共利益和他人合法权益。

《民事诉讼法》（2024 年 1 月 1 日）

第九十六条　人民法院审理民事案件，根据当事人自愿的原则，在事实清楚的基础上，分清是非，进行调解。

第九十七条　人民法院进行调解，可以由审判员一人主持，也可以由合议庭主持，并尽可能就地进行。

人民法院进行调解，可以用简便方式通知当事人、证人到庭。

第九十八条　人民法院进行调解，可以邀请有关单位和个人协助。被邀请的单位和个人，应当协助人民法院进行调解。

第九十九条　调解达成协议，必须双方自愿，不得强迫。调解协议的内容不得违反法律规定。

第一百条　调解达成协议，人民法院应当制作调解书。调解书应当写明诉讼请求、案件的事实和调解结果。

调解书由审判人员、书记员署名，加盖人民法院印章，送达双方当事人。

调解书经双方当事人签收后，即具有法律效力。

第一百零一条　下列案件调解达成协议，人民法院可以不制作调解书：

（一）调解和好的离婚案件；

（二）调解维持收养关系的案件；

（三）能够即时履行的案件；

（四）其他不需要制作调解书的案件。

对不需要制作调解书的协议，应当记入笔录，由双方当事人、审判人员、书记员签名或者盖章后，即具有法律效力。

第一百零二条　调解未达成协议或者调解书送达前一方反悔的，人民法院应当及时判决。

◎行政法规

《行政复议法实施条例》（中华人民共和国国务院令第 499 号　2007 年 8 月 1 日）

第五十条　有下列情形之一的，行政复议机关可以按照自愿、合法的原则进行调解：

（一）公民、法人或者其他组织对行政机关行使法律、法规规定的自由裁量权作出的具体行政行为不服申请行政复议的；

（二）当事人之间的行政赔偿或者行政补偿纠纷。

当事人经调解达成协议的，行政复议机关应当制作行政复议调解书。调解书应当载明行政复议请求、事实、理由和调解结果，并加盖行政复议机关印章。行政复议调解书经双方当事人签字，即具有法律效力。

调解未达成协议或者调解书生效前一方反悔的，行政复议机关应当及时作出行政复议决定。

第六条　行政复议人员

国家建立专业化、职业化行政复议人员队伍。

行政复议机构中初次从事行政复议工作的人员，应当通过国家统一法律职业资格考试取得法律职业资格，并参加统一职前培训。

> 国务院行政复议机构应当会同有关部门制定行政复议人员工作规范，加强对行政复议人员的业务考核和管理。

条文注释

本条规定了针对行政复议机关的人员保障，为本次行政复议法修订的新增法条。近些年来，随着依法治国、依法行政进程的不断推进，人民群众通过法定途径维权的意识和能力在逐步提高，政府通过法定渠道解决行政纠纷的意识和能力也在逐步提高，行政争议案件数量逐渐增多的趋势明显，办理难度增大。而现有的行政复议机构，特别是市县行政复议机构力量薄弱、人员素质不高，许多县级政府甚至没有行政复议机构，或者只有一两个兼职办案人员，无法承担起繁重的行政复议职责。这一状况已经严重影响了行政复议工作的顺利开展，与形势发展的需要很不适应，亟待加强。

在相对集中行政复议权改革的同时，本法进一步明确对于行政复议机关的人员保障问题。

本条不仅重申了2017年行政复议法修法后对于专职行政复议人员的任职资格要求，更针对国务院行政复议机构进行了一般授权，授权该机关立法制定行政复议执业规范，以强化对行政复议人员的考核和管理，以此更进一步提升行政复议人员素质，强化对行政复议人员的业务考核和管理，助力实现行政复议人员队伍专业化、职业化的目标。

相关规定

◎法律

《公务员法》（2019年6月1日）

第二十五条　报考公务员，除应当具备本法第十三条规定的条件以外，还应当具备省级以上公务员主管部门规定的拟任职位所要求的资格条件。

国家对行政机关中初次从事行政处罚决定审核、行政复议、行政裁决、法律顾问的公务员实行统一法律职业资格考试制度，由国务院司法行政部门商有关部门组织实施。

《行政处罚法》（2021年7月15日）

第五十八条　有下列情形之一，在行政机关负责人作出行政处罚的决定之前，应当由从事行政处罚决定法制审核的人员进行法制审核；未经法制审核或者审核未通过的，不得作出决定：

（一）涉及重大公共利益的；

（二）直接关系当事人或者第三人重大权益，经过听证程序的；

（三）案件情况疑难复杂、涉及多个法律关系的；

（四）法律、法规规定应当进行法制审核的其他情形。

行政机关中初次从事行政处罚决定法制审核的人员，应当通过国家统一法律职业资格考试取得法律职业资格。

《立法法》（2023年3月15日）

第六十六条　法律规定明确要求有关国家机关对专门事项作出配套的具体规定的，有关国家机关应当自法律施行之日起一年内作出规定，法律对配套的具体规定制定期限另有规定的，从其规定。有关国家机关未能在期限内作出配套的具体规定的，应当向全国人民代表大会常务委员会说明情况。

◎行政法规

《行政复议法实施条例》（中华人民共和国国务院令第499号　2007年8月1日）

第四条　专职行政复议人员应当具备与履行行政复议职责相适应的品行、专业知识和业务能力，并取得相应资格。具体办法由国务院法制机构会同国务院有关部门规定。

第六十条　各级行政复议机构应当定期组织对行政复议人员进行业务培训，提高行政复议人员的专业素质。

> **第七条　行政复议保障**
>
> 行政复议机关应当确保行政复议机构的人员配备与所承担的工作任务相适应，提高行政复议人员专业素质，根据工作需要保障办案场所、装备等设施。县级以上各级人民政府应当将行政复议工作经费列入本级预算。

条文注释

本条规定了针对行政复议机关的人员、办公设置和经费保障。

本条为本次行政复议法修订后的新增条款，主要目的在于配合相对集中行政复议权改革的实行，为改革提供必要的财政支持，包括办案场所、装备、人员和与之相匹配的独立预算等，进一步强化了行政复议机关作为独立政府部门的地位。

相关规定

◎法律

《预算法》（2018 年 12 月 29 日）

第八条　各部门预算由本部门及其所属各单位预算组成。

◎行政法规

《预算法实施条例》（2020 年 10 月 1 日）

第五条　各部门预算应当反映一般公共预算、政府性基金预算、国有资本经营预算安排给本部门及其所属各单位的所有预算资金。

各部门预算收入包括本级财政安排给本部门及其所属各单位的预算拨款收入和其他收入。各部门预算支出为与部门预算收入相对应的支出，包括基本支出和项目支出。

本条第二款所称基本支出，是指各部门、各单位为保障其机构正常运转、完成日常工作任务所发生的支出，包括人员经费和公用经费；所称项目支出，是指各部门、各单位为完成其特定的工作任务和事业发展目标所发生的支出。

各部门及其所属各单位的本级预算拨款收入和其相对应的支出，应当在部门预算中单独反映。

部门预算编制、执行的具体办法，由本级政府财政部门依法作出规定。

> **第八条　行政复议信息化建设**
>
> 行政复议机关应当加强信息化建设，运用现代信息技术，方便公民、法人或者其他组织申请、参加行政复议，提高工作质量和效率。

条文注释

本条规定了行政复议的信息的建设，为本次行政复议法修法过程中的新增条款，主要目的在于配合相对集中行政复议权改革的实行，同时服务于加强数字政府建设的目标，在行政复议机关工作的过程中，强化推进数字机关建设，提升政务运行效能，依托一体化政务服务平台等数字政府工具，便利化行政复议申请，借助一体化协同办公体系等机关内部平台，提升行政复议工作质量和效率。

相关规定

◎国务院规范性文件

《国务院关于加强数字政府建设的指导意见》（国发〔2022〕14 号　2020 年 6 月 6 日）

二、构建协同高效的政府数字化履职能力体系

……

（四）持续优化利企便民数字化服务，提升公共服务能力。

持续优化全国一体化政务服务平台功能，全面提升公共服务数字化、智能化水平，不断满足企业和群众多层次多样化服务需求。**打造泛在可及的服务体系。**充分发挥全国一体化政务服务平台“一网通办”枢纽作用，推动政务服务线上线下标准统一、全面融合、服务同质，构建全时在线、渠道多元、全国通办的一体化政务服务体系。**提升智慧便捷的服务能力。**推行政务服务事项集成化办理，推广“免申即享”、“民生直达”等服务方式，打造掌上办事服务新模式，提高主动服务、精准服务、协同服务、智慧服务能力。**提供优质便利的涉企服务。**以数字技术助推深化“证照分离”改革，探索“一业一证”等照后减证和简化审批新途径，推进涉企审批减环节、减材料、减时限、减费用。强化企业全生命周期服务，推动涉企审批一网通办、惠企政策精准推送、政策兑现直达直享。**拓展公平普惠的民生服务。**探索推进“多卡合一”、“多码合一”，推进基本公共服务数字化应用，积极打造多元参与、功能完备的数字化生活网络，提升普惠性、基础性、兜底性服务能力。围绕老年人、残疾人等特殊群体需求，完善线上线下服务渠道，推进信息无障碍建设，切实解决特殊群体在运用智能技术方面遇到的突出困难。

……

（六）加快推进数字机关建设，提升政务运行效能。

提升辅助决策能力。建立健全大数据辅助科学决策机制，统筹推进决策信息资源系统建设，充分汇聚整合多源数据资源，拓展动态监测、统计分析、趋势研判、效果评估、风险防控等应用场景，全面提升政府决策科学化水平。**提升行政执行能力。**深化数字技术应用，创新行政执行方式，切实提高政府执行力。加快一体化协同办公体系建设，全面提升内部办公、机关事务管理等方面共性办公应用水平，推动机关内部服务事项线上集成化办理，不断提高机关运行效能。**提升行政监督水平。**以信息化平台固化行政权力事项运行流程，推动行政审批、行政执法、公共资源交易等全流程数字化运行、管理和监督，促进行政权力规范透明运行。优化完善“互联网+督查”机制，形成目标精准、讲求实效、穿透性强的新型督查模式，提升督查效能，保障政令畅通。

……

第九条　表彰和奖励

对在行政复议工作中做出显著成绩的单位和个人，按照国家有关规定给予表彰和奖励。

条文注释〔4〕

本条是关于行政复议工作的表彰和奖励的规定。通过表彰和奖励活动，建立奖优罚劣的激励机制，进一步总结工作规律，有助于提高工作水平，营造健康向上的工作氛围。

做好总结表彰工作，必须要做到以下几点：一是要公平合理、奖励得当，要按照统一的标准、公正地予以奖励；二是要注重实效，不能搞平均主义，奖励要达到表彰先进、带动后进、调动广大行政复议

〔4〕　参见本书编写组编著：《〈中华人民共和国行政复议法实施条例〉释义》，人民出版社2007年版，第184-189页。

人员积极性的目的，不能滥用奖励；三是要精神奖励与物质奖励相结合，以精神奖励为主，兼顾受奖励者的物质需要和精神需要，把二者有机地结合起来；四是要坚持民主公开，不搞暗箱操作，增强奖励工作的透明度和可信度，确保奖励的效果，要将受表彰、奖励情况与行政复议人员的评议考核、职务晋升等结合起来。

1. 对行政复议工作按照有关规定予以表彰和奖励的主体是行政复议机关。

2. 行政复议表彰和奖励的对象包括单位和个人。

3. 行政复议表彰和奖励的形式包括物质奖励和精神奖励。对行政复议单位和人员的表彰奖励的规定，包括公务员法第八章的规定及其他法律、法规、规章中有关表彰的规定。

相关规定

◎法律

《公务员法》（2019年6月1日）

第八章　奖　　励

第五十一条　对工作表现突出，有显著成绩和贡献，或者有其他突出事迹的公务员或者公务员集体，给予奖励。奖励坚持定期奖励与及时奖励相结合，精神奖励与物质奖励相结合、以精神奖励为主的原则。

公务员集体的奖励适用于按照编制序列设置的机构或者为完成专项任务组成的工作集体。

第五十二条　公务员或者公务员集体有下列情形之一的，给予奖励：

（一）忠于职守，积极工作，勇于担当，工作实绩显著的；

（二）遵纪守法，廉洁奉公，作风正派，办事公道，模范作用突出的；

（三）在工作中有发明创造或者提出合理化建议，取得显著经济效益或者社会效益的；

（四）为增进民族团结，维护社会稳定做出突出贡献的；

（五）爱护公共财产，节约国家资财有突出成绩的；

（六）防止或者消除事故有功，使国家和人民群众利益免受或者减少损失的；

（七）在抢险、救灾等特定环境中做出突出贡献的；

（八）同违纪违法行为作斗争有功绩的；

（九）在对外交往中为国家争得荣誉和利益的；

（十）有其他突出功绩的。

第五十三条　奖励分为：嘉奖、记三等功、记二等功、记一等功、授予称号。

对受奖励的公务员或者公务员集体予以表彰，并对受奖励的个人给予一次性奖金或者其他待遇。

第五十四条　给予公务员或者公务员集体奖励，按照规定的权限和程序决定或者审批。

第五十五条　按照国家规定，可以向参与特定时期、特定领域重大工作的公务员颁发纪念证书或者纪念章。

第五十六条　公务员或者公务员集体有下列情形之一的，撤销奖励：

（一）弄虚作假，骗取奖励的；

（二）申报奖励时隐瞒严重错误或者严重违反规定程序的；

（三）有严重违纪违法等行为，影响称号声誉的；

（四）有法律、法规规定应当撤销奖励的其他情形的。

◎行政法规

《行政复议法实施条例》（中华人民共和国国务院令第499号　2007年8月1日）

第六十一条　各级行政复议机关应当

定期总结行政复议工作，对在行政复议工作中做出显著成绩的单位和个人，依照有关规定给予表彰和奖励。

第十条 行政复议与诉讼衔接

公民、法人或者其他组织对行政复议决定不服的，可以依照《中华人民共和国行政诉讼法》的规定向人民法院提起行政诉讼，但是法律规定行政复议决定为最终裁决的除外。

条文注释

本条规定了当事人对行政复议决定不服的救济途径。

根据本条的规定，当事人对行政复议决定不服应当向法院提起行政诉讼，通过该条款，实现了行政复议与行政诉讼的衔接，也确立了一级复议原则。一级复议原则，是指行政相对人不服行政行为的，只能提出一次行政复议申请，行政机关作出行政复议决定后，行政相对人不能针对原行政行为再次提出行政复议申请或者针对行政复议决定提出行政复议申请。一级复议原则的目的在于确立行政复议制度相较于行政诉讼的高效的制度优势；同时，由于作为最终救济途径的诉讼的存在，仅允许行政相对人提出一次复议申请并不会阻碍行政相对人的权利获得救济。

同时，本条还规定了法律规定行政复议决定为最终裁决的，不得针对该复议决定提起行政诉讼。最终裁决，是指法律规定由行政机关作出最终决定的行为，对于此类行政机关依法作出的最终裁决，当事人不服的，只能向作出最终裁决的机关或者其上级机关申诉，而不能向人民法院起诉。

相关规定

◎法律

《行政诉讼法》（2017年7月1日）

第二十六条 公民、法人或者其他组织直接向人民法院提起诉讼的，作出行政行为的行政机关是被告。

经复议的案件，复议机关决定维持原行政行为的，作出原行政行为的行政机关和复议机关是共同被告；复议机关改变原行政行为的，复议机关是被告。

复议机关在法定期限内未作出复议决定，公民、法人或者其他组织起诉原行政行为的，作出原行政行为的行政机关是被告；起诉复议机关不作为的，复议机关是被告。

两个以上行政机关作出同一行政行为的，共同作出行政行为的行政机关是共同被告。

行政机关委托的组织所作的行政行为，委托的行政机关是被告。

行政机关被撤销或者职权变更的，继续行使其职权的行政机关是被告。

第四十四条 对属于人民法院受案范围的行政案件，公民、法人或者其他组织可以先向行政机关申请复议，对复议决定不服的，再向人民法院提起诉讼；也可以直接向人民法院提起诉讼。

法律、法规规定应当先向行政机关申请复议，对复议决定不服再向人民法院提起诉讼的，依照法律、法规的规定。

第四十五条 公民、法人或者其他组织不服复议决定的，可以在收到复议决定书之日起十五日内向人民法院提起诉讼。复议机关逾期不作决定的，申请人可以在复议期满之日起十五日内向人民法院提起诉讼。法律另有规定的除外。

◎司法解释及文件

《最高人民法院关于适用〈中华人民共和国行政诉讼法〉的解释》（法释〔2018〕1号　2018年2月8日）

第五十六条　法律、法规规定应当先申请复议，公民、法人或者其他组织未申请复议直接提起诉讼的，人民法院裁定不予立案。

依照行政诉讼法第四十五条的规定，复议机关不受理复议申请或者在法定期限内不作出复议决定，公民、法人或者其他组织不服，依法向人民法院提起诉讼的，人民法院应当依法立案。

第五十七条　法律、法规未规定行政复议为提起行政诉讼必经程序，公民、法人或者其他组织既提起诉讼又申请行政复议的，由先立案的机关管辖；同时立案的，由公民、法人或者其他组织选择。公民、法人或者其他组织已经申请行政复议，在法定复议期间内又向人民法院提起诉讼的，人民法院裁定不予立案。

第五十八条　法律、法规未规定行政复议为提起行政诉讼必经程序，公民、法人或者其他组织向复议机关申请行政复议后，又经复议机关同意撤回复议申请，在法定起诉期限内对原行政行为提起诉讼的，人民法院应当依法立案。

第五十九条　公民、法人或者其他组织向复议机关申请行政复议后，复议机关作出维持决定的，应当以复议机关和原行为机关为共同被告，并以复议决定送达时间确定起诉期限。

《最高人民法院关于适用〈行政复议法〉第三十条第一款〔5〕有关问题的批复》

（法释〔2003〕5号　2003年2月28日）

山西省高级人民法院：

你院《关于适用〈行政复议法〉第三十条第一款有关问题的请示》收悉。经研究，答复如下：

根据《行政复议法》第三十条第一款〔6〕的规定，公民、法人或者其他组织认为行政机关确认土地、矿藏、水流、森林、山岭、草原、荒地、滩涂、海域等自然资源的所有权或者使用权的具体行政行为，侵犯其已经依法取得的自然资源所有权或者使用权的，经行政复议后，才可以向人民法院提起行政诉讼，但法律另有规定的除外；对涉及自然资源所有权或者使用权的行政处罚、行政强制措施等其他具体行政行为提起行政诉讼的，不适用《行政复议法》第三十条第一款〔7〕的规定。

此复。

附

山西省高级人民法院关于适用《行政复议法》第三十条第一款〔8〕有关问题的请示

（〔2000〕晋法行字第11号）

最高人民法院：

《行政复议法》第三十条第一款〔9〕规定“公民、法人或者其他组织认为行政机关的具体行政行为侵犯其已经依法取得的土地、矿藏、水流、森林、山岭、草原、荒地、滩涂、海域等自然资源的所有权或者使用权的，应当先申请复议；对行

〔5〕《行政复议法》（2023年修正）第11条第4项，第23条第1款第2项、第2款。

〔6〕同上。

〔7〕同上。

〔8〕同上。

〔9〕同上。

政复议决定不服的，可以依法向人民法院提起行政诉讼。”审判实践中，对因自然资源所有权或使用权引发争议的行政诉讼案件，哪些应适用复议前置程序存在不同意见：

一种意见认为，适用复议前置程序的案件应具备两个条件：一是相对人认为具体行政行为侵犯了自己合法的使用权或所有权；二是相对人必须“依法取得”了所涉自然资源的所有权或使用权，即必须持有手续完备的使用权或所有权证或法院的裁判文书。这类案件包括不服收回、撤销或变更所有权或使用权证、许可证的，不包括确定自然资源权属的行政案件。

另一种意见认为，相对人认为自己已经“依法取得”了自然资源所有权或使用权的情况比较复杂，有些虽未取得有关证件，但已实际使用多年，他人也无异议，有些存在争议虽经有关部门解决多次仍无结果，争议当事人或多或少都有一定证据或理由认为依法应由自己所有或使用，法院也一时无法判定，因此当事人提起诉讼的，都应先经过复议，这类案件不仅包括前述案件，也应包括不服确权决定的案件。

我院审判委员会经研究，原则上同意后一种意见，同时认为，根据《土地法》、《矿产资源管理法》等法律法规，确定自然资源所有权或使用权一般是政府或行政主管部门的专属职权，对自然资源的权属争议往往争议时间长、情况比较复杂，极易引起集团诉讼，解决此类争议的专业性、政策性也较强，由行政机关先行复议，有利于调动行政机关履行职责的积极性，有利于解决矛盾，平息纠纷。

妥否，请批示。

二〇〇〇年十一月二十三日

《最高人民法院关于审理涉及农村集体土地行政案件若干问题的规定》（法释〔2011〕20号 2011年9月5日）

第六条 土地权利人认为乡级以上人民政府作出的土地确权决定侵犯其依法享有的农村集体土地所有权或者使用权，经复议后向人民法院提起诉讼的，人民法院应当依法受理。

法律、法规规定应当先申请行政复议的土地行政案件，复议机关作出不受理复议申请的决定或者以不符合受理条件为由驳回复议申请，复议申请人不服的，应当以复议机关为被告向人民法院提起诉讼。

《最高人民法院行政审判庭对江西省高级人民法院〈关于人民法院能否直接受理因纳税主体资格引起的税务行政案件的请示〉的答复》（法行〔2000〕31 2001年11月28日）

……

行政相对人因纳税主体资格问题与税务机关发生的争议属于纳税争议。根据原《税收征管法》第五十六条第一款或修改后的《税收征管法》第八十八条第一款的规定，可以依法申请行政复议，对行政复议决定不服的，可以依法向人民法院起诉。当事人未经行政复议直接提起诉讼的，人民法院不予受理。

附：

江西省高级人民法院关于人民法院能否直接受理因纳税主体资格引起的税务行政案件的请示

（赣高法〔2000〕264号）

最高人民法院：

我省上饶地区中级人民法院于二〇〇〇年九月十八日立案受理了原告江西柏林实业有限公司（下称柏林公司）不服被告上饶地区国家税务局（下称上饶地区国税局）税务稽查处理决定一案，该院初步查明，柏林公司不是上饶地区国税局税务稽查处理决定书中所认定的巨额税款的纳税义务人，不应纳税。但是因《中华人民共和国税收征收管理法》（下称《税收征管法》）第五十六条第一款规定：“纳税人、扣缴义务人、纳税担保人同税务机关在纳税上发生争议时，必须先依照法律、行政法规的规定缴纳或者解缴税款和滞纳金，然后可以在收到税务机关填发的缴款凭证之日起60日内向上一级税务机关申请复议。……对复议决定不服的，可以在接到复议决定书之日起15日内向人民法院起诉。”柏林公司未经复议，直接向上饶地区中级人民法院起诉，该院对于因纳税主体资格引起的争议是否属于纳税争议，人民法院能否直接受理此类税务争议行政案件存在分歧意见，特请示我院。

对于本案是否应该受理，我们有两种不同意见：第一种意见认为，此类争议是纳税争议，根据《税收征管法》第五十六条第一款的规定，须由税务机关先行复议，且当事人必须及时、足额缴纳税款，人民法院不能直接受理此类案件。否则，如果将其视为其他税务争议直接诉诸法院，那么所有的纳税人都将以自己不具有纳税主体资格为由，在不缴纳税款的情况下直接将纳税争议诉之法院，《税收征管法》中有关复议前置及以此保障国家税款入库的规定，将失去意义。本案柏林公司没有经过行政复议程序直接向法院起诉，法院不应受理，应当驳回原告的起诉。第二种意见认为，此类争议不是纳税争议，属税务机关违法要求履行义务，根据《行政诉讼法》第十一条第七项之规定，法院可以直接受理。理由如下：1. 从纳税争议的性质来看，根据《税收征管法》第五十六条的规定，纳税争议的主体必须是适格的三种人：纳税人、扣缴义务人和纳税担保人，即纳税争议是在纳税主体承认负有纳税义务，仅对税种、税款额度及时间等税收要素提出的异议；因纳税主体资格而发生的争议是对当事人该不该纳税的争议，即当事人是否为一具体法律关系中纳税人的争议，与纳税争议不同。2. 以限制诉权的方式保障国家税款及时、足额入库，有悖行政救济的初衷。本案上饶地区国税局认定柏林公司偷增值税784013.96元，加收滞纳金1006666.15元，合计1790680.11元。根据《税收征管法》第五十六条的规定，柏林公司因交不起这笔巨额税款和滞纳金，丧失了申请复议的权利，无法寻求行政救济和司法救济；如果要交这笔税款和滞纳金，柏林公司将面临倒闭，迟到的行政救济和司法救济对柏林公司而言，将失去实际意义。在这种情况下，当事人既不能申请复议，也无法直接向法院起诉，这实质上是对当事人诉权的变相剥夺，这显然违背了行政复议法和行政诉讼法的立法宗旨，不符合现代法治国家的要求。因此，对因纳税主体资格引起的税务行政案件，当有证据证明税务机关认定的纳税主体错误，公民、法人和其他组织的合法权益受到明白无误的侵害时，当事人可不受税务复议前置的限制，直接向法院起诉。

我们倾向于第二种意见，由于《税收征管法》及其实施细则对纳税争议的具体内涵在法律上未作明确规定，实践中因纳税主体资格问题而引起的税务行政诉讼时常发生，为慎重起见，特此请示，请予批复。

二〇〇〇年十月十七日

《最高人民法院行政审判庭关于行政机关颁发自然资源所有权或者使用权证的行为是否属于确认行政行为问题的答复》（〔2005〕行他字第4号 2005年5月24日）

最高人民法院法释〔2003〕5号批复

中的"确认",是指当事人对自然资源的权属发生争议后,行政机关对争议的自然资源的所有权或者使用权所作的确权决定。有关土地等自然资源所有权或者使用权的初始登记,属于行政许可性质,不应包括在行政确认范畴之内。据此,行政机关颁发自然资源所有权或者使用权证书的行为不属于复议前置的情形。

附:

甘肃省高级人民法院关于行政机关颁发土地、矿藏等自然资源所有权或者使用权证的行为是否属于确认具体行政行为的请示

(甘高法〔2004〕186号)

最高人民法院:

我院在审理涉及人民政府颁发土地所有权或者使用权证案件中,对如何适用《行政诉讼法》第三十条第一款和法释〔2003〕5号最高人民法院关于适用《行政复议法》第三十条第一款[10]有关问题的批复,理解不一致。根据最高人民法院的批复,需经过行政复议的,是指行政机关确认土地、矿藏等自然资源所有权或者使用权的具体行政行为,那么,对行政机关颁发土地、矿藏等自然资源所有权或者使用的行为,是否属于确认土地、矿藏等自然资源所有权或者使用权的具体行政行为。经我院审判委员会讨论,形成两种意见:

第一种意见认为,行政机关颁发土地、矿藏等自然资源所有权或者使用权证的行为,不属于确认所有权或者使用权的具体行政行为。公民、法人或者其他组织对行政机关颁发土地、矿藏等自然资源所有权或者使用权的行为不服,可以直接向人民法院提起诉讼。

第二种意见认为,行政机关颁发土地、矿藏等自然资源所有权或者使用权证的行为,属于确认所有权或者使用权的具体行政行为。公民、法人或者其他组织对行政机关颁发土地、矿藏等自然资源所有权或者使用权证的行为不服,需行政复议后,才可向人民法院提起诉讼。

我院审判委员会倾向性意见为第二种意见。

妥否,请予批示。

二〇〇四年八月十二日

典型案例

1. 上海金某经贸总公司诉新疆维吾尔自治区工商行政管理局行政处罚案【《最高人民法院公报》2006年第4期】

裁判要旨:根据行政处罚法第三十一条、第三十九条的规定,行政机关在作出行政处罚决定前,应当告知当事人作出行政处罚决定的事实、理由和依据,并告知当事人依法享有的权利;行政处罚决定书也应当载明上述必要内容。如果行政机关没有作出正式的行政处罚决定书,而是仅仅向当事人出具罚款证明,且未向当事人告知前述必要内容;致使当事人无从判断。当事人因此未经行政复议直接向人民法院起诉的,人民法院应当予以受理。

2. 翟某春诉江苏省人民政府土地其他行政行为案【(2019)最高法行申4815号】

裁判要旨:《行政诉讼法》第十三条第四项规定,人民法院不受理公民、法人或者其他组织对法律规定由行政机关最终裁决的行政行为提起的诉讼。《行政复议法》第三十三条第二款[11]规定,根据国

---

〔10〕《行政复议法》(2023年修正)第11条第4项,第23条第1款第2项、第2款。

〔11〕已废止。

务院或者省、自治区、直辖市人民政府对行政区划的勘定、调整或者征收土地的决定，省、自治区、直辖市人民政府确认土地、矿藏、水流、森林、山岭、草原、荒地、滩涂、海域等自然资源的所有权或者使用权的行政复议为最终裁决。申请人针对案涉批复提起的行政诉讼，属于针对行政机关最终裁决的行政行为提起诉讼，不属于人民法院行政诉讼的受案范围。

第二章　行政复议申请

第一节　行政复议范围

第十一条　行政复议范围

有下列情形之一的，公民、法人或者其他组织可以依照本法申请行政复议：

（一）对行政机关作出的行政处罚决定不服；

（二）对行政机关作出的行政强制措施、行政强制执行决定不服；

（三）申请行政许可，行政机关拒绝或者在法定期限内不予答复，或者对行政机关作出的有关行政许可的其他决定不服；

（四）对行政机关作出的确认自然资源的所有权或者使用权的决定不服；

（五）对行政机关作出的征收征用决定及其补偿决定不服；

（六）对行政机关作出的赔偿决定或者不予赔偿决定不服；

（七）对行政机关作出的不予受理工伤认定申请的决定或者工伤认定结论不服；

（八）认为行政机关侵犯其经营自主权或者农村土地承包经营权、农村土地经营权；

（九）认为行政机关滥用行政权力排除或者限制竞争；

（十）认为行政机关违法集资、摊派费用或者违法要求履行其他义务；

（十一）申请行政机关履行保护人身权利、财产权利、受教育权利等合法权益的法定职责，行政机关拒绝履行、未依法履行或者不予答复；

（十二）申请行政机关依法给付抚恤金、社会保险待遇或者最低生活保障等社会保障，行政机关没有依法给付；

（十三）认为行政机关不依法订立、不依法履行、未按照约定履行或者违法变更、解除政府特许经营协议、土地房屋征收补偿协议等行政协议；

（十四）认为行政机关在政府信息公开工作中侵犯其合法权益；

（十五）认为行政机关的其他行政行为侵犯其合法权益。

条文注释〔12〕

本条规定了行政复议的受案范围。

相较于原有规定，新修订的行政复议法服务于行政复议化解行政争议主渠道的立法目标，针对行政复议的受案范围进行了大幅的整合拓展。以下将原行政复议法第六条与本条规定进行比对，将原行政复议法删去内容加粗并以删去标记标注，新行政复议法新增内容加粗，并说明各项修订的基本意涵。

〔12〕　参见江必新主编：《中华人民共和国行政诉讼法理解释用与实务指南》，中国法制出版社 2015 年版，第 59-74 页。

新旧《行政复议法》对照（部分）

《行政复议法》（2017 年修正）	《行政复议法》（2023 年修正）
对行政机关作出的~~警告、罚款、没收违法所得、没收非法财物、责令停产停业、暂扣或者吊销许可证、暂扣或者吊销执照、行政拘留等~~行政处罚决定不服的	对行政机关作出的行政处罚决定不服
对行政机关作出的~~限制人身自由或者查封、扣押、冻结财产等~~行政强制措施决定不服的	对行政机关作出的行政强制措施、**行政强制执行决定**不服
~~对行政机关作出的有关许可证、执照、资质证、资格证等证书变更、中止、撤销的决定不服的~~	**申请行政许可，行政机关拒绝或者在法定期限内不予答复，或者对行政机关作出的有关行政许可的其他决定不服**
对行政机关作出的关于确认~~土地、矿藏、水流、森林、山岭、草原、荒地、滩涂、海域等~~自然资源的所有权或者使用权的决定不服的	对行政机关作出的关于确认自然资源的所有权或者使用权的决定不服
	对行政机关作出的赔偿决定或者不予赔偿决定不服
	对行政机关作出的征收征用决定及其补偿决定不服
	对行政机关作出的不予受理工伤认定申请的决定或者工伤认定结论不服
认为行政机关侵犯~~合法的~~经营自主权的	认为行政机关侵犯其经营自主权或者**农村土地承包经营权、农村土地经营权**
~~认为行政机关变更或者废止农业承包合同，侵犯其合法权益的~~	
	认为行政机关滥用行政权力排除或者限制竞争
认为行政机关违法集资、~~征收财物~~、摊派费用或者违法要求履行其他义务的	认为行政机关违法集资、摊派费用或者违法要求履行其他义务
~~认为符合法定条件，申请行政机关颁发许可证、执照、资质证、资格证等证书，或者申请行政机关审批、登记有关事项，行政机关没有依法办理的~~	
申请行政机关履行保护人身权利、财产权利、受教育权利的法定职责，行政机关~~没有依法履行的~~	申请行政机关履行保护人身权利、财产权利、受教育权利**等合法权益**的法定职责，行政机关**拒绝履行、未依法履行或者不予答复**

续表

《行政复议法》（2017 年修正）	《行政复议法》（2023 年修正）
申请行政机关依法发放抚恤金、社会保险金或者最低生活保障费，行政机关没有依法~~发放的~~	申请行政机关依法给付抚恤金、社会保险待遇或者最低生活保障**等社会保障**，行政机关没有依法**给付**
	认为行政机关不依法订立、不依法履行、未按照约定履行或者违法变更、解除政府特许经营协议、土地房屋征收补偿协议等行政协议
	认为行政机关在政府信息公开工作中侵犯其合法权益
认为行政机关的其他**具体**行政行为侵犯其合法权益	认为行政机关的其他行政行为侵犯其合法权益

从上表可以看出，修改后的行政复议法大幅扩展了行政复议的受案范围，将针对行政复议受案范围的列举从原有的 10 条扩展为 14 条，并保留了原有的兜底条款。在逻辑上，新法第 1—7 项属于对可复议行政行为的列举，第 8—14 项是对行政复议所保护的合法权益范围的列举，第 15 项属于兜底条款。

1. “对行政机关作出的行政处罚决定不服”

行政处罚是指行政机关依法对违反行政管理秩序的公民、法人或者其他组织，以减损权益或者增加义务的方式予以惩戒的行为。修法中删去了原法条有关行政处罚种类的具体列举，立法更为简洁，旨在减少对于行政复议受案范围的限制，使凡是符合行政处罚的本质特征的行政行为均可被纳入行政复议的受案范围中。

2. “对行政机关作出的行政强制措施、行政强制执行决定不服”

根据《行政强制法》第二条，行政强制措施，是指行政机关在行政管理过程中，为制止违法行为、防止证据损毁、避免危害发生、控制危险扩大等情形，依法对公民的人身自由实施暂时性限制，或者对公民、法人或者其他组织的财物实施暂行性控制的行为。行政强制执行，是指行政机关或行政机关申请人民法院，对不履行行政决定的公民、法人或其他组织，依法强制履行义务的行为。

相较于原法条的规定，本项不仅删去了有关行政强制措施种类的具体规定，更进一步将行政强制执行一并明确为可诉的行政行为。由此，修法后凡是符合行政强制措施和行政强制执行两类行政行为的本质特征的行政行为均属于可申请复议的行政强制行为。

3. “申请行政许可，行政机关拒绝或者在法定期限内不予答复，或者对行政机关作出的有关行政许可的其他决定不服”

本法所称行政许可，是指行政机关根据公民、法人或者其他组织的申请，经依法审查，准予其从事特定活动的行为。原法条将可申请复议的行政许可的范围分为两条进行列举，不仅在立法技术上相对较为复杂，且对于可申请复议的行政许可的范围的列举也并不全面。新法则将行政复议法中有关行政许可的受案范围的规定与行政诉讼法保持一致。从行政诉讼法的立法过程来看，这一规定所包含的可诉行政许可范围分为如下四类行为：（1）行政机关作出的行政许可决定及相应的不作为；（2）行政机关就行政许可的变更、延续、撤回、注销、撤销等事项作出的有关具体行政行为及其相应的不作为；（3）行政机关未公开行政许可决定或者未提供行政许可监督检查记录；（4）行政许可过程中导致许可程序事实上终止的通知行为。

4. “对行政机关作出的关于确认自然资源的所有权或使用权的决定不服”

从土地管理法、森林法、矿产资源法、草原法等法律的规定来看，发生土地、矿藏、草原等自然资源权属纠纷的，当事人应当向相关政府申请确权，相关政府就当事人之间的土地、矿藏、草原权属民事纠纷所作的确权决定，属于行政裁决行为，依法属于行政复议受案范围。修法后，本项删去了有关自然资源种类的具体列举，以统一的自然资源所有权或使用权决定概括了原有规定，立法更为简洁，也使针对自然资源所有权或使用权的行政裁决的复议受案范围更大。

5. “对行政机关作出的征收征用决定及其补偿决定不服”

本项为本次修法新增的条款，确认了针对征收征用决定及其补偿决定可申请行政复议。其实，在修法前行政复议机关已经开始受理有关征收征用的行政决定的复议申请，修法后本项明确将此类争议纳入行政复议范围。

6. “对行政机关作出的赔偿决定不服”

本项为本次修法的新增条款，旨在保障公民针对行政赔偿决定的复议权利。修法前行政复议机关已经开始受理有关行政赔偿决定的复议申请，修法后本项明确将此类争议纳入行政复议范围。

7. “对行政机关作出的不予受理工伤认定申请的决定或者工伤认定结论不服”

本项为本次修法的新增条款，确认了针对不予受理工伤认定申请的决定或者工伤认定结论可以申请行政复议。在修法前行政复议机关已经开始受理有关工伤的行政决定的复议申请，修法后本项明确将此类争议纳入行政复议范围，更进一步强化了在工伤认定类案件中对行政相对人的保护。

8. “认为行政机关侵犯其经营自主权或者农村土地承包经营权、农村土地经营权”

本项列举了经营自主权、农村土地承包权、农村土地经营权三项行政复议受案范围所保护的合法权益。

其中，经营自主权，是指市场主体在不违反国家法律的基础上所拥有的调配使用自己的人力、物力、财力，自行组织生产经营的权利。土地承包经营权，是指土地承包经营权人依法对其承包经营的耕地、林地、草地等享有的占有、使用和收益的权利，有权从事种植业、林业、畜牧业等农业生产。土地经营权，是指承包方通过出租、转包、入股或其他方式所获得的部分或全部的土地经营权。

而“认为行政机关侵犯”这一表述并非将行政机关所做的所有可能存在侵犯经营自主权、农村土地承包经营权、农村土地经营权的行为均纳入行政复议的范围，而是指行政机关所作的属于行政复议的受案范围的行政行为中，凡是侵犯了上述三项权利的，均可以针对该行政行为提起行政复议。

9. “认为行政机关滥用行政权力排除或者限制竞争”

本项为本次修法的新增条款，旨在保护行政相对人的公平竞争权。公平竞争权，是指经营者在市场经营的过程中，依据竞争法所享有的要求其他经营者及相关主体进行公平竞争，以保障和实现经营者合法竞争的权利。公平竞争权保障的是经营者的竞争利益，属于一种特殊的财产权利，其权能主要包括自由参加权、自由竞争权、机会平等权、请求国家保障权、失败救济权等。在市场经济运作的过程中，不仅其他经营者有可能违反竞争法侵害其他市场主体的公平竞争权，行政机关的行政行为亦有可能侵犯市场主体的公平竞争权。

“排除或者限制竞争”的行政行为主要表现为如下七类：(1) 限制销售外地产品或者销售外地产品必须搭售本地产品；(2) 只能销售指定企业商品；(3) 以明示或暗示要求购买者必须到政府及其所属部门有挂靠关系的企业购买商品；(4) 明文规定在本辖区内不得销售外地商品，或对外地商品的销售数量范围进行限定；(5) 以各种行政手段对外地商品在辖区内实行公开管、卡、压或变相阻止外地商品进入本地市场；(6) 限制阻碍本地区、本部门的信息、原材料、技术自由流向外地、外部门，以防外地、外部门增强竞争优势；(7) 其他滥用行政权力限制公平竞争的行为。上述行政行为只要属于可复议行政行为的范畴均属于行政复议的受案范围。

滥用行政权力，是指行政机关在行使行政职权过程中违背立法目的、考虑不应当考虑的因素、未考虑应当考虑的因素、反复无常、违反比例原则，而侵犯公平竞争权的行政行为。本项将侵权行政行为限定为“滥用行政权力”的侵犯公平竞争权行为，其实，凡是可申请复议的侵犯公平竞争权的行政行为均属于滥用行政权力的行政行为。

10. “认为行政机关违法集资、摊派费用或者违法要求履行其他义务”

行政机关要求公民、法人或其他组织履行义务，必须要有明确的法律依据。通常情况下，公民、法人或者其他组织的法定义务应当由法律、法规、规章设定，规章以下的规范性文件不得为公民、法人或其他组织设定义务。从义务内容看，人身自由权只有法律才能进行限制，财产权利至少需要依据规章予以限制或剥夺；从行政行为的类别看，限制人身自由的行政处罚和行政强制措施、行政强制执行均必须由法律设定，吊销营业执照类的行政处罚至少需要有行政法规的授权，而要求公民、法人或者其他组织必须经过行政许可才能从事某项活动，至少需要有地方性法规的授权。

行政机关违法要求履行义务的主要表现包括：(1) 法律、法规、规章没有设定义务，但行政机关以无权设定义务的规范性文件来设置义务并要求履行，甚至无任何根据以具体行政行为随意决定义务；(2) 公民、法人或者其他组织已经履行了法定义务，但行政机关仍重复要求履行该义务；(3) 行政机关在要求履行义务时违反法定程序；(4) 行政机关要求履行义务超出法律、法规规定的种类幅度和方式；(5) 行政机关超越自身职权范围要求履行义务。

11. “申请行政机关履行保护人身权利、财产权利、受教育权利等合法权益的法定职责，行政机关拒绝履行、未依法履行或者不予答复”

根据法律、法规、规章的规定，行政机关具有保护人民群众合法权益的法定职责。除法律规定外，行政机关的事先承诺和先行行为也均有可能成为行政机关的作为义务的来源。

本项旨在明确公民、法人或其他组织

针对行政不作为行为的行政复议权。在本次修法过程中，立法者在“人身权利、财产权利、受教育权利”后增加了“等”字，转变了原有法条对于其所保护的权益的有限列举的态度，将其转变为了“有限列举+兜底条款”的立法模式，拓展了可申请行政复议的行政不作为行为的范围。同时，本项将原有法条中所规定的“没有依法履行”的情形进行了具体列举，将其具体化成为“拒绝履行、未依法履行或者不予答复三种类型”，使存在一定争议的行政机关明示拒绝和迟延履行两类行为均纳入了行政不作为的范畴，属于行政复议受案范围。

12. “申请行政机关依法给付抚恤金、社会保险待遇或者最低生活保障等社会保障，行政机关没有依法给付”

向公民依法给付抚恤金、社会保险待遇或者最低生活保障等社会保障是行政机关的法定职责义务，相关行政机关未保障公民的相应社会保障权利的，构成行政违法。为防止行政机关非法限制、剥夺、减少、滥用相关行政职权，公民应当享有相应的行政救济权。

其中，抚恤金是指公民因公致残或死亡后，由民政部门发给其本人或亲属的生活保障费用，包括伤残抚恤和死亡抚恤两种。最低生活保障则是指国家对家庭人均收入低于当地政府公告的最低生活标准的人口给予的现金资助，目的在于满足低收入家庭维持基本生活的需要。社会保险是指公民在年老、疾病、工伤、失业、生育等情况下，由国家和社会提供的物质帮助，根据《社会保险法》的规定，我国的社会保险包括基本养老保险、基本医疗保障、工伤保险、失业保险和生育保险。

本次修法，在“抚恤金、社会保险待遇或者最低生活保障”后增加了“等”字，将原有法条针对“抚恤金、社会保险待遇或者最低生活保障”三类社会保障权的有限列举转变为“有限列举+兜底条款”的立法模式。这一修改适应国家在社会保障事业方面的发展，使法律、法规、规章乃至地方政府的规范性文件所确立的所有社会保障权利均纳入行政复议法所保护的权利范围之中。

13. “认为行政机关不依法订立、不依法履行、未按照约定履行或者违法变更、解除政府特许经营协议、土地房屋征收补偿协议等行政协议”

本项为本次修法的新增条款，将行政协议纳入了行政复议的受案范围。行政协议，是指行政机关为了实现行政管理或者公共服务目标，与公民、法人或者其他组织协商订立的具有行政法上权利义务内容的协议。其典型特征有三：（1）订立的一方主体恒为依法享有行政职权的行政主体；（2）签订行政协议的目标在于履行行政职责；（3）行政主体享有行政优益权，有权单方变更、解除协议。

本项列举了两类典型的行政协议。其中，政府特许经营协议，是指行政机关与行政相对人经特定程序后签订的，授予行政相对人对有限自然资源开发利用、公共资源配置以及直接关系公共利益的特定行业的市场准入权的协议。土地房屋征收补偿协议，是指房屋征收部门或集体土地征收部门依照法律、法规的规定与被征收人所签订的有关征收补偿方式、补偿金额和支付期限等要件的补偿协议。

本项所规定的“政府特许经营协议、土地房屋征收补偿协议等行政协议”中的“等”属于“等外等”，因此，凡是符合行政机关为履行行政职责且与相对人经协商一致所达成的协议这一特征的，均属于行政复议的受案范围。

14. “认为行政机关在政府信息公开工作中侵犯其合法权益”

本项为本次修法的新增条款，旨在保护在政府信息公开工作中可能遭受侵害的因素权益等合法权益。政府信息公开，是指行政机关依法公开其在履行行政管理职能过程中制作或者获取的，以一定形式记录、保存的信息。政府公开的信息可能涉及商业秘密、个人隐私等内容，可能侵害公民、个人或其他组织的合法权益，因此有必要对于政府信息公开过程中所造成的侵权予以保护。

15. “认为行政机关的其他行政行为侵犯其合法权益的”

本项为兜底条款，除将原有法条规定的“具体行政行为”改为“行政行为”外，对于法条的具体内容并未加以修改。由于2017年行政复议法已经将人身权、财产权及我国法律所保护的公民、法人和其他组织的其他所有合法权益均纳入了行政复议的权利保护范围，在权利保护范围上规定已经较为充分，保护力度亦相对较大。因此在本次修法的过程中，立法者并未调整兜底条款中所保护的权利范围。

相关规定

◎法律

《宪法》（2018年3月11日）

第十三条　公民的合法的私有财产不受侵犯。

国家依照法律规定保护公民的私有财产权和继承权。

国家为了公共利益的需要，可以依照法律规定对公民的私有财产实行征收或者征用并给予补偿。

《行政处罚法》（2021年7月15日）

第二条　行政处罚是指行政机关依法对违反行政管理秩序的公民、法人或者其他组织，以减损权益或者增加义务的方式予以惩戒的行为。

第九条　行政处罚的种类：

（一）警告、通报批评；

（二）罚款、没收违法所得、没收非法财物；

（三）暂扣许可证件、降低资质等级、吊销许可证件；

（四）限制开展生产经营活动、责令停产停业、责令关闭、限制从业；

（五）行政拘留；

（六）法律、行政法规规定的其他行政处罚。

第十条　法律可以设定各种行政处罚。

限制人身自由的行政处罚，只能由法律设定。

第十一条　行政法规可以设定除限制人身自由以外的行政处罚。

法律对违法行为已经作出行政处罚规定，行政法规需要作出具体规定的，必须在法律规定的给予行政处罚的行为、种类和幅度的范围内规定。

法律对违法行为未作出行政处罚规定，行政法规为实施法律，可以补充设定行政处罚。拟补充设定行政处罚的，应当通过听证会、论证会等形式广泛听取意见，并向制定机关作出书面说明。行政法规报送备案时，应当说明补充设定行政处罚的情况。

第十二条　地方性法规可以设定除限制人身自由、吊销营业执照以外的行政处罚。

法律、行政法规对违法行为已经作出行政处罚规定，地方性法规需要作出具体规定的，必须在法律、行政法规规定的给予行政处罚的行为、种类和幅度的范围内规定。

法律、行政法规对违法行为未作出行

政处罚规定，地方性法规为实施法律、行政法规，可以补充设定行政处罚。拟补充设定行政处罚的，应当通过听证会、论证会等形式广泛听取意见，并向制定机关作出书面说明。地方性法规报送备案时，应当说明补充设定行政处罚的情况。

第十三条　国务院部门规章可以在法律、行政法规规定的给予行政处罚的行为、种类和幅度的范围内作出具体规定。

尚未制定法律、行政法规的，国务院部门规章对违反行政管理秩序的行为，可以设定警告、通报批评或者一定数额罚款的行政处罚。罚款的限额由国务院规定。

第十四条　地方政府规章可以在法律、法规规定的给予行政处罚的行为、种类和幅度的范围内作出具体规定。

尚未制定法律、法规的，地方政府规章对违反行政管理秩序的行为，可以设定警告、通报批评或者一定数额罚款的行政处罚。罚款的限额由省、自治区、直辖市人民代表大会常务委员会规定。

《行政强制法》（2012 年 1 月 1 日）

第二条　本法所称行政强制，包括行政强制措施和行政强制执行。

行政强制措施，是指行政机关在行政管理过程中，为制止违法行为、防止证据损毁、避免危害发生、控制危险扩大等情形，依法对公民的人身自由实施暂时性限制，或者对公民、法人或者其他组织的财物实施暂时性控制的行为。

行政强制执行，是指行政机关或者行政机关申请人民法院，对不履行行政决定的公民、法人或者其他组织，依法强制履行义务的行为。

第九条　行政强制措施的种类：

（一）限制公民人身自由；

（二）查封场所、设施或者财物；

（三）扣押财物；

（四）冻结存款、汇款；

（五）其他行政强制措施。

第十条　行政强制措施由法律设定。

尚未制定法律，且属于国务院行政管理职权事项的，行政法规可以设定除本法第九条第一项、第四项和应当由法律规定的行政强制措施以外的其他行政强制措施。

尚未制定法律、行政法规，且属于地方性事务的，地方性法规可以设定本法第九条第二项、第三项的行政强制措施。

法律、法规以外的其他规范性文件不得设定行政强制措施。

第十一条　法律对行政强制措施的对象、条件、种类作了规定的，行政法规、地方性法规不得作出扩大规定。

法律中未设定行政强制措施的，行政法规、地方性法规不得设定行政强制措施。但是，法律规定特定事项由行政法规规定具体管理措施的，行政法规可以设定除本法第九条第一项、第四项和应当由法律规定的行政强制措施以外的其他行政强制措施。

第十二条　行政强制执行的方式：

（一）加处罚款或者滞纳金；

（二）划拨存款、汇款；

（三）拍卖或者依法处理查封、扣押的场所、设施或者财物；

（四）排除妨碍、恢复原状；

（五）代履行；

（六）其他强制执行方式。

第十三条　行政强制执行由法律设定。

法律没有规定行政机关强制执行的，作出行政决定的行政机关应当申请人民法院强制执行。

《行政许可法》（2019 年 4 月 23 日）

第二条　本法所称行政许可，是指行政机关根据公民、法人或者其他组织的申请，经依法审查，准予其从事特定活动的行为。

第七条 公民、法人或者其他组织对行政机关实施行政许可，享有陈述权、申辩权；有权依法申请行政复议或者提起行政诉讼；其合法权益因行政机关违法实施行政许可受到损害的，有权依法要求赔偿。

第八条 公民、法人或者其他组织依法取得的行政许可受法律保护，行政机关不得擅自改变已经生效的行政许可。

行政许可所依据的法律、法规、规章修改或者废止，或者准予行政许可所依据的客观情况发生重大变化的，为了公共利益的需要，行政机关可以依法变更或者撤回已经生效的行政许可。由此给公民、法人或者其他组织造成财产损失的，行政机关应当依法给予补偿。

第十二条 下列事项可以设定行政许可：

（一）直接涉及国家安全、公共安全、经济宏观调控、生态环境保护以及直接关系人身健康、生命财产安全等特定活动，需要按照法定条件予以批准的事项；

（二）有限自然资源开发利用、公共资源配置以及直接关系公共利益的特定行业的市场准入等，需要赋予特定权利的事项；

（三）提供公众服务并且直接关系公共利益的职业、行业，需要确定具备特殊信誉、特殊条件或者特殊技能等资格、资质的事项；

（四）直接关系公共安全、人身健康、生命财产安全的重要设备、设施、产品、物品，需要按照技术标准、技术规范，通过检验、检测、检疫等方式进行审定的事项；

（五）企业或者其他组织的设立等，需要确定主体资格的事项；

（六）法律、行政法规规定可以设定行政许可的其他事项。

第十三条 本法第十二条所列事项，通过下列方式能够予以规范的，可以不设行政许可：

（一）公民、法人或者其他组织能够自主决定的；

（二）市场竞争机制能够有效调节的；

（三）行业组织或者中介机构能够自律管理的；

（四）行政机关采用事后监督等其他行政管理方式能够解决的。

第十四条 本法第十二条所列事项，法律可以设定行政许可。尚未制定法律的，行政法规可以设定行政许可。

必要时，国务院可以采用发布决定的方式设定行政许可。实施后，除临时性行政许可事项外，国务院应当及时提请全国人民代表大会及其常务委员会制定法律，或者自行制定行政法规。

第十五条 本法第十二条所列事项，尚未制定法律、行政法规的，地方性法规可以设定行政许可；尚未制定法律、行政法规和地方性法规的，因行政管理的需要，确需立即实施行政许可的，省、自治区、直辖市人民政府规章可以设定临时性的行政许可。临时性的行政许可实施满一年需要继续实施的，应当提请本级人民代表大会及其常务委员会制定地方性法规。

地方性法规和省、自治区、直辖市人民政府规章，不得设定应当由国家统一确定的公民、法人或者其他组织的资格、资质的行政许可；不得设定企业或者其他组织的设立登记及其前置性行政许可。其设定的行政许可，不得限制其他地区的个人或者企业到本地区从事生产经营和提供服务，不得限制其他地区的商品进入本地区市场。

第十六条　行政法规可以在法律设定的行政许可事项范围内，对实施该行政许可作出具体规定。

地方性法规可以在法律、行政法规设定的行政许可事项范围内，对实施该行政许可作出具体规定。

规章可以在上位法设定的行政许可事项范围内，对实施该行政许可作出具体规定。

法规、规章对实施上位法设定的行政许可作出的具体规定，不得增设行政许可；对行政许可条件作出的具体规定，不得增设违反上位法的其他条件。

第十七条　除本法第十四条、第十五条规定的外，其他规范性文件一律不得设定行政许可。

第十八条　设定行政许可，应当规定行政许可的实施机关、条件、程序、期限。

第二十九条　公民、法人或者其他组织从事特定活动，依法需要取得行政许可的，应当向行政机关提出申请。申请书需要采用格式文本的，行政机关应当向申请人提供行政许可申请书格式文本。申请书格式文本中不得包含与申请行政许可事项没有直接关系的内容。

申请人可以委托代理人提出行政许可申请。但是，依法应当由申请人到行政机关办公场所提出行政许可申请的除外。

行政许可申请可以通过信函、电报、电传、传真、电子数据交换和电子邮件等方式提出。

第三十二条　行政机关对申请人提出的行政许可申请，应当根据下列情况分别作出处理：

（一）申请事项依法不需要取得行政许可的，应当即时告知申请人不受理；

（二）申请事项依法不属于本行政机关职权范围的，应当即时作出不予受理的决定，并告知申请人向有关行政机关申请；

（三）申请材料存在可以当场更正的错误的，应当允许申请人当场更正；

（四）申请材料不齐全或者不符合法定形式的，应当当场或者在五日内一次告知申请人需要补正的全部内容，逾期不告知的，自收到申请材料之日起即为受理；

（五）申请事项属于本行政机关职权范围，申请材料齐全、符合法定形式，或者申请人按照本行政机关的要求提交全部补正申请材料的，应当受理行政许可申请。

行政机关受理或者不予受理行政许可申请，应当出具加盖本行政机关专用印章和注明日期的书面凭证。

第三十八条　申请人的申请符合法定条件、标准的，行政机关应当依法作出准予行政许可的书面决定。

行政机关依法作出不予行政许可的书面决定的，应当说明理由，并告知申请人享有依法申请行政复议或者提起行政诉讼的权利。

《土地管理法》（2020 年 1 月 1 日）

第二条　中华人民共和国实行土地的社会主义公有制，即全民所有制和劳动群众集体所有制。

全民所有，即国家所有土地的所有权由国务院代表国家行使。

任何单位和个人不得侵占、买卖或者以其他形式非法转让土地。土地使用权可以依法转让。

国家为了公共利益的需要，可以依法对土地实行征收或者征用并给予补偿。

国家依法实行国有土地有偿使用制度。但是，国家在法律规定的范围内划拨国有土地使用权的除外。

第十四条 土地所有权和使用权争议，由当事人协商解决；协商不成的，由人民政府处理。

单位之间的争议，由县级以上人民政府处理；个人之间、个人与单位之间的争议，由乡级人民政府或者县级以上人民政府处理。

当事人对有关人民政府的处理决定不服的，可以自接到处理决定通知之日起三十日内，向人民法院起诉。

在土地所有权和使用权争议解决前，任何一方不得改变土地利用现状。

第四十五条 为了公共利益的需要，有下列情形之一，确需征收农民集体所有的土地的，可以依法实施征收：

（一）军事和外交需要用地的；

（二）由政府组织实施的能源、交通、水利、通信、邮政等基础设施建设需要用地的；

（三）由政府组织实施的科技、教育、文化、卫生、体育、生态环境和资源保护、防灾减灾、文物保护、社区综合服务、社会福利、市政公用、优抚安置、英烈保护等公共事业需要用地的；

（四）由政府组织实施的扶贫搬迁、保障性安居工程建设需要用地的；

（五）在土地利用总体规划确定的城镇建设用地范围内，经省级以上人民政府批准由县级以上地方人民政府组织实施的成片开发建设需要用地的；

（六）法律规定为公共利益需要可以征收农民集体所有的土地的其他情形。

前款规定的建设活动，应当符合国民经济和社会发展规划、土地利用总体规划、城乡规划和专项规划；第（四）项、第（五）项规定的建设活动，还应当纳入国民经济和社会发展年度计划；第（五）项规定的成片开发并应当符合国务院自然资源主管部门规定的标准。

第四十八条 征收土地应当给予公平、合理的补偿，保障被征地农民原有生活水平不降低、长远生计有保障。

征收土地应当依法及时足额支付土地补偿费、安置补助费以及农村村民住宅、其他地上附着物和青苗等的补偿费用，并安排被征地农民的社会保障费用。

征收农用地的土地补偿费、安置补助费标准由省、自治区、直辖市通过制定公布区片综合地价确定。制定区片综合地价应当综合考虑土地原用途、土地资源条件、土地产值、土地区位、土地供求关系、人口以及经济社会发展水平等因素，并至少每三年调整或者重新公布一次。

征收农用地以外的其他土地、地上附着物和青苗等的补偿标准，由省、自治区、直辖市制定。对其中的农村村民住宅，应当按照先补偿后搬迁、居住条件有改善的原则，尊重农村村民意愿，采取重新安排宅基地建房、提供安置房或者货币补偿等方式给予公平、合理的补偿，并对因征收造成的搬迁、临时安置等费用予以补偿，保障农村村民居住的权利和合法的住房财产权益。

县级以上地方人民政府应当将被征地农民纳入相应的养老等社会保障体系。被征地农民的社会保障费用主要用于符合条件的被征地农民的养老保险等社会保险缴费补贴。被征地农民社会保障费用的筹集、管理和使用办法，由省、自治区、直辖市制定。

第四十九条 被征地的农村集体经济组织应当将征收土地的补偿费用的收支状况向本集体经济组织的成员公布，接受监督。

禁止侵占、挪用被征收土地单位的征

地补偿费用和其他有关费用。

《森林法》（2020年7月1日）

第二十二条　单位之间发生的林木、林地所有权和使用权争议，由县级以上人民政府依法处理。

个人之间、个人与单位之间发生的林木所有权和林地使用权争议，由乡镇人民政府或者县级以上人民政府依法处理。

当事人对有关人民政府的处理决定不服的，可以自接到处理决定通知之日起三十日内，向人民法院起诉。

在林木、林地权属争议解决前，除因森林防火、林业有害生物防治、国家重大基础设施建设等需要外，当事人任何一方不得砍伐有争议的林木或者改变林地现状。

《矿产资源法》（2009年8月27日）

第四十九条　矿山企业之间的矿区范围的争议，由当事人协商解决，协商不成的，由有关县级以上地方人民政府根据依法核定的矿区范围处理；跨省、自治区、直辖市的矿区范围的争议，由有关省、自治区、直辖市人民政府协商解决，协商不成的，由国务院处理。

《草原法》（2021年4月29日）

第十六条　草原所有权、使用权的争议，由当事人协商解决；协商不成的，由有关人民政府处理。

单位之间的争议，由县级以上人民政府处理；个人之间、个人与单位之间的争议，由乡（镇）人民政府或者县级以上人民政府处理。

当事人对有关人民政府的处理决定不服的，可以依法向人民法院起诉。

在草原权属争议解决前，任何一方不得改变草原利用现状，不得破坏草原和草原上的设施。

《民法典》（2021年1月1日）

第一百一十七条　为了公共利益的需要，依照法律规定的权限和程序征收、征用不动产或者动产的，应当给予公平、合理的补偿。

第二百四十三条　为了公共利益的需要，依照法律规定的权限和程序可以征收集体所有的土地和组织、个人的房屋以及其他不动产。

征收集体所有的土地，应当依法及时足额支付土地补偿费、安置补助费以及农村村民住宅、其他地上附着物和青苗等的补偿费用，并安排被征地农民的社会保障费用，保障被征地农民的生活，维护被征地农民的合法权益。

征收组织、个人的房屋以及其他不动产，应当依法给予征收补偿，维护被征收人的合法权益；征收个人住宅的，还应当保障被征收人的居住条件。

任何组织或者个人不得贪污、挪用、私分、截留、拖欠征收补偿费等费用。

第三百三十一条　土地承包经营权人依法对其承包经营的耕地、林地、草地等享有占有、使用和收益的权利，有权从事种植业、林业、畜牧业等农业生产。

《人民警察法》（2013年1月1日）

第十三条　公安机关的人民警察因履行职责的紧急需要，经出示相应证件，可以优先乘坐公共交通工具，遇交通阻碍时，优先通行。

公安机关因侦查犯罪的需要，必要时，按照国家有关规定，可以优先使用机关、团体、企业事业组织和个人的交通工具、通信工具、场地和建筑物，用后应当及时归还，并支付适当费用；造成损失的，应当赔偿。

《反垄断法》（2022年8月1日）

第五章　滥用行政权力排除、限制竞争

第三十九条　行政机关和法律、法规授权的具有管理公共事务职能的组织不得滥用行政权力，限定或者变相限定单位或者个人经营、购买、使用其指定的经营者提供的商品。

第四十条　行政机关和法律、法规授权的具有管理公共事务职能的组织不得滥用行政权力，通过与经营者签订合作协议、备忘录等方式，妨碍其他经营者进入相关市场或者对其他经营者实行不平等待遇，排除、限制竞争。

第四十一条　行政机关和法律、法规授权的具有管理公共事务职能的组织不得滥用行政权力，实施下列行为，妨碍商品在地区之间的自由流通：

（一）对外地商品设定歧视性收费项目、实行歧视性收费标准，或者规定歧视性价格；

（二）对外地商品规定与本地同类商品不同的技术要求、检验标准，或者对外地商品采取重复检验、重复认证等歧视性技术措施，限制外地商品进入本地市场；

（三）采取专门针对外地商品的行政许可，限制外地商品进入本地市场；

（四）设置关卡或者采取其他手段，阻碍外地商品进入或者本地商品运出；

（五）妨碍商品在地区之间自由流通的其他行为。

第四十二条　行政机关和法律、法规授权的具有管理公共事务职能的组织不得滥用行政权力，以设定歧视性资质要求、评审标准或者不依法发布信息等方式，排斥或者限制经营者参加招标投标以及其他经营活动。

第四十三条　行政机关和法律、法规授权的具有管理公共事务职能的组织不得滥用行政权力，采取与本地经营者不平等待遇等方式，排斥、限制、强制或者变相强制外地经营者在本地投资或者设立分支机构。

第四十四条　行政机关和法律、法规授权的具有管理公共事务职能的组织不得滥用行政权力，强制或者变相强制经营者从事本法规定的垄断行为。

第四十五条　行政机关和法律、法规授权的具有管理公共事务职能的组织不得滥用行政权力，制定含有排除、限制竞争内容的规定。

《个人信息保护法》（2021 年 11 月 1 日）

第三十三条　国家机关处理个人信息的活动，适用本法；本节有特别规定的，适用本节规定。

第三十四条　国家机关为履行法定职责处理个人信息，应当依照法律、行政法规规定的权限、程序进行，不得超出履行法定职责所必需的范围和限度。

第三十五条　国家机关为履行法定职责处理个人信息，应当依照本法规定履行告知义务；有本法第十八条第一款规定的情形，或者告知将妨碍国家机关履行法定职责的除外。

第三十六条　国家机关处理的个人信息应当在中华人民共和国境内存储；确需向境外提供的，应当进行安全评估。安全评估可以要求有关部门提供支持与协助。

第三十七条　法律、法规授权的具有管理公共事务职能的组织为履行法定职责处理个人信息，适用本法关于国家机关处理个人信息的规定。

《国家赔偿法》（2013 年 1 月 1 日）

……

第二条　国家机关和国家机关工作人员行使职权，有本法规定的侵犯公民、法人和其他组织合法权益的情形，造成损害的，受害人有依照本法取得国家赔偿的权利。

本法规定的赔偿义务机关，应当依照本法及时履行赔偿义务。

第二章　行政赔偿

第一节　赔偿范围

第三条　行政机关及其工作人员在行使行政职权时有下列侵犯人身权情形之一的，受害人有取得赔偿的权利：

（一）违法拘留或者违法采取限制公民人身自由的行政强制措施的；

（二）非法拘禁或者以其他方法非法剥夺公民人身自由的；

（三）以殴打、虐待等行为或者唆使、放纵他人以殴打、虐待等行为造成公民身体伤害或者死亡的；

（四）违法使用武器、警械造成公民身体伤害或者死亡的；

（五）造成公民身体伤害或者死亡的其他违法行为。

第四条　行政机关及其工作人员在行使行政职权时有下列侵犯财产权情形之一的，受害人有取得赔偿的权利：

（一）违法实施罚款、吊销许可证和执照、责令停产停业、没收财物等行政处罚的；

（二）违法对财产采取查封、扣押、冻结等行政强制措施的；

（三）违法征收、征用财产的；

（四）造成财产损害的其他违法行为。

第五条　属于下列情形之一的，国家不承担赔偿责任：

（一）行政机关工作人员与行使职权无关的个人行为；

（二）因公民、法人和其他组织自己的行为致使损害发生的；

（三）法律规定的其他情形。

第二节　赔偿请求人和赔偿义务机关

第六条　受害的公民、法人和其他组织有权要求赔偿。

受害的公民死亡，其继承人和其他有扶养关系的亲属有权要求赔偿。

受害的法人或者其他组织终止的，其权利承受人有权要求赔偿。

第七条　行政机关及其工作人员行使行政职权侵犯公民、法人和其他组织的合法权益造成损害的，该行政机关为赔偿义务机关。

两个以上行政机关共同行使行政职权时侵犯公民、法人和其他组织的合法权益造成损害的，共同行使行政职权的行政机关为共同赔偿义务机关。

法律、法规授权的组织在行使授予的行政权力时侵犯公民、法人和其他组织的合法权益造成损害的，被授权的组织为赔偿义务机关。

受行政机关委托的组织或者个人在行使受委托的行政权力时侵犯公民、法人和其他组织的合法权益造成损害的，委托的行政机关为赔偿义务机关。

赔偿义务机关被撤销的，继续行使其职权的行政机关为赔偿义务机关；没有继续行使其职权的行政机关的，撤销该赔偿义务机关的行政机关为赔偿义务机关。

第八条　经复议机关复议的，最初造成侵权行为的行政机关为赔偿义务机关，但复议机关的复议决定加重损害的，复议机关对加重的部分履行赔偿义务。

第三节　赔偿程序

第九条　赔偿义务机关有本法第三条、第四条规定情形之一的，应当给予赔偿。

赔偿请求人要求赔偿，应当先向赔偿义务机关提出，也可以在申请行政复议或者提起行政诉讼时一并提出。

第十条　赔偿请求人可以向共同赔偿义务机关中的任何一个赔偿义务机关要求赔偿，该赔偿义务机关应当先予赔偿。

第十一条　赔偿请求人根据受到的不同损害，可以同时提出数项赔偿要求。

第十二条　要求赔偿应当递交申请书，申请书应当载明下列事项：

（一）受害人的姓名、性别、年龄、工作单位和住所，法人或者其他组织的名称、住所和法定代表人或者主要负责人的姓名、职务；

（二）具体的要求、事实根据和理由；

（三）申请的年、月、日。

赔偿请求人书写申请书确有困难的，可以委托他人代书；也可以口头申请，由赔偿义务机关记入笔录。

赔偿请求人不是受害人本人的，应当说明与受害人的关系，并提供相应证明。

赔偿请求人当面递交申请书的，赔偿义务机关应当当场出具加盖本行政机关专用印章并注明收讫日期的书面凭证。申请材料不齐全的，赔偿义务机关应当当场或者在五日内一次性告知赔偿请求人需要补正的全部内容。

第十三条　赔偿义务机关应当自收到申请之日起两个月内，作出是否赔偿的决定。赔偿义务机关作出赔偿决定，应当充分听取赔偿请求人的意见，并可以与赔偿请求人就赔偿方式、赔偿项目和赔偿数额依照本法第四章的规定进行协商。

赔偿义务机关决定赔偿的，应当制作赔偿决定书，并自作出决定之日起十日内送达赔偿请求人。

赔偿义务机关决定不予赔偿的，应当自作出决定之日起十日内书面通知赔偿请求人，并说明不予赔偿的理由。

……

◎行政法规

《国有土地上房屋征收与补偿条例》（中华人民共和国国务院令第 590 号　2011 年 1 月 21 日）

第三章　补　　偿

第十七条　作出房屋征收决定的市、县级人民政府对被征收人给予的补偿包括：

（一）被征收房屋价值的补偿；

（二）因征收房屋造成的搬迁、临时安置的补偿；

（三）因征收房屋造成的停产停业损失的补偿。

市、县级人民政府应当制定补助和奖励办法，对被征收人给予补助和奖励。

第十八条　征收个人住宅，被征收人符合住房保障条件的，作出房屋征收决定的市、县级人民政府应当优先给予住房保障。具体办法由省、自治区、直辖市制定。

第十九条　对被征收房屋价值的补偿，不得低于房屋征收决定公告之日被征收房屋类似房地产的市场价格。被征收房屋的价值，由具有相应资质的房地产价格评估机构按照房屋征收评估办法评估确定。

对评估确定的被征收房屋价值有异议的，可以向房地产价格评估机构申请复核评估。对复核结果有异议的，可以向房地产价格评估专家委员会申请鉴定。

房屋征收评估办法由国务院住房城乡建设主管部门制定，制定过程中，应当向社会公开征求意见。

第二十条　房地产价格评估机构由被征收人协商选定；协商不成的，通过多数决定、随机选定等方式确定，具体办法由省、自治区、直辖市制定。

房地产价格评估机构应当独立、客观、公正地开展房屋征收评估工作，任何单位和个人不得干预。

第二十一条　被征收人可以选择货币补偿，也可以选择房屋产权调换。

被征收人选择房屋产权调换的，市、县级人民政府应当提供用于产权调换的房屋，并与被征收人计算、结清被征收房屋价值与用于产权调换房屋价值的差价。

因旧城区改建征收个人住宅，被征收人选择在改建地段进行房屋产权调换的，作出房屋征收决定的市、县级人民政府应当提供改建地段或者就近地段的房屋。

第二十二条　因征收房屋造成搬迁的，房屋征收部门应当向被征收人支付搬迁费；选择房屋产权调换的，产权调换房屋交付前，房屋征收部门应当向被征收人支付临时安置费或者提供周转用房。

第二十三条　对因征收房屋造成停产停业损失的补偿，根据房屋被征收前的效益、停产停业期限等因素确定。具体办法由省、自治区、直辖市制定。

第二十四条　市、县级人民政府及其有关部门应当依法加强对建设活动的监督管理，对违反城乡规划进行建设的，依法予以处理。

市、县级人民政府作出房屋征收决定前，应当组织有关部门依法对征收范围内未经登记的建筑进行调查、认定和处理。对认定为合法建筑和未超过批准期限的临时建筑的，应当给予补偿；对认定为违法建筑和超过批准期限的临时建筑的，不予补偿。

第二十五条　房屋征收部门与被征收人依照本条例的规定，就补偿方式、补偿金额和支付期限、用于产权调换房屋的地点和面积、搬迁费、临时安置费或者周转用房、停产停业损失、搬迁期限、过渡方式和过渡期限等事项，订立补偿协议。

补偿协议订立后，一方当事人不履行补偿协议约定的义务的，另一方当事人可以依法提起诉讼。

第二十六条　房屋征收部门与被征收人在征收补偿方案确定的签约期限内达不成补偿协议，或者被征收房屋所有权人不明确的，由房屋征收部门报请作出房屋征收决定的市、县级人民政府依照本条例的规定，按照征收补偿方案作出补偿决定，并在房屋征收范围内予以公告。

补偿决定应当公平，包括本条例第二十五条第一款规定的有关补偿协议的事项。

被征收人对补偿决定不服的，可以依法申请行政复议，也可以依法提起行政诉讼。

第二十七条　实施房屋征收应当先补偿、后搬迁。

作出房屋征收决定的市、县级人民政府对被征收人给予补偿后，被征收人应当在补偿协议约定或者补偿决定确定的搬迁期限内完成搬迁。

任何单位和个人不得采取暴力、威胁或者违反规定中断供水、供热、供气、供电和道路通行等非法方式迫使被征收人搬迁。禁止建设单位参与搬迁活动。

第二十八条　被征收人在法定期限内不申请行政复议或者不提起行政诉讼，在补偿决定规定的期限内又不搬迁的，由作出房屋征收决定的市、县级人民政府依法申请人民法院强制执行。

强制执行申请书应当附具补偿金额和专户存储账号、产权调换房屋和周转用房的地点和面积等材料。

第二十九条　房屋征收部门应当依法建立房屋征收补偿档案，并将分户补偿情况在房屋征收范围内向被征收人公布。

审计机关应当加强对征收补偿费用管理和使用情况的监督，并公布审计结果。

《农村土地经营权流转管理办法》（中华人民共和国农业农村部令 2021 年第 1 号　2021 年 3 月 1 日）

第三章　流转方式

第十四条　承包方可以采取出租（转

包）、入股或者其他符合有关法律和国家政策规定的方式流转土地经营权。

出租（转包），是指承包方将部分或者全部土地经营权，租赁给他人从事农业生产经营。

入股，是指承包方将部分或者全部土地经营权作价出资，成为公司、合作经济组织等股东或者成员，并用于农业生产经营。

第十五条　承包方依法采取出租（转包）、入股或者其他方式将土地经营权部分或者全部流转的，承包方与发包方的承包关系不变，双方享有的权利和承担的义务不变。

第十六条　承包方自愿将土地经营权入股公司发展农业产业化经营的，可以采取优先股等方式降低承包方风险。公司解散时入股土地应当退回原承包方。

第六章　附　则

第三十四条　本办法所称农村土地，是指除林地、草地以外的，农民集体所有和国家所有依法由农民集体使用的耕地和其他用于农业的土地。

本办法所称农村土地经营权流转，是指在承包方与发包方承包关系保持不变的前提下，承包方依法在一定期限内将土地经营权部分或者全部交由他人自主开展农业生产经营的行为。

第三十五条　通过招标、拍卖和公开协商等方式承包荒山、荒沟、荒丘、荒滩等农村土地，经依法登记取得权属证书的，可以流转土地经营权，其流转管理参照本办法执行。

《政府信息公开条例》（中华人民共和国国务院令第 711 号　2019 年 5 月 15 日）

第十五条　涉及商业秘密、个人隐私等公开会对第三方合法权益造成损害的政府信息，行政机关不得公开。但是，第三方同意公开或者行政机关认为不公开会对公共利益造成重大影响的，予以公开。

《工伤保险条例》（中华人民共和国国务院令第 586 号　2011 年 1 月 1 日）

第五十五条　有下列情形之一的，有关单位或者个人可以依法申请行政复议，也可以依法向人民法院提起行政诉讼：

（一）申请工伤认定的职工或者其近亲属、该职工所在单位对工伤认定申请不予受理的决定不服的；

（二）申请工伤认定的职工或者其近亲属、该职工所在单位对工伤认定结论不服的；

（三）用人单位对经办机构确定的单位缴费费率不服的；

（四）签订服务协议的医疗机构、辅助器具配置机构认为经办机构未履行有关协议或者规定的；

（五）工伤职工或者其近亲属对经办机构核定的工伤保险待遇有异议的。

◎部门规范性文件

《国务院办公厅转发司法部关于审理政府信息公开行政复议案件若干问题指导意见的通知》（国办函〔2021〕132 号　2021 年 12 月 22 日）

第一条　为进一步规范政府信息公开行政复议案件审理工作，根据《中华人民共和国行政复议法》、《中华人民共和国行政复议法实施条例》、《中华人民共和国政府信息公开条例》、《政府信息公开信息处理费管理办法》，结合工作实际，制定本指导意见。

第二条　公民、法人或者其他组织认为政府信息公开行为侵犯其合法权益，有下列情形之一的，可以依法向行政复议机关提出行政复议申请：

（一）向行政机关申请获取政府信息，行政机关答复不予公开（含部分不予公开，下同）、无法提供、不予处理或者逾期未作出处理的；

（二）认为行政机关提供的政府信息不属于其申请公开的内容的；

（三）认为行政机关告知获取政府信息的方式、途径或者时间错误的；

（四）认为行政机关主动公开或者依申请公开的政府信息侵犯其商业秘密、个人隐私的；

（五）认为行政机关的其他政府信息公开行为侵犯其合法权益的。

第三条　公民、法人或者其他组织对政府信息公开行为不服提出行政复议申请，有下列情形之一的，行政复议机关不予受理：

（一）单独就行政机关作出的补正、延期等程序性处理行为提出行政复议申请的；

（二）认为行政机关提供的政府信息不符合其关于纸张、印章等具体形式要求的，或者未按照其要求的特定渠道提供政府信息的；

（三）在缴费期内对行政机关收费决定提出异议的；

（四）其他不符合行政复议受理条件的情形。

第五条　公民、法人或者其他组织对行政机关或者行政机关设立的依照法律、法规对外以自己名义履行行政管理职能的派出机构（以下简称派出机构）作出的依申请公开政府信息行为不服提出行政复议申请的，以作出该政府信息公开行为的行政机关或者派出机构为被申请人；因逾期未作出政府信息公开行为提出行政复议申请的，以收到政府信息公开申请的行政机关或者派出机构为被申请人。

公民、法人或者其他组织认为行政机关主动公开政府信息行为侵犯其合法权益提出行政复议申请的，以公开该政府信息的行政机关或者派出机构为被申请人。

公民、法人或者其他组织对法律、法规授权的具有管理公共事务职能的组织作出的政府信息公开行为不服提出行政复议申请的，以该组织为被申请人。

第六条　申请人认为被申请人逾期未处理其政府信息公开申请的，行政复议机关应当重点审查下列事项：

（一）被申请人是否具有执行《中华人民共和国政府信息公开条例》的法定职责；

（二）被申请人是否收到申请人提出的政府信息公开申请；

（三）申请人提出政府信息公开申请的方式是否符合被申请人政府信息公开指南的要求；

（四）是否存在《中华人民共和国政府信息公开条例》第三十条规定的无正当理由逾期不补正的情形；

（五）是否存在《政府信息公开信息处理费管理办法》第六条规定的逾期未缴纳信息处理费的情形。

第七条　被申请人答复政府信息予以公开的，行政复议机关应当重点审查下列事项：

（一）被申请人向申请人告知获取政府信息的方式、途径和时间是否正确；

（二）被申请人向申请人提供的政府信息是否完整、准确。

第八条　被申请人答复政府信息不予公开的，行政复议机关应当重点审查下列事项：

（一）申请公开的政府信息是否属于依照法定定密程序确定的国家秘密；

（二）申请公开的政府信息是否属于法律、行政法规禁止公开的政府信息；

（三）申请公开的政府信息是否属于

公开后可能危及国家安全、公共安全、经济安全、社会稳定的政府信息；

(四) 申请公开的政府信息是否属于涉及商业秘密、个人隐私等公开后可能会对第三方合法权益造成损害的政府信息；

(五) 申请公开的政府信息是否属于被申请人的人事管理、后勤管理、内部工作流程三类内部事务信息；

(六) 申请公开的政府信息是否属于被申请人在履行行政管理职能过程中形成的讨论记录、过程稿、磋商信函、请示报告四类过程性信息；

(七) 申请公开的政府信息是否属于行政执法案卷信息；

(八) 申请公开的政府信息是否属于《中华人民共和国政府信息公开条例》第三十六条第七项规定的信息。

第九条 被申请人答复政府信息无法提供的，行政复议机关应当重点审查下列事项：

(一) 是否属于被申请人不掌握申请公开的政府信息的情形；

(二) 是否属于申请公开的政府信息需要被申请人对现有政府信息进行加工、分析的情形；

(三) 是否属于经补正后政府信息公开申请内容仍然不明确的情形。

第十条 被申请人答复对政府信息公开申请不予处理的，行政复议机关应当重点审查下列事项：

(一) 申请人提出的政府信息公开申请是否属于以政府信息公开申请的形式进行信访、投诉、举报等活动，或者申请国家赔偿、行政复议等情形；

(二) 申请人提出的政府信息公开申请是否属于重复申请的情形；

(三) 申请人提出的政府信息公开申请是否属于要求被申请人提供政府公报、报刊、书籍等公开出版物的情形；

(四) 申请人提出的政府信息公开申请是否属于申请公开政府信息的数量、频次明显超过合理范围，且其说明的理由不合理的情形；

(五) 申请人提出的政府信息公开申请是否属于要求被申请人确认或者重新出具其已经获取的政府信息的情形。

第十一条 申请人要求被申请人更正政府信息而被申请人未予以更正的，申请人应当提供其曾向被申请人提出更正申请的证明材料。

第十二条 有下列情形之一的，行政复议机关应当决定维持政府信息公开行为：

(一) 申请公开的政府信息已经主动公开的，被申请人告知获取该政府信息的方式、途径正确；

(二) 申请公开的政府信息可以公开的，被申请人完整、准确地提供了该政府信息，或者告知获取该政府信息的方式、途径和时间正确；

(三) 申请公开的政府信息不予公开符合《中华人民共和国政府信息公开条例》第十四条、第十五条、第十六条、第三十六条第七项的规定；

(四) 申请公开的政府信息无法提供或者对政府信息公开申请不予处理的，属于本指导意见第九条、第十条关于无法提供或者对政府信息公开申请不予处理的情形；

(五) 其他依法应当维持政府信息公开行为的情形。

属于前款所列情形，政府信息公开行为认定事实清楚、适用依据正确、答复内容适当但程序违法的，行政复议机关应当决定确认该政府信息公开行为程序违法。

第十三条 有下列情形之一的，行政复议机关应当决定驳回行政复议申请：

（一）申请人认为被申请人未履行政府信息公开职责，行政复议机关受理后发现被申请人没有相应法定职责或者在受理前已经履行政府信息公开职责的；

（二）受理行政复议申请后，发现该行政复议申请属于本指导意见第三条规定情形之一的；

（三）被申请人未对申请人提出的政府信息公开申请作出处理符合《中华人民共和国政府信息公开条例》第三十条、《政府信息公开信息处理费管理办法》第六条规定的；

（四）其他依法应当决定驳回行政复议申请的情形。

第十四条 被申请人未在法定期限内对政府信息公开申请作出处理的，行政复议机关应当决定被申请人在一定期限内作出处理。

第十五条 有下列情形之一的，行政复议机关应当决定变更政府信息公开行为：

（一）政府信息公开行为认定事实清楚、适用依据正确、程序合法但答复内容不适当的；

（二）政府信息公开行为认定事实清楚、答复内容适当、程序合法但未正确适用依据的。

第十六条 有下列情形之一的，行政复议机关应当决定撤销或者部分撤销政府信息公开行为，并可以责令被申请人在一定期限内对申请人提出的政府信息公开申请重新作出处理，或者决定被申请人对申请公开的政府信息予以公开：

（一）被申请人答复政府信息予以公开，但是告知获取政府信息的方式、途径、时间错误，或者提供的政府信息不完整、不准确的；

（二）被申请人答复政府信息不予公开、无法提供或者对政府信息公开申请不予处理，认定事实不清、适用依据明显错误或者答复内容明显不当的；

（三）其他依法应当撤销或者部分撤销政府信息公开行为的情形。

属于前款所列情形，申请人提出行政复议申请前，或者行政复议机关作出行政复议决定前，申请人已经获取相关政府信息的，行政复议机关应当决定确认该政府信息公开行为违法。

第十七条 行政复议机关在案件审理过程中，发现被申请人不依法履行政府信息公开职责，或者因政府信息公开工作制度不规范造成不良后果的，可以制作行政复议意见书并抄送相关政府信息公开工作主管部门；情节严重的，可以提出追究责任的意见建议。

上级行政复议机关应当加强对下级行政复议机关政府信息公开案件审理工作的指导监督。

第十八条 本指导意见自印发之日起施行。

典型案例

1. 杨某不服国务院某部门政府信息公开案（国家林业局政法司提供）[13]

焦点问题评析： 根据《行政复议法》第六条[14]的规定，除行政处罚、行政许可等该法明确罗列的事项外，认为行政机

[13] 国务院法制办公室行政复议司编：《行政复议年度案例选评（2014~2015）》，中国法制出版社2015年版，第51-53页。

[14] 《行政复议法》（2023年修正）第11条。

关的其他具体行政行为侵犯其合法权益的，可以申请行政复议。同时，《行政复议法实施条例》规定，申请人与具体行政行为有利害关系是受理行政复议申请的必备条件之一。根据《政府信息公开条例》第三十三条第二款的规定，公民、法人或者其他组织认为行政机关在政府信息公开工作中的具体行政行为侵犯其合法权益的，可以依法申请行政复议或者提起行政诉讼。

从以上规定可以看出，公民对行政机关的信息公开行为提起行政复议必须符合“自己的合法权益受到政府信息公开具体行政行为的侵害”这一根本要求。就本案而言，就是要明确被申请人的行政行为是否侵犯了申请人的合法权益。被申请人主动公开 2012 年度部门决算报告，属于主动公开的行为。这一行为本身，不是针对申请人作出的，并没有影响到申请人的实体权利义务，更没有侵害申请人个人的合法权益因此，申请人的申请不属于《行政复议法》第二条、第六条〔15〕和《行政复议法实施条例》第二十八条规定的行政复议范围。

准确把握行政复议的受理范围，是办理行政复议案件的基础。针对政府信息公开事项提起行政复议申请的，只有行政机关在政府信息公开工作中侵犯了申请人合法权益的情形下，申请人方可提起行政复议。根据我国现行法律法规的规定，一般来讲，以下几种情形应当被认为行政机关在政府信息公开工作中实施的具体行政行为侵犯了申请人的合法权益受损害的申请人依法可以提起行政复议：

第一，行政机关主动公开信息，侵犯公民、法人或者其他组织的商业秘密、个人隐私的；

第二，公民、法人或者其他组织认为行政机关提供的与其自身相关的政府信息记录不准确，要求行政机关予以更正，行政机关拒绝更正的；

第三，向行政机关申请获取政府依法应当公开的信息行政机关不予答复或者拒绝公开的。

本案中，被申请人依据《政府信息公开条例》的规定主动公开了部门财政决算等信息，这是被申请人向社会履行政府信息公开义务的体现，不针对申请人，不存在侵犯申请人商业秘密或者个人隐私的问题，更不存在侵犯申请人合法权益的情形。在这种情况下，申请人就被申请人主动公开政府信息的行为申请行政复议，不属于行政复议的受理范围。

2. 周某不服某省监察厅政府信息公开案（中央纪委监察部案件审理室提供）〔16〕

焦点问题评析：“对举报事项办理情况申请信息公开”此类行政复议案件的争议焦点通常有两个：一是对举报事项的办理情况是否可以申请信息公开；二是如果对监察机关答复这类信息公开申请的行为不服而申请行政复议，是否属于行政复议受理范围。

一、对举报事项的办理情况是否可以申请信息公开

考虑到监察机关查办案件工作的特殊性和保密要求，公开举报事项办理情况可能会侵犯相关人员的合法权益甚至危害办案工作和办案人员的安全。因此，一般认

〔15〕《行政复议法》（2023 年修正）第 2 条、第 11 条。

〔16〕国务院法制办公室行政复议司编：《行政复议年度案例选评（2014~2015）》，中国法制出版社 2015 年版，第 54-58 页。

为，监察机关对举报事项的办理情况不应包含在政府信息公开的范围内，不宜通过政府信息公开的方式告知举报人。本案被申请人收到申请人的信息公开申请后，未告知其举报事项的办理情况，不能认定被申请人违反有关信息公开的法律规定。

二、监察机关答复有关举报事项办理情况的信息公开申请

根据《政府信息公开条例》第三十三条的规定，公民认为行政机关在政府信息公开工作中的具体行政行为侵犯其合法权益的，可以申请行政复议。但对什么是"合法权益"，相关法规并未作出明确界定。《最高人民法院关于不服县级以上人民政府信访行政管理部门、负责受理信访事项的行政管理机关以及镇（乡）人民政府作出的处理意见或者不再受理决定而提起的行政诉讼人民法院是否受理的批复》中明确："信访工作机构是各级人民政府或政府工作部门授权负责信访工作的专门机构，其依据《信访条例》作出的登记、受理、交办、转送、承办、协调处理、监督检查、指导信访事项等行为，对信访人不具有强制力，对信访人的实体权利义务不产生实质影响。信访人对信访工作机构依据《信访条例》处理信访事项的行为或者不履行《信访条例》规定的职责不服提起行政诉讼的，人民法院不予受理。"参考最高人民法院的上述批复精神，并结合《行政复议法》第六条等有关规定的立法精神来看，《行政复议法》救济的是公民的人身、财产等实体性权利，或者说《行政复议法》规定的可以复议的具体行政行为应当是对公民实体权利义务产生实质影响的行政行为。监察机关对举报事项办理情况的信息公开申请所作答复，不影响公民的实体权利义务。因此，一般认为，对监察机关答复有关举报事项办理情况的信息公开申请的行为不服而申请行政复议，不属于行政复议的受理范围。

此外，需要注意的是，根据《行政监察法》的规定，对实名举报的，监察机关应当将处理结果等情况予以回复。因此，公民虽然不能通过申请信息公开或行政复议的方式获取其举报事项办理情况的信息，但如果监察机关不依法履行对实名举报人的告知义务，公民可向上级监察机关举报该监察机关行政不作为。

3. 秦某不服某区卫生局不作为案（重庆市卫生和计划生育委员会政策法规处提供）[17]

焦点问题评析：目前，我国现行法律对行政不作为的概念缺乏明确、统一的规定。《行政诉讼法》和《行政复议法》只是在有关条文中规定了某些行政不作为的具体表现形态。行政法学界关于"行政不作为"的论述也莫衷一是。概括起来，有以下几种主流学术观点：（一）实质说。行政不作为是行政主体消极地不作出一定的动作，分方式的不为和内容的不为。方式有"为"，但反映的内容是不为、则是形式上有"为"而实质上"不为"，也是不作为。（二）义务说。行政不作为是指行政主体负有某种法定的作为义务，在应当为之且可能为之的情况下，却拒绝履行的一种行为方式。（三）申请说。行政不作为是指行政主体依公民、法人或其他组织的合法申请，应当履行相应的法定职责，却不履行或拖延履行的一种行为方式。（四）职责说。行政不作为是指行政

〔17〕国务院法制办公室行政复议司编：《行政复议年度案例选评（2014~2015）》，中国法制出版社 2015 年版，第 166-171 页。

主体依行政相对人的合法申请应当履行也有可能履行相应的法定职责，但却不履行或拖延履行的行为形式。（五）法律状态说。行政不作为是指行政主体维持现有法律状态，或不改变现有法律状态行为，如不予答复或拒绝颁发许可证等。

虽然关于“行政不作为”的理解在实践和理论中还存在一定争议，但透过现有法律规定和学理界定，可以概括出几个基本特征：（一）行政不作为的主体是行政主体。（二）行政不作为的前提是行政主体负法定作为义务。（三）行政不作为必须是在法定或合理期限内未予作出的行为。（四）行政不作为违反的是依法行政的要求，而不仅仅局限于当事人合法权益的保护。

4. 魏某高、陈某志诉来安县人民政府收回土地使用权批复案【最高人民法院指导案例22号】

裁判要旨：地方人民政府对其所属行政管理部门的请示作出的批复，一般属于内部行政行为，……但行政管理部门直接将该批复付诸实施并对行政相对人的权利义务产生了实际影响，……因此，在原土地使用权人也通过申请政府信息公开知道了该批复的内容后，对批复提起了行政复议，复议机关对于针对此批复进行受理并告知行政相对人诉权具有合理性。

5. 谭某立诉湖北省人民政府土地行政复议案【（2018）最高法行再8号】

裁判要旨：省级政府所作的征地批复在现实中和法律上通常等同于行政复议法第三十条所规定的“征收土地的决定”[18]，根据《行政复议法》第十四条[19]的规定，属于省级政府所作的具体行政行为。实践中，相关内容往往已按照土地管理法所规定的征地公告程序公之于众，产生了外化效果。且经过同级复议后形成的复议决定，也是向国务院申请裁决的前提依据之一。同时，国务院法制办作为国务院办事机构，亦已办理大量针对省级政府所作的征地批复复议决定申请裁决的案件。如果征地决定（批复）本身被解释为不可复议，不仅与行政复议法第六条[20]第七项、第十一项之规定精神不符，也与实践中绝大多数地方和国务院法制办认可的做法相冲突。原审法院将有关内容解释为省级政府作出的征地批复是最终裁决，不得申请行政复议，并不加区分地认为针对批复作出的复议决定均不属于人民法院的受案范围，存在一定误解，与行政复议法前述规定精神不符，亦不利于当事人法定的复议请求权的保障，确有不当。

6. 杨某民诉成都市政府其他行政纠纷案【《最高人民法院公报》2007年第10期（总第132期）】

裁判要旨：行政机关驳回当事人申诉的信访答复，属于行政机关针对当事人不服行政行为的申诉作出的重复处理行为，并未对当事人的权利义务产生新的法律效果，不是行政复议法所规定的可以申请行政复议的行政行为。

7. 练某火与广西壮族自治区柳州市人民政府等规划行政处罚及行政复议纠纷再审申请案【（2018）最高法行申5868号】

裁判要旨：如果行政机关某一行为的内容需要借助另一行政行为的作出才能对外发生效力，则该行为因不具备外部法律

---

〔18〕已废止。

〔19〕《行政复议法》（2023年修正）第26条。

〔20〕《行政复议法》（2023年修正）第11条。

效力，对公民、法人或者其他组织的权利义务不产生实际影响。因此，不属于《行政复议法》第六条[21]规定的复议受理范围。

8. 黄某军等人不服金华市工商行政管理局工商登记行政复议案【《最高人民法院公报》2012年第5期（总第187期）】

裁判要旨：买卖、租赁民事合同一方当事人，与合同相对方因公司设立、股权和名称改变而进行的相应工商登记一般没有法律上的利害关系，其以合同相对方存在民事侵权行为为由申请行政复议的，行政复议机关可以不予受理。

9. 重庆市垫江县城东方花园旧城区改造被拆迁人杨某华等4户与重庆市人民政府行政纠纷案【（2001）行终字第17号】

裁判要旨：行政机关针对某小区作出的拆迁通知，其针对的对象是特定的，即该小区的全部被拆迁单位和被拆迁户，不及于他人。该通知在拆迁结束后便自动失去效力，不具有反复适用性。因此行政机关针对某小区作出的拆迁通知应当认定为具体行政行为，而不是抽象行政行为，属于行政复议应当受理的范围。

10. 范某生诉浙江省嘉善县人民政府环保行政复议案【最高人民法院公布七起保障民生典型案例之四；《最高人民法院公报》2014年第10期（总第216期）】

裁判要旨：行为人向环保行政机关投诉河道污染严重，其养殖业受损，要求环保行政机关认真履行职责，依法查处，从上述投诉的内容来看并非信访事项范畴，而是要求行政机关对污染河道的行为予以制止并依法进行查处，该请求事项属于被申请行政机关的法定职责范围，因此，上述投诉事项属于要求行政机关履行法定职责的申请。

11. 练某雄等与广西壮族自治区柳州市人民政府城市规划处罚复议纠纷再审案【（2018）最高法行申5860号】

裁判要旨：案涉162号处罚决定系城中区执法局以其自身名义对练某成的房屋作出的违法性认定和拆除决定，而被申请人柳州市规划局根据城中区执法局的咨询请求作出的处罚意见，属于行政机关之间依照各自职权进行咨询、答复的内部行政行为，对外不产生法律效力，并未对公民、法人或者其他组织的权利义务产生实际影响，因此，不属于《行政复议法》第六条[22]规定的行政复议受理范围。

12. 徐某苗诉被申请人浙江省舟山市人民政府行政复议案【（2020）最高法行申12893号】

裁判要旨：与民事合同相比，识别行政协议的标准主要有二：一是主体上系行政机关与公民、法人或者其他组织之间的行为；二是客体上属于行政法领域。本案关键在于甄别国网舟山供电公司的主体性质。

13. 刘某龙诉被申请人青岛市人民政府行政复议案【（2020）最高法行申7663号】

裁判要旨：上级行政机关对下级行政机关所报请示作出的批准行为，该行为属于行政机关之间履行报批程序的内部行政行为，并无设定相应权利义务的内容，对公民、法人或者其他组织的权利义务不产生实际影响。青岛市人民政府决定不予受理行政复议申请，无不当。

14. 张某诉被申请人上海市浦东新区人民

---

〔21〕《行政复议法》（2023年修正）第11条。

〔22〕同上。

政府不予受理行政复议申请案【（2020）最高法行申 7044 号】

裁判要旨：本案中，张某的复议申请未指向特定的行政行为，不符合行政复议的受理条件。

15. 王某诚诉山东省济南市人民政府不履行法定职责案【（2020）最高法行申 6700 号】

裁判要旨：我国实行的是一级复议制度。对于明显违反一级复议制度的申请，接受该申请的行政复议机关口头或者书面释明、决定不予受理均对申请人的合法权益不产生实际影响。

16. 汤某钊诉被申请人中山市人民政府及原审第三人中山市拘留所行政复议不作为案【（2018）最高法行申 8182 号】

裁判要旨：本案中，汤某钊向中山市政府申请复议的行为系中山市拘留所作出的《情况说明》。汤某钊因在民事案件中拒不履行法律文书确定的义务，严重妨碍执行工作被中山市第二人民法院决定予以司法拘留。中山市第二看守所对汤某钊实施拘留系依法执行中山市第二人民法院的司法拘留决定，作出《解除拘留证明书》是整个司法拘留中的法定程序，系司法拘留的一部分，并非单独的行政行为，本身不属于复议和诉讼的受案范围。而《情况说明》是对其执行法院的司法拘留决定完毕后所作《解除拘留证明书》中笔误的补正，这一更正与司法拘留的实际情况相一致，且不对其权利义务产生实际影响，亦不是复议法规定的行政行为，不属于复议受案范围。

17. 苗某女诉山西省人民政府不予受理行政复议决定案【（2018）最高法行申 3825 号】

裁判要旨：《行政复议法》第 30 条第 2 款“最终裁决”的规定〔23〕，确定了省级人民政府作出的征收土地决定不属于行政诉讼的受案范围，而并不意味着其也不属于行政复议的受理范围。根据《行政复议法》第 14 条的规定，再审申请人提出的行政复议申请事项是被申请人山西省人民政府作出的征地批复，应属于行政复议的受理范围。

18. 孙某荣与吉林省人民政府信息公开行政纠纷再审案【（2015）行提字第 19 号，《最高人民法院公报》2016 年第 12 期（总第 242 期）】

裁判要旨：《政府信息公开条例》（2007 年）第 2 条规定：“本条例所称政府信息，是指行政机关在履行职责过程中制作或者获取的，以一定形式记录、保存的信息。”据此，该条例所指的政府信息，应当是现有的，以一定形式记录、保存的信息。为准确把握政府信息的适用范畴，国务院办公厅《关于做好政府信息依申请公开工作的意见》（国办发〔2010〕5 号）第 2 条明确规定：“行政机关向申请人提供的政府信息，应当是现有的，一般不需要行政机关汇总、加工或重新制作（作区分处理的除外）。”本案中，孙某荣向吉林省住建厅申请了解的是吉建房字（1999）27 号通知的效力问题，并非申请公开“以一定形式记录、保存的”政府文件本身，在性质上属于咨询，不属于《政府信息公开条例》调整的范畴，况且针对咨询作出答复以及答复与否，不会对咨询人的权利义务产生实际影响。因此，吉林省人民政府作出吉政复不字（2011）号不予受理决

〔23〕 已废止。

定，符合《行政复议法》第 6 条、第 17 条[24]的规定。行政复议调查取证权是法定的，应当依法行使，在调查取证过程中被调查单位和人员应当配合行政复议人员的工作，不得拒绝或者阻挠。

19. 某公司不服淮南市人民政府行政批复案[25]

决定要旨：《中华人民共和国行政复议法实施条例》第二十八条第二项、第五项规定，行政复议申请人应当与具体行政行为有利害关系，行政复议申请应当属于行政复议范围。本案中，42 号《批复》批准同意《事故调查报告》关于对申请人及其工作人员给予行政处罚，以及要求申请人落实事故责任相关防范措施等，是针对申请人作出的义务性规定，对申请人权利义务产生了实质性影响，符合具体行政行为特征。

《生产安全事故报告和调查处理条例》（国务院令第 493 号，以下简称国务院 493 号令）第三十二条第三款规定："事故发生单位应当按照负责事故调查的人民政府的批复，对本单位负有直接责任的人员进行处理。"第三十四条规定："事故处理的情况由事故调查的人民政府或者其授权的有关部门、机构向社会公布，依法应当保密的除外。"《安徽省生产安全事故报告和调查处理办法》（省政府令第 232 号，以下简称省政府 232 号令）第二十八条第一款、第三款分别规定："事故批复应当主送落实责任追究的县级以上人民政府、有关部门或者单位。""事故发生单位应当按照事故批复，对本单位负有事故责任的人员进行处理。"根据上述规定，责任事故调查报告的批复作为实施行政处罚、行政处分、移送刑事处理的依据，因此，批复一旦作出，即对责任单位和责任人产生法律约束力，并作为处理所遵照执行的依据。本案中，被申请人按照以上规定将事故批复主送淮南市应急管理局，要求该局督促相关部门落实对相关单位及责任人的处理意见。淮南市应急管理局将事故批复发送区城管局。区城管局按照被申请人作出的批复内容及淮南市应急管理局的要求，对申请人启动了立案、调查、听证等行政处罚程序，拟于近期作出行政处罚决定。被申请人主张 42 号《批复》不对外产生直接影响，不能成立。

综上，该行政复议申请属于行政复议范围，符合行政复议受理条件。

20. 张某不服北京市教育委员会行政决定案[26]

决定要旨：《中华人民共和国教师法》第三十九条规定，教师对学校或者其他教育机构侵犯其合法权益的，或者对学校或者其他教育机构作出的处理不服的，可以向教育行政部门提出申诉，教育行政部门应当在接到申诉的三十日内，作出处理。被申请人作为教育主管部门，有受理、审查和作出申诉处理决定的法定职责。本案中被复议的行政行为是被申请人作出的《教师申诉答复意见书》（教法申字〔2020〕2 号），该决定本身并非《行政复议法》第八条[27]所称的对申请人的行政

[24] 《行政复议法》（2023 年修正）第 11 条、第 30 条。

[25] 来源：司法部行政复议服务平台：首届"全国行政复议优秀文书"评选结果，https://xzfy.moj.gov.cn/c/2021-08-23/490125.shtml。

[26] 同上。

[27] 被《行政复议法》（2023 年修正）第 12 条吸收。

处分或者其他人事处理决定，性质上为初始行政行为，属于《行政复议法》第二条规定的行政复议受案范围。同样，《中华人民共和国最高人民法院行政裁定书》（（2016）最高法行申4697号）亦明确，省级教育行政部门作出的教师申诉处理决定是可诉的行政行为，相关申诉处理决定本身并非对申诉人的行政处分。故，北京市教育委员会是本案适格的行政复议被申请人。对被申请人提出的本案不属于行政复议受案范围的答复意见，本机关不予支持。

21. 张某某不服云南省工业和信息化厅行政行为案〔28〕

决定要旨：《道路机动车辆生产企业及产品准入管理办法》第一条规定："为了规范道路机动车辆生产企业及产品准入管理，维护公民生命、财产安全和公共安全，促进汽车产业发展，……制定本办法"。《商用车生产企业及产品准入管理规则》第一条规定："为规范商用车生产企业及产品的准入管理，维护商用车产品市场竞争秩序，推动汽车产业结构调整和优化升级，促进企业技术进步，……制定本规则。"《车辆生产企业及产品生产一致性监督管理办法》（工业和信息化部"工产业〔2010〕第109号"公告）第一条规定："为切实维护国家、社会和公众利益，完善《车辆生产企业及产品公告》（以下简称《公告》）管理制度，规范车辆生产企业行为，……制定本管理办法"。据此，对道路机动车辆生产企业及产品实施监督管理、生产一致性监督管理，目的在于规范车辆生产企业行为，维护国家、社会和公众利益，促进汽车产业发展。对道路机动车辆生产企业及产品实施监督管理，保护的是不特定多数公民的公众利益，并不是某一特定的消费者个体利益。对于受害人是否拥有要求行政机关惩治加害人的主观公权，需要法律的明确规定。法律法规并未规定工业和信息化主管部门负有处理特定消费者因购买特定车辆产生争议的职责，或者处理单一、特定车辆产品生产一致性举报的职责。如申请人对其购买的车辆质量有异议，可以依据购买合同通过民事诉讼途径解决。

第十二条　不属于行政复议范围的事项

下列事项不属于行政复议范围：

（一）国防、外交等国家行为；

（二）行政法规、规章或者行政机关制定、发布的具有普遍约束力的决定、命令等规范性文件；

（三）行政机关对行政机关工作人员的奖惩、任免等决定；

（四）行政机关对民事纠纷作出的调解。

---

〔28〕 来源：司法部行政复议服务平台：首届"全国行政复议优秀文书"评选结果，https：//xzfy.moj.gov.cn/c/2021-08-23/490125.shtml。

条文注释[29]

本条是对于行政复议机关受理复议案件范围的否定式列举，为本次修法的新增条款，本条共分为四项：

1. “国防、外交等国家行为”

国家行为，又称统治行为，是指基于国家主权，具有高度政治性、主权性、整体性的国家最高机关的行为，主要以对外的国防、外交行为为主。由于其高度的政治性、主权性，即便是同为行政机关的行政复议机关亦不宜介入。

2. “抽象行政行为”

行政机关基于其行政权能，享有一定的规则制定权。行政法理论上，将行政机关依照其规则制定权，制定行政法规、规章，发布具有普遍约束力的决定、命令的行为统称为抽象行政行为。相较于具体行政行为，抽象行政行为具有如下五个方面的特殊性：（1）针对不特定的主体；（2）针对一类事项而非特定的某个事项；（3）能够反复适用；（4）对同类事件持续发生法律效力；（5）不产生直接的执行力。

抽象行政行为包括国务院制定行政法规的行为，国务院部门及具有行政管理职能的直属机构制定部门规章的行为，省级人民政府和较大的市人民政府制定地方政府规章的行为和行政机关发布具有普遍约束力的决定、命令的行为四类。其中，行政机关制定和发布行政法规、规章属于行政立法行为，受到《立法法》和《行政法规制定程序条例》、《规章制定程序条例》的约束，依法应当由全国人民代表大会专门委员会、常务委员会工作机构和国务院备案审查工作机构进行备案审查以监督，不宜通过行政复议进行监督，因此不属于行政复议的受案范围。根据《地方各级人民代表大会和地方各级人民政府组织法》，政府及其职能部门的不适当的决定和命令，应当由地方人大或政府来撤销，因此，亦不宜作为行政复议的直接审查、处分的对象，只能对此进行附带性审查。

3. “行政机关对行政机关工作人员的奖惩、任免等决定”

“行政机关对行政机关工作人员的奖惩、任免等决定”属于内部行政行为。所谓内部行政行为是指行政机关工作人员与其所属行政机关之间，基于公务员法所产生的具有国家职务关系的行政行为，此类行为因受到学理上的特别权力关系理论的影响，属于不可复议的行政行为。根据《公务员法》的规定，公务员对于奖惩、任免等决定不服的，可以依据该法第九十五条进行申诉。值得注意的是，由于特别权力关系的成立依赖于国家职务关系的存废与否，因此，只有在当事人已经成为公务员，依法具有行使行政职权的职责权限的情况下，才属于本项所规定的行政复议的受案范围的否定内容。因此，公务员为取得公务员身份所经历的考试录用，公务员因退休、辞职、被开除而丧失公务员身份之后与行政机关之间产生的行政纠纷，均不属于本法所指代的内部行政行为纠纷，属于公民与行政机关之间因行政管理所形成的外部行政行为纠纷，属于行政复议的受案范围。

4. “行政机关对民事纠纷作出的调解”

行政调解，是指行政机关主持，按照平等自愿、互利互让原则，通过调停、斡

[29] 参见江必新主编：《中华人民共和国行政诉讼法理解释用与实务指南》，中国法制出版社2015年版，第78-83页。

旋等方式，促成争议双方达成和解以解决争议的行为。在行政调解中，行政机关居中主持行政调解，调解协议最终是否能够达成，完全取决于争议各方当事人的真实意思表示，行政机关在行政调解过程中不存在单方强制意志，对于当事人的权利义务不产生实际影响。因此，当事人对行政调解行为提起行政复议的，不属于行政复议的受案范围。

相关规定

◎法律

《立法法》（2023年3月15日）

第一章　总　　则

……

第二条　法律、行政法规、地方性法规、自治条例和单行条例的制定、修改和废止，适用本法。

国务院部门规章和地方政府规章的制定、修改和废止，依照本法的有关规定执行。

……

第三章　行政法规

第七十二条　国务院根据宪法和法律，制定行政法规。

行政法规可以就下列事项作出规定：

（一）为执行法律的规定需要制定行政法规的事项；

（二）宪法第八十九条规定的国务院行政管理职权的事项。

应当由全国人民代表大会及其常务委员会制定法律的事项，国务院根据全国人民代表大会及其常务委员会的授权决定先制定的行政法规，经过实践检验，制定法律的条件成熟时，国务院应当及时提请全国人民代表大会及其常务委员会制定法律。

……

第四章　地方性法规、自治条例和单行条例、规章

……

第二节　规　　章

第九十一条　国务院各部、委员会、中国人民银行、审计署和具有行政管理职能的直属机构以及法律规定的机构，可以根据法律和国务院的行政法规、决定、命令，在本部门的权限范围内，制定规章。

部门规章规定的事项应当属于执行法律或者国务院的行政法规、决定、命令的事项。没有法律或者国务院的行政法规、决定、命令的依据，部门规章不得设定减损公民、法人和其他组织权利或者增加其义务的规范，不得增加本部门的权力或者减少本部门的法定职责。

第九十二条　涉及两个以上国务院部门职权范围的事项，应当提请国务院制定行政法规或者由国务院有关部门联合制定规章。

第九十三条　省、自治区、直辖市和设区的市、自治州的人民政府，可以根据法律、行政法规和本省、自治区、直辖市的地方性法规，制定规章。

地方政府规章可以就下列事项作出规定：

（一）为执行法律、行政法规、地方性法规的规定需要制定规章的事项；

（二）属于本行政区域的具体行政管理事项。

设区的市、自治州的人民政府根据本条第一款、第二款制定地方政府规章，限于城乡建设与管理、生态文明建设、历史文化保护、基层治理等方面的事项。已经制定的地方政府规章，涉及上述事项范围以外的，继续有效。

除省、自治区的人民政府所在地的市，经济特区所在地的市和国务院已经批准的较大的市以外，其他设区的市、自治州的人民政府开始制定规章的时间，与本省、自治区人民代表大会常务委员会确定的本市、自治州开始制定地方性法规的时间同步。

应当制定地方性法规但条件尚不成熟的，因行政管理迫切需要，可以先制定地方政府规章。规章实施满两年需要继续实施规章所规定的行政措施的，应当提请本级人民代表大会或者其常务委员会制定地方性法规。

没有法律、行政法规、地方性法规的依据，地方政府规章不得设定减损公民、法人和其他组织权利或者增加其义务的规范。

……

第五章　适用与备案审查

……

第一百零八条　改变或者撤销法律、行政法规、地方性法规、自治条例和单行条例、规章的权限是：

（一）全国人民代表大会有权改变或者撤销它的常务委员会制定的不适当的法律，有权撤销全国人民代表大会常务委员会批准的违背宪法和本法第八十五条第二款规定的自治条例和单行条例；

（二）全国人民代表大会常务委员会有权撤销同宪法和法律相抵触的行政法规，有权撤销同宪法、法律和行政法规相抵触的地方性法规，有权撤销省、自治区、直辖市的人民代表大会常务委员会批准的违背宪法和本法第八十五条第二款规定的自治条例和单行条例；

（三）国务院有权改变或者撤销不适当的部门规章和地方政府规章；

（四）省、自治区、直辖市的人民代表大会有权改变或者撤销它的常务委员会制定的和批准的不适当的地方性法规；

（五）地方人民代表大会常务委员会有权撤销本级人民政府制定的不适当的规章；

（六）省、自治区的人民政府有权改变或者撤销下一级人民政府制定的不适当的规章；

（七）授权机关有权撤销被授权机关制定的超越授权范围或者违背授权目的的法规，必要时可以撤销授权。

第一百零九条　行政法规、地方性法规、自治条例和单行条例、规章应当在公布后的三十日内依照下列规定报有关机关备案：

（一）行政法规报全国人民代表大会常务委员会备案；

（二）省、自治区、直辖市的人民代表大会及其常务委员会制定的地方性法规，报全国人民代表大会常务委员会和国务院备案；设区的市、自治州的人民代表大会及其常务委员会制定的地方性法规，由省、自治区的人民代表大会常务委员会报全国人民代表大会常务委员会和国务院备案；

（三）自治州、自治县的人民代表大会制定的自治条例和单行条例，由省、自治区、直辖市的人民代表大会常务委员会报全国人民代表大会常务委员会和国务院备案；自治条例、单行条例报送备案时，应当说明对法律、行政法规、地方性法规作出变通的情况；

（四）部门规章和地方政府规章报国务院备案；地方政府规章应当同时报本级人民代表大会常务委员会备案；设区的市、自治州的人民政府制定的规章应当同时报省、自治区的人民代表大会常务委员会和人民政府备案；

（五）根据授权制定的法规应当报授权决定规定的机关备案；经济特区法规、

浦东新区法规、海南自由贸易港法规报送备案时，应当说明变通的情况。

第一百一十条 国务院、中央军事委员会、国家监察委员会、最高人民法院、最高人民检察院和各省、自治区、直辖市的人民代表大会常务委员会认为行政法规、地方性法规、自治条例和单行条例同宪法或者法律相抵触，或者存在合宪性、合法性问题的，可以向全国人民代表大会常务委员会书面提出进行审查的要求，由全国人民代表大会有关的专门委员会和常务委员会工作机构进行审查、提出意见。

前款规定以外的其他国家机关和社会团体、企业事业组织以及公民认为行政法规、地方性法规、自治条例和单行条例同宪法或者法律相抵触的，可以向全国人民代表大会常务委员会书面提出进行审查的建议，由常务委员会工作机构进行审查；必要时，送有关的专门委员会进行审查、提出意见。

第一百一十一条 全国人民代表大会专门委员会、常务委员会工作机构可以对报送备案的行政法规、地方性法规、自治条例和单行条例等进行主动审查，并可以根据需要进行专项审查。

国务院备案审查工作机构可以对报送备案的地方性法规、自治条例和单行条例，部门规章和省、自治区、直辖市的人民政府制定的规章进行主动审查，并可以根据需要进行专项审查。

第一百一十二条 全国人民代表大会专门委员会、常务委员会工作机构在审查中认为行政法规、地方性法规、自治条例和单行条例同宪法或者法律相抵触，或者存在合宪性、合法性问题的，可以向制定机关提出书面审查意见；也可以由宪法和法律委员会与有关的专门委员会、常务委员会工作机构召开联合审查会议，要求制定机关到会说明情况，再向制定机关提出书面审查意见。制定机关应当在两个月内研究提出是否修改或者废止的意见，并向全国人民代表大会宪法和法律委员会、有关的专门委员会或者常务委员会工作机构反馈。

全国人民代表大会宪法和法律委员会、有关的专门委员会、常务委员会工作机构根据前款规定，向制定机关提出审查意见，制定机关按照所提意见对行政法规、地方性法规、自治条例和单行条例进行修改或者废止的，审查终止。

全国人民代表大会宪法和法律委员会、有关的专门委员会、常务委员会工作机构经审查认为行政法规、地方性法规、自治条例和单行条例同宪法或者法律相抵触，或者存在合宪性、合法性问题需要修改或者废止，而制定机关不予修改或者废止的，应当向委员长会议提出予以撤销的议案、建议，由委员长会议决定提请常务委员会会议审议决定。

第一百一十三条 全国人民代表大会有关的专门委员会、常务委员会工作机构应当按照规定要求，将审查情况向提出审查建议的国家机关、社会团体、企业事业组织以及公民反馈，并可以向社会公开。

……

《地方各级人民代表大会和地方各级人民政府组织法》（2022年3月12日）

第二章 地方各级人民代表大会

……

第二节 常务委员会的职权

第十一条 县级以上的地方各级人民代表大会行使下列职权：

（一）在本行政区域内，保证宪法、法律、行政法规和上级人民代表大会及其常务委员会决议的遵守和执行，保证国家计划和国家预算的执行；

（二）审查和批准本行政区域内的国

民经济和社会发展规划纲要、计划和预算及其执行情况的报告，审查监督政府债务，监督本级人民政府对国有资产的管理；

（三）讨论、决定本行政区域内的政治、经济、教育、科学、文化、卫生、生态环境保护、自然资源、城乡建设、民政、社会保障、民族等工作的重大事项和项目；

（四）选举本级人民代表大会常务委员会的组成人员；

（五）选举省长、副省长，自治区主席、副主席，市长、副市长，州长、副州长，县长、副县长，区长、副区长；

（六）选举本级监察委员会主任、人民法院院长和人民检察院检察长；选出的人民检察院检察长，须报经上一级人民检察院检察长提请该级人民代表大会常务委员会批准；

（七）选举上一级人民代表大会代表；

（八）听取和审议本级人民代表大会常务委员会的工作报告；

（九）听取和审议本级人民政府和人民法院、人民检察院的工作报告；

（十）改变或者撤销本级人民代表大会常务委员会的不适当的决议；

（十一）撤销本级人民政府的不适当的决定和命令；

（十二）保护社会主义的全民所有的财产和劳动群众集体所有的财产，保护公民私人所有的合法财产，维护社会秩序，保障公民的人身权利、民主权利和其他权利；

（十三）保护各种经济组织的合法权益；

（十四）铸牢中华民族共同体意识，促进各民族广泛交往交流交融，保障少数民族的合法权利和利益；

（十五）保障宪法和法律赋予妇女的男女平等、同工同酬和婚姻自由等各项权利。

第十二条 乡、民族乡、镇的人民代表大会行使下列职权：

（一）在本行政区域内，保证宪法、法律、行政法规和上级人民代表大会及其常务委员会决议的遵守和执行；

（二）在职权范围内通过和发布决议；

（三）根据国家计划，决定本行政区域内的经济、文化事业和公共事业的建设计划和项目；

（四）审查和批准本行政区域内的预算和预算执行情况的报告，监督本级预算的执行，审查和批准本级预算的调整方案，审查和批准本级决算；

（五）决定本行政区域内的民政工作的实施计划；

（六）选举本级人民代表大会主席、副主席；

（七）选举乡长、副乡长，镇长、副镇长；

（八）听取和审议乡、民族乡、镇的人民政府的工作报告；

（九）听取和审议乡、民族乡、镇的人民代表大会主席团的工作报告；

（十）撤销乡、民族乡、镇的人民政府的不适当的决定和命令；

（十一）保护社会主义的全民所有的财产和劳动群众集体所有的财产，保护公民私人所有的合法财产，维护社会秩序，保障公民的人身权利、民主权利和其他权利；

（十二）保护各种经济组织的合法权益；

（十三）铸牢中华民族共同体意识，促进各民族广泛交往交流交融，保障少数民族的合法权利和利益；

（十四）保障宪法和法律赋予妇女的男女平等、同工同酬和婚姻自由等各项权利。

少数民族聚居的乡、民族乡、镇的人民代表大会在行使职权的时候，可以依照法律规定的权限采取适合民族特点的具体措施。

……

第三章　县级以上的地方各级人民代表大会常务委员会

……

第二节　常务委员会的职权

……

第五十条　县级以上的地方各级人民代表大会常务委员会行使下列职权：

（一）在本行政区域内，保证宪法、法律、行政法规和上级人民代表大会及其常务委员会决议的遵守和执行；

（二）领导或者主持本级人民代表大会代表的选举；

（三）召集本级人民代表大会会议；

（四）讨论、决定本行政区域内的政治、经济、教育、科学、文化、卫生、生态环境保护、自然资源、城乡建设、民政、社会保障、民族等工作的重大事项和项目；

（五）根据本级人民政府的建议，审查和批准本行政区域内的国民经济和社会发展规划纲要、计划和本级预算的调整方案；

（六）监督本行政区域内的国民经济和社会发展规划纲要、计划和预算的执行，审查和批准本级决算，监督审计查出问题整改情况，审查监督政府债务；

（七）监督本级人民政府、监察委员会、人民法院和人民检察院的工作，听取和审议有关专项工作报告，组织执法检查，开展专题询问等；联系本级人民代表大会代表，受理人民群众对上述机关和国家工作人员的申诉和意见；

（八）监督本级人民政府对国有资产的管理，听取和审议本级人民政府关于国有资产管理情况的报告；

（九）听取和审议本级人民政府关于年度环境状况和环境保护目标完成情况的报告；

（十）听取和审议备案审查工作情况报告；

（十一）撤销下一级人民代表大会及其常务委员会的不适当的决议；

（十二）撤销本级人民政府的不适当的决定和命令；

（十三）在本级人民代表大会闭会期间，决定副省长、自治区副主席、副市长、副州长、副县长、副区长的个别任免；在省长、自治区主席、市长、州长、县长、区长和监察委员会主任、人民法院院长、人民检察院检察长因故不能担任职务的时候，根据主任会议的提名，从本级人民政府、监察委员会、人民法院、人民检察院副职领导人员中决定代理的人选；决定代理检察长，须报上一级人民检察院和人民代表大会常务委员会备案；

（十四）根据省长、自治区主席、市长、州长、县长、区长的提名，决定本级人民政府秘书长、厅长、局长、委员会主任、科长的任免，报上一级人民政府备案；

（十五）根据监察委员会主任的提名，任免监察委员会副主任、委员；

（十六）按照人民法院组织法和人民检察院组织法的规定，任免人民法院副院长、庭长、副庭长、审判委员会委员、审判员，任免人民检察院副检察长、检察委员会委员、检察员，批准任免下一级人民检察院检察长；省、自治区、直辖市的人民代表大会常务委员会根据主任会议的提名，决定在省、自治区内按地区设立的和在直辖市内设立的中级人民法院院长的任免，根据省、自治区、直辖市的人民检察院检察长的提名，决定人民检察院分院检察长的任免；

（十七）在本级人民代表大会闭会期间，决定撤销个别副省长、自治区副主席、副市长、副州长、副县长、副区长的职务；决定撤销由它任命的本级人民政府其他组成人员和监察委员会副主任、委员，人民法院副院长、庭长、副庭长、审判委员会委员、审判员，人民检察院副检察长、检察委员会委员、检察员，中级人民法院院长，人民检察院分院检察长的职务；

（十八）在本级人民代表大会闭会期间，补选上一级人民代表大会出缺的代表和罢免个别代表。

常务委员会讨论前款第四项规定的本行政区域内的重大事项和项目，可以作出决定或者决议，也可以将有关意见、建议送有关地方国家机关或者单位研究办理。有关办理情况应当及时向常务委员会报告。

……

第四章 地方各级人民政府

……

第三节 地方各级人民政府的职权

第七十三条 县级以上的地方各级人民政府行使下列职权：

（一）执行本级人民代表大会及其常务委员会的决议，以及上级国家行政机关的决定和命令，规定行政措施，发布决定和命令；

（二）领导所属各工作部门和下级人民政府的工作；

（三）改变或者撤销所属各工作部门的不适当的命令、指示和下级人民政府的不适当的决定、命令；

（四）依照法律的规定任免、培训、考核和奖惩国家行政机关工作人员；

（五）编制和执行国民经济和社会发展规划纲要、计划和预算，管理本行政区域内的经济、教育、科学、文化、卫生、体育、城乡建设等事业和生态环境保护、自然资源、财政、民政、社会保障、公安、民族事务、司法行政、人口与计划生育等行政工作；

（六）保护社会主义的全民所有的财产和劳动群众集体所有的财产，保护公民私人所有的合法财产，维护社会秩序，保障公民的人身权利、民主权利和其他权利；

（七）履行国有资产管理职责；

（八）保护各种经济组织的合法权益；

（九）铸牢中华民族共同体意识，促进各民族广泛交往交流交融，保障少数民族的合法权利和利益，保障少数民族保持或者改革自己的风俗习惯的自由，帮助本行政区域内的民族自治地方依照宪法和法律实行区域自治，帮助各少数民族发展政治、经济和文化的建设事业；

（十）保障宪法和法律赋予妇女的男女平等、同工同酬和婚姻自由等各项权利；

（十一）办理上级国家行政机关交办的其他事项。

……

《公务员法》（2019 年 6 月 1 日）

第十五章 申诉与控告

第九十五条 公务员对涉及本人的下列人事处理不服的，可以自知道该人事处理之日起三十日内向原处理机关申请复核；对复核结果不服的，可以自接到复核决定之日起十五日内，按照规定向同级公务员主管部门或者作出该人事处理的机关的上一级机关提出申诉；也可以不经复核，自知道该人事处理之日起三十日内直接提出申诉：

（一）处分；

（二）辞退或者取消录用；

（三）降职；

（四）定期考核定为不称职；

（五）免职；

（六）申请辞职、提前退休未予批准；

（七）不按照规定确定或者扣减工资、福利、保险待遇；

（八）法律、法规规定可以申诉的其他情形。

对省级以下机关作出的申诉处理决定不服的，可以向作出处理决定的上一级机关提出再申诉。

受理公务员申诉的机关应当组成公务员申诉公正委员会，负责受理和审理公务员的申诉案件。

公务员对监察机关作出的涉及本人的处理决定不服向监察机关申请复审、复核的，按照有关规定办理。

第九十六条　原处理机关应当自接到复核申请书后的三十日内作出复核决定，并以书面形式告知申请人。受理公务员申诉的机关应当自受理之日起六十日内作出处理决定；案情复杂的，可以适当延长，但是延长时间不得超过三十日。

复核、申诉期间不停止人事处理的执行。

公务员不因申请复核、提出申诉而被加重处理。

第九十七条　公务员申诉的受理机关审查认定人事处理有错误的，原处理机关应当及时予以纠正。

……

◎部门规范性文件

《国务院法制办公室对监察部〈关于咨询刘××所提申请是否属于行政复议受理范围问题的函〉的复函》（国法函〔2003〕5号　2013年1月13日）

监察部：

你部《关于咨询刘××所提申请是否属于行政复议受理范围问题的函》（监函〔2002〕68号）收悉。经研究，现函复如下：

《中华人民共和国行政复议法》第八条第一款[30]规定：“不服行政机关作出的行政处分或者其他人事处理决定的，依照有关法律、行政法规的规定提出申诉。”据此，行政监察机关为履行政纪监督职责作出的行政处分决定或者其他人事处理决定（包括对相关举报事项的处理决定），不属于行政复议范围；当事人不服该处理决定的，可以依照《中华人民共和国行政监察法》或者其他有关法律、行政法规的规定提出申诉。

中华人民共和国国务院法制办公室

2003年1月13日

附：

监察部关于咨询刘××所提申请是否属于行政复议受理范围问题的函

（2002年11月21日　监函〔2002〕68号）

国务院法制办公室：

2002年9月29日上午，我部收到重庆市刘××提出的行政复议申请，请求我部撤销重庆市监察局不予受理其《关于请求制止渝北区府及其党组成员冉××等人对举报人打击报复的紧急报告》的决定。为妥善处理此问题，现咨询如下：

刘××因土地出让合同纠纷向重庆市监察局举报重庆市渝北区政府城南指挥

〔30〕《行政复议法》（2023年修正）第12条第3项。

部及其代表孙××在土地转让中以权谋私等问题。重庆市监察局按照有关规定，将该信转渝北区监察局调查核实，并将调查结果告知刘××：举报反映的孙××以权谋私问题查无实据，土地纠纷应通过法律程序解决。因土地纠纷一直未得到解决，2001年12月，刘××又向重庆市监察局举报渝北区政府及其党组成员冉××等人对其打击报复的问题。重庆市监察局答复：目前尚不能证明有打击报复问题，土地出让合同纠纷已进入诉讼程序，应由法院依法处理。刘××对重庆市监察局的答复不满，于2002年9月23日向我部提出行政复议申请。

经研究，我们认为，监察机关对监察对象给予行政处分以及与之相关的调查行为是一种内部行政行为，不是行政复议法所规定的具体行政行为。从本案看，重庆市监察局接到刘××的举报后，按照《中华人民共和国行政监察法》、《监察机关举报工作办法》等有关规定，对刘××举报反映孙××以权谋私、冉××打击报复的问题进行了调查、核实，并将调查、核实结果告知了刘××。这种依照有关法律法规履行职责的内部行政行为，并没有侵害刘××的合法权益。因此，我们的倾向性意见是：刘××所提申请不属于行政复议法所规定的行政复议受理范围，我部可不予受理。为慎重、稳妥地处理此类问题，特请你们给予书面答复。

《国务院办公厅转发司法部关于审理政府信息公开行政复议案件若干问题指导意见的通知》（国办函〔2021〕132号　2021年12月22日）

第三条　公民、法人或者其他组织对政府信息公开行为不服提出行政复议申请，有下列情形之一的，行政复议机关不予受理：

（一）单独就行政机关作出的补正、延期等程序性处理行为提出行政复议申请的；

（二）认为行政机关提供的政府信息不符合其关于纸张、印章等具体形式要求的，或者未按照其要求的特定渠道提供政府信息的；

（三）在缴费期内对行政机关收费决定提出异议的；

（四）其他不符合行政复议受理条件的情形。

第十三条　有下列情形之一的，行政复议机关应当决定驳回行政复议申请：

（一）申请人认为被申请人未履行政府信息公开职责，行政复议机关受理后发现被申请人没有相应法定职责或者在受理前已经履行政府信息公开职责的；

（二）受理行政复议申请后，发现该行政复议申请属于本指导意见第三条规定情形之一的；

（三）被申请人未对申请人提出的政府信息公开申请作出处理符合《中华人民共和国政府信息公开条例》第三十条、《政府信息公开信息处理费管理办法》第六条规定的；

（四）其他依法应当决定驳回行政复议申请的情形。

《公安机关办理政府信息公开行政复议案件若干问题的规定》（公通字〔2019〕35号　2019年12月27日）

第三条　对下列事项不服申请行政复议的，不予受理：

（一）公安机关要求对政府信息公开申请内容作出补正；

（二）公安机关延长政府信息公开答复期限；

（三）公安机关要求对申请公开政府信息的数量、频次明显超过合理范围说明理由；

（四）以政府信息公开申请的形式进行信访、投诉、举报等活动，公安机关对该申请的处理；

（五）政府信息公开申请内容为要求提供政府公报、报刊、书籍等公开出版物，公安机关对该申请的处理；

（六）公安机关提供政府信息的具体形式；

（七）公安机关履行政府信息公开监督工作职责；

（八）向公安机关提出将政府信息纳入主动公开范围的建议，公安机关对该建议的处理。

对前款情形申请行政复议已经受理的，依照《中华人民共和国行政复议法实施条例》第四十八条第一款第二项的规定，驳回行政复议申请。

典型案例

董某华等诉重庆市人民政府拆迁行政复议案【最高人民法院（2001）行终字第14号】〔31〕

裁判要旨：1. 当事人认为复议机关不予受理的裁定侵犯其合法权益以复议机关为被告向人民法院提起行政诉讼，人民法院应予受理。

2. 行政行为虽未明确具体指向的对象，但其对象是可确定的，该行政行为不能反复适用，属于具体行政行为，相对人不服，可以申请行政复议。

评析：根据《最高人民法院关于执行〈中华人民共和国行政诉讼法〉若干问题的解释》第三条规定，"具有普遍约束力的决定、命令"，是指行政机关针对不特定对象发布的能反复适用的行政规范性文件。根据该条的解释，判断一个行政行为是具体行政行为还是抽象行政行为主要从以下几个方面来把握，即：针对的对象是否特定、能否反复适用、能否直接进入执行程序。本案中，垫江县人民政府作出的垫府发〔1998〕2号通知有关拆迁安置工作的组织管理、拆迁补偿安置工作领导小组人员的确定等内容不属于可诉的行政行为；但该通知中有关拆迁补偿安置的标准办法、未按通知执行的法律后果等具有涉及相对人权利义务的内容则属于可诉的具体行政行为。理由如下：

1. 通知中的上述内容针对的对象是特定的。对象是否特定，不在于它所针对人数的多少，而在于对象的确定与不确定。抽象行政行为的对象是不确定的，无法统计。具体行政行为的对象是确定的，尽管有时涉及的人很多，但是确定的、可以统计的。本案中，垫府发〔1998〕2号通知所涉及的对象是特定的，即北苑小区的全部被拆迁单位和被拆迁户，人数是确定的。不能因为行政行为没有列举相对人的名单而否认其对象的特定性。

2. 该通知不能反复适用。具体行政行为原则上只对特定的对象适用，其效力不及于其他对象；抽象行政行为则可以反复适用。这种反复适用应当理解为对事件或事项的反复适用，而不是对人的反复适用。该通知只适用于北苑小区内确定的被拆迁单位和被拆迁户，其效力不及于其他对象，不能反复适用，一旦北苑小区的拆迁工作完成，该通知即失去其效力。

3. 能否直接进入执行程序。具体行

〔31〕 参见中华人民共和国最高人民法院行政审判庭编：《中国行政审判指导案例 第1卷》，中国法制出版社2010年版，第16-21页。

政行为具有直接的执行力；而抽象行政行为不能作为直接的执行根据，必须有一个具体行政行为作为中介，才能进入执行程序。该通知第二条第（一）项规定，对个别超过拆迁公告规定的拆迁期限，并经拆迁动员单位督促后，仍拒不拆、搬的，在给予一定经济惩罚的基础上，依法实施强制拆除。该条规定不仅为相对人设定了义务，而且规定一旦相对人未履行义务，就要强制执行，无需行政机关再作出一个具体行政行为后，才能强制执行。

综上，垫江县人民政府垫府发〔1998〕2号《关于认真做好北苑小区旧城改造房屋拆迁补偿安置工作的通知》中含有具体行政行为的内容，根据《行政复议法》第二条、第六条〔32〕的规定，属于可以申请复议的范围。重庆市人民政府认为该通知属于抽象行政行为、不属行政复议的范围的理由不能成立，其作出的渝府复裁〔2000〕15号不受理复议申请通知书主要证据不足，适用法律错误，应予撤销。一审判决维持重庆市人民政府的复议裁定，属于认定事实不清，适用法律错误。故最高人民法院二审判决：撤销重庆市高级人民法院（2001）行重字第8号行政判决，撤销重庆市人民政府渝府复裁〔2000〕15号行政复议裁定；由重庆市人民政府重新作出具体行政行为。

第十三条　行政复议附带审查申请范围

公民、法人或者其他组织认为行政机关的行政行为所依据的下列规范性文件不合法，在对行政行为申请行政复议时，可以一并向行政复议机关提出对该规范性文件的附带审查申请：

（一）国务院部门的规范性文件；

（二）县级以上地方各级人民政府及其工作部门的规范性文件；

（三）乡、镇人民政府的规范性文件；

（四）法律、法规、规章授权的组织的规范性文件。

前款所列规范性文件不含规章。规章的审查依照法律、行政法规办理。

条文注释〔33〕

本条规定了在行政复议中对于规范性文件的附带性审查问题。行政规范性文件是除国务院的行政法规、决定、命令以及部门规章和地方政府规章外，由行政机关或者经法律、法规授权的具有管理公共事务职能的组织（以下统称行政机关）依照法定权限、程序制定并公开发布，涉及公

〔32〕《行政复议法》（2023年修正）第2条、第11条。

〔33〕参见江必新主编：《中华人民共和国行政诉讼法理解释用与实务指南》，中国法制出版社2015年版，第243-245页。

民、法人和其他组织权利义务，具有普遍约束力，在一定期限内反复适用的公文。

行政规范性文件属于政府部门作出的行政行为的一种，具有纳入行政复议审查范围的法律基础，同时，相较于行政诉讼而言，以层级监督为基础的行政复议针对规范性文件进行审查具有更强的正当性。目前而言，立法法针对的都是立法性文件，我国法律制度中尚未明确规定对规范性文件审查的启动及处理程序。但是，任何权力都应当接受监督，有侵害就应当有救济，将规范性文件纳入行政复议受案范围，有助于推进行政法治，保障规范性文件制定的合法性，避免上位法被架空的危险，保证法制的统一，维护法律的尊严。相较于2017年行政复议法，新法增加了针对“法律、法规、规章授权的组织所制定的规范性文件”的审查，这一修改适应了政府简政放权改革下大量权力下放至法律、法规、规章授权组织以开展多元化治理的社会现实，进一步扩大了行政复议中针对规范性文件的附带性审查的范围。

根据本条规定，在行政复议中启动针对规范性文件的审查包括如下三个条件：

（1）作为行政行为的依据

行政行为的作出，可能适用多个规范性文件，提请审查的规范性文件必须是被申请行政复议的行政行为的直接依据，可以是全部依据，也可以是部分。

（2）依据不合法

规范性文件“不合法”，包括缺少上位法依据、内容与上位法相冲突、形式不合法，如未公布等情形，但对“不合法”的程度没有限制。对于没有上位法依据的规范性文件，其性质本身为造法，严格意义上属于不合法，在法律上并不具有效力，但在实践中却发挥实际作用，因而对规范性文件的司法审查，其意义本身并不在于对个案的处理，而是为防止再次侵犯公民利益，避免更多的行政争议。

（3）一并请求

申请人只要主观认为被申请行政复议的行政行为所依据的规范性文件不合法即可，对其认识是否正确并不要求，但不能直接提请行政复议，单独对规范性文件提起行政复议的，行政复议机关不予受理。之所以作出这一规定，避免滥诉一般不会作为行政行为的法律根据。在此情况下，如果可以对规范性文件单独提起诉讼，那么难以证明是否侵犯合法权益，也难以进行客观公正的审查。

相关规定

◎法律

《立法法》（2023年3月15日）

第一百一十六条　对法律、行政法规、地方性法规、自治条例和单行条例、规章和其他规范性文件，制定机关根据维护法制统一的原则和改革发展的需要进行清理。

《行政处罚法》（2021年7月15日）

第十六条　除法律、法规、规章外，其他规范性文件不得设定行政处罚。

《行政许可法》（2019年4月23日）

第十七条　除本法第十四条、第十五条规定的外，其他规范性文件一律不得设定行政许可。

《行政强制法》（2012年1月1日）

第十条　行政强制措施由法律设定。

尚未制定法律，且属于国务院行政管理职权事项的，行政法规可以设定除本法第九条第一项、第四项和应当由法律规定的行政强制措施以外的其他行政强制措施。

尚未制定法律、行政法规，且属于地方性事务的，地方性法规可以设定本法第九条第二项、第三项的行政强制措施。

法律、法规以外的其他规范性文件不得设定行政强制措施。

《各级人民代表大会常务委员会监督法》（2007年1月1日）

第二十九条 县级以上地方各级人民代表大会常务委员会审查、撤销下一级人民代表大会及其常务委员会作出的不适当的决议、决定和本级人民政府发布的不适当的决定、命令的程序，由省、自治区、直辖市的人民代表大会常务委员会参照立法法的有关规定，作出具体规定。

第三十条 县级以上地方各级人民代表大会常务委员会对下一级人民代表大会及其常务委员会作出的决议、决定和本级人民政府发布的决定、命令，经审查，认为有下列不适当的情形之一的，有权予以撤销：

（一）超越法定权限，限制或者剥夺公民、法人和其他组织的合法权利，或者增加公民、法人和其他组织的义务的；

（二）同法律、法规规定相抵触的；

（三）有其他不适当的情形，应当予以撤销的。

◎行政法规

《行政复议法实施条例》（中华人民共和国国务院令第499号 2007年8月1日）

第二十六条 依照行政复议法第七条[34]的规定，申请人认为具体行政行为所依据的规定不合法的，可以在对具体行政行为申请行政复议的同时一并提出对该规定的审查申请；申请人在对具体行政行为提出行政复议申请时尚不知道该具体行政行为所依据的规定的，可以在行政复议机关作出行政复议决定前向行政复议机关提出对该规定的审查申请。

◎其他规范性文件

《国务院办公厅关于加强行政规范性文件制定和监督管理工作的通知》（国办发〔2018〕37号 2018年5月16日）

行政规范性文件是除国务院的行政法规、决定、命令以及部门规章和地方政府规章外，由行政机关或者经法律、法规授权的具有管理公共事务职能的组织（以下统称行政机关）依照法定权限、程序制定并公开发布，涉及公民、法人和其他组织权利义务，具有普遍约束力，在一定期限内反复适用的公文。制发行政规范性文件是行政机关依法履行职能的重要方式，直接关系群众切身利益，事关政府形象。近年来，各地区、各部门不断加强行政规范性文件制定和监督管理工作，取得了一定成效，但乱发文、出台“奇葩”文件的现象还不同程度地存在，侵犯了公民、法人和其他组织的合法权益，损害了政府公信力。……

《农业部行政复议工作规定》（农政发〔2010〕5号 2010年12月22日）

第八条 （对抽象行政行为的附带审查申请）申请人认为具体行政行为所依据的规定不合法，在对具体行政行为申请行政复议时，可以依据《行政复议法》第七条的规定一并提出审查申请。

◎地方政府规章

《贵州省行政规范性文件制定和监督管理规定》（贵州省人民政府令第212号 2023年4月1日）

第二条 本省行政区域内行政规范性文件的制定和监督管理适用本规定。

本规定所称行政规范性文件是指除政府规章外，由行政机关或者法律、法规授

[34]《行政复议法》（2023年修正）第13条。

权的具有管理公共事务职能的组织（以下统称行政机关）依照法定权限、程序制定并公开发布，涉及公民、法人和其他组织权利义务，具有普遍约束力，在一定期限内反复适用的公文。

行政机关制定不涉及公民、法人和其他组织权利义务的内部执行的管理规范、工作制度、机构编制、会议纪要、工作方案、请示报告以及表彰奖惩、人事任免等文件，不适用本规定。

《湖南省规范性文件管理办法》（湖南省人民政府令第310号　2022年10月8日）

第二条　本办法所称规范性文件，是指除政府规章外，行政机关和法律、法规授权的组织制定的，涉及公民、法人或者其他组织权利义务，在一定时期内反复适用，具有普遍约束力的行政公文。

《江苏省行政规范性文件管理规定》（江苏省人民政府令第158号　2022年8月1日）

第三条　本规定所称行政规范性文件，是指除规章外，由本省行政机关或者法律、法规授权的具有管理公共事务职能的组织（以下统称制定机关）依照法定权限、程序制定并公开发布，涉及公民、法人或者其他组织权利义务，具有普遍约束力，在一定期限内反复适用的公文。

行政规范性文件包括政府行政规范性文件和部门行政规范性文件。地方各级人民政府制定的行政规范性文件为政府行政规范性文件；政府所属工作部门以及法律、法规授权的具有管理公共事务职能的组织制定的行政规范性文件为部门行政规范性文件。

制定机关内部执行的管理规范、工作制度、机构编制、会议纪要、工作方案、请示报告、表彰奖惩、人事任免等文件不作为行政规范性文件管理。

《四川省行政规范性文件管理办法》（四川省人民政府令第351号　2022年3月1日）

第二条　本办法所称行政规范性文件（以下简称规范性文件）是除政府规章外，由行政机关或者经法律、法规授权的具有管理公共事务职能的组织（以下统称制定机关）依照法定权限、程序制定并公开发布，涉及公民、法人和其他组织权利义务，具有普遍约束力，在一定期限内反复适用的行政公文。

规范性文件分为政府规范性文件和部门规范性文件。地方各级人民政府（含办公机构）以自己名义制定的规范性文件为政府规范性文件；依法以自己名义履行行政管理职能的政府部门以及经法律、法规授权的具有管理公共事务职能的组织制定的规范性文件为部门规范性文件。

经本级人民政府同意后以部门名义发布的规范性文件按照部门规范性文件管理。

《福建省行政规范性文件备案审查办法》（福建省人民政府令第219号　2022年1月1日）

第三条　本办法所称规范性文件，是指除政府规章外，由行政机关或者经法律、法规授权的具有管理公共事务职能的组织（统称行政机关）依照法定权限和程序制定并公开发布，涉及自然人、法人和非法人组织权利义务，具有普遍约束力，在一定期限内反复适用的公文。

行政机关应当严格控制规范性文件的发文数量，不得照搬照抄照转上级规范性文件，可发可不发、没有实质性内容的一律不发。确需制定规范性文件的，应当讲求实效，注重针对性和可操作性，做到合法有效、表述严谨、文字精炼、准确无误。

《甘肃省规章行政规范性文件备案审查办法》（甘肃省人民政府令第156号 2021年3月15日）

第三条 本办法所称规章，是指设区的市、自治州人民政府和嘉峪关市人民政府，根据法律、行政法规和本省的地方性法规，依照国务院《规章制定程序条例》制定的，普遍适用于行政管理，且以政府令形式公布施行的文件。

本办法所称行政规范性文件（以下简称规范性文件），是指由本省行政机关或者经法律、法规授权的具有管理公共事务职能的组织依照法定权限、程序制定并公开发布，涉及公民、法人和其他组织权利义务，具有普遍约束力，在一定期限内反复适用的公文。

《辽宁省行政规范性文件合法性审核办法》（辽宁省人民政府令第338号 2021年2月1日）

第二条 本办法所称行政规范性文件（以下简称规范性文件），是指除地方政府规章外，由行政机关或者经法律、法规授权的具有管理公共事务职能的组织（以下统称行政机关）依照法定权限、程序制定并公开发布，涉及公民、法人和其他组织权利义务，具有普遍约束力，在一定期限内反复适用的公文。

《广东省行政规范性文件管理规定》（广东省人民政府令第277号 2020年9月1日）

第二条 本规定所称规范性文件，是指除政府规章外，由行政机关或者经法律、法规授权的具有管理公共事务职能的组织（以下统称行政机关）依照法定权限、程序制定并公开发布，涉及公民、法人和其他组织权利义务，具有普遍约束力，在一定期限内反复适用的公文。

规范性文件分为政府规范性文件和部门规范性文件。各级人民政府（含政府办公机构）以自己的名义制定的规范性文件为政府规范性文件；依法以自己名义履行行政管理职能的政府部门以及经法律、法规授权的具有管理公共事务职能的组织（以下统称部门）制定（含经本级人民政府同意后以部门名义发布）的规范性文件为部门规范性文件。

《山西省行政规范性文件制定与监督管理办法》（山西省人民政府令第274号 2020年6月1日）

第三条 本办法所称行政规范性文件（以下简称规范性文件），是指除政府规章外，各级人民政府、县级以上人民政府所属工作部门、县级以上人民政府派出机关、实行垂直管理的部门和法律法规授权的具有管理公共事务职能的组织（以下统称制定机关），依照法定权限、程序制定并公开发布，涉及公民、法人和其他组织权利义务，在本行政区域或者其管理范围内具有普遍约束力，在一定时期内反复适用的公文。

制定机关内部执行的管理规范、工作制度、技术操作规范、机构编制、会议纪要、工作方案、请示报告、表彰奖惩、人事任免、对具体事项的通报、通知及行政处理决定等文件，不属于规范性文件。

临时机构、议事协调机构、部门内设机构和其下属单位不得以自己的名义制定规范性文件。

典型案例

1. 某房地产公司不服某省住房城乡建设厅行政处罚决定案（住房城乡建设部法规司

提供）[35]

焦点问题评析：行政处罚决定应当严格依据法律、法规或者规章作出。本案中，被申请人虽然在程序上按照行政处罚法的有关要求对某房地产公司事先进行了告知，并组织了听证，但在没有任何法律、法规或者规章作为依据的情况下作出了行政处罚决定，明显违反法律规定。《行政处罚法》明确规定，除了法律、法规和规章外，其他规范性文件不得设定行政处罚。《国务院关于加强法治政府建设的意见》也明确要求，各类规范性文件不得设定行政处罚，不得违法增加公民、法人和其他组织的义务。因此，行政复议机关认定本案中的行政处罚决定书适用依据错误，依法予以撤销。

2. 湛某喜强工业气体有限公司与遂溪县住房和城乡规划建设局等编制并批准土地利用总体规划纠纷【（2019）最高法行申10407号　《最高人民法院公报》2022年第3期（总第307期）】

裁判要旨：规划行政主管部门已经依据详细规划作出"一书两证"行为的，当事人应直接对颁发"一书两证"行为申请行政复议或提起行政诉讼，或者对规划行政主管部门不依法履行颁发"一书两证"行政许可职责的行为申请行政复议或提起行政诉讼，而不宜再对详细规划的内容申请复议和诉讼。

3. 岳某炼诉湖北省黄冈市人民政府不履行信息公开法定职责案【（2019）最高法行申11079号】

裁判要旨：依据《国务院办公厅关于做好政府信息依申请公开工作的意见》（国办发〔2010〕5号）第二条的规定，行政机关在日常工作中制作或者获取的内部管理信息以及处于讨论、研究或者审查中的过程性信息，一般不属于《政府信息公开条例》所指应公开的政府信息。

第二节　行政复议参加人

> **第十四条　申请人**
>
> 依照本法申请行政复议的公民、法人或者其他组织是申请人。
>
> 有权申请行政复议的公民死亡的，其近亲属可以申请行政复议。有权申请行政复议的法人或者其他组织终止的，其权利义务承受人可以申请行政复议。
>
> 有权申请行政复议的公民为无民事行为能力人或者限制民事行为能力人的，其法定代理人可以代为申请行政复议。

条文注释

本条为针对行政复议申请人的规定。本条沿用了2017年行政复议法的立法体例，对于行政复议的原告资格问题并未在本条中直接加以限制，而是简单地规定"依照本法申请行政复议的公民、法人或者其他组织是申请人"。但是，这一规定并不意味着法律对于行政复议中的复议申请人资格没有限制，本法第二十条规定"公民、法人或者其他组织认为行政行为侵犯其合法权益的"，即是对于行政复议申请人资格的限制。

本条除规定行政复议申请人外，亦规

[35] 国务院法制办公室行政复议司编：《行政复议年度案例选评（2014~2015）》，中国法制出版社2015年版，第109-111页。

定了行政复议申请的承继问题，即在有权提起行政复议的公民死亡，有权提起行政复议的法人或其他组织终止的情况下复议资格如何处理。

相关规定

◎行政法规

《行政复议法实施条例》（中华人民共和国国务院令第499号 2007年8月1日）

第五条 依照行政复议法和本条例的规定申请行政复议的公民、法人或者其他组织为申请人。

第六条 合伙企业申请行政复议的，应当以核准登记的企业为申请人，由执行合伙事务的合伙人代表该企业参加行政复议；其他合伙组织申请行政复议的，由合伙人共同申请行政复议。

前款规定以外的不具备法人资格的其他组织申请行政复议的，由该组织的主要负责人代表该组织参加行政复议；没有主要负责人的，由共同推选的其他成员代表该组织参加行政复议。

第七条 股份制企业的股东大会、股东代表大会、董事会认为行政机关作出的具体行政行为侵犯企业合法权益的，可以以企业的名义申请行政复议。

◎司法解释及文件

《最高人民法院关于举报人对行政机关就举报事项作出的处理或者不作为行为不服是否具有行政复议申请人资格问题的答复》（〔2013〕行他字第14号 2014年3月14日）

辽宁省高级人民法院：

你院《关于李万珍等人是否具有复议申请人资格的请示报告》收悉，经研究答复如下：

根据《中华人民共和国行政复议法》第九条第一款、《行政复议法实施条例》第二十八条第（二）项规定，举报人为维护自身合法权益而举报相关违法行为人，要求行政机关查处，对行政机关就举报事项作出的处理或者不作为行为不服申请行政复议的，具有行政复议申请人资格。

此复。

《最高人民法院行政审判庭关于谭永智不服甘肃省人民政府房产登记行政复议决定请示案的答复》（［2011］行他字第26号 2011年7月12日）

甘肃省高级人民法院：

你院《关于谭永智不服甘肃省人民政府房产登记行政复议决定一案的请示报告》收悉，经研究答复如下：

1. 根据《行政复议法》第十二条的规定，对县级以上地方各级人民政府工作部门的具体行政行为不服的，申请人既可以向该部门的本级人民政府申请行政复议，也可以向上一级主管部门申请行政复议。上级行政机关认为行政复议机关无正当理由不依法受理复议申请的，可以依据《中华人民共和国行政复议法》第二十条和《中华人民共和国行政复议法实施条例》第三十一条的规定，先行督促行政复议机关受理；经督促仍不受理的，应当责令行政复议机关限期受理，必要时上级行政机关也可以直接受理。

2. 公司的法定代表人应以在公司登记机关登记备案为准。经股东大会或者董事会任命的董事长虽未依法办理法定代表人登记手续，但在全体股东对股东大会或者董事会决议的合法性无异议的情况下，可以代表公司申请行政复议或提起诉讼。如其后的股东大会、董事会已经通过新的决议否定了对原董事长的任命，则原董事长无权代表公司申请复议或诉讼。公司股东对行政复议机关或人民法院受理原董事长的复议申请或起诉提出异议后，行政复议机关或人民法院不应作出实体裁判，而应中止案件审理，要求相关当事人先行依法解决公司决议纠纷，明确公司代表权。

二〇一一年七月十二日

附：

甘肃省高级人民法院关于谭永智不服甘肃省人民政府房产登记行政复议决定一案的请示报告

（［2010］甘行他字第116号）

最高人民法院：

原告谭永智不服甘肃省人民政府房产登记行政复议决定一案，兰州市中级人民法院对案件处理存在分歧意见向我院请示。本案经我院审判委员会讨论，对案件的处理也存在不同意见，故就本案的有关法律适用问题请示贵院。

一、当事人基本情况

原告谭永智，男，汉族，生于1963年4月，住武威市凉州区大井巷29号2栋1单元402室。

被告甘肃省人民政府（以下简称省政府）。

法定代表人刘伟平，省长。

第三人武威市运通有限责任公司（以下简称运通公司）。

第三人武威市人民政府（以下简称市政府）。

第三人武威市道路运输管理局（以下简称运管局）。

二、案件的基本事实

运通公司前身系武威地区公路运输服务公司，主管部门系运管局的前身甘肃省武威地区公路运输管理处。2001年，武威地区公路运输服务公司改制为由运管局1个事业法人和王忠民18名自然人共同出资成立的股份制有限责任公司，更名为“武威市运通有限责任公司”，法定代表人为黄忠明（系运管局干部，已于2003年6月调回，但该公司法定代表人工商登记手续一直未变更，工商登记仍为黄忠明）。

2003年6月5日运通公司作出武运通司（2003）012号文《关于王忠民同志任职的决定》，任命王忠民为运通公司董事长兼总经理。2006年8月4日，武威市工商行政管理局以武工商企处字〔2006〕01号《行政处罚决定书》，以运通公司未参加2004年企业年检并在催办公告发布后仍未在工商局申报年检为由，决定吊销运通公司企业法人营业执照。由于运通公司拖欠建设银行武威分行贷款，武威市凉州区南关中路所有权人为运通公司的建筑面积2469.6㎡砖混结构办公楼一幢（属抵押物）被武威市凉州区人民法院予以查封、扣押。

2007年9月17日作为股东的运管局作出“武威市运通有限责任公司股东会决议”，决定：成立由黄忠明为组长的运通公司清算组，同意由运管局将运通公司土地资产和地上附着物委托拍卖公司拍卖；原运通公司的行政印章、财务印章自行作废，启用“武威运通有限责任公司清算组”印章，清算组依公司章程和《公司法》履行职责。

2007年9月19日，运管局与武威汇丰拍卖有限公司签订了《委托拍卖协议书》。2007年12月14日，由谭永智作为买受人与该拍卖公司签订《拍卖成交确认书》，确认其以2962000元拍得运通公司房产及土地使用权。2008年1月4日，谭永智向武威市房地产管理局提出《房屋权属登记申请》。武威市房地产管理局收到申请后，进行了审核，认为该房屋经依法拍卖，产权发生转移，产权来源清楚、证件齐全、手续完备，同意确认产权，准予发证。2008年1月11日，武威市房地产管理局为谭永智颁发了证号为武房权证字第054187号《房屋所有权证》。

2009年6月17日，申请人“运通公司”以被申请人“市政府”给第三人谭永智颁发武房权证字第054187号《房屋所有权证》为由，向省政府申请行政复议，请求：依法撤销“市政府”给谭永智颁发的武房权证字第054187号《房屋所有权证》等。

省政府受理“运通公司”的复议请求后，于2009年8月19日作出申请人为运通公司、被申请人为市政府、第三人为运管局、第三人为谭永智的甘政复字（2009）11号行政复议决定，主要内容为：市政府将位于武威市南关中路72号运通公司所有的产权证为武房权证字第08153号的房产，为谭永智办理变更登记并颁发武房权证字第054187号《房屋所有权证》的具体行政行为，事实不清，证据不足，适用依据错误，严重违反法定程序，应予依法撤销。申请人运通公司请求追究被申请人市政府给谭永智非法办理房屋所有权证的相关人员的法律责任，应由纪检监察机关依法另行处理。申请人运通公司请求被申请人市政府赔偿其在行政复议过程中的各类经济损失2万元，因无相应证据予以证明，故不予支持。根据《中华人民共和国行政复议法》第二十八条第一款（三）项的规定，本机关决定：撤销被申请人武威市人民政府为第三人谭永智办理的证号为武房权证字第054187号《房屋所有权证》。

谭永智对省政府作出的甘政复字（2009）11号行政复议决定不服，提起行政诉讼，称：1. 王忠民不是运通公司的法定代表人，其所代表的7名股东共持有运通公司近30%的股权，其不能代表运通公司提起行政复议，只能代表股东个人；武威市房地产管理局是房产证的颁证单位，该复议决定书未将其列为被申请人，却错误地将市政府列为被申请人。2. 尽管运通公司任命王忠民为公司法定代表人，但其未在工商行政机关进行登记，而省政府的复议决定却依据运通公司任命王忠民为运通公司董事长兼总经理的文件，就认定王忠民为运通公司法定代表人并以此以运通公司的名义提起行政诉讼，是不符合法律规定的。3. 该复议决定书适用《中华人民共和国行政复议法》第二十八条第一款第（三）项的规定，撤销“市政府”为谭永智颁发的《房屋所有权证》，属于适用法律不当。因为该法律条文共有5目，几乎涵盖了所有的违法行政行为，笼统适用该项全部内容，显属适用法律不当。4. 依据《中华人民共和国物权法》第106条的规定，受让人谭永智通过拍卖方式取得了涉案的房产是善意取得，应当受法律保护，省政府的复议决定撤销谭永智持有的《房屋所有权证》，明显违反这一法律规定。综上，省政府作出的甘政复字（2009）11号行政复议决定书认定主要事实不清、证据不足、程序违法、适用法律错误，请求人民法院依法撤销省政府作出的甘政复字（2009）11号行政复议决定书并承担本案的诉讼费用。

被告省政府针对谭永智的起诉，提出答辩，称：1. 关于行政复议主体问题。2003年5月运通公司以武运通司（2003）012号文《关于王忠民同志任职的决定》任命王忠民为公司董事长兼总经理。2006年8月武威市工商行政管理局以未在规定时间参加年检为由，吊销运通公司企业法人营业执照。运通公司并未依法进入解散程序，而是由王忠民等部分股东实际控制并继续经营，至今仍未办理注销登记。运通公司原法定代表人黄忠明系运管局干部，于2003年6月调回运管局工作，未能在工商机关办理变更登记。黄忠明作为国家行政机关工作人员依法不能担任运通公司法定代表人。王忠民经运通公司股东会选举后被该公司任命为董事长兼总经理符合公司法及该公司章程的规定，属公司适格法定代表人。王忠民作为运通公司法定代表人以该公司名义提起行政复议申请，请求撤销市政府的具体行政行为符合法律规定。因此，谭永智以王忠民非运通公司法定代表人、省政府错列行政复议当事人等理由，诉称省政府在审理运通公司申请撤销市政府作出武房权证字第054187号《房屋所有权证》行政复议案件时违反法定程序等理由，这是根本不能成立的。2.运管局非法成立运通公司清算组并以清算组名义非法拍卖该公司房产，于2007年12月14日，委托武威汇丰拍卖有限公司举行拍卖会，由谭永智出面作为买受人与该拍卖公司签订《拍卖成交确认书》确认其以2926200元拍得运通公司房产及土地使用权。此外，2007年12月14日谭永智与武威汇丰拍卖有限公司签订的《拍卖成交确认书》明确规定，“买受人应在七日内付清成交价款及拍卖佣金，逾期视为不能履行交易行为”。而时过两年，谭永智至今实际支付拍卖价款为140万元，尚不足拍卖价款的50%。即便认定此次拍卖合法，根据拍卖成交确认书的规定，谭永智也属于未能履行交易。谭永智诉称其是合法、善意并以合理价款受让运通公司房屋且依法进行了物权登记，应受法律保护，故省政府撤销市政府为其办理的权属登记违反法律规定。从法律规定及本案事实看，谭永智的上述理由根本不能成立。3.相关情况说明：省政府在审理运通公司申请撤销市政府为谭永智办理房屋权属登记发证的行政复议案件时，依法查明，运管局非法成立运通公司清算组，以非法集资、非法组织拍卖等方式处分运通公司的房产，谭永智参加竞拍但未付清价款，之后以谭永智名义将运通公司房产办理过户变更登记；武威市房地产管理局在为谭永智办理房屋登记并以市政府名义颁发权属证书的过程中存在一系列违法行为；在此过程中武威市凉州区法院也非法以同一文号出具内容不同的法律文书，非法裁定将运通公司财产交由运管局处分。上述行政机关及司法机关徇私舞弊、滥用职权的一系列违法行为给国家及运通公司已造成巨大经济损失。为此，省政府依法作出甘政复字〔2009〕11号《行政复议决定书》，依法撤销了武威市房地产管理局以市政府名义作出的房屋权属变更登记发证的具体行政行为，以维护申请人的合法权益，纠正下级行政机关的违法行为，监督其依法行政。武威市人民政府在接到省政府的行政复议决定后，主管领导已作出批示，要求认真执行省政府的决定并严肃追究土地和房管部门的责任。省政府也将加大监督力度，责成有关部门依法严肃追究有关行政机关及其工作人员违法乱纪徇私舞弊的法律和政纪责任，并提请纪检、检察机关严肃查处相关司法机关及其工作人员滥用职权的法律责任。综上，省政府作出的甘政复字〔2009〕11号《行政复议决定书》认定事实清楚，证据确凿，适用法律正确，程序合法。谭永智诉请撤销该行政复议决定的事实与理由均不能成立，请求法院依法驳回其诉讼请求。

第三人运通公司未提出书面陈述理由，在庭审中提出口头陈述，称其意见与省政府的答辩理由一致，请求法院驳回谭永智的诉讼请求。

第三人武威市政府述称，武威市房地产管理局是代表市政府进行发证的合法主体。市政府依据《中华人民共和国城市房地产管理法》和《城市房屋权属登记管理办法》及《城市房屋转让管理规定》的有关规定，依法受理谭永智的申请，于2008年1月11日为其颁发武房权证字第054187号《房屋所有权证》。省政府受理运通公司的行政复议申请，对市政府登记发证的行政行为进行审查并做出复议决定，既是其法定职责，也是对市政府依法行政的层级监督。省政府对市政府登记发证行为进行审查后，作出甘政复字〔2009〕11号行政复议决定书，撤销了市政府向谭永智颁发的证号为武房权证字第054187号《房屋所有权证》。作为本案的当事人，市政府请求兰州市中级人民法院依法判处。

第三人运管局的陈述理由：1. 原武威地区公路运输服务公司经改制后成立运通公司。公司法定代表人为运管局干部黄忠明（已于2003年6月调回），但该公司法定代表人工商登记手续一直未做变更。因此，王忠民不是运通公司的法定代表人，无权代表公司提起行政复议。另外，根据法律规定，公司因被吊销法人营业执照，应当成立清算组组织清算。运管局按照《公司法》和运通公司章程规定，在2007年9月17日召集了运通公司临时股东会，决定成立公司清算组。王忠民等人无权以“武威市运通有限责任公司”名义提起行政复议，其行政复议主体不适合。2. 2006年10月，运通公司的债权人建设银行武威市分行申请武威市凉州区人民法院强制执行。凉州区法院以（2006）凉执字第449号民事裁定书，裁定强制拍卖运通公司办公楼以清偿债务。运管局和运通公司清算组委托拍卖机构处置运通公司办公大楼及附属场地。谭永智以成交价款296.2万元，竞卖成交，运管局及时通知了其他各股东。对此，谭永智向武威市房地产管理局提起颁发房产证，经审查该局申请为谭永智核发了《房屋所有权证》。谭永智通过公开竞买支付对价取得房屋所有权，属善意取得。房管局核发房屋权属证书的行为，法律依据充分，程序合法。3. 运管局自行召集运通公司临时股东会法律依据充分，程序合法，临时股东会所作的决议合法有效。运通公司成立清算组和清算组对公司财产处置的合法性问题，应当通过民事诉讼程序来确认，省政府作为行政机关无权对此进行认定。省政府作为行政机关，对应通过民事诉讼程序由司法机关确认的事实进行确认不当，省政府（2009）11号行政复议决定中关于运通公司成立清算组和清算组对公司财产处置事实的认定严重错误，且属滥用职权的行为，程序严重违法。综上，故请求法院依法撤销省政府（2009）11号行政复议决定。

三、需要说明的问题

本案兰州市中级人民法院受理后曾多次去省政府法制办进行协调，我院行政庭张翔庭长也去省政府法制办进行了沟通协商，但协调未果。

四、兰州市中级人民法院的请示意见

兰州市中级人民法院经审判委员会讨论形成两种处理意见：

第一种意见认为：1. 按照《行政复议法》的立法宗旨，省政府的行政复议决定应当对“市政府”给谭永智颁发房产证的行为的合法性进行审查，即对政府或行政机关行使公共权力的行为进行审查；但对运通公司清算组成立是否合法、运管局委托拍卖公司对国有土地使用权以及地上建筑物进行拍卖是否有效以及拍卖后没有付清全部拍卖款能否就认定竞拍人无权取得拍卖物等行为，均涉及民事平等主体的民事权益，涉案的相关当事人可以通过民事救济途径予以解决，行政机关不宜主动依公共职权对相关当事人之间民事权益予以干预。2.《公司法》第一百八十五条第七项的规定，清算组在清算期间“代表公司参与民事诉讼活动”;《最高人民法院关于〈中华人民共和国公司法〉若干问题的规定(二)》第十条的规定,“公司依法清算结束并办理注销登记前,有关公司的民事诉讼,应当以公司的名义进行。公司成立清算组的,由清算组负责人代表公司参加诉讼;尚未成立清算组的,由原法定代表人代表公司参加诉讼”。运通公司在被工商局吊销法人营业执照后,作为运通公司的大股东,运管局在王忠民等股东未参加运通公司临时股东会并由运通公司大股东的运管局决定成立运通公司清算组对公司的债权债务进行清算。尽管,王忠民在运通公司成立清算组之前被公司任命为运通公司“法定代表人”,但根据《企业法人法定代表人登记管理规定》第三条的规定,“企业法人的法定代表人经企业登记机关核准登记,取得法定代表人资格”。因此,王忠民不具有运通公司法定代表人的资格,其无权以运通公司的名义提起诉讼。3. 根据《中华人民共和国房地产管理法》第五十九条、六十条以及《房屋登记办法》第三、四条的规定,由县以上人民政府房产(建设)管理部门核实并颁发房屋所有权证,颁发房产证的权利属于房产(建设)管理部门的专属权,不存在转让或由同级政府代为行使的依据。而且,根据《中华人民共和国行政诉讼法》第二十五条和最高人民法院《关于执行〈中华人民共和国行政诉讼法〉若干问题的解释》第十九条的规定,当事人对行政机关作出的具体行政行为不服,向人民法院提起行政诉讼,应当以作出具体行政行为且在对外发生法律效力的文书上署名的机关为被告。因此,给谭永智颁发武房权证字第054187号《房屋所有权证》的机关是武威市房地产管理局,其应当是行政复议的适格被申请人,省政府的复议决定将市政府列为被申请人,既错列了行政复议当事人,又漏列了应当参加复议的当事人。

第二种意见认为:尽管,涉案的房产证是武威市房地产管理局颁发给谭永智的。当该案进入复议程序后,市政府认可省政府将其列为行政复议的被申请人,并也以市政府的名义进行答复。作为行政复议机关的人民政府,在行政复议中不仅对具体行政行为的合法性进行审查,也可以对具体行政行为所涉及的基础问题进行评判。

兰州市中级人民法院审判委员会讨论后倾向第一种意见。

五、我院审判委员会意见

我院审判委员会经讨论,形成两种意见。

第一种意见即多数意见认为:合议庭意见基本正确。甘肃省人民政府甘政复字(2009)11号行政复议决定存在以下问题:

(一)省政府对运通公司的复议申请不应当受理,复议机关属越权复议

《中华人民共和国行政复议法》第十二条一款规定“对县级以上地方各级人民政府工作部门的具体行政行为不服的,由申请人选择,可以向该部门的本级人民政府申请行政复议,也可以向上一级主管部门申请行政复议”。《中华人民共和国行政复议法》第二十条规定:“公民、法人或者其他组织依法提出行政复议申请,行政复议机关无正当理由不予受理的,上级行政机关应当责令其受理;必要时,上级行政机关也可以直接受理”。《中华人民共和国行政复议法实施条例》第三十一条规定:“依照行政复议法第二十条的规定,上级行政机关认为行政复议机关不予受理行政复议申请的理由不成立的,可以先行督促其受理;经督促仍不受理的,应当责令其限期受理,必要时也可以直接受理;认为行政复议申请不符合法定受理条件

的，应当告知申请人”。本案省政府所作复议决定撤销的武房权证字第054187号房屋所有权证的发证机关是武威市房地产管理局，故申请人运通公司应当向武威市人民政府申请行政复议，运通公司在未向武威市人民政府申请行政复议的情况下直接向省政府申请属越级申请，省政府作为武威市人民政府的上级行政机关不应当直接受理运通公司的复议申请。

（二）复议决定撤销的是不存在的具体行政行为

甘政复字（2009）11号行政复议决定书决定“撤销被申请人武威市人民政府为第三人谭永智办理的武房权证字第054187号《房屋所有权证》”。但武房权证字第054187号《房屋所有权证》的颁证机关是武威市房地产管理局，武威市人民政府并未作出颁发房产证的具体行政行为，即复议决定撤销的是不存在的行政行为。

（三）行政复议申请人不适格

《中华人民共和国公司法》第十三条规定：“公司法定代表人依照公司章程的规定，由董事长、执行董事或者经理担任，并依法登记。公司法定代表人变更，应当办理变更登记”。国务院颁布的《中华人民共和国公司登记管理条例》（2006年1月1日实施）第二十六条规定：“公司变更登记事项，应当向原公司登记机关申请变更登记。未经变更登记，公司不得擅自改变登记事项”。第三十条规定：“公司变更法定代表人的，应当自变更决议或者决定作出之日起30日内申请变更登记”。运通公司法定代表人为黄忠明的工商登记手续一直未做变更，企业法人营业执照的法定代表人仍登记为黄忠明，黄忠明明确提出不申请行政复议。运通公司以王忠民为法定代表人名义提起行政复议申请不当，王忠民无权代表运通公司提起行政复议，行政复议申请人不适格，省政府予以受理不当。

（四）复议决定错列复议被申请人

《中华人民共和国行政复议法实施条例》第十一条规定“公民、法人或者其他组织对行政机关的具体行政行为不服，依照行政复议法和本条例的规定申请行政复议的，作出该具体行政行为的行政机关为被申请人”。甘肃省人民政府作出的甘政复字（2009）11号行政复议决定所列被申请人为武威市人民政府。经审查，武房权证字第054187号房屋所有权证的发证机关是武威市房地产管理局。根据《中华人民共和国行政复议法实施条例》第十一条的规定，省政府的复议决定列武威市人民政府为被申请人错误。

（五）复议决定对民事权利予以认定不当

《中华人民共和国行政复议法》第二十八条规定：“行政复议机关负责法制工作的机构应当对被申请人作出的具体行政行为进行审查，提出意见，经行政复议机关的负责人同意或者集体讨论通过后，按照下列规定作出行政复议决定……”。即复议机关只应对被申请人作出的具体行政行为进行审查。被诉复议决定对相关当事人的民事权利予以认定，认为“运管局作为运通公司股东，自行召集股东会，在其他股东均未参加会议的情况下，自行召开股东会并作出股东会决议，成立以该局为唯一成员的武威运通有限责任公司清算组，刻制清算组印章，并以清算组名义管理、处置运通公司资产的行为均违反公司法的相关规定……”，省政府作出的复议决定对此做出行政评判不当。

（六）复议决定遗漏复议请求不当

申请人的申请复议请求有三项：1. 撤销市政府给第三人谭永智办理《房屋所有权证》的具体行政行为；2. 追究被申请人

给第三人（谭永智）非法办理《房屋所有权证》相关人员的法律责任；3. 赔偿申请人在行政复议过程中的各种经济损失2万元。该复议决定只针对第一项请求作出了复议决定，对另两项复议请求遗漏，在复议决定主文未做出决定不妥，所作复议决定遗漏复议请求。

第二种意见即少数意见认为：涉案的房产证是武威市房地产管理局颁发给谭永智的。当该案进入复议程序后，市政府认可省政府将其列为行政复议的被申请人，并也以市政府的名义进行答复。作为行政复议机关的人民政府，在行政复议中不仅对具体行政行为的合法性进行审查，也可以对具体行政行为所涉及的基础问题进行评判。

需要请示的问题：1. 复议申请人未向作出行政行为的行政机关的上级行政机关申请行政复议，直接向上上一级机关申请行政复议，上上一级行政机关能否直接受理该申请并作出复议决定。2. 在运通公司的营业执照的法定代表人至今仍登记为黄忠明的情形下，运通公司经董事会研究决定并任命的董事长王忠民是否有资格以法定代表人的名义代表运通公司提起行政复议。

我院审判委员会倾向于第一种意见。

当否，请批复。

二〇一一年二月十五日

典型案例

李某兰诉山东省聊城市劳动和社会保障局工伤行政复议决定案【（2005）聊行终字第41号】〔36〕

裁判要旨：在职工因工死亡，直系亲属缺位，用人单位和工会组织不提出工伤认定的情况下，应赋予其旁系亲属的申请工伤认定的主体资格。《工伤保险条例》第十七条第二款仅规定了工亡职工的直系亲属的工伤申请资格，而没有规定在特殊情况下的其旁系亲属的工伤申请资格，是立法中的一种疏漏，需要通过法律解释和适用予以壤补。

本案中一审判决曾试图通过法律解释对职工的旁系亲属的申请资格作出肯定，将《工伤保险条例》第十七条第二款规定的“直系亲属”的范围扩大解释至旁系亲属，但直系亲属是一个确切的法律概念，仅包括直系血亲和直系姻亲，一审法院的解释超出了直系亲属这一概念应有的文义这种解释是没有法律根据的。

二审判决运用了法律类推的适用，解决了李某兰的申请资格问题。所谓类推适用，是指法律对某种法律行为和法律事实没有明文规定，可以按照法律的基本原则、法律精神或者法律中最相类似的规定进行处理。在本案中，李某兰之兄李绍乾生前未婚，父母均已去世，其妹李某兰作为其唯一近亲属承担了其死亡丧葬和救治费用，李某乾死亡一旦认定为工伤，李某兰即由此成为工伤保险待遇的直接受益人，据此，李某兰作为工伤职工的旁系亲属具有和《工保险条例》第十七条第二款规定的直系亲属同等的法律地位。《工伤保险条例》未对工伤工死亡、直系亲属缺位、用单位和工会组织又未提出工伤认定申请的特殊情况下的旁系亲属申请资格作出规定，属法律上的漏洞。综合以上情况，二审判决根据同等情况同等处理的法律原则，类推适用《工伤保险条例》第十七条第二款有关直系亲属有权申请工伤认定的规定，认定李某兰具有提出工伤认定的申请资格这种认定是正确的。

---

〔36〕参见中华人民共和国最高人民法院行政审判庭编：《中国行政审判指导案例 第2卷》，中国法制出版社2011年版，第152-157页。

文书格式 [37]

法定代表人身份证明书

________同志现任我单位________________职务，是我单位的法定代表人（或主要负责人），特此证明。

单位：（全称盖章）

____年____月____日

单位住所地：
联系电话：
邮编：

第十五条 代表人

同一行政复议案件申请人人数众多的，可以由申请人推选代表人参加行政复议。

代表人参加行政复议的行为对其所代表的申请人发生效力，但是代表人变更行政复议请求、撤回行政复议申请、承认第三人请求的，应当经被代表的申请人同意。

条文注释 [38]

本条为本次修法的新增条款，是推选复议代表人参与行政复议的规定。根据本规定，针对申请人人数众多的行政复议案件，可以由当事人推选代表人进行复议。代表人必须是当事人之一，不能推选当事人之外的人。当事人基于其意思表示推选代表人，代表人一旦产生，其复议行为就能够对于其所代表的当事人发生效力。

但是，代表人的代表能力具有一定的限制，代表人仅能作出如提出管辖权异议、提供证据、进行法庭辩论、申请证据保全等不涉及当事人实体权利的复议行为。而涉及当事人实体权利的复议行为，如法条中所列举的“变更行政复议请求、撤回行政复议申请、承认第三人请求”，必须经被代表的当事人同意。这一规定有助于防止代表人和对方当事人恶意串通，损害被代表的当事人利益。

相关规定

◎行政法规

《行政复议法实施条例》（中华人民共和国国务院令第499号 2007年8月1日）

第八条 同一行政复议案件申请人超过5人的，推选1至5名代表参加行政复议。

[37] 来源：司法部行政复议服务平台，https://xzfy.moj.gov.cn/fybk/bgxz/，下同。

[38] 参见江必新主编：《中华人民共和国行政诉讼法理解释用与实务指南》，中国法制出版社2015年版，第138页。

典型案例

上市公司流通股股东的行政复议申请资格

（商务部条法司提供）[39]

焦点问题评析：本案的焦点问题是：对于行政机关批准国有企业吸收合并上市公司的行政行为，上市公司的流通股股东是否具有行政复议申请资格。

行政复议申请资格，是行政复议案件审理的重要内容。根据《行政复议法》第二条、《行政复议法实施条例》第二十八条规定，公民、法人或者其他组织申请行政复议，必须拥有被具体行政行为侵害的法律利益，与该具体行政行为有法律上的利害关系。本案中，作为具体行政行为的批复，其对象是某国有企业，并涉及某B股上市公司。据此，某国有企业和某B股上市公司与该批复具有利害关系，不服该批复依法可以申请行政复议。

此外，《行政复议法实施条例》第七条规定，股份制企业的股东大会、股东代表大会、董事会认为行政机关作出的具体行政行为侵犯企业合法权益的，可以以企业的名义申请行政复议。据此，作为股份制企业，某B股上市公司的股东大会、股东代表大会、董事会认为该批复侵犯其企业合法权益的，也可以以企业的名义申请行政复议。

至于上市公司的流通股股东，不能代表上市公司，无权行使上市公司的权利，依法不具有针对上市公司的具体行政行为申请行政复议的资格。

文书格式

行政复议代表人推选书

经民主合议，现推选<u>（姓名）</u>　、<u>（姓名）</u>　、<u>（姓名）</u>　（不超过5人）为申请人向<u>（行政复议机关名称）</u>　申请行政复议<u>（被申请人名称）</u>　作出的<u>（行政行为）</u>　【不履行法定职责】一案的代表人，代表人权限为：＿＿＿＿＿＿＿。

代表人（签名或盖章）：

申请人（签名或盖章）：

（或附后申请人签名名单）

年　　月　　日

（代表人权限提示：行政复议代表人的权限可以为“代为申请行政复议、代为承认、变更行政复议请求、代为撤回行政复议申请、代为举证、代为陈述申辩、代为查阅行政复议案卷、代为接收行政复议法律文书”等，具体权限由申请人与代表人协商确定。）

---

[39] 国务院法制办公室行政复议司编：《行政复议年度案例选评（2014~2015）》，中国法制出版社2015年版，第179-181页。

第十六条　第三人

申请人以外的同被申请行政复议的行政行为或者行政复议案件处理结果有利害关系的公民、法人或者其他组织，可以作为第三人申请参加行政复议，或者由行政复议机构通知其作为第三人参加行政复议。

第三人不参加行政复议，不影响行政复议案件的审理。

条文注释

本条是对行政复议的第三人的规定，为本次修法的新增条款。根据本条规定，行政复议第三人，是指申请人以外的，对被申请复议的行政行为或案件处理结果有利害关系，为了维护自身利益，参加行政复议的公民、法人和其他组织。行政复议的第三人应当与被复议的行政行为具有独立的利害关系，这一利害关系有可能是直接利害关系，也有可能是间接利害关系。同时，第三人需要以独立的法律地位参加到他人已经开始、尚未终结的复议中。

相关规定

◎行政法规

《行政复议法实施条例》（中华人民共和国国务院令第499号　2007年8月1日）

第九条　行政复议期间，行政复议机构认为申请人以外的公民、法人或者其他组织与被审查的具体行政行为有利害关系的，可以通知其作为第三人参加行政复议。

行政复议期间，申请人以外的公民、法人或者其他组织与被审查的具体行政行为有利害关系的，可以向行政复议机构申请作为第三人参加行政复议。

第三人不参加行政复议，不影响行政复议案件的审理。

典型案例

1. 张某银诉徐州市人民政府房屋登记行政复议决定案【《最高人民法院公报》2005年第3期（总101期）】

裁判要旨：行政复议法虽然没有明确规定行政复议机关必须通知第三人参加复议，但根据正当程序的要求，行政机关在可能作出对他人不利的行政决定时，应当专门听取利害关系人的意见。

2. 临清市鲁某面粉有限公司诉山东省人民政府行政复议决定案【（2011）鲁行终字第40号裁定】[40]

裁判要旨：行政复议机关未向有利害关系的第三人送达《第三人参加行政复议通知书》，在未听取利害关系人意见的情况下作出对其不利的行政复议决定，违背正当程序原则，构成违反法定程序或滥用职权（程序滥用），依法应予撤销。

---

〔40〕参见中华人民共和国最高人民法院行政审判庭编：《中国行政审判指导案例 第4卷》，中国法制出版社2012年版，第131-135页。

文书格式

第三人参加行政复议申请书

第三人（公民）：姓名________，性别____，出生年月________，身份证（其他有效证件）号码：__________________________，工作单位：__________________________，住址（联系地址）：____________________，邮政编码：________，电话：________。

第三人（法人或者其他组织）：名称________，统一信用证代码：____________，住所地（联系地址）：______________，邮政编码：________，联系电话：________。

法定代表人或主要负责人：（姓名），职务：____________________________。

委托代理人：（姓名），性别：____，出生年月：________，身份证（其他有效证件）号码：____________________，工作单位：____________________，住址（联系地址）：________________________，邮政编码：____，电话：________。

申请参加行政复议的事实和理由：______________________________________

此致

行政复议机关

申请人（签名或盖章）：

____年____月____日

附件：1. 参加行政复议申请书副本　份

2. 其他有关材料　　份

（代表人权限提示：行政复议代表人的权限可以为"代为申请行政复议、代为承认、变更行政复议请求、代为撤回行政复议申请、代为举证、代为陈述申辩、代为查阅行政复议案卷、代为接收行政复议法律文书"等，具体权限由申请人与代表人协商确定。）

第十七条　委托代理人

申请人、第三人可以委托一至二名律师、基层法律服务工作者或者其他代理人代为参加行政复议。

申请人、第三人委托代理人的，应当向行政复议机构提交授权委托书、委托人及被委托人的身份证明文件。授权委托书应当载明委托事项、权限和期限。申请人、第三人变更或者解除代理人权限的，应当书面告知行政复议机构。

条文注释

本条是对委托代理的规定，是本次修法的新增条款。在原行政复议法第十条的规定的基础上，增加了对于代理人数量、委托代理程序和解除代理程序的相关规定。

委托代理人由行政复议申请人或第三人根据其自由意志进行选择，代理事项、权限和期限由委托人决定，在行政复议中进行代理需要向行政复议机构提交授权委托书和身份证明。申请人或第三人变更或解除代理人权限的，需要书面通知行政复议机构。

相关规定

◎行政法规

《行政复议法实施条例》（中华人民共和国国务院令第499号　2007年8月1日）

第十条　申请人、第三人可以委托1至2名代理人参加行政复议。申请人、第三人委托代理人的，应当向行政复议机构提交授权委托书。授权委托书应当载明委托事项、权限和期限。公民在特殊情况下无法书面委托的，可以口头委托。口头委托的，行政复议机构应当核实并记录在卷。申请人、第三人解除或者变更委托的，应当书面报告行政复议机构。

◎司法解释及文件

《最高人民法院关于行政诉讼中当事人委托其他公民担任诉讼代理人有关问题的答复》（〔2011〕行他字第93号　2012年4月12日）

四川省高级人民法院：

你院《关于曾少梅、张昌洪等四人不服成都市人民政府行政复议上诉一案的请示》收悉。经研究，答复如下：

根据《中华人民共和国行政诉讼法》第二十九条、《法官法》第十七条之规定并参照《最高人民法院关于适用〈中华人民共和国民事诉讼法〉若干问题的意见》第六十八条等规定，人民法院是否准许其他公民作为诉讼代理人，应当考虑该公民的行为能力、是否存在法定的回避情形、是否可能损害被代理人利益以及是否可能妨碍诉讼活动等因素，不能简单以其曾受过刑事处罚或不具有相关法律知识为由否定其代理资格。

人民法院经审查认为其他公民不宜作诉讼代理人的，应当做出书面或口头决定，并告知理由。口头决定的，应记录在案。

二〇一二年四月十二日

附：

四川省高级人民法院关于曾少梅、张昌洪等四人不服成都市人民政府行政复议上诉一案的请示

（〔2011〕川行终字第89号）

最高人民法院：

我院在审理曾少梅、张昌洪等四人不服成都市人民政府行政复议决定上诉一案时，对当事人在行政诉讼中委托其他公民进行代理，是否需要人民法院的许可以及许可的具体方式把握不准，经审判委员会讨论，决定向你院请示。现将有关案件情况报告如下：

一、当事人及其他诉讼参与人的基本情况

上诉人（原审原告）曾少梅，女，1975年2月22日出生，汉族，农民，住四川省成都市温江区寿安镇天源村5组。

上诉人（原审原告）张昌洪，男，1970年10月10日出生，汉族，农民，住四川省成都市温江区寿安镇天源村5组，系曾少梅之夫。

上诉人（原审原告）张岭南，女，2003年11月13日出生，汉族，住四川省成都市温江区寿安镇天源村5组，系曾少梅之女。

上诉人（原审原告）张集穗，女，2003年11月13日出生，汉族，住四川省成都市温江区寿安镇天源村5组，系曾少梅之女。

法定代理人曾少梅，女，1975年2月22日出生，汉族，农民，住四川省成都市温江区寿安镇天源村5组。

委托代理人罗福元，男，汉族，1957年10月14日出生，无业，住四川省蓬安县相如镇回龙沟村1组。

被上诉人（原审被告）成都市人民政府，住所地：四川省成都市锦悦路2号。

法定代表人葛红林，市长。

委托代理人秦良健，成都市人民政府工作人员。

委托代理人熊英，成都市人民政府工作人员。

二、案件基本情况

成都市中级人民法院一审经审理认定：2008年10月23日，成都市温江区人民政府向曾少梅等四人颁发了编号为51010903140054的《农村土地承包经营权证》。2009年，曾少梅等四人所在的寿安镇天源村5组开展新一轮的农村承包土地确权工作。2010年7月15日，成都市温江区人民政府又向曾少梅等四人颁发了新的编号为51011510628105053的《农村土地承包经营权证》，并于次日由成都市温江区农村发展局发布公告，告知寿安镇天源村5组村民自新证颁发之日起注销原《农村土地承包经营权证》，同时要求各承包农户自公告之日起10日内将原证交回发包方，统一销毁。2010年8月17日，曾少梅等四人以成都市温江区人民政府颁发的编号为51010903140054的《农村土地承包经营权证》违法为由，向成都市人民政府提出行政复议申请。成都市人民政府经审查后，认为曾少梅等四人对成都市温江区人民政府2008年10月23日核发的《农村土地承包经营权证》（编号：51010903140054）提出行政复议申请，因该府于2009年开展新一轮的农村承包土地确权工作后，已于2010年7月15日核发了新的《农村土地承包经营权证》（编号：51011510628105053），原农村土地承包经营权证的效力已经丧失，曾少梅等四人的申请不符合受理条件，遂根据《中华人民共和国行政复议法实施条例》第四十八条第一款第（二）项的规定，以（2010）90号驳回行政复议申请书，决定驳回曾少梅等四人的行政复议申请。曾少梅等四人不服，向人民法院提起行政诉讼，请求撤销（2010）90号驳回行政复议申请决定。

一审法院认为，根据《中华人民共和国行政复议法》第十三条第一款的规定，曾少梅等四人对成都市温江区人民政府的颁证行为不服，可以向其上一级地方人民政府申请行政复议。成都市人民政府作为成都市温江区人民政府的上一级地方人民政府，具有对行政复议申请作出处理决定的法定职权。成都市人民政府受理曾少梅等四人的行政复议申请后，根据申请行政复议的《农村土地承包经营权证》已被注销并颁发了新证的事实，认定曾少梅等四人提出的行政复议申请不符合受理条件，决定驳回曾少梅等四人的行政复议申请，事实清楚，证据确凿，适用法律、法规正确，程序合法。该院遂依照《中华人民共和国行政诉讼法》第五十四条第（一）项之规定，判决：维持成都市人民政府于2010年10月8日作出的（2010）90号驳回行政复议申请决定。

三、当事人的上诉理由及答辩意见

曾少梅等四人的上诉理由是：第一，一审判决违反法定程序。一审法院不同意曾少梅等四人委托代理人罗福元进行代理活动，又不出具书面的决定，严重侵犯了当事人的诉讼权利。第二，成都市温江区人民政府核发给曾少梅等四人的《农村土地承包经营权证》内容是虚假的，面积大大多于曾少梅等四人实际承包的土地面积。对此弄虚作假的行为，成都市人民政府不予纠正是明显错误的。

成都市人民政府答辩认为，曾少梅等四人起诉的《农村土地承包经营权证》已被注销，成都市温江区人民政府又重新核发了新的《农村土地承包经营权证》。曾少梅等四人如认为新的《农村土地承包经营权证》不合法，可以依法申请行政复议。对已丧失效力的、旧的《农村土地承包经营权证》所提起的行政复议，成都市人民政府不予受理是正确的。一审判决事实清楚，适用法律正确，程序合法，应予维持。

在本院二审中，因本院以曾少梅等四人委托的罗福元曾受过刑事处罚为由，不同意其从事代理活动，曾少梅等四人为此拒绝参加二审的开庭审理，并要求出具不许可罗福元作诉讼代理人的书面手续。

四、需要请求的问题

根据《行政诉讼法》第二十九条第二款关于“律师、社会团体、提起诉讼的公民的近亲属或者单位推荐的人，以及经人民法院许可的其他公民，可以受委托为诉讼代理人”的规定，其他公民作为诉讼代理人的，人民法院应当进行审查并作出是否许可的决定。但是，法律及最高人民法院《关于执行〈中华人民共和国行政诉讼法〉若干问题的解释》对其他公民作为诉讼代理人的资格及条件均无明确规定。而根据最高人民法院《关于适用〈中华人民共和国民事诉讼法〉若干问题的意见》第68条的规定，人民法院是否同意其他公民作为民事诉讼代理人，考虑的主要因素是是否可能损害被代理人的利益，其它不宜作诉讼代理人的事由，同样未作明确界定。

有鉴于法律及相关司法解释对其他公民作诉讼代理人的资格及条件均未明确，经我院审判委员会讨论，决定就以下两个问题请示你院：

一、其他公民未受过刑事处罚，具有相关的法律知识及从事诉讼活动的能力，能否作为人民法院审查并作出许可其成为诉讼代理人的必要条件？

二、经人民法院审查认为其他公民不宜作诉讼代理人的，人民法院是否必须作出书面的不予许可决定并明确告知不予许可的理由？

以上请示，请批复。

二〇一一年九月七日

文书格式

行政复议授权委托书

<u>（行政复议机关）</u>：

申请人<u>（姓名）</u>、<u>（姓名）</u>、……对<u>（被申请人名称）</u>作出的<u>（行政行为）</u>【不履行______法定职责】不服申请行政复议一案，现委托<u>（姓名）</u>、<u>（姓名）</u>为申请人的委托代理人，代理权限为：______________________________

代理期限：______________________________

委托人（签名或盖章）：______________________________

代理人（签名或盖章）：______________________________

____年____月____日

（代理权限提示：行政复议代理的权限可以为“代为申请行政复议、代为承认、变更行政复议请求、代为撤回行政复议申请、代为举证、代为陈述申辩、代为查阅行政复议案卷、代为接收行政复议法律文书”等，具体代理权限由委托人与代理人协商确定。）

第十八条　法律援助

符合法律援助条件的行政复议申请人申请法律援助的，法律援助机构应当依法为其提供法律援助。

条文注释

本条是有关法律援助的规定，是本次修法的新增条款。法律援助，是国家建立的为经济困难公民和符合法定条件的其他当事人无偿提供法律咨询、代理、刑事辩护等法律服务的制度，是公共法律服务体系的组成部分。

根据《法律援助法》的规定，因经济困难没有委托代理人的当事人在请求国家赔偿、给予社会保险待遇或社会救助、请求发给抚恤金、请求确认劳动关系等情形可以申请法律援助，上述各情形中，均涉及国家给付义务的履行，存在经济困难的公民申请行政复议并申请法律援助的可能性。此外，在不受经济困难限制申请法律援助的当事人中，遭受虐待、遗弃或者家庭暴力的受害人主张的相关权益可能涉及对于负有保障公民人身权益的义务的行政机关的不作为行为提起行政复议的情形，在此情况下，相关受害人亦有可能申请法律援助。

相关规定

◎法律

《法律援助法》（2022年1月1日）

第二条　本法所称法律援助，是国家建立的为经济困难公民和符合法定条件的其他当事人无偿提供法律咨询、代理、刑事辩护等法律服务的制度，是公共法律服务体系的组成部分。

第三十一条　下列事项的当事人，因经济困难没有委托代理人的，可以向法律援助机构申请法律援助：

（一）依法请求国家赔偿；

（二）请求给予社会保险待遇或者社会救助；

（三）请求发给抚恤金；

（四）请求给付赡养费、抚养费、扶养费；

（五）请求确认劳动关系或者支付劳动报酬；

（六）请求认定公民无民事行为能力或者限制民事行为能力；

（七）请求工伤事故、交通事故、食品药品安全事故、医疗事故人身损害赔偿；

（八）请求环境污染、生态破坏损害赔偿；

（九）法律、法规、规章规定的其他情形。

第三十二条　有下列情形之一，当事人申请法律援助的，不受经济困难条件的限制：

（一）英雄烈士近亲属为维护英雄烈士的人格权益；

（二）因见义勇为行为主张相关民事权益；

（三）再审改判无罪请求国家赔偿；

（四）遭受虐待、遗弃或者家庭暴力的受害人主张相关权益；

（五）法律、法规、规章规定的其他情形。

◎行政法规

《法律援助条例》（中华人民共和国国务院令第385号　2003年9月1日）

第十条　公民对下列需要代理的事项，因经济困难没有委托代理人的，可以向法律援助机构申请法律援助：

（一）依法请求国家赔偿的；

（二）请求给予社会保险待遇或者最低生活保障待遇的；

（三）请求发给抚恤金、救济金的；

（四）请求给付赡养费、抚养费、扶养费的；

（五）请求支付劳动报酬的；

（六）主张因见义勇为行为产生的民事权益的。

省、自治区、直辖市人民政府可以对前款规定以外的法律援助事项作出补充规定。

公民可以就本条第一款、第二款规定的事项向法律援助机构申请法律咨询。

《办理法律援助案件程序规定》（中华人民共和国司法部令第148号 2023年9月1日）

第十八条 法律援助机构经审查，对于有下列情形之一的，应当认定申请人经济困难：

（一）申请人及与其共同生活的家庭成员符合受理的法律援助机构所在省、自治区、直辖市人民政府规定的经济困难标准的；

（二）申请事项的对方当事人是与申请人共同生活的家庭成员，申请人符合受理的法律援助机构所在省、自治区、直辖市人民政府规定的经济困难标准的；

（三）符合《中华人民共和国法律援助法》第四十二条规定，申请人所提交材料真实有效的。

第二十四条 法律援助机构应当自作出给予法律援助决定之日起三日内依法指派律师事务所、基层法律服务所安排本所律师或者基层法律服务工作者，或者安排本机构具有律师资格或者法律职业资格的工作人员承办法律援助案件。

对于通知辩护或者通知代理的刑事法律援助案件，法律援助机构收到人民法院、人民检察院、公安机关要求指派律师的通知后，应当在三日内指派律师承办法律援助案件，并通知人民法院、人民检察院、公安机关。

◎其他规范性文件

《军人军属法律援助工作实施办法》（司发〔2016〕13号 2023年3月1日）

第十五条 军人军属维护合法权益遇到困难的，法律援助机构应当依法优先提供免费的咨询、代理等法律服务。

第十六条 军人军属对下列事项，因经济困难没有委托代理人的，可以向法律援助机构申请法律援助：

（一）涉及侵害军人名誉纠纷的；

（二）请求给予优抚待遇的；

（三）涉及军人婚姻家庭纠纷的；

（四）人身伤害案件造成人身损害或者财产损失请求赔偿的；

（五）涉及房屋买卖纠纷、房屋租赁纠纷、拆迁安置补偿纠纷的；

（六）涉及农资产品质量纠纷、土地承包纠纷、宅基地纠纷以及保险赔付的；

（七）《中华人民共和国法律援助法》规定的法律援助事项范围或者法律、法规、规章规定的其他情形。

第十七条 军人军属申请法律援助，应当提交下列申请材料，法律援助机构免予核查经济困难状况：

（一）有关部门制发的证件、证明军人军属关系的户籍材料或者军队单位开具的身份证明等表明军人军属身份的材料；

（二）法律援助申请表；

（三）经济困难状况说明表；

（四）与所申请法律援助事项有关的案件材料。

第十八条 下列人员申请法律援助的，无需提交经济困难状况说明表：

（一）义务兵、供给制学员及其军属；

（二）执行作战、重大非战争军事行动任务的军人及其军属；

（三）烈士、因公牺牲军人、病故军

人的遗属。

第十九条　军人军属申请法律援助的，诉讼事项由办案机关所在地的法律援助机构受理，非诉讼事项由争议处理机关所在地或者事由发生地的法律援助机构受理。

法律援助机构应当及时受理相关法律援助申请，对不属于本机构受理的，应当协助军人军属向有权受理的机构申请。

《司法部关于印发〈法律援助文书格式〉的通知》（司规〔2023〕1号　2023年11月10日）

附件1：《法律援助文书格式》目录与样本〔41〕

1. 法律援助咨询登记表
2. 法律援助申请表
3. 授权委托书
4. 经济困难状况说明表
5. 法律援助申请材料接收凭证
6. 补充材料/说明通知书
7. 法律援助协作函
8. 法律援助审查表
9. 给予法律援助决定书
10. 不予法律援助决定书
11. 指派通知书
12. 委托代理/辩护协议
13. 法律援助公函
14. 法律援助案件承办情况通报/报告记录
15. 法律援助机构介绍信
16. 更换法律援助人员申请表
17. 更换法律援助人员通知书
18. 终止法律援助决定书
19. 终止法律援助公函
20. 法律援助异议审查决定书
21. 结案报告表
22. 送达回证
23. 法律帮助申请表
24. 值班律师提供法律帮助通知书（适用于公安机关）
25. 值班律师提供法律帮助通知书（适用于国家安全机关）
26. 值班律师提供法律帮助通知书（适用于人民检察院）
27. 值班律师提供法律帮助通知书（适用于人民法院）
28. 值班律师提供法律帮助情况登记表
29. 值班律师法律帮助工作台账
30. 庭审旁听情况记录表
31. 征询办案机关意见函
32. 受援人回访记录表

第十九条　被申请人

公民、法人或者其他组织对行政行为不服申请行政复议的，作出行政行为的行政机关或者法律、法规、规章授权的组织是被申请人。

两个以上行政机关以共同的名义作出同一行政行为的，共同作出行政行为的行政机关是被申请人。

行政机关委托的组织作出行政行为的，委托的行政机关是被申请人。

作出行政行为的行政机关被撤销或者职权变更的，继续行使其职权的行政机关是被申请人。

〔41〕扫描本书序言后二维码，可以免费获取《法律援助文书格式》电子版。

条文注释〔42〕

本条是对行政复议的被申请人的相关规定。本条针对不同情形，对行政复议的被申请人作出四种规定：

1. 公民、法人或者其他组织依法对行政行为不服申请行政复议的，作出行政行为的行政机关或法律、法规、规章授权的组织是被申请人。在这种情况下，被申请人是作出申请人认为侵犯其合法权益的行政行为的行政机关。

2. 两个及以上的行政机关作出同一行政行为的，共同作出行政行为的行政机关均为被申请人。两个行政机关作出同一个行政行为的情况下，若复议申请人认为该行政行为侵犯其合法权益，对该行政行为的审查就涉及共同作出这一行政行为的两个行政机关。因为在此情况下，以共同名义做出的行政行为虽然仅有一个，但是却包含了两个及以上的行政主体的意志。因此，共同作出行政行为的行政机关应当作为共同被申请人。在实践中，认定被申请的行政行为是否属于共同作出的行政行为，最为直接的依据是行政决定文书上的署名和印章。有时，一些经上级行政机关批准作出的行政决定中，最终的行政决定中没有上级行政机关的署名和印章，在此情况下，应当进行分类讨论。若行政决定的作出不需要经历法定的上级机关批准程序，则在上级行政机关未署名签章的情况下，该上级行政机关的批准仅为行政机关的内部程序，不具有外部化效力，上级行政机关不对外承担法律后果，不能做行政复议的被申请人。若行政决定的作出依法需要经上级行政机关批准，则即使上级行政机关未署名签章，也应当认定为上级行政机关和下级行政机关共同作出了该行政行为。

3. 行政机关委托的组织作出行政行为的，委托的行政机关是被申请人。在特殊情况下，非行政机关的组织也可能实施行政行为，在此情况下，需要区分非行政机关的组织实施行政行为的依据。一种情况是，非行政机关的组织获得了法律、法规和规章的授权实施行政行为，在此情况下，根据本条第一款的规定，这一获得法律、法规和规章授权的组织即为行政复议的被申请人。另一种情况下该非行政机关的组织并未获得法律、法规和规章的授权，而是由行政机关委托来实施行政行为，在此情况下，委托的行政机关是被申请人。

4. 作出行政行为的行政机关被撤销或者职权变更的，继续行使其职权的行政机关是被申请人。

相关规定

◎行政法规

《行政复议法实施条例》（中华人民共和国国务院令第499号　2007年8月1日）

第十一条　公民、法人或者其他组织对行政机关的具体行政行为不服，依照行政复议法和本条例的规定申请行政复议的，作出该具体行政行为的行政机关为被申请人。

第十二条　行政机关与法律、法规授权的组织以共同的名义作出具体行政行为的，行政机关和法律、法规授权的组织为共同被申请人。

行政机关与其他组织以共同名义作出具体行政行为的，行政机关为被申请人。

第十三条　下级行政机关依照法律、

〔42〕参见本书编写组编著：《〈中华人民共和国行政复议法实施条例〉释义》，人民出版社2005年版，第54-65页。

法规、规章规定，经上级行政机关批准作出具体行政行为的，批准机关为被申请人。

第十四条　行政机关设立的派出机构、内设机构或者其他组织，未经法律、法规授权，对外以自己名义作出具体行政行为的，该行政机关为被申请人。

第二十二条　申请人提出行政复议申请时错列被申请人的，行政复议机构应当告知申请人变更被申请人。

《公安机关办理行政复议案件程序规定》（中华人民共和国公安部令第65号　2003年1月1日）

第十六条　对经上级公安机关批准的具体行政行为不服的，向在对外发生法律效力的文书上加盖印章的公安机关的上一级公安机关申请行政复议。

◎司法解释及文件

《最高人民法院关于政府办公厅（室）能否作为政府信息公开行政争议的行政复议被申请人和行政诉讼被告问题的请示的答复》（〔2015〕行他字第32号　2016年3月18日）

天津市高级人民法院：

你院津高法〔2015〕207号《关于姚淑芬诉天津市河东区人民政府政府信息公开行政复议上诉一案的请示》收悉。经研究，并征求国务院法制办公室及国务院办公厅政府信息与政务公开办公室意见，答复如下：

公民、法人或其他组织向政府办公厅（室）提出的信息公开申请，应当视为向本级人民政府提出。人民政府对公民、法人或者其他组织提出的申请，可以政府办公厅（室）的名义进行答复，也可由负责政府信息公开工作的部门加盖“某某人民政府办公厅（室）信息公开专用章”的形式答复。公民、法人或者其他组织对以政府办公厅（室）或负责政府信息公开工作部门作出的政府信息公开行政行为不服提起诉讼的，应当以本级人民政府作为被告。

典型案例

1. 南京某公司不服湖南省人民政府招投标复评函案[43]

决定要旨：

1. 湖南省人民政府是本案适格的行政复议被申请人。《中华人民共和国行政复议法实施条例》第十四条规定：“行政机关设立的派出机构、内设机构或者其他组织，未经法律、法规授权，对外以自己名义作出具体行政行为的，该行政机关为被申请人。”本案中，湘江新区管理委员会为湖南省人民政府的派出机构，湘江新区住建环保局为湘江新区管理委员会的内设机构，某某公司就住建环保局未经法律、法规授权以自己名义作出的《复评的函》，以湖南省人民政府作为被申请人申请行政复议符合上述法律之规定。

2. 住建环保局不具有作出《复评的函》的法定职权。湘江新区管理委员会是湖南省人民政府的派出机构，而住建环保局又是湘江新区管理委员会的内设机构，在法律、法规未明确授予湘江新区管理委员会招投标执法监督权时，无论是湘江新区管理委员会还是住建环保局，均不具有作出《复评的函》的法定职权。还需指出的是，《中华人民共和国招投标法实施条例》（以下简称《实施条例》）第五十四条规定：“依法必须进行招标的项目，招

---

〔43〕来源：司法部行政复议服务平台：首届“全国行政复议优秀文书”评选结果，https：//xzfy. moj. gov. cn/c/2021-08-23/490125. shtml。

标人应当自收到评标报告之日起3日内公示中标候选人，公示期不得少于3日。投标人或者其他利害关系人对依法必须进行招标的项目的评标结果有异议的，应当在中标候选人公示期间提出。招标人应当自收到异议之日起3日内作出答复；作出答复前，应当暂停招标投标活动。”第六十条规定：“投标人或者其他利害关系人认为招标投标活动不符合法律、行政法规规定的，可以自知道或者应当知道之日起10日内向有关行政监督部门投诉。投诉应当有明确的请求和必要的证明材料。就本条例第二十二条、第四十四条、第五十四条规定事项投诉的，应当先向招标人提出异议，异议答复期间不计算在前款规定的期限内。”据此规定，投标人或者其他利害关系人不服招投标活动，可以通过异议或者投诉进行救济，异议和投诉的处理主体、法定程序各异，异议由招标人作出处理，投诉由行政监督部门作出处理。“法无授权不可为”是行政主体作出对行政相对人合法权益产生不利影响的行政行为时应遵循的基本原则，在相关法律、法规未授予行政监督部门异议处理权限时，其无权介入异议环节，而应由招标人就异议事项独立作出评判。因此，从我国现行招投标制度设计上看，行政监督管理部门也不具有招投标异议程序的处理权限。住建环保局介入异议处理环节，并作出《复评的函》和复评方案，明显违反了《实施条例》第五十四条之规定，构成对招投标活动及异议处理的不当干预。

2. 刘某明诉广东省东莞市人民政府驳回行政复议案【（2019）最高法行申3190号】

裁判要旨：行政机关委托的组织所作的行政行为，委托的行政机关是被告。在强制拆除案件中，非公权力单位无权实施拆除行为，单独实施强制拆除的，属于民事侵权行为，产生争议通过民事诉讼途径解决，不属于行政复议和行政诉讼的受案范围。但是行政机关参与下，非公权力单位实施强制拆除的，应当视为行政机关委托非公权力单位实施强制拆除，属于行政复议、行政诉讼的受案范围，参与实施强制拆除的行政机关是被告，实施强制拆除的非公权力单位应当作为第三人参加诉讼。

第三节　申请的提出

> **第二十条　申请期限**
>
> 公民、法人或者其他组织认为行政行为侵犯其合法权益的，可以自知道或者应当知道该行政行为之日起六十日内提出行政复议申请；但是法律规定的申请期限超过六十日的除外。
>
> 因不可抗力或者其他正当理由耽误法定申请期限的，申请期限自障碍消除之日起继续计算。
>
> 行政机关作出行政行为时，未告知公民、法人或者其他组织申请行政复议的权利、行政复议机关和申请期限的，申请期限自公民、法人或者其他组织知道或者应当知道申请行政复议的权利、行政复议机关和申请期限之日起计算，但是自知道或者应当知道行政行为内容之日起最长不得超过一年。

条文注释

本条规定了行政复议的一般复议申请期限。

第一款规定了在行政机关有效履行告知义务的情况下的行政复议的一般复议申请期限，为60日。该期限的起算点为公民、法人或者其他组织知道或应当知道行政行为作出的时间点。所谓“知道或应当知道行政行为作出”要求行政复议机关已经通过文书送达或口头告知的方式明确告知复议申请人被诉行政行为内容的信息，这一告知应当至少使行政复议申请人已经知晓该行政行为的存在。同时，在行政复议的过程中，根据行政复议的证据规则和本法第四十一条的规定，被申请复议的行政机关应当承担证明超过起诉期限的举证责任。

第二款规定了存在不可抗力或其他正当理由的情况下的申请期限的中止计算问题。不可抗力，是指不能预见、不能避免且不能克服的客观情况。

第三款是本次修法的新增条款，确定了行政复议申请的最长申请期限为 1 年。该期限的起算点为行政行为作出之日。由于行政行为的送达或告知行为并非行政行为本身的组成部分，而是行政行为作出之后的后续程序行为，因此，只要行政行为对行政复议申请人的权利义务产生了实质性影响，该行政行为就应当被视为已经作出，其复议申请的时效就应当开始计算。

相关规定

◎行政法规

《行政复议法实施条例》（中华人民共和国国务院令第 499 号　2007 年 8 月 1 日）

第十五条　行政复议法第九条第一款[44]规定的行政复议申请期限的计算，依照下列规定办理：

（一）当场作出具体行政行为的，自具体行政行为作出之日起计算；

（二）载明具体行政行为的法律文书直接送达的，自受送达人签收之日起计算；

（三）载明具体行政行为的法律文书邮寄送达的，自受送达人在邮件签收单上签收之日起计算；没有邮件签收单的，自受送达人在送达回执上签名之日起计算；

（四）具体行政行为依法通过公告形式告知受送达人的，自公告规定的期限届满之日起计算；

（五）行政机关作出具体行政行为时未告知公民、法人或者其他组织，事后补充告知的，自该公民、法人或者其他组织收到行政机关补充告知的通知之日起计算；

（六）被申请人能够证明公民、法人或者其他组织知道具体行政行为的，自证据材料证明其知道具体行政行为之日起计算。

行政机关作出具体行政行为，依法应当向有关公民、法人或者其他组织送达法律文书而未送达的，视为该公民、法人或者其他组织不知道该具体行政行为。

第十六条　公民、法人或者其他组织依照行政复议法第六条第（八）项[45]、第（九）项[46]、第（十）项[47]的规定申请行政机关履行法定职责，行政机关未履行的，行政复议申请期限依照下列规定计算：

（一）有履行期限规定的，自履行期限届满之日起计算；

（二）没有履行期限规定的，自行政机关收到申请满 60 日起计算。

公民、法人或者其他组织在紧急情况

---

[44]《行政复议法》（2023 年修正）第 20 条第 1 款。

[45] 已废止。

[46]《行政复议法》（2023 年修正）第 11 条第 11 项。

[47]《行政复议法》（2023 年修正）第 11 条第 12 项。

下请求行政机关履行保护人身权、财产权的法定职责，行政机关不履行的，行政复议申请期限不受前款规定的限制。

第十七条 行政机关作出的具体行政行为对公民、法人或者其他组织的权利、义务可能产生不利影响的，应当告知其申请行政复议的权利、行政复议机关和行政复议申请期限。

◎司法解释及文件

《最高人民法院关于适用〈中华人民共和国行政诉讼法〉的解释》（法释〔2018〕1号 2018年2月8日）

第六十四条 行政机关作出行政行为时，未告知公民、法人或者其他组织起诉期限的，起诉期限从公民、法人或者其他组织知道或者应当知道起诉期限之日起计算，但从知道或者应当知道行政行为内容之日起最长不得超过一年。

复议决定未告知公民、法人或者其他组织起诉期限的，适用前款规定。

典型案例

1. 杨某珍、姜某其诉贵州省贵阳市乌当区人民政府行政复议案【（2020）最高法行申11376号】

裁判要旨：杨某珍、姜某其对《农户补偿协议》提起的行政诉讼已被人民法院受理后，其再就该协议提起行政复议，不符合《行政复议法》第十六条〔48〕第二款的规定。

2. 刘某兵、车某全诉山西省人民政府行政复议案【（2020）最高法行申12658号】

裁判要旨：因刘某兵等人在申请行政复议前，已就吕梁市政府作出的公交改革方案和公交实施方案提起过行政诉讼，并经人民法院司法审查。因此，刘某兵等人不能就已经司法审查的行为，再行提其行政复议申请。

3. 土地征收案件中的行政复议申请期限认定——某村民小组的部分村民不服某省人民政府征地批复案（广东省人民政府法制办公室提供）〔49〕

焦点问题评析：征地批复是通过公告形式告知被征地集体经济组织和被征地农户的，根据《行政复议法实施条例》的规定，征地公告的期限届满之日为行政复议申请期限的起算点。按照行政复议举证责任分配原则，征地公告期限届满的具体日期应由被申请人承担举证责任。但实践中有些地方未依法进行征地公告，或疏于收集有关公告的证据，无法证明对征地批复已公告。这种情形下，需要根据案件具体情形判断：能够证明申请人通过行政复议、政府信息公开、信访、诉讼等途径知道征收土地决定主要内容的，可以以有关文件送达之日为行政复议申请期限的起算点；申请人已经进行土地补偿登记或者领取了征地补偿安置费用的，以申请人进行土地补偿登记或领取征地补偿安置费用之日为行政复议申请期限的起算点（但有证据表明有关市、县政府是先组织征地补偿安置，后上报征地材料报请有权政府批准的除外）；市、县国土资源部门有证据证明对征地补偿安置方案依法进行了公告，且在公告中载明了征收土地决定的主要内容的，以征地补偿安置方案公告规定的期限届满之日为对征地批复申请行政复议的申请期限的起算点；申请人对征地补偿、安置方案提出异议的，以其提出异议的时

---

〔48〕《行政复议法》（2023年修正）第29条。

〔49〕国务院法制办公室行政复议司编：《行政复议年度案例选评（2014~2015）》，中国法制出版社2015年版，第1-5页。

间为对征地批复申请行政复议申请期限的起算点。同时存在上述两种或者两种以上情形的，以最早的时间为起算点。行政机关在征收土地决定作出后，没有告知被征地农民申请行政复议的权利、行政复议机关或者申请期限的，行政复议申请期限从公民、法人或者其他组织知道或者应当知道申请行政复议的权利、行政复议机关或者申请期限之日起计算，但从知道或者应当知道征收土地决定内容之日起最长不得超过2年。

4. 谭某兵诉被申请人湖南省益阳市人民政府土地征收行政复议案【（2020）最高法行申5608号】

裁判要旨：《行政复议法》及《行政复议法实施条例》均未规定在行政机关作出行政行为时未告知申请复议权利及申请期限的，应当如何确定行政复议申请期限。为了更好地保护公民、法人或者其他组织申请复议的权利，强化行政机关作出行政行为时的教示义务，对行政机关作出涉及当事人重大权益的行政行为，未告知申请复议权利和申请复议期限且公民、法人或者其他组织的确不知道申请复议权利和申请期限又无其他救济渠道的，应当坚持有利于保护行政复议申请权的原则。

5. 云南省昭通市人民政府与云南省镇雄县坡头镇坡头村民委员会上街村民小组行政复议纠纷再审案【（2020）最高法行申13116号】

裁判要旨：本案中，云南省镇雄县人民政府作出的《确权决定》中错误告知对该决定不服可以申请复议或提起诉讼，上街组、下街组因此选择在起诉期限内提起行政诉讼。《确权决定》中对救济途径的错误告知导致上街组、下街组在知晓《确权决定》至其选择提起诉讼的期间内，未能考量其另行申请行政复议是否超过申请期限的问题，由此耽误的时间不应计入六十日行政复议申请期限之内。

6. 苏某迅与水城县人民政府等行政复议及行政撤销纠纷再审案【（2019）最高法行申3085号】

裁判要旨：根据《拘留所条例》第25条、第26条以及《拘留所条例实施办法》第40条第1款的规定，苏某迅在被拘留期间有条件委托代理人申请行政复议或者自行采取邮寄等方式申请行政复议，其提起行政复议的权利并未受到限制，且本案无证据证明苏某迅在拘留期间的通讯、会见自由以及委托代理人参加行政复议的权利受到影响，故苏某迅被行政拘留不属于《行政复议法》第9条第2款〔50〕规定的因不可抗力或者其他正当理由耽误法定申请期限的情形。

7. 高某德诉延安市人民政府复议决定案【（2017）最高法行申2077号】

裁判要旨：依据《最高人民法院关于执行〈中华人民共和国行政诉讼法〉若干问题的解释》第四十一条的规定，本案的被诉复议决定未告知高某德诉权或者起诉期限，起诉期限应当从高某德知道或者应当知道诉权或者起诉期限之日起计算，但从知道或者应当知道被诉复议决定的内容之日起最长不得超过2年。

8. 李某发等诉河南省人民政府行政复议案【（2017）最高法行申35号】

裁判要旨：本案中，李某发于2013年3月8日在商丘市档案馆查阅并复制商丘市人民政府作出的商政文〔2004〕127号《关于原商丘立傅学校土地出让问题的

〔50〕《行政复议法》（2023年修正）第20条第2款。

批复》和商政土〔2004〕149号《关于收回国有土地使用权并出让给商丘城市信用社作为建设用地的批复》，再审申请人于2013年11月才提起本案行政复议，已超过六十日的行政复议法定申请期限，且无证据表明有正当理由。河南省人民政府以再审申请人超过申请行政复议期限，不符合受理条件为由驳回行政复议申请处理结果正确。

9. 徐某财诉浙江省江山市人民政府不履行行政复议法定职责案【（2016）最高法行申3016号】

裁判要旨：当事人对行政机关逾期不作复议决定不服，可以选择申请复议监督或者提起行政诉讼。提起复议监督属于内部监督行为，是否启动具有很大的不确定性，选择复议监督并不妨碍当事人同时提起行政诉讼，不属于耽误起诉期限的正当理由，徐某财以此主张将耽误的期间从起诉期限中予以扣除的理由不能成立。

10. 贞丰县勇某煤矿诉黔西南布依族苗族自治州人民政府案【（2011）黔高行终字第4号】[51]

裁判要旨：行政复议机关因正当事由对行政复议申请暂不立案的，按照《行政复议法》第九条第二款[52]之规定，申请期限应当中止计算。

第二十一条　不动产行政复议申请期限

因不动产提出的行政复议申请自行政行为作出之日起超过二十年，其他行政复议申请自行政行为作出之日起超过五年的，行政复议机关不予受理。

条文注释

本条规定了针对不动产的特殊行政复议申请期限，为本次修法的新增条款。不动产，是指土地、海域以及房屋、林木等定着物。本条在本法第二十条一般复议申请期限的基础上，针对不动产设置了长达20年的特殊复议申请期限，体现了立法者对于不动产加重保护的法律精神。

此外，本条还旨在弥补因原行政复议法和行政复议法实施条例中缺乏对于复议申请期限的规定而导致的法律漏洞。2014年行政诉讼法修法的过程中，确定了针对因不动产而提起诉讼的案件的20年最长起诉期限。而原行政复议法和行政复议法实施条例中，则缺少针对行政复议的最长复议申请期限的限制，在此情况下，部分行政相对人利用这一法律漏洞，针对已经超出最长起诉期限的行政行为，先提起行政复议，后针对该复议结果提起行政诉讼，规避行政诉讼最长起诉期限的限制。

〔51〕参见中华人民共和国最高人民法院行政审判庭编：《中国行政审判指导案例 第4卷》，中国法制出版社2012年版，第55-58页。

〔52〕《行政复议法》（2023年修正）第20条第2款。

相关规定

◎法律

《行政诉讼法》（2017年7月1日）

第四十五条　公民、法人或者其他组织不服复议决定的，可以在收到复议决定书之日起十五日内向人民法院提起诉讼。复议机关逾期不作决定的，申请人可以在复议期满之日起十五日内向人民法院提起诉讼。法律另有规定的除外。

第四十六条　公民、法人或者其他组织直接向人民法院提起诉讼的，应当自知道或者应当知道作出行政行为之日起六个月内提出。法律另有规定的除外。

因不动产提起诉讼的案件自行政行为作出之日起超过二十年，其他案件自行政行为作出之日起超过五年提起诉讼的，人民法院不予受理。

◎行政法规

《不动产登记暂行条例》（中华人民共和国国务院令第710号　2019年3月24日）

第二条　本条例所称不动产登记，是指不动产登记机构依法将不动产权利归属和其他法定事项记载于不动产登记簿的行为。

本条例所称不动产，是指土地、海域以及房屋、林木等定着物。

◎司法解释及文件

《最高人民法院关于适用〈中华人民共和国行政诉讼法〉的解释》（法释〔2018〕1号　2018年2月8日）

第九条　行政诉讼法第二十条规定的“因不动产提起的行政诉讼”是指因行政行为导致不动产物权变动而提起的诉讼。

不动产已登记的，以不动产登记簿记载的所在地为不动产所在地；不动产未登记的，以不动产实际所在地为不动产所在地。

典型案例

1. 蔡某东与浙江省人民政府土地复议纠纷再审案【（2020）最高法行申1192号】

裁判要旨：《行政复议法》《行政复议法实施条例》规定行政复议申请期限之立法目的，是为了促使行政复议当事人尽快申请行政复议，借以通过行政复议机关履行行政复议职责获得救济，维护自身合法权益；同时，有助于行政机关及时发现和纠正问题，提高行政效率，实现公共利益，保障社会公共秩序和法律关系的稳定性，使公平正义及时获得实现。虽然《行政复议法》及《实施条例》未直接规定受理行政复议申请的最长期限，但若不参照《行政诉讼法》及其司法解释的规定加以限制，当事人在不能通过诉讼途径请求撤销行政行为或确认行为效力时，可能转而请求行政机关进入复议程序，进而对复议决定和原行政行为一并提起诉讼，通过申请复议达到规避起诉期限的目的。因此，基于行政诉讼与行政复议之间的衔接关系和稳定行政法律关系的需要，有必要参照《行政诉讼法》及相关司法解释的规定对行政复议最长申请期限进行必要的限制。据此，参照《行政诉讼法》第四十六条第二款“因不动产提起诉讼的案件自行政行为作出之日起超过二十年，其他案件自行政行为作出之日起超过五年提起诉讼的，人民法院不予受理”的规定，因不动产申请行政复议的，自行政行为作出之日起超过二十年，行政机关应决定不予受理。

2. 辽宁省鞍山市人民政府与沈某其他行政复议纠纷再审案【（2020）最高法行申9844号】

裁判要旨：由于《行政复议法》及《行政复议法实施条例》均未对申请人确实不知道行政行为时的最长申请期限作出明确规定，故鞍山市政府认为应参照《行政诉讼法》第四十六条和《最高人民法院关于适用〈中华人民共和国行政诉讼法〉的解释》第九条的有关规定，针对15号征收决定适用五年的最长申请期限。而根据《物权法》第二十八条〔53〕之规定，因人民法院、仲裁委员会的法律文书或者人民政府的征收决定等，导致物权设立、变更、转让或者消灭的，自法律文书或者人民政府的征收决定等生效时发生效力。由此可见，征收决定可以导致不动产物权变动。此时即使参照《行政诉讼法》及司法解释的上述规定，针对15号征收决定提起复议申请的最长申请期限也应为20年，故对鞍山市政府关于沈某申请行政复议已经超过法定最长起诉期限的再审主张不予支持。

第二十二条　申请形式

申请人申请行政复议，可以书面申请；书面申请有困难的，也可以口头申请。

书面申请的，可以通过邮寄或者行政复议机关指定的互联网渠道等方式提交行政复议申请书，也可以当面提交行政复议申请书。行政机关通过互联网渠道送达行政行为决定书的，应当同时提供提交行政复议申请书的互联网渠道。

口头申请的，行政复议机关应当当场记录申请人的基本情况、行政复议请求、申请行政复议的主要事实、理由和时间。

申请人对两个以上行政行为不服的，应当分别申请行政复议。

条文注释

本条是关于行政复议申请的形式的规定。

第一款规定行政复议申请有两种方式，即书面申请或口头申请，并确定了行政复议的提起应当以书面申请为原则，只有在书面申请确有困难的情况下，才能提起口头申请。所谓“书面申请有困难”应当仅限于行政复议申请人存在不识字、身体残疾不能写字等情况，而不应包括行政复议申请人因缺乏法律知识不知道如何书写的情况。

第二款规定了书面申请情况下行政复议申请书的提交方式，即互联网提交或当面提交。行政复议申请书应当包括申请人的基本情况、被申请人的名称、行政复议请求、申请行政复议的主要实施和理由、申请人的签名或盖章、申请行政复议的日期六项内容。

第三款规定了口头申请的情况下行政复议机关应记录的基本内容，包括“申请人的基本情况、行政复议请求、申请行政复议的主要事实、理由和时间”等要件。

第四款为本次修法的新增条款，明确了行政复议的标的问题，明确指出在一个行政复议中，复议申请人仅能针对一个行政行为提起行政复议。

相关规定

◎行政法规

《行政复议法实施条例》（中华人民共和国国务院令第499号　2007年8月1日）

第十八条　申请人书面申请行政复议的，可以采取当面递交、邮寄或者传真等方式提出行政复议申请。

有条件的行政复议机构可以接受以电子邮件形式提出的行政复议申请。

第十九条　申请人书面申请行政复议

〔53〕已废止，被《民法典》吸收。

的，应当在行政复议申请书中载明下列事项：

（一）申请人的基本情况，包括：公民的姓名、性别、年龄、身份证号码、工作单位、住所、邮政编码；法人或者其他组织的名称、住所、邮政编码和法定代表人或者主要负责人的姓名、职务；

（二）被申请人的名称；

（三）行政复议请求、申请行政复议的主要事实和理由；

（四）申请人的签名或者盖章；

（五）申请行政复议的日期。

第二十条　申请人口头申请行政复议的，行政复议机构应当依照本条例第十九条规定的事项，当场制作行政复议申请笔录交申请人核对或者向申请人宣读，并由申请人签字确认。

典型案例

李某川与四川天府新区成都管理委员会不履行行政复议法定职责案【（2018）最高法行申412号】

裁判要旨：根据《行政复议法》第十一条[54]、《行政复议法实施条例》第十八条，本案李某川提交的行政复议申请即便为复印件也并不违反法律法规的规定。天府新区成都管委会认为李某川邮寄的《行政复议申请书》为复印件，无法确认其真实性、合法性以及是否是其本人的真实意思表示，在经电话联系能够确认李某川提出行政复议申请的真实性的情况下，仍要求李某川尽快补寄《行政复议申请书》原件，不仅加重了申请人的义务，亦与法律法规的规定不符。天府新区成都管委会在收到李某川的行政复议申请后，未作出行政复议决定或者告知李某川向其他有关行政复议机关提出申请，而是在受理之后未作出任何答复，显属不当。

文书格式

1. 行政复议申请书（公民）

行政复议申请书（公民）

申请人：<u>（姓名）　　</u>，性别：，出生年月：，
身份证（其他有效证件）号码：，工作单位：，
住址（联系地址）：，邮政编码：，电话：。
申请人：<u>（姓名）　　</u>，性别：，出生年月：，
身份证（其他有效证件）号码：，工作单位：，
住址（联系地址）：，邮政编码：，电话：。
……
代表人：<u>（姓名）　　</u>、<u>（姓名）　　</u>。
行政复议请求：申请人不服被申请人作出的<u>（行政行为）　　　</u>，请求撤销（变更、确认违法、行政赔偿）该行政行为。

[54]《行政复议法》（2023年修正）第22条。

续表

事实和理由：申请人于年月日通过方式得知该行政行为，特申请行政复议，主要事实和理由如下：

____

____。

【行政复议请求：申请人曾要求被申请人履行法定职责，请求责令被申请人履行该项法定职责。

事实和理由：申请人于年月日通过方式要求被申请人履行法定职责，被申请人未依法履行，申请人特申请行政复议，主要事实和理由如下：______________________

____。】

此致

(行政复议机关)

附件：1. 行政复议申请书副本份

2. 申请人身份证明材料复印件

3. 其他有关材料份

4. 授权委托书（有委托代理人的）

申请人（签名或盖章）：

年　　月　　日

2. **行政复议申请书（法人或者其他组织）**

行政复议申请书（法人或者其他组织）

申请人：(法人或其他组织名称)，

统一信用证代码：，住所地（联系地址）：，邮政编码：，联系电话：。

法定代表人或主要负责人：(姓名)　　，职务：。】

委托代理人：(姓名)　　，性别：，出生年月：，

身份证（其他有效证件）号码：，工作单位：，

住址（联系地址）：，邮政编码：，电话：。

被申请人：(名称)　　　　　。

行政复议请求：申请人不服被申请人作出的(行政行为)　　　，请求撤销（变更、确认违法、行政赔偿）该行政行为。

事实和理由：申请人于年月日通过方式得知该行政行为，特申请行政复议，主要事实和理由如下：

____

____。

【行政复议请求：申请人曾要求被申请人履行法定职责，请求责令被申请人履行该项法定职责。

续表

事实和理由：申请人于年月日通过方式要求被申请人履行法定职责，被申请人未依法履行，申请人特申请行政复议，主要事实和理由如下：________________________________。】 此致 (行政复议机关) 附件：1. 行政复议申请书副本份 2. 申请人身份证明材料复印件 3. 其他有关材料份 4. 授权委托书（有委托代理人的） 申请人（签名或盖章）： 年 月 日

第二十三条 行政复议前置

有下列情形之一的，申请人应当先向行政复议机关申请行政复议，对行政复议决定不服的，可以再依法向人民法院提起行政诉讼：

（一）对当场作出的行政处罚决定不服；

（二）对行政机关作出的侵犯其已经依法取得的自然资源的所有权或者使用权的决定不服；

（三）认为行政机关存在本法第十一条规定的未履行法定职责情形；

（四）申请政府信息公开，行政机关不予公开；

（五）法律、行政法规规定应当先向行政复议机关申请行政复议的其他情形。

对前款规定的情形，行政机关在作出行政行为时应当告知公民、法人或者其他组织先向行政复议机关申请行政复议。

条文注释

本条是有关行政复议前置的规定。在本次修法过程中，为增强行政复议吸纳和化解行政争议的能力，立法机关在原有的对侵犯自然资源所有权或使用权的行政行为的复议前置的规定之外，新增了针对依法当场作出的行政处罚决定、行政不作为不服的，亦应当先行申请行政复议。

本条第一款第一项规定针对当场作出的行政处罚决定应当先行申请行政复议。“当场作出的行政处罚”，是指行政执法人员在法事实确凿并有法定依据的情况下，对公民处以二百元以下、对法人或者其他组织处以三千元以下罚款或者警告的行政处罚。之所以规定对当场作出的行政处罚应当先行申请行政复议，主要是考虑到当场作出的行政处罚数量大，违法事实比较清晰，处罚金额较低，对于公民、法人和其他组织的权利侵害相对较小。因此，对当场作出的行政处罚先行复议，能够充分发挥行政复议的制度优势，增强行政复议吸纳和化解行政争议的能力，实现行政复议作为行政纠纷解决主渠道的制度目标，减轻行政诉讼的压力。

本条第一款第二项沿袭了2017年行政复议法的相关规定，对于行政机关作出的侵犯自然资源所有权或使用权的决定不服的应当先行申请复议。这一规定主要是考虑涉及自然资源所有权或使用权的决定专业性较强，涉及的行政争议相对较为复杂，对于公民、法人和其他组织的权益侵害较为巨大，容易导致复杂的社会性、群体性事件。因此，由行政复议机关对于这一问题先行处理，较为稳妥，也有利于将矛盾化解在基层中。

本条第一款第三项规定了对于行政机关不履行法定职责的案件的复议前置，具体而言，是指针对本法第十一条第三款、第九款、第十款和第十一款所规定的在行政许可，社会保障给付，行政协议履行，人身、财产权益保障等领域不履行法定职责类的案件，法律规定需要复议前置。之所以作出这一规定，主要是考虑在行政复议的过程中，相较于法院，行政复议机关往往是被申请人的上级机关，其对于作出行政行为的行政机关的监督力度更强。在被申请人确实存在不履行法定职责问题的情况下，行政复议机关能够决定要求被申请人在一定期限内履行，其基于自身的行政权作出实质性履行判决，直接要求被申请人作出特定的行政行为也更具法理上的正当性。而法院所作的撤销重作判决或履行判决在行政机关尚存在自由裁量权的情况下，往往仅能判决行政机关重新作出行政行为。因此，相较于法院，行政复议机关更有可能实质性解决被申请人不履行法定职责所导致的行政争议，避免法院通过撤销重作判决或履行判决解决行政机关不履行法定职责类案件中行政机关反复作出被撤销的行政行为，导致行政相对人重复起诉。

本条第一款第四项是对于政府信息公开案例的复议前置规定。政府信息公开类案件事实比较清晰，案情比较简单，且往往仅涉及公民知情权权益的保障，对于公民、法人和其他组织的权利侵害相对较小，行政复议审理过程较为简易。近年来，伴随着公民知情权意识的增强，政府信息公开类案件暴增，将此类案件纳入复议前置的范畴中，有助于更进一步增强行政复议吸纳的行政争议数量，强化行政复议作为行政纠纷解决主渠道的制度建构。

本条第一款第五项则作为兜底条例，明确只有法律、行政法规才能设置复议前置的行政行为，其中“法律”是指全国人大及其常委会制定的法律，“行政法规”则包括国务院制定的行政法规、地方人大及其常委会制定的地方性法规。目前，法律、法规所设立的复议前置的行政行为主要集中于专利、税务、军工等专业性极强的领域，对应的地方政府由于下辖相关的业务部门，专业性人才储备较为充分。因此，设置这一复议前置程序，可以充分发挥行政复议的专业性优势，有效解决行政争议，并在行政复议申请人不服起诉的情况下，为后续的行政诉讼提供专业的借鉴。

本条第二款规定了行政机关在作出行政行为时的告知义务。本次行政复议法修法的过程中大幅增加了行政复议前置的行政行为的范围，因此，为避免行政相对人在寻求行政救济时，不了解最新规定，直接向法院寻求救济，浪费自身的人力物力财力和法院资源，需要作出行政决定的行政机关充分履行告知义务，告知行政相对人其应当先寻求行政复议救济。

相关规定

◎法律

《行政诉讼法》（2017年7月1日）

第四十四条 对属于人民法院受案范围的行政案件，公民、法人或者其他组织可以先向行政机关申请复议，对复议决定不服的，再向人民法院提起诉讼；也可以直接向人民法院提起诉讼。

法律、法规规定应当先向行政机关申请复议，对复议决定不服再向人民法院提起诉讼的，依照法律、法规的规定。

《行政处罚法》（2021年7月15日）

第五十一条　违法事实确凿并有法定依据，对公民处以二百元以下、对法人或者其他组织处以三千元以下罚款或者警告的行政处罚的，可以当场作出行政处罚决定。法律另有规定的，从其规定。

第五十二条　执法人员当场作出行政处罚决定的，应当向当事人出示执法证件，填写预定格式、编有号码的行政处罚决定书，并当场交付当事人。当事人拒绝签收的，应当在行政处罚决定书上注明。

前款规定的行政处罚决定书应当载明当事人的违法行为，行政处罚的种类和依据、罚款数额、时间、地点，申请行政复议、提起行政诉讼的途径和期限以及行政机关名称，并由执法人员签名或者盖章。

执法人员当场作出的行政处罚决定，应当报所属行政机关备案。

第五十三条　对当场作出的行政处罚决定，当事人应当依照本法第六十七条至第六十九条的规定履行。

第六十七条　作出罚款决定的行政机关应当与收缴罚款的机构分离。

除依照本法第六十八条、第六十九条的规定当场收缴的罚款外，作出行政处罚决定的行政机关及其执法人员不得自行收缴罚款。

当事人应当自收到行政处罚决定书之日起十五日内，到指定的银行或者通过电子支付系统缴纳罚款。银行应当收受罚款，并将罚款直接上缴国库。

第六十八条　依照本法第五十一条的规定当场作出行政处罚决定，有下列情形之一，执法人员可以当场收缴罚款：

（一）依法给予一百元以下罚款的；

（二）不当场收缴事后难以执行的。

第六十九条　在边远、水上、交通不便地区，行政机关及其执法人员依照本法第五十一条、第五十七条的规定作出罚款决定后，当事人到指定的银行或者通过电子支付系统缴纳罚款确有困难，经当事人提出，行政机关及其执法人员可以当场收缴罚款。

《专利法》（2021年6月1日）

第四十一条　专利申请人对国务院专利行政部门驳回申请的决定不服的，可以自收到通知之日起三个月内向国务院专利行政部门请求复审。国务院专利行政部门复审后，作出决定，并通知专利申请人。

专利申请人对国务院专利行政部门的复审决定不服的，可以自收到通知之日起三个月内向人民法院起诉。

《税收征收管理法》（2015年4月24日）

第八十八条　纳税人、扣缴义务人、纳税担保人同税务机关在纳税上发生争议时，必须先依照税务机关的纳税决定缴纳或者解缴税款及滞纳金或者提供相应的担保，然后可以依法申请行政复议；对行政复议决定不服的，可以依法向人民法院起诉。

当事人对税务机关的处罚决定、强制执行措施或者税收保全措施不服的，可以依法申请行政复议，也可以依法向人民法院起诉。

当事人对税务机关的处罚决定逾期不申请行政复议也不向人民法院起诉、又不履行的，作出处罚决定的税务机关可以采取本法第四十条规定的强制执行措施，或者申请人民法院强制执行。

◎司法解释及文件

《最高人民法院关于适用〈中华人民共和国行政诉讼法〉的解释》（法释〔2018〕1号 2018年2月8日）

第五十六条 法律、法规规定应当先申请复议，公民、法人或者其他组织未申请复议直接提起诉讼的，人民法院裁定不予立案。

依照行政诉讼法第四十五条的规定，复议机关不受理复议申请或者在法定期限内不作出复议决定，公民、法人或者其他组织不服，依法向人民法院提起诉讼的，人民法院应当依法立案。

第六十九条 有下列情形之一，已经立案的，应当裁定驳回起诉：

（一）不符合行政诉讼法第四十九条规定的；

（二）超过法定起诉期限且无行政诉讼法第四十八条规定情形的；

（三）错列被告且拒绝变更的；

（四）未按照法律规定由法定代理人、指定代理人、代表人为诉讼行为的；

（五）未按照法律、法规规定先向行政机关申请复议的；

（六）重复起诉的；

（七）撤回起诉后无正当理由再行起诉的；

（八）行政行为对其合法权益明显不产生实际影响的；

（九）诉讼标的已为生效裁判或者调解书所羁束的；

（十）其他不符合法定起诉条件的情形。

前款所列情形可以补正或者更正的，人民法院应当指定期间责令补正或者更正；在指定期间已经补正或者更正的，应当依法审理。

人民法院经过阅卷、调查或者询问当事人，认为不需要开庭审理的，可以迳行裁定驳回起诉。

《最高人民法院关于审理涉及农村集体土地行政案件若干问题的规定》（法释〔2011〕20号 2011年9月5日）

第十条 土地权利人对土地管理部门组织实施过程中确定的土地补偿有异议，直接向人民法院提起诉讼的，人民法院不予受理，但应当告知土地权利人先申请行政机关裁决。

《最高人民法院关于适用〈行政复议法〉第三十条[55]第一款有关问题的批复》（法释〔2003〕5号 2003年2月28日）

根据《行政复议法》第三十条[56]第一款的规定，公民、法人或者其他组织认为行政机关确认土地、矿藏、水流、森林、山岭、草原、荒地、滩涂、海域等自然资源的所有权或者使用权的具体行政行为，侵犯其已经依法取得的自然资源所有权或者使用权的，经行政复议后．才可以向人民法院提起行政诉讼，但法律另有规定的除外；对涉及自然资源所有权或者使用权的行政处罚、行政强制措施等其他具体行政行为提起行政诉讼的，不适用《行政复议法》第三十条第一款的规定。

附：

山西省高级人民法院关于适用《行政复议法》第三十条[57]第一款有关问题的请

[55] 被《行政复议法》（2023年修正）第20条吸收。

[56] 同上。

[57] 同上。

示〔58〕

《最高人民法院关于适用〈中华人民共和国行政复议法〉第三十条〔59〕第二款有关问题的答复》（〔2005〕行他字第23号　2005年9月20日）

江苏省高级人民法院：

你院《关于适用〈中华人民共和国行政复议法〉第三十条〔60〕第二款有关问题的请示》收悉，经研究，同意你院审委会第一种意见，即《中华人民共和国行政复议法》第三十条〔61〕第二款规定的最终裁决应当包括两种情形：一是国务院或者省级人民政府对行政区划的勘定、调整或者征用土地的决定；二是省级人民政府据此确认自然资源的所有权或者使用权的行政复议决定。

此复。

《最高人民法院关于审理涉及农村集体土地行政案件若干问题的规定》（法释〔2011〕20号 2011年9月5日）

第十条　土地权利人对土地管理部门组织实施过程中确定的土地补偿有异议，直接向人民法院提起诉讼的，人民法院不予受理，但应当告知土地权利人先申请行政机关裁决。

◎行政法规

《行政复议法实施条例》（中华人民共和国国务院令第499号　2007年8月1日）

第二十五条　申请人依照行政复议法第三十条〔62〕第二款的规定申请行政复议的，应当向省、自治区、直辖市人民政府提出行政复议申请。

《军品出口管理条例》（中华人民共和国国务院、中华人民共和国中央军事委员会令第366号　2002年11月15日）

第二十七条　军品贸易公司对国家军品出口主管部门作出的具体行政行为不服的，应当先依法申请行政复议；对行政复议决定仍不服的，可以依法向人民法院提起行政诉讼。

《宗教事务条例》（中华人民共和国国务院令第686号　2018年2月1日）

第七十五条　对宗教事务部门的行政行为不服的，可以依法申请行政复议；对行政复议决定不服的，可以依法提起行政诉讼。

《价格违法行为行政处罚规定》（中华人民共和国国务院令第585号　2010年12月4日）

第二十条　经营者对政府价格主管部门作出的处罚决定不服的，应当先依法申请行政复议；对行政复议决定不服的，可以依法向人民法院提起诉讼。

《税务行政复议规则》（中华人民共和国国家税务总局令第44号　2018年6月15日）

第十四条　行政复议机关受理申请人对税务机关下列具体行政行为不服提出的行政复议申请：

（一）征税行为，包括确认纳税主体、征税对象、征税范围、减税、免税、退税、抵扣税款、适用税率、计税依据、纳税环节、纳税期限、纳税地点和税款征收方式等具体行政行为，征收税款、加收滞纳金，扣缴义务人、受税务机关委托的单位和个人作出的代扣代缴、代收代缴、代

〔58〕参见本书关于《行政复议法》（2023年修正）第10条相关司法解释。

〔59〕被《行政复议法》（2023年修正）第20条吸收。

〔60〕同上。

〔61〕同上。

〔62〕同上。

征行为等。

（二）行政许可、行政审批行为。

（三）发票管理行为，包括发售、收缴、代开发票等。

（四）税收保全措施、强制执行措施。

（五）行政处罚行为：

1. 罚款；

2. 没收财物和违法所得；

3. 停止出口退税权。

（六）不依法履行下列职责的行为：

1. 颁发税务登记；

2. 开具、出具完税凭证、外出经营活动税收管理证明；

3. 行政赔偿；

4. 行政奖励；

5. 其他不依法履行职责的行为。

（七）资格认定行为。

（八）不依法确认纳税担保行为。

（九）政府信息公开工作中的具体行政行为。

（十）纳税信用等级评定行为。

（十一）通知出入境管理机关阻止出境行为。

（十二）其他具体行政行为。

第三十三条　申请人对本规则第十四条第（一）项规定的行为不服的，应当先向行政复议机关申请行政复议；对行政复议决定不服的，可以向人民法院提起行政诉讼。

申请人按照前款规定申请行政复议的，必须依照税务机关根据法律、法规确定的税额、期限，先行缴纳或者解缴税款和滞纳金，或者提供相应的担保，才可以在缴清税款和滞纳金以后或者所提供的担保得到作出具体行政行为的税务机关确认之日起60日内提出行政复议申请。

申请人提供担保的方式包括保证、抵押和质押。作出具体行政行为的税务机关应当对保证人的资格、资信进行审查，对不具备法律规定资格或者没有能力保证的，有权拒绝。作出具体行政行为的税务机关应当对抵押人、出质人提供的抵押担保、质押担保进行审查，对不符合法律规定的抵押担保、质押担保，不予确认。

第五十条　对应当先向行政复议机关申请行政复议，对行政复议决定不服再向人民法院提起行政诉讼的具体行政行为，行政复议机关决定不予受理或者受理以后超过行政复议期限不作答复的，申请人可以自收到不予受理决定书之日起或者行政复议期满之日起15日内，依法向人民法院提起行政诉讼。

依照本规则第八十三条规定延长行政复议期限的，以延长以后的时间为行政复议期满时间。

第八十三条　行政复议机关应当自受理申请之日起60日内作出行政复议决定。情况复杂，不能在规定期限内作出行政复议决定的，经行政复议机关负责人批准，可以适当延期，并告知申请人和被申请人；但是延期不得超过30日。

行政复议机关作出行政复议决定，应当制作行政复议决定书，并加盖行政复议机关印章。

行政复议决定书一经送达，即发生法律效力。

◎部门规章

《公安机关办理行政复议案件程序规定》
（中华人民共和国公安部令第65号　2003年1月1日）

第十三条　对公安边防部门以自己名义作出的具体行政行为不服的，向其上一级公安边防部门申请行政复议；对公安边防部门以地方公安机关名义作出的具体行政行为不服的，向其所在地的县级以上地方人民政府公安机关申请行政复议。

◎部门规范性文件

《公安部关于公安边防部门行政复议有关问题的通知》（公边〔2003〕6号 2003年3月20日）

各省、自治区、直辖市公安厅、局，新疆生产建设兵团公安局：

根据公安部《公安机关办理行政复议案件程序规定》（公安部令第65号）的有关规定，现就公安边防部门行政复议有关问题通知如下：

一、根据《关于改进公安武警边防部队领导管理体制的通知》（政法〔2001〕11号）规定，公安边防部门实行垂直领导管理体制。当事人对公安边防部门以自己名义作出的具体行政行为不服的，根据《中华人民共和国行政复议法》第十二条第二款[63]规定，向上一级主管公安边防部门申请行政复议。

二、公安边防部门在作出具体行政行为时，应当按以下规定告知当事人行政复议机关：

（一）对公安边防总队作出的具体行政行为不服的，向公安部边防管理局申请行政复议。

（二）对公安边防支队、海警支队、现役制边防检查站作出的具体行政行为不服的，向公安边防总队申请行政复议。

边防检查站与公安边防总队合一的，应当以边防检查站名义作出具体行政行为，对行政行为不服的，向公安边防总队申请行政复议。

（三）对公安边防大队、海警大队或者现役制边防检查分站作出的具体行政行为不服的，向公安边防支队、海警支队或者现役制边防检查站申请行政复议。

（四）对边防派出所、边防工作站、公安检查站作出的具体行政行为不服，该具体行政行为属公安业务的，向所在地的县（市、区、旗）公安局（分局）申请行政复议；该具体行政行为属出入境和边境地区通行管理、船舶管理、台轮管理等边防业务的，向公安边防大队申请行政复议。

对有行政执法权的公边艇或者海警船艇作出的具体行政行为不服的，向公安边防大队或者海警大队申请行政复议。

三、各级公安边防部门要高度重视行政复议工作，认真学习、贯彻执行《中华人民共和国行政复议法》和《公安机关办理行政复议案件程序规定》。上级公安边防部门要加强对下级公安边防部门行政复议工作的指导，为依法履行行政复议职责，维护公民、法人和其他组织的合法权益提供保障。

《国务院法制办公室对湖北省人民政府法制办公室〈关于人民法院裁决应当“复议前置”当事人申请行政复议时已超过期限的复议申请是否受理的请示〉的复函》（国法函〔2003〕253号 2003年9月11日）

湖北省人民政府法制办公室：

你办《关于人民法院裁决应当“复议前置”当事人申请行政复议时已超过期限的复议申请是否受理的请示》（鄂法制文〔2003〕12号）收悉。经商全国人大常委会法工委同意，现函复如下：

一、公民、法人或者其他组织不服具体行政行为，在法定行政复议申请期限内向人民法院直接提起行政诉讼，人民法院依法裁判应当先申请行政复议、对行政复议决定不服再向人民法院提起行政诉讼，公民、法人或者其他组织申请行政复议时已经超过法定行政复议申请期限的，行政

[63]《行政复议法》（2023年修正）第27条。

复议机关可以根据行政复议法第九条第二款[64]规定处理，即：公民、法人或者其他组织提起行政诉讼到人民法院生效裁判送达之日的时间，不计入法定行政复议申请期限。

二、除前述情形外，公民、法人或者其他组织申请行政复议时超过法定申请期限，又没有正当理由的，行政复议机关依法不予受理。

附：

湖北省人民政府法制办公室关于人民法院裁决应当“复议前置”当事人申请行政复议时已超过期限的复议申请是否受理的请示

（鄂法制文〔2003〕12号　2003年7月10日）

国务院法制办：

最近，我办收到一份关于要求撤销国有土地使用证的行政复议申请。申请人在知道颁证行为超过60日复议申请期限但又未超过三个月，向人民法院提起行政诉讼，人民法院按照《行政复议法》第三十条[65]“公民、法人或者其他组织认为行政机关的具体行政行为侵犯其已经依法取得的土地……使用权的，应当先申请行政复议；对行政复议决定不服的，可以依法向人民法院提起行政诉讼”为由，裁决准许原告撤诉。原告接到法院裁决后，到我省政府申请行政复议。对该复议申请是否应当受理，有两种意见：一种意见认为，应当按照《行政复议法》第九条[66]规定，在知道该具体行政行为之日起六十日内未提出行政复议申请，又无正当理由耽误法定申请期限的，应当不予受理。另一种意见认为，从行政复议保护公民、法人和其他组织合法权益的立法精神出发，申请人虽然超过了复议申请期限，但法院依法作出了要求“复议前置”的裁决。如果对复议申请不予受理，申请人则丧失了通过法律途径保护自己合法权益的权利，应当予以受理。

我办倾向于第二种意见。是否妥当，请予批复。

典型案例

罗某富不服道路交通事故责任认定案

【《最高人民法院公报》2002年第5期（总第79期）】

裁判要旨：对道路交通事故进行责任认定，是公安机关根据行政法规的授权实施的一种行政确认行为。该行为直接关系到发生道路交通事故后，当事人是否构成犯罪以及应否被追究刑事责任、是否违法以及应否被行政处罚、是否承担民事赔偿责任或者能否得到民事赔偿的问题，因此它涉及当事人的权利和义务。

行政复议调查取证权是法定的，应当依法行使，在调查取证过程中被调查单位和人员应当配合行政复议人员的工作，不得拒绝或者阻挠。当然道路交通事故处理办法第二十二条规定：“当事人对交通事故责任认定不服的，可以在接到交通事故责任认定书后十五日内，向上级公安机关申请重新认定。”这一条规定的向上级公安机关申请重新认定，是“可以”而不是“应当”，因此向上级公安机关申请重新认定不属于行政复议前置程序。

〔64〕《行政复议法》（2023年修正）第20条第2款。

〔65〕被《行政复议法》（2023年修正）第20条吸收。

〔66〕《行政复议法》（2023年修正）第20条。

第四节　行政复议管辖

第二十四条　县级以上地方人民政府管辖

县级以上地方各级人民政府管辖下列行政复议案件：

（一）对本级人民政府工作部门作出的行政行为不服的；

（二）对下一级人民政府作出的行政行为不服的；

（三）对本级人民政府依法设立的派出机关作出的行政行为不服的；

（四）对本级人民政府或者其工作部门管理的法律、法规、规章授权的组织作出的行政行为不服的。

除前款规定外，省、自治区、直辖市人民政府同时管辖对本机关作出的行政行为不服的行政复议案件。

省、自治区人民政府依法设立的派出机关参照设区的市级人民政府的职责权限，管辖相关行政复议案件。

对县级以上地方各级人民政府工作部门依法设立的派出机构依照法律、法规、规章规定，以派出机构的名义作出的行政行为不服的行政复议案件，由本级人民政府管辖；其中，对直辖市、设区的市人民政府工作部门按照行政区划设立的派出机构作出的行政行为不服的，也可以由其所在地的人民政府管辖。

条文注释

本条为本次修法的重要条款，对于行政复议的复议机关设置进行了重大改革，具体表现为取消了地方人民政府工作部门的行政复议职责，将行政复议职责收归县级以上的地方人民政府，由其统一行使行政复议职责。

在原行政复议法的制度设计下，行政复议主要是作为行政机关内部的层级监督机制而运作，因此行政复议机关也就相应地同时包括同级人民政府和上级主管部门两类行政机关。而行政复议法修法过程中将行政复议的功能立足于行政争议解决的主渠道，行政复议的功能定位的重大变化带来了行政复议机构的根本性变革，这一变革的直接反映就是行政复议权力的集中和专门的行政复议机构的设置。由此使行政复议机关虽然仍基于其行政权力对行政机关展开行政监督，但是实现了实质性化解行政争议，强化行政复议机关的中立性、权威性。整体的制度设计下行政复议机关更接近于行政司法机关。

根据本条第一款，在将复议权限收归县级以上的人民政府后，县级以上人民政府的复议管辖权范围主要包含如下四个方面：

（1）“本级人民政府工作部门作出的行政行为”

政府工作部门，是指各级人民政府根据工作需要，经过法定程序设置的，分别负责组织和管理某一方面行政事务的部门。国务院的工作部门分为国务院办公厅、国务院组成部门、国务院直属特设机构、国务院直属机构、国务院办事机构、国务院直属事业单位和国务院部委管理的国家局等几种类型。省级人民政府工作部门分为办公厅、组成部门、直属特设机构、直属机构，部分省级人民政府不设置直属特设机构。省以下地方各级人民政府工作部门不再分类，统称为政府工作部门。因此，根据本款规定，针对县级以上、省级以下人民政府的工作部门所作出的行政行为由本级人民政府管辖。

（2）“下一级人民政府作出的行政行为”

根据《地方各级人民代表大会和地方各级人民政府组织法》第七十三条规定，县级以上的地方各级人民政府依法行使领导所属各部门和下级人民政府工作的职权。因此，在以行政权的内部监督为特征的行政复议制度内，由上一级人民政府监督下级人民政府的行政行为。

（3）“本级人民政府依法设立的派出机关作出的行政行为”

根据《地方各级人民代表大会和地方各级人民政府组织法》第八十五条规定，目前，我国存在三级派出机关：①省、自治区人民政府派出的行政公署；②县、自治县人民政府设置的区公所；③市辖区、不设区的市人民政府设置的办事处。

派出机关虽然并非一级国家机关，但是其依然能够在其所管辖的范围内对本辖区的经济、社会、文化、治安等社会生活的方方面面行使行政职权，因此，在其行使行政职权的过程中，不可避免地会产生相应的行政争议。

（4）“本级人民政府或者其工作部门管理的法律、法规、规章授权的组织作出的行政行为”

“法律、法规、规章授权的组织”，是指自身并非国家机关，但经过法律、法规、规章授权后，在该范围内规章行使一部分国家公权力的主体。法律、法规、规章授权的组织在行使法律、法规、规章所授的行政职权时，享有与行政机关相同的行政主体地位，能够以自己的名义行使相应职权，并独立承担相应的法律后果。对于此类法律、法规、规章授权的组织所作的行政行为，需要以授权组织为被告申请行政复议，并由本级人民政府管辖。

除上述有关县级以上人民政府复议管辖的一般规定外，本条还另设三款，针对省政府、省政府的派出机关和各级政府的派出机构的复议管辖设置了例外规定。

本条第三款沿用了 2017 年行政复议法第十四条的相关规定，维持了对于省级人民政府所作出的行政行为的自己复议原则。之所以作出这一规定，主要是考虑省级人民政府层次较高，人员素质也较高，理应更能依法作出复议决定，同时，如果规定针对省级人民政府作出的行政行为亦可以直接向国务院提起行政复议，可能会导致大量行政复议案件涌入国务院，影响国务院作为最高国家行政机关全局处理行政事务的正常工作。此外，对于省级人民政府自己复议的行政行为，行政复议申请人依然可以申请行政诉讼，保留了充足的救济途径。

本条第二款针对省级人民政府的派出机关作出了特别规定。派出机关，是指我国地方人民政府向其所辖区域内派出的行使一定行政管理职能的机关。派出行政机关不是一级人民政府，但其本身具有行政主体的地位，可以以自己的名义对外行使职权。针对省级人民政府的派出机关所作的行政行为提起行政复议的行政相对人，遵循以本级人民政府为行政复议管辖机关的一般规则，可能为行政相对人申请行政复议增添不必要的负担。在行政实践中，亦不乏将省级人民政府的派出机关视同地级市进行管理的情况。因此，在行政复议法中，将省级人民政府的派出机关参照设区的市进行处理，具有较强的合理性。

本条第四款是针对行政机关的派出机

构所作的行政行为行政复议管辖的特别规定。派出机构是行政机关向其所辖区域内派出的行使特定行政职能的机构，派出机构不同于派出机关，一般不具有行政主体的地位，不能以自己的名义作出行政行为，而只能以派出机关的名义对外行使职权，因此，一般而言，此类派出机构亦无法作为行政复议的被申请人。但是，部分政府工作部门所设立的派出机构，经法律、法规、规章的授权后，也可以自己的名义作出具体的行政行为。如派出所、税务所，二者分别作为公安机关和税务机关的派出机构，根据《治安管理处罚法》第九十一条和《税收征收管理法》第七十四条，拥有一定的处罚权，可以以自己的名义实施行政处罚。对于此类派出机构，由于其根据法律、法规、规章的规定，可以以自己的名义行使行政职权，独立承担相应的法律后果，因此，本条第四款将其纳入了被申请人的范围。根据本款的规定，在此情况下，对于派出机构以自己的名义实施的行政行为，需要以该派出机构为被申请人提起行政复议，并由本级人民政府行政复议机关受理。

本条第四款后半段是有关"直辖市、设区的市人民政府工作部门按照行政区划设立的派出机构"，此类派出机构往往是以开发区的形式出现。开发区包括经济特区、保税区、旅游度假区、经济技术开发区、高新技术开发区、国家新区等特殊区域，这些区域往往由管委会进行统一管理，管委会直接行使准一级政府的行政权力，是城市中相对独立的行政区。其中保税区、旅游度假区等两类开发区，其主管部门为海关部门和文化旅游部门，在一般情况下，此类开发区的管委会虽然能够以自己的名义作出行政行为，但是并非法律、法规、规章所确认的行政主体，不具有行政主体资格，不能作为行政复议或行政诉讼的被告。但是，如果将上述开发区认定为直辖市或设区的市的政府部门的派出机构或委托组织，则行政复议的申请人需要前往直辖市或相应的设区的市提起行政复议，可能为行政相对人申请行政复议增添不必要的负担，因此，本条特别规定，行政复议申请人可以向该派出机构所在地的人民政府申请行政复议。总体而言，本条不仅确认了直辖市、设区的市人民政府工作部门按照行政区划设立的派出机构的行政主体资格，还规定了针对此类行政主体，申请人可以向直辖市、设区的市人民政府申请行政复议，也可以向该行政主体所在地的区、县人民政府申请行政复议。

相关规定

◎法律

《地方各级人民代表大会和地方各级人民政府组织法》（2022年3月12日）

第七十三条　县级以上的地方各级人民政府行使下列职权：

（一）执行本级人民代表大会及其常务委员会的决议，以及上级国家行政机关的决定和命令，规定行政措施，发布决定和命令；

（二）领导所属各工作部门和下级人民政府的工作；

（三）改变或者撤销所属各工作部门的不适当的命令、指示和下级人民政府的不适当的决定、命令；

（四）依照法律的规定任免、培训、考核和奖惩国家行政机关工作人员；

（五）编制和执行国民经济和社会发展规划纲要、计划和预算，管理本行政区域内的经济、教育、科学、文化、卫生、体育、城乡建设等事业和生态环境保护、自然资源、财政、民政、社会保障、公安、民族事务、司法行政、人口与计划生育等行政工作；

（六）保护社会主义的全民所有的财产和劳动群众集体所有的财产，保护公民私人所有的合法财产，维护社会秩序，保障公民的人身权利、民主权利和其他权利；

（七）履行国有资产管理职责；

（八）保护各种经济组织的合法权益；

（九）铸牢中华民族共同体意识，促进各民族广泛交往交流交融，保障少数民族的合法权利和利益，保障少数民族保持或者改革自己的风俗习惯的自由，帮助本行政区域内的民族自治地方依照宪法和法律实行区域自治，帮助各少数民族发展政治、经济和文化的建设事业；

（十）保障宪法和法律赋予妇女的男女平等、同工同酬和婚姻自由等各项权利；

（十一）办理上级国家行政机关交办的其他事项。

第八十三条 省、自治区、直辖市的人民政府的各工作部门受人民政府统一领导，并且依照法律或者行政法规的规定受国务院主管部门的业务指导或者领导。

自治州、县、自治县、市、市辖区的人民政府的各工作部门受人民政府统一领导，并且依照法律或者行政法规的规定受上级人民政府主管部门的业务指导或者领导。

第八十五条 省、自治区的人民政府在必要的时候，经国务院批准，可以设立若干派出机关。

县、自治县的人民政府在必要的时候，经省、自治区、直辖市的人民政府批准，可以设立若干区公所，作为它的派出机关。

市辖区、不设区的市的人民政府，经上一级人民政府批准，可以设立若干街道办事处，作为它的派出机关。

《治安管理处罚法》（2013年1月1日）

第九十一条 治安管理处罚由县级以上人民政府公安机关决定；其中警告、五百元以下的罚款可以由公安派出所决定。

《税收征收管理法》（2015年4月24日）

第七十四条 本法规定的行政处罚，罚款额在二千元以下的，可以由税务所决定。

◎行政法规

《行政复议法实施条例》（中华人民共和国国务院令第499号 2007年8月1日）

第二十四条 申请人对经国务院批准实行省以下垂直领导的部门作出的具体行政行为不服的，可以选择向该部门的本级人民政府或者上一级主管部门申请行政复议；省、自治区、直辖市另有规定的，依照省、自治区、直辖市的规定办理。

第二十五条 国务院部门管辖

国务院部门管辖下列行政复议案件：

（一）对本部门作出的行政行为不服的；

（二）对本部门依法设立的派出机构依照法律、行政法规、部门规章规定，以派出机构的名义作出的行政行为不服的；

（三）对本部门管理的法律、行政法规、部门规章授权的组织作出的行政行为不服的。

条文注释

本条规定了国务院部门的行政复议管辖范围。根据本条的规定，国务院部门的行政复议管辖范围包括三个部分：本部门作出的行政行为、本部门依法设立的派出机构以自己的名义作出的行政行为和本部门管理的授权组织作出的行政行为。这一规定延续了2017年行政复议法中规定的对国务院部门所作的行政行为不服情况下的国务院行政部门自己复议原则。同时，将针对国务院部门依法设立的派出机构、管理的授权组织作出的行政行为的复议案件亦交由国务院部门管辖。

本条的立法主要考虑到国务院职责重大、事务繁忙，因此，并未立法规定由国务院像地方政府一样受理针对其部门和部门授权的组织、部门依法设立的派出机构作出的行政行为的行政复议案件。

相关规定

◎行政法规

《行政复议法实施条例》（中华人民共和国国务院令第499号　2007年8月1日）

第二十三条　申请人对两个以上国务院部门共同作出的具体行政行为不服的，依照行政复议法第十四条[67]的规定，可以向其中任何一个国务院部门提出行政复议申请，由作出具体行政行为的国务院部门共同作出行政复议决定。

第二十六条　原级行政复议决定的救济途径

对省、自治区、直辖市人民政府依照本法第二十四条第二款的规定、国务院部门依照本法第二十五条第一项的规定作出的行政复议决定不服的，可以向人民法院提起行政诉讼；也可以向国务院申请裁决，国务院依照本法的规定作出最终裁决。

条文注释

本条规定了对于针对只能向原行政机关申请复议的案件中的复议决定不服的处理。这一规定旨在保护行政复议申请人权益的同时维护国家机关之间的分权原则，国务院作为我国的最高国家行政机关，与最高人民法院平级，在此情况下，由人民法院对国务院所作的裁决进行审理，存在一定的法治正当性问题。因此，本条一方面向行政复议申请人提供了两条救济路径，针对该行政复议决定向人民法院提起行政诉讼或向国务院申请裁决，由国务院作出最终裁决。另一方面将国务院的裁决设定为最终裁决，禁止行政复议申请人针对国务院的裁决另行起诉。

相关规定

◎法律

《反垄断法》（2022年8月1日）

第三十四条　经营者集中具有或者可能具有排除、限制竞争效果的，国务院反垄断执法机构应当作出禁止经营者集中的决定。但是，经营者能够证明该集中对竞争产生的有利影响明显大于不利影响，或者符合社会公共利益的，国务院反垄断执法机构可以作出对经营者集中不予禁止的决定。

第三十五条　对不予禁止的经营者集中，国务院反垄断执法机构可以决定附加减少集中对竞争产生不利影响的限制性条件。

第六十五条　对反垄断执法机构依据本法第三十四条、第三十五条作出的决定不服的，可以先依法申请行政复议；对行政复议决定不服的，可以依法提起行政诉讼。

[67]《行政复议法》（2023年修正）第25条。

对反垄断执法机构作出的前款规定以外的决定不服的，可以依法申请行政复议或者提起行政诉讼。

《电影产业促进法》（2017年3月1日）

第五十八条 当事人对县级以上人民政府电影主管部门以及其他有关部门依照本法作出的行政行为不服的，可以依法申请行政复议或者提起行政诉讼。其中，对国务院电影主管部门作出的不准予电影公映的决定不服的，应当先依法申请行政复议，对行政复议决定不服的可以提起行政诉讼。

◎行政法规

《行政复议法实施条例》（中华人民共和国国务院令第499号 2007年8月1日）

第三十六条 依照行政复议法第十四条〔68〕的规定申请原级行政复议的案件，由原承办具体行政行为有关事项的部门或者机构提出书面答复，并提交作出具体行政行为的证据、依据和其他有关材料。

◎部门规章

《税务行政复议规则》（中华人民共和国国家税务总局令第44号 2018年6月15日）

第十八条 对国家税务总局的具体行政行为不服的，向国家税务总局申请行政复议。对行政复议决定不服，申请人可以向人民法院提起行政诉讼，也可以向国务院申请裁决。国务院的裁决为最终裁决。

◎其他规范性文件

《国务院办公厅关于国务院行政复议案件处理程序若干问题的通知》（国办发〔2001〕38号 2001年5月14日）

各省、自治区、直辖市人民政府，国务院各部委、各直属机构：

根据《中华人民共和国行政复议法》（以下简称行政复议法）第十四条〔69〕的规定，对国务院部门或者省、自治区、直辖市人民政府（以下简称省部级行政机关）的具体行政行为不服的，向作出该具体行政行为的省部级行政机关申请行政复议；对行政复议决定不服的，可以申请国务院最终裁决。行政复议法第三条〔70〕规定，行政复议机关负责法制工作的机构具体办理行政复议事项。为了保障行政复议法全面贯彻实施，促进各省部级行政机关依法行政，从严治政，进一步规范行政复议案件的有关处理程序，经国务院同意，现将有关事项通知如下：

一、向国务院提出的行政复议申请，不符合法定条件，依法不应当受理的，授权国务院法制办公室依法处理。

二、向国务院提出的行政复议申请，符合法定条件，依法应当受理的，授权国务院法制办公室按照下列程序办理：

经国务院法制办公室审查，依法应当维持省部级行政机关原级行政复议决定以及认定抽象行政行为合法的，一般不再报请国务院审批，由国务院法制办公室依法办理；但是，影响重大的，应当报请国务院审批。

经国务院法制办公室审查，依法应当撤销、变更省部级行政机关原级行政复议决定或者认定抽象行政行为不合法的，由国务院法制办公室与有关行政机关协商。经协商达成一致意见，有关行政同意自行改正的，一般不再报请国务院审批；意见

---

〔68〕《行政复议法》（2023年修正）第26条。

〔69〕同上。

〔70〕《行政复议法》（2023年修正）第4条。

不一致，有关行政机关不同意改正的，由国务院法制办公室报请国务院审批。

对只涉及行政复议案件程序的事项，一般由国务院法制办公室依法处理；但是，涉及重大、敏感案件的程序问题，应当及时请示国务院。

三、启用“中华人民共和国国务院行政复议专用章”。国务院法制办公室具体办理行政复议案件，出具有关法律文书时，应当加盖“中华人民共和国国务院行政复议专用章”。

四、对国务院受理的行政复议案件和审查的抽象行政行为，有关省部级行政机关应当严格按照行政复议法的规定，及时提出书面答复，并提供证据、依据和其他有关材料，配合国务院法制办公室办理行政复议事项。

各地方、各部门要结合本地方、本部门的实际情况，认真研究落实，严格依法开展行政复议的各项工作，进一步加强政府法制建设，提高依法行政水平。

《自然资源部关于发布林草类案件复议受理机关的公告》（2018年11月23日）

为便利申请人提出行政复议申请，根据《行政复议法》第十二条〔71〕的规定以及《关于国务院部委管理的国家局的具体行政行为行政复议机关问题的复函》（国法函〔2001〕245号），按照职责分工，现公告如下：

申请人对国家林业和草原局具体行政行为不服的，应当向国家林业和草原局提起行政复议。

申请人对省级林业和草原主管部门的具体行政行为不服，选择向其上一级主管部门申请行政复议的，应当向国家林业和草原局提起行政复议。

我部收到上述林草类案件的复议申请，将按照职责转国家林业和草原局依法办理。

特此公告。

2018年11月23日

◎相关行政批复

《国务院法制办关于国务院部委管理的国家局的具体行政行为行政复议机关问题的复函》（国法函〔2001〕245号）

国土资源部：

你部2001年6月14日《关于请明确对部管国家局的行政复议申请受理机关的函》（国土资函〔2001〕282号）收悉。经研究并征求全国人大常委会法工委的意见，现答复如下：

关于国务院部委管理的国家局的具体行政行为行政复议机关问题，按照《中华人民共和国行政复议法》第十四条〔72〕的规定办理，即对部委管理的国家局的具体行政行为不服提起的行政复议申请，应当由该国家局受理。

二〇〇一年十月二十四日

第二十七条　垂直领导行政机关等的管辖

对海关、金融、外汇管理等实行垂直领导的行政机关、税务和国家安全机关的行政行为不服的，向上一级主管部门申请行政复议。

条文注释

本条是有关垂直领导的行政机关、税

---

〔71〕《行政复议法》（2023年修正）第26-27条。

〔72〕《行政复议法》（2023年修正）第26条。

务和国家安全机关的行政复议管辖机关的规定。行政复议权的根源是行政机关之间的层级监督权，由于垂直领导的行政机关的分支和派出机构只服从垂直领导机关，只对垂直领导机关负责，只受垂直领导机关的监督。因此，垂直领导机关与接受双重领导的政府工作部门不同，只能由其上一级主管部门来对下一级作出的行政行为复议管辖。

相关规定

◎法律

《地方各级人民代表大会和地方各级人民政府组织法》（2022 年 3 月 12 日）

第七十九条 地方各级人民政府根据工作需要和优化协同高效以及精干的原则，设立必要的工作部门。

县级以上的地方各级人民政府设立审计机关。地方各级审计机关依照法律规定独立行使审计监督权，对本级人民政府和上一级审计机关负责。

省、自治区、直辖市的人民政府的厅、局、委员会等工作部门和自治州、县、自治县、市、市辖区的人民政府的局、科等工作部门的设立、增加、减少或者合并，按照规定程序报请批准，并报本级人民代表大会常务委员会备案。

《海关法》（2021 年 4 月 29 日）

第三条 国务院设立海关总署，统一管理全国海关。

国家在对外开放的口岸和海关监管业务集中的地点设立海关。海关的隶属关系，不受行政区划的限制。

海关依法独立行使职权，向海关总署负责。

《审计法》（2022 年 1 月 1 日）

第五条 审计机关依照法律规定独立行使审计监督权，不受其他行政机关、社会团体和个人的干涉。

《统计法》（2010 年 1 月 1 日）

第六条 统计机构和统计人员依照本法规定独立行使统计调查、统计报告、统计监督的职权，不受侵犯。

地方各级人民政府、政府统计机构和有关部门以及各单位的负责人，不得自行修改统计机构和统计人员依法搜集、整理的统计资料，不得以任何方式要求统计机构、统计人员及其他机构、人员伪造、篡改统计资料，不得对依法履行职责或者拒绝、抵制统计违法行为的统计人员打击报复。

《税收征收管理法》（2015 年 4 月 24 日）

第八十八条 纳税人、扣缴义务人、纳税担保人同税务机关在纳税上发生争议时，必须先依照税务机关的纳税决定缴纳或者解缴税款及滞纳金或者提供相应的担保，然后可以依法申请行政复议；对行政复议决定不服的，可以依法向人民法院起诉。

当事人对税务机关的处罚决定、强制执行措施或者税收保全措施不服的，可以依法申请行政复议，也可以依法向人民法院起诉。

当事人对税务机关的处罚决定逾期不申请行政复议也不向人民法院起诉、又不履行的，作出处罚决定的税务机关可以采取本法第四十条规定的强制执行措施，或者申请人民法院强制执行。

《中国人民银行法》（2004 年 2 月 1 日）

第七条 中国人民银行在国务院领导下依法独立执行货币政策，履行职责，开展业务，不受地方政府、各级政府部门、社会团体和个人的干涉。

◎司法解释及文件

《最高人民法院行政审判庭对江西省高级人民法院〈关于人民法院能否直接受理因纳税主体资格引起的税务行政案件的请

示〉的答复》（法行〔2000〕31号　2001年11月28日）

江西省高级人民法院：

你院赣高法〔2000〕264号《关于人民法院能否直接受理因纳税主体资格引起的税务行政案件的请示》收悉。经研究，答复如下：

原则同意你院第一种意见。即行政相对人因纳税主体资格问题与税务机关发生的争议属于纳税争议。根据原《税收征管法》第五十六条第一款或修改后的《税收征管法》第八十八条第一款的规定，可以依法申请行政复议，对行政复议决定不服的，可以依法向人民法院起诉。当事人未经行政复议直接提起诉讼的，人民法院不予受理。

附：

江西省高级人民法院关于人民法院能否直接受理因纳税主体资格引起的税务行政案件的请示

（赣高法〔2000〕264号）

最高人民法院：

我省上饶地区中级人民法院于二〇〇〇年九月十八日立案受理了原告江西柏林实业有限公司（下称柏林公司）不服被告上饶地区国家税务局（下称上饶地区国税局）税务稽查处理决定一案，该院初步查明，柏林公司不是上饶地区国税局税务稽查处理决定书中所认定的巨额税款的纳税义务人，不应纳税。但是因《中华人民共和国税收征收管理法》（下称《税收征管法》）第五十六条第一款规定："纳税人、扣缴义务人、纳税担保人同税务机关在纳税上发生争议时，必须先依照法律、行政法规的规定缴纳或者解缴税款和滞纳金，然后可以在收到税务机关填发的缴款凭证之日起60日内向上一级税务机关申请复议。……对复议决定不服的，可以在接到复议决定书之日起15日内向人民法院起诉。"柏林公司未经复议，直接向上饶地区中级人民法院起诉，该院对于因纳税主体资格引起的争议是否属于纳税争议，人民法院能否直接受理此类税务争议行政案件存在分歧意见，特请示我院。

对于本案是否应该受理，我们有两种不同意见：第一种意见认为，此类争议是纳税争议，根据《税收征管法》第五十六条第一款的规定，须由税务机关先行复议，且当事人必须及时、足额缴纳税款，人民法院不能直接受理此类案件。否则，如果将其视为其他税务争议直接诉诸法院，那么所有的纳税人都将以自己不具有纳税主体资格为由，在不缴纳税款的情况下直接将纳税争议诉之法院，《税收征管法》中有关复议前置及以此保障国家税款入库的规定，将失去意义。本案柏林公司没有经过行政复议程序直接向法院起诉，法院不应受理，应当驳回原告的起诉。第二种意见认为，此类争议不是纳税争议，属税务机关违法要求履行义务，根据《行政诉讼法》第十一条第七项之规定，法院可以直接受理。理由如下：1. 从纳税争议的性质来看，根据《税收征管法》第五十六条的规定，纳税争议的主体必须是适格的三种人：纳税人、扣缴义务人和纳税担保人，即纳税争议是在纳税主体承认负有纳税义务，仅对税种、税款额度及时间等税收要素提出的异议；因纳税主体资格而发生的争议是对当事人该不该纳税的争议，即当事人是否为一具体法律关系中纳税人的争议，与纳税争议不同。2. 以限制诉权的方式保障国家税款及时、足额入库，有悖行政救济的初衷。本案上饶地区国税局认定柏林公司偷增值税784013.96元，加收滞纳金1006666.15元，合计1790680.11元。根据《税收征管法》第五十六条的规定，柏林公司因交不起这笔巨额税款和滞纳金，丧失了申请复议的权利，无法寻求行政救济和司法救济；如果要交这笔税款和滞纳金，柏林公司将面临倒闭，迟到的行政救济和司法救济对柏林公司而言，将失去实际意义。在这种情况下，当事人既不能申请复议，也无法直接向法院起诉，这实质上是对当事人诉权的变相剥夺，这显然违背了行政复议法和行政诉讼法的立法宗旨，不符合现代法治国家的要求。因此，对因纳税主体资格引起的税务行政案件，当有证据证明税务机关认定的纳税主体错误，公民、法人和其他组织的合法权益受到明白无误的侵害时，当事人可不受税务复议前置的限制，直接向法院起诉。

我们倾向于第二种意见，由于《税收征管法》及其实施细则对纳税争议的具体内涵在法律上未作明确规定，实践中因纳税主体资格问题而引起的税务行政诉讼时常发生，为慎重起见，特此请示，请予批复。

二〇〇〇年十月十七日

◎行政法规

《储蓄管理条例》（中华人民共和国国务院令第588号　2011年1月8日）

第三十五条　对处罚决定不服的，当事人可以依照《中华人民共和国行政复议法》的规定申请复议。对复议决定不服的，当事人可以依照《中华人民共和国行政诉讼法》的规定向人民法院提起诉讼。

第三十六条　复议申请人逾期不起诉又不履行复议决定的，依照《中华人民共和国行政复议法》的规定执行。

《外汇管理条例》（中华人民共和国国务院令第532号　2008年8月5日）

第五十一条　当事人对外汇管理机关作出的具体行政行为不服的，可以依法申请行政复议；对行政复议决定仍不服的，可以依法向人民法院提起行政诉讼。

◎部门规章

《海关行政复议办法》（中华人民共和国海关总署令第166号　2014年3月13日）

第九条　有下列情形之一的，公民、法人或者其他组织可以向海关申请行政复议：

（一）对海关作出的警告，罚款，没收货物、物品、运输工具和特制设备，追缴无法没收的货物、物品、运输工具的等值价款，没收违法所得，暂停从事有关业务，撤销注册登记及其他行政处罚决定不服的；

（二）对海关作出的收缴有关货物、物品、违法所得、运输工具、特制设备决定不服的；

（三）对海关作出的限制人身自由的行政强制措施不服的；

（四）对海关作出的扣留有关货物、物品、运输工具、账册、单证或者其他财产，封存有关进出口货物、账簿、单证等行政强制措施不服的；

（五）对海关收取担保的具体行政行为不服的；

（六）对海关采取的强制执行措施不服的；

（七）对海关确定纳税义务人、确定完税价格、商品归类、确定原产地、适用税率或者汇率、减征或者免征税款、补税、退税、征收滞纳金、确定计征方式以及确定纳税地点等其他涉及税款征收的具体行政行为有异议的（以下简称纳税争议）；

（八）认为符合法定条件，申请海关办理行政许可事项或者行政审批事项，海关未依法办理的；

（九）对海关检查运输工具和场所，

查验货物、物品或者采取其他监管措施不服的；

（十）对海关作出的责令退运、不予放行、责令改正、责令拆毁和变卖等行政决定不服的；

（十一）对海关稽查决定或者其他稽查具体行政行为不服的；

（十二）对海关作出的企业分类决定以及按照该分类决定进行管理的措施不服的；

（十三）认为海关未依法采取知识产权保护措施，或者对海关采取的知识产权保护措施不服的；

（十四）认为海关未依法办理接受报关、放行等海关手续的；

（十五）认为海关违法收取滞报金或者其他费用，违法要求履行其他义务的；

（十六）认为海关没有依法履行保护人身权利、财产权利的法定职责的；

（十七）认为海关在政府信息公开工作中的具体行政行为侵犯其合法权益的；

（十八）认为海关的其他具体行政行为侵犯其合法权益的。

前款第（七）项规定的纳税争议事项，公民、法人或者其他组织应当依据海关法的规定先向海关行政复议机关申请行政复议，对海关行政复议决定不服的，再向人民法院提起行政诉讼。

第二十五条　本办法第九条第一款第（七）项规定的纳税争议事项，申请人未经行政复议直接向人民法院提起行政诉讼的，人民法院依法驳回后申请人再向海关申请行政复议的，从申请人起诉之日起至人民法院驳回的法律文书生效之日止的期间不计算在申请行政复议的期限内，但是海关作出有关具体行政行为时已经告知申请人应当先经海关行政复议的除外。

《中国人民银行行政复议办法》（中国人民银行令第4号　2001年2月1日）

第二十五条　对依法从事现金管理的金融机构作出的行政处罚决定不服的，应当先向人民银行申请行政复议。对行政复议决定不服的，或者行政复议机关决定不予受理的，或者受理后超过行政复议期限不作答复的，申请人可以自收到《中国人民银行行政复议决定书》、《中国人民银行不予受理决定书》之日起或者行政复议期满之日起15日内，依法向人民法院提起行政诉讼。

◎部门规范性文件

《农村资金互助社管理暂行规定》（银监发〔2007〕7号　2007年1月22日）

第五十七条　本规定的处罚，由银行业监督管理机构按其监管权限决定并组织实施。当事人对处罚决定不服的，可以向作出处罚决定的银行业监督管理机构的上一级机构提请行政复议；对行政复议决定不服的，可向人民法院申请行政诉讼。

《国家外汇管理局行政复议程序》（汇发〔2020〕80号　2020年10月23日）

第七条　公民、法人或者其他组织认为外汇局的具体行政行为侵犯其合法权益的，可以自知道该具体行政行为之日起六十日内先向行政复议机关提出行政复议申请。对行政复议决定不服的，可以依法向人民法院提起行政诉讼，但是法律规定行政复议决定为最终裁决的除外。

因不可抗力或者其他正当理由导致无法在法定期限内申请行政复议的，申请期限自障碍消除之日起继续计算。

第二十八条　司法行政部门的管辖

对履行行政复议机构职责的地方人民政府司法行政部门的行政行为不服的，可以向本级人民政府申请行政复议，也可以向上一级司法行政部门申请行政复议。

条文注释

本条是关于针对司法行政部门的行政行为的复议管辖的特殊规定。从我国的政府部门的组织建构来看，司法行政机关作为人民政府中的内设机关，一般承担着承办针对本级政府决定的行政复议案件的职责。在此情况下，申请人若针对司法行政部门的行政行为向本级人民政府申请行政复议，将会导致司法行政部门针对自身的行政行为进行复议，行政复议的中立性与公正性存在一定的疑问，影响申请人对于行政复议决定的接受度，妨碍行政复议争议的有效解决。为此，有必要在申请人对履行行政复议职责的地方人民政府的司法行政部门的行政行为不服的情况下，设置额外的救济途径。

因此，本条专门规定，在申请人对于履行行政复议机构职责的地方人民政府司法行政部门的行政行为不服的情况下，除可以向本级人民政府申请行政复议外，也可以向上一级司法行政部门申请行政复议。

相关规定

◎法律

《第十三届全国人民代表大会第一次会议关于国务院机构改革方案的决定》（2018年3月1日）

根据党的十九大和十九届三中全会部署，深化党和国家机构改革的总体要求是，全面贯彻党的十九大精神，坚持以马克思列宁主义、毛泽东思想、邓小平理论、“三个代表”重要思想、科学发展观、习近平新时代中国特色社会主义思想为指导，适应新时代中国特色社会主义发展要求，坚持稳中求进工作总基调，坚持正确改革方向，坚持以人民为中心，坚持全面依法治国，以加强党的全面领导为统领，以国家治理体系和治理能力现代化为导向，以推进党和国家机构职能优化协同高效为着力点，改革机构设置，优化职能配置，深化转职能、转方式、转作风，提高效率效能，为决胜全面建成小康社会、开启全面建设社会主义现代化国家新征程、实现中华民族伟大复兴的中国梦提供有力制度保障。

深化国务院机构改革，要着眼于转变政府职能，坚决破除制约使市场在资源配置中起决定性作用、更好发挥政府作用的体制机制弊端，围绕推动高质量发展，建设现代化经济体系，加强和完善政府经济调节、市场监管、社会管理、公共服务、生态环境保护职能，结合新的时代条件和实践要求，着力推进重点领域和关键环节的机构职能优化和调整，构建起职责明确、依法行政的政府治理体系，提高政府执行力，建设人民满意的服务型政府。

这次国务院机构改革的具体方案如下。

一、关于国务院组成部门调整

……

（九）重新组建司法部。将司法部和国务院法制办公室的职责整合，重新组建司法部，作为国务院组成部门。

不再保留国务院法制办公室。

……

◎党内法规

《深化党和国家机构改革方案》（2018 年 3 月 21 日）

在新的历史起点上深化党和国家机构改革，必须全面贯彻党的十九大精神，坚持以马克思列宁主义、毛泽东思想、邓小平理论、“三个代表”重要思想、科学发展观、习近平新时代中国特色社会主义思想为指导，牢固树立政治意识、大局意识、核心意识、看齐意识，坚决维护以习近平同志为核心的党中央权威和集中统一领导，适应新时代中国特色社会主义发展要求，坚持稳中求进工作总基调，坚持正确改革方向，坚持以人民为中心，坚持全面依法治国，以加强党的全面领导为统领，以国家治理体系和治理能力现代化为导向，以推进党和国家机构职能优化协同高效为着力点，改革机构设置，优化职能配置，深化转职能、转方式、转作风，提高效率效能，积极构建系统完备、科学规范、运行高效的党和国家机构职能体系，为决胜全面建成小康社会、开启全面建设社会主义现代化国家新征程、实现中华民族伟大复兴的中国梦提供有力制度保障。

……

三、深化国务院机构改革

深化国务院机构改革，要着眼于转变政府职能，坚决破除制约使市场在资源配置中起决定性作用、更好发挥政府作用的体制机制弊端，围绕推动高质量发展，建设现代化经济体系，加强和完善政府经济调节、市场监管、社会管理、公共服务、生态环境保护职能，结合新的时代条件和实践要求，着力推进重点领域、关键环节的机构职能优化和调整，构建起职责明确、依法行政的政府治理体系，增强政府公信力和执行力，加快建设人民满意的服务型政府。

……

（三十二）重新组建司法部。全面依法治国是国家治理的一场深刻革命，必须在党的领导下，遵循法治规律，创新体制机制，全面深化依法治国实践。为贯彻落实全面依法治国基本方略，加强党对法治政府建设的集中统一领导，统筹行政立法、行政执法、法律事务管理和普法宣传，推动政府工作纳入法治轨道，将司法部和国务院法制办公室的职责整合，重新组建司法部，作为国务院组成部门。

主要职责是，负责有关法律和行政法规草案起草，负责立法协调和备案审查、解释，综合协调行政执法，指导行政复议应诉，负责普法宣传，负责监狱、戒毒、社区矫正管理，负责律师公证和司法鉴定仲裁管理，承担国家司法协助等。

不再保留国务院法制办公室。

……

◎部门规章

《司法行政机关行政复议应诉工作规定》（中华人民共和国司法部令第 65 号　2001 年 6 月 22 日）

第一章　总　　则

第一条　为了规范司法行政机关行政复议和行政应诉工作，保障和监督司法行政机关依法行使职权，根据《中华人民共和国行政诉讼法》和《中华人民共和国行政复议法》，制定本规定。

第二条　公民、法人或者其他组织认为司法行政机关的具体行政行为侵犯其合法权益，向司法行政机关提出行政复议申请，或者向人民法院提起行政诉讼，司法行政机关受理行政复议申请、作出行政复议决定或者应诉，适用本规定。

第三条　司法行政机关法制工作机构或者承担法制工作的机构具体负责办理司

法行政机关行政复议和行政应诉事项，履行下列职责：

（一）受理行政复议申请；

（二）向有关组织和人员调查取证，查阅文件和资料；

（三）审查申请行政复议的具体行政行为是否合法与适当，拟定行政复议决定；

（四）处理或者转送对司法行政机关具体行政行为所依据的有关规定的审查申请；

（五）对司法行政机关违反《中华人民共和国行政复议法》和本规定的行为依照规定的权限和程序提出处理建议；

（六）组织办理因不服行政复议决定提起行政诉讼的应诉事项；

（七）指导下级司法行政机关的行政复议和行政应诉工作；

（八）培训行政复议、应诉工作人员，组织交流行政复议、应诉工作经验；

（九）法律、法规、规章规定的其他职责。

第四条　司法行政机关行政复议、应诉工作遵循合法、公正、公开、及时、便民的原则。

第二章　行政复议范围

第五条　有下列情形之一的，公民、法人或者其他组织可以向司法行政机关申请行政复议：

（一）认为符合法定条件，申请司法行政机关办理颁发资格证、执业证、许可证手续，司法行政机关拒绝办理或者在法定期限内没有依法办理的；

（二）对司法行政机关作出的警告、罚款、没收违法所得、没收非法财物、责令停业、吊销执业证等行政处罚决定不服的；

（三）认为符合法定条件，申请司法行政机关办理审批、审核、公告、登记的有关事项，司法行政机关不予上报申办材料、拒绝办理或者在法定期限内没有依法办理的；

（四）认为符合法定条件，申请司法行政机关注册执业证，司法行政机关未出示书面通知说明理由，注册执业证期满六个月仍不予注册的；

（五）认为符合法定条件，申请司法行政机关参加资格考试，司法行政机关没有依法办理的；

（六）认为司法行政机关违法收费或者违法要求履行义务的；

（七）对司法行政机关作出的撤销、变更或者维持公证机构关于公证书的决定不服的；

（八）对司法行政机关作出的留场就业决定或根据授权作出的延长劳动教养期限的决定不服的；

（九）对司法行政机关作出的关于行政赔偿、刑事赔偿决定不服的；

（十）认为司法行政机关作出的其他具体行政行为侵犯其合法权益的。

第六条　公民、法人或者其他组织认为司法行政机关作出的具体行政行为所依据的规定不合法（法律、法规、规章和国务院文件除外），可以一并向司法行政机关提出对该规定的审查申请。

第七条　公民、法人或者其他组织对下列事项不能申请行政复议：

（一）执行刑罚的行为；

（二）执行劳动教养决定的行为；

（三）司法助理员对民间纠纷作出的调解或者其他处理；

（四）资格考试成绩评判行为；

（五）法律、法规规定的其他不能申请行政复议的行为。

第三章　行政复议和行政应诉管辖

第八条　对县级以上地方各级司法行政机关的具体行政行为不服，向司法行政机关申请行政复议，由上一级司法行政机关管辖。

对监狱机关、劳动教养机关的具体行政行为不服，向司法行政机关申请行政复议，由其主管的司法行政机关管辖。

对司法部的具体行政行为不服向司法行政机关申请行政复议，由司法部管辖。申请人对司法部行政复议决定不服的，可以向人民法院提起行政诉讼；也可以向国务院申请裁决。

第九条　对县级以上地方各级司法行政机关的具体行政行为不服直接向人民法院提起的行政诉讼，由作出具体行政行为的司法行政机关应诉。

经行政复议的行政诉讼，行政复议机关决定维持原具体行政行为的，由作出原具体行政行为的司法行政机关应诉；行政复议机关改变原具体行政行为的，由行政复议机关应诉。

第四章　行政复议受理

第十条　司法行政机关办理行政复议案件，实行统一受理、专人承办、集体研究、领导负责的工作制度。

第十一条　办理行政复议案件的法制工作机构人员与申请人有利害关系的，可以提出自行回避；申请人也有权申请其回避，但应说明理由。

办理行政复议案件的法制工作机构人员的回避，由行政复议机关负责人决定。

第十二条　申请人申请行政复议，可以书面申请，也可以口头申请。口头申请的，行政复议机关应当当场记录申请人的基本情况、行政复议请求、申请行政复议的主要事实、理由和时间，并由申请人签字。

第十三条　司法行政机关自收到行政复议申请书之日起5日内，对行政复议申请分别作出以下处理：

（一）行政复议申请符合法定受理条件并属于本规定受理范围的，应予受理；

（二）行政复议申请不符合法定受理条件的，不予受理并书面告知申请人；

（三）行政复议申请符合法定受理条件，但不属于本机关受理的，应当告知申请人向有关行政复议机关提出。

除不符合行政复议的法定受理条件或者不属于本机关受理的复议申请外，行政复议申请自行政复议机关负责法制工作的机构收到之日起即为受理。

作出具体行政行为的司法行政机关自收到行政复议机关发送的行政复议申请书副本或者申请笔录复印件后，应将书面答复、作出具体行政行为的证据、依据和其他有关材料，在10日内提交行政复议机关。

司法行政机关任何部门在收到行政复议申请后，应转交本机关法制工作机构。

申请人的书面申请内容如不符合本规定第十二条规定，法制工作机构应当通知申请人补齐申请内容。行政复议受理时间从收到申请人补齐申请书内容之日起计算。

第十四条　对于申请人就同一具体行政行为向人民法院提起行政讼诉，人民法院已经受理的，司法行政机关不再受理其行政复议申请。

第十五条　司法行政机关法制工作机构依照以下程序受理行政复议申请：

（一）登记收到行政复议申请书的时间及申请人的情况；

（二）不予受理的，在收到行政复议

申请书5日内填写司法行政机关不予受理审批表，拟制不予受理决定书，由行政机关负责人签字，并加盖公章，向申请人发出；

（三）应当受理的，在收到复议申请书后填写司法行政机关行政复议立案审批表，法制工作机构负责人审批。

第十六条　申请人认为司法行政机关无正当理由不予受理其行政复议申请，可以向上级司法行政机关反映，上级司法行政机关在审查后可以作出以下处理决定：

（一）申请人提出的申请符合法定受理条件的，应当责令下级司法行政机关予以受理，其中申请人不服的具体行政行为是依据司法行政法律、法规、本级以上人民政府制定的规章或者本机关制定的规范性文件作出的，或者上级司法行政机关认为有必要直接受理的，可以直接受理；

（二）上级司法行政机关认为下级司法行政机关不予受理行为确有正当理由，申请人仍然不服的，应当告知申请人可以依法对下级司法行政机关的具体行政行为向人民法院提起行政诉讼。

第五章　行政复议决定

第十七条　司法行政机关行政复议原则上采取书面审查的办法，但是申请人提出要求或者行政复议机关认为有必要时，可以向有关组织和人员调查情况，听取申请人、被申请人和第三人的意见。

第十八条　司法行政机关应当在受理之日起7日内将行政复议申请书副本或者行政复议申请书笔录复印件发送被申请人。被申请人应当自收到申请书副本或者申请笔录复印件之日起10日内，提出书面答复，并提交作出具体行政行为的证据、依据和其他有关材料。被申请人的书面答复应当包括下列内容：

（一）具体行政行为认定的事实和证据；

（二）作出具体行政行为所依据的法律、法规、规章；

（三）作出具体行政行为的程序；

（四）对行政复议申请的答复意见和本机关对行政复议案件的请求。

第十九条　被申请人不按本规定第十八条的规定提出书面答复、提交作出具体行政行为的证据、依据和其他有关材料，视为该具体行政行为没有证据、依据，决定撤销该具体行政行为。

第二十条　行政复议决定作出前，申请人要求撤回复议申请的，经说明理由，可以撤回；被申请人改变所作的具体行政行为。申请人同意并要求撤回复议申请的，可以撤回。撤回行政复议申请的，行政复议终止。

第二十一条　申请人在申请行政复议时，一并提出对具体行政行为所依据的规定申请审查的，行政复议机关应当区别情况，分别作出处理。

行政复议机关认为被申请人作出的具体行政行为所依据的规定不合法，本机关有权处理的，应当在30日内依法处理；无权处理的，应当在7日内按照机关文件送达程序转送有权处理的国家机关依法处理。处理期间，中止对具体行政行为的审查。

上级司法行政机关有权对下级司法行政机关制定的规范性文件进行审查。

第二十二条　司法行政机关法制工作机构应当对被申请人作出的具体行政行为进行审查，提出意见，填写司法行政机关行政复议决定审批表，拟制复议决定意见，在征求业务部门意见后，报经行政机关负责人审批。

第二十三条　行政复议机关作出行政

复议决定，应当制作行政复议决定书，并加盖行政复议机关印章。行政复议决定一经公布、委托方式送达即发生法律效力。

第二十四条　申请人在申请行政复议时一并提出行政赔偿请求，依据有关法律、法规、规章的规定应当给予赔偿的，行政复议机关在决定撤销、变更具体行政行为或者确认具体行政行为违法时，应当同时决定被申请人依法赔偿。

申请人在申请行政复议时没有提出赔偿请求的，行政复议机关在依法决定撤销或者变更罚款、没收违法所得以及没收非法财物等具体行政行为时，应当同时责令被申请人返还财物或者赔偿相应的价款。

第二十五条　行政复议机关应当自受理申请之日起60日内作出行政复议决定。如有以下情况，不能在规定期限内作出行政复议决定的，经行政复议机关的负责人批准，可以适当延长，并告知申请人和被申请人；但延长期限最多不超过30日：

（一）因不可抗力延误相关文书抵达的；

（二）有重大疑难情况的；

（三）需要与其他机关相协调的；

（四）需要对具体行政行为依据的规定进行审查的；

（五）其他经行政复议机关负责人批准需要延长复议期限的。

第六章　行政应诉

第二十六条　司法行政机关法制工作机构接到人民法院转送的行政起诉状副本5日内，应组织协调有关业务部门，共同制订行政应诉方案，确定出庭应诉人员。

司法行政机关业务部门应当指派本单位专人负责案件调查、收集证据材料，提出初步答辩意见，协助法制工作机构的应诉工作。

第二十七条　司法行政机关法制工作机构在人民法院一审判决书或者裁定书送达后，应组织协调有关业务部门，提出是否上诉的意见，报行政机关负责人审批。决定上诉的，提出上诉状，在法定期限内向二审人民法院提交。

第二十八条　司法行政机关法制工作机构可以组织协调有关业务部门，对人民法院已发生法律效力的判决、裁定，向司法行政机关负责人提出是否申诉的意见。决定申诉的，提出申诉书，向有管辖权的人民法院提交。

第二十九条　司法行政机关可以委托律师担任行政诉讼代理人出庭应诉。

第三十条　对人民法院作出判决或者裁定的行政案件，应诉的司法行政机关应当在判决或者裁定送达后5日内，将判决书或者裁决书的复印件报送上一级司法行政机关法制工作机构。

第七章　附　　则

第三十一条　司法行政机关行政复议（含行政诉讼）活动所需经费列入本机关的经费预算。行政复议活动经费应当用于：

（一）办案经费；

（二）执法情况检查；

（三）总结工作等。

第三十二条　本规定由司法部解释。

第三十三条　本规定自颁布之日起施行。1990年7月30日司法部颁布的《司法行政机关行政复议应诉工作规定（试行）》同时废止。

◎相关行政批复

《国务院法制办公室对原对外贸易经济合作部〈关于如何确定以计划单列市为被申请人的行政复议案件的复议机关的请示〉的复函》（国法函〔2003〕33号　自公布

之日起施行）

商务部：

原对外贸易经济合作部《关于如何确定以计划单列市为被申请人的行政复议案件的复议机关的请示》收悉。经商全国人大常委会法工委，现函复如下：

《中华人民共和国行政复议法》第十二条中规定："对县级以上地方各级人民政府工作部门的具体行政行为不服的，由申请人选择，可以向该部门的本级人民政府申请行政复议，也可以向上一级主管部门申请行政复议。"据此，不服计划单列市的人民政府工作部门的具体行政行为提出的行政复议申请，应当根据申请人的选择，由该计划单列市的人民政府或者由该计划单列市所在省的相应主管部门依法受理。

中华人民共和国国务院法制办公室

2003 年 3 月 19 日

附：

原对外贸易经济合作部关于如何确定以计划单列市为被申请人的行政复议案件的复议机关的请示（2003 年 3 月 10 日）

国务院法制办公室：

目前，与外经贸相关的行政复议案件日益增多，其中不乏对计划单列市的外经贸委（局）的具体行政行为提起行政复议的情况。根据《行政复议法》第十二条的规定，"对县级以上地方各级人民政府工作部门的具体行政行为不服的，由申请人选择，可以向该部门的本级人民政府申请行政复议，也可以向上一级主管部门申请行政复议。"对于计划单列市这种特殊的行政区划来说，其发展计划事宜由中央直接下达市里，不经过省级部门，那么计划单列市的外经贸委（局）的上一级主管部门应如何确定，即复议机关应是省级外经贸主管机关还是外经贸部？

我们认为，行政复议具有一定的司法性质，对于现有 5 个计划单列市的行政复议案件，应按一般行政区划，确定由本级人民政府或所在省级主管部门作为行政复议机关，并有权撤销、变更或确认被复议机关的具体行政行为，当事人不服复议决定的，可按《行政诉讼法》在当地法院辖区内进行司法审查。

以上妥否，请函复。

第二十九条　行政复议和行政诉讼的选择

公民、法人或者其他组织申请行政复议，行政复议机关已经依法受理的，在行政复议期间不得向人民法院提起行政诉讼。

公民、法人或者其他组织向人民法院提起行政诉讼，人民法院已经依法受理的，不得申请行政复议。

条文注释

本条延续了 2017 年行政复议法第十六条的相关规定，规定了公民、法人和其他组织应当在行政复议与行政诉讼中择一以救济其权利。同时，在公民、法人和其他组织选择向人民法院提起诉讼的情况下，视为其已经主动放弃了申请行政复议的权利。因此，行政复议总是先于行政诉讼。

之所以作出这样的规定，主要是因为行政复议和行政诉讼这两种法律制度在主体、性质、工作方式和法律效力方面均有着明显的不同，不能同时使用。同时，由于诉讼自身的终局性效力，行政诉讼的审结、诉讼文书的生效就将意味着行政争议的终结。因此，在行政相对人申请了行政诉讼的情况下，不应再允许行政相对人另行申请行政复议。

当然，如果人民法院尚未对于行政争议进行实体审理，如尚未决定立案或裁定不予受理的情况下，行政相对人提出符合法定受理程序的行政复议申请，行政复议机关仍应当依法受理行政复议。

相关规定

◎法律

《行政诉讼法》（2017年7月1日）

第四十四条　对属于人民法院受案范围的行政案件，公民、法人或者其他组织可以先向行政机关申请复议，对复议决定不服的，再向人民法院提起诉讼；也可以直接向人民法院提起诉讼。

法律、法规规定应当先向行政机关申请复议，对复议决定不服再向人民法院提起诉讼的，依照法律、法规的规定。

◎司法解释及文件

《最高人民法院关于适用〈中华人民共和国行政诉讼法〉的解释》（法释〔2018〕1号　2018年2月8日）

第五十七条　法律、法规未规定行政复议为提起行政诉讼必经程序，公民、法人或者其他组织既提起诉讼又申请行政复议的，由先立案的机关管辖；同时立案的，由公民、法人或者其他组织选择。公民、法人或者其他组织已经申请行政复议，在法定复议期间内又向人民法院提起诉讼的，人民法院裁定不予立案。

第五十八条　法律、法规未规定行政复议为提起行政诉讼必经程序，公民、法人或者其他组织向复议机关申请行政复议后，又经复议机关同意撤回复议申请，在法定起诉期限内对原行政行为提起诉讼的，人民法院应当依法立案。

第三章 行政复议受理

第三十条 受理条件

行政复议机关收到行政复议申请后，应当在五日内进行审查。对符合下列规定的，行政复议机关应当予以受理：

（一）有明确的申请人和符合本法规定的被申请人；

（二）申请人与被申请行政复议的行政行为有利害关系；

（三）有具体的行政复议请求和理由；

（四）在法定申请期限内提出；

（五）属于本法规定的行政复议范围；

（六）属于本机关的管辖范围；

（七）行政复议机关未受理过该申请人就同一行政行为提出的行政复议申请，并且人民法院未受理过该申请人就同一行政行为提起的行政诉讼。

对不符合前款规定的行政复议申请，行政复议机关应当在审查期限内决定不予受理并说明理由；不属于本机关管辖的，还应当在不予受理决定中告知申请人有管辖权的行政复议机关。

行政复议申请的审查期限届满，行政复议机关未作出不予受理决定的，审查期限届满之日起视为受理。

条文注释

本条是关于行政复议机关对于行政复议申请的初步审查和决定受理的条件的规定，是本次修法的新增规定，将2007年行政复议法实施条例第二十八条吸收至行政复议法正文中。申请人提出行政复议申请，应当形式规范、内容清楚，这样行政复议机关才能及时进行审查，并决定是否受理。本条针对行政复议机关申请受理的条件进行了相关规定，具体包括如下七条：

1. “有明确的申请人和符合本法规定的被申请人”

行政复议申请人应当符合行政复议法和行政复议法实施条例的相关规定，具有明确的主体资格。具体而言，根据行政诉讼法第十四条，有权申请行政复议的公民死亡的，其近亲属可以申请行政复议。有权申请行政复议的公民为无民事行为能力人或者限制民事行为能力人的，其法定代理人可以代为申请行政复议。有权申请行政复议的法人或者其他组织终止的，承受其权利的法人或者其他组织可以申请行政复议。而根据本法第十九条的相关规定，符合本法规定的被申请人包括作出行政行为的行政机关或者法律、法规、规章授权的组织，没有经过法律、法规、规章授权的组织和受委托的行政机关不能作为被申请人。

2. “申请人与被申请行政复议的行政行为有利害关系”

利害关系标准是决定我国行政复议与行政诉讼受案范围的核心标准。判断利害关系需要考虑以下三个方面：首先，行政行为侵犯了申请人的合法权益；其次，侵犯的权益必须是合法的，即这一权益是公民、法人和其他组织依法已经享有或者取得的权利或者利益，且该权利或利益属于法律规定行政机关应当予以保护或考虑的；最后，申请人在立案阶段不需证明其权益是否客观上真正受到侵犯，只要其主观上认为权益受到侵犯即可提起行政复议申请。

3. “有具体的行政复议请求和理由”

申请人对具体行政行为不服提出行政复议，应当有具体的行政复议请求和理由，便于行政复议机关了解申请人的诉求，及时、准确地进行审理，以实现化解行政争议的目标。但是，为使行政复议制度充分发挥其制度目标，应当从宽认定本条所确立的具体行政复议请求和理由的要求。在法律没有明确规定的情况下，对行政相对人申请复议时提交的形式不规范的申请材料或材料中有关目的、要求、事由等内容不明确的，不得以材料不符合要求而拒绝。应当从方便行政相对人获得权益救济、保护相对人合法权益的角度出发，对于申请人进行释明，说明应当提交的正确材料，并积极与申请人沟通，了解申请人的真实意思，再决定是否受理。

4. “在法定申请期限内提出”

行政复议申请期限制度的目的在于维护社会管理秩序的稳定，防止行政复议救济权利被滥用。因此，对于无正当理由超过行政复议申请期限的行政相对人，对其行政复议申请应当不予受理。

5. “属于本法规定的行政复议范围”

本法第十一条、第十二条从正面列举、反面列举和兜底条款三个方面明确了行政复议范围，行政复议机关在受理行政复议时，应当结合上述规定严格加以审查，把握利害关系标准，适当划定行政复议受案范围。

6. “属于本机关的管辖范围”

本法第二十四条至第二十七条针对行政复议的管辖进行了较为严谨周密的规定，将行政复议权限收归县级以上的地方人民政府，并设置了省级政府、国务院部门的针对自己作出的行政行为自行复议及垂直领导的行政机关、税务和国家安全机关作出的行政行为向上级主管部门申请复议的例外，明确了行政机关的复议管辖权。

7. “行政复议机关未受理过该申请人就同一行政行为提出的行政复议申请，并且人民法院未受理过该申请人就同一行政行为提起的行政诉讼”

本条重申了本法第二十八条所规定的行政相对人在行政复议和行政诉讼两类制度中的选择问题，明确行政复议只能先于行政诉讼而存在，且行政相对人在同一时间只能从行政复议和行政诉讼二者中择一进行权利救济。

除上述七项行政复议的受理条件外，本条还明确了行政复议机关对于错误申请的释明义务。对于申请人提出的不符合受理条件的行政复议申请，行政复议机关不能简单地一拒了之，而应当向行政复议申请人说明其不予受理的理由，为行政复议申请人开展相应的普法。同时，行政复议法修改后，新法对于行政复议的复议机关进行了根本性的变革，容易导致行政复议申请人难以把握对应的复议机关，在此情况下，行政复议机关更应积极承担释明义务，向申请人释明有管辖权的复议机关。

此外，本条还规定了行政复议机关复议申请审查期限及超过审查期限情况下的处理。在五日的复议申请审查期限内，行政复议机关经过审查，对于符合条件的行政复议申请，应当立案受理；对于不符合法定条件的行政复议申请，应当决定不予受理，并书面告知不予受理的理由；若行政复议机关在五日的审查期限内，既不立案受理，也不决定不予受理，则在审查期限届满之日起视为受理。这一规定主要是为了防止行政复议机关不履行、拖延履行其立案职责，影响行政相对人的权利救济。

相关规定

◎行政法规

《行政复议法实施条例》（中华人民共和国国务院令第499号　2007年8月1日）

第二十八条　行政复议申请符合下列规定的，应当予以受理：

（一）有明确的申请人和符合规定的被申请人；

（二）申请人与具体行政行为有利害关系；

（三）有具体的行政复议请求和理由；

（四）在法定申请期限内提出；

（五）属于行政复议法规定的行政复议范围；

（六）属于收到行政复议申请的行政复议机构的职责范围；

（七）其他行政复议机关尚未受理同一行政复议申请，人民法院尚未受理同一主体就同一事实提起的行政诉讼。

第二十七条　公民、法人或者其他组织认为行政机关的具体行政行为侵犯其合法权益提出行政复议申请，除不符合行政复议法和本条例规定的申请条件的，行政复议机关必须受理。

第三十条　申请人就同一事项向两个或者两个以上有权受理的行政机关申请行政复议的，由最先收到行政复议申请的行政机关受理；同时收到行政复议申请的，由收到行政复议申请的行政机关在10日内协商确定；协商不成的，由其共同上一级行政机关在10日内指定受理机关。协商确定或者指定受理机关所用时间不计入行政复议审理期限。

第三十一条　依照行政复议法第二十条的规定，上级行政机关认为行政复议机关不予受理行政复议申请的理由不成立的，可以先行督促其受理；经督促仍不受理的，应当责令其限期受理，必要时也可以直接受理；认为行政复议申请不符合法定受理条件的，应当告知申请人。

典型案例

1. 刘某明诉张家港市人民政府行政复议案【（2017）最高法行申169号】

裁判要旨：“有利害关系的公民、法人或者其他组织”，不能扩大理解为所有直接或者间接受行政行为影响的公民、法人或者其他组织；所谓“利害关系”仍应限于法律上的利害关系，不宜包括反射性利益受到影响的公民、法人或者其他组织。同时，行政诉讼乃公法上之诉讼，上述法律上的利害关系，一般也仅指公法上的利害关系；除特殊情形或法律另有规定，一般不包括私法上的利害关系。只有主观公权利，即公法领域权利和利益，受到行政行为影响，存在受到损害的可能性的当事人，才与行政行为具有法律上利害关系，才形成了行政法上权利义务关系，才具有原告主体资格（原告适格），才有资格提起行政诉讼。

公法（行政法）上利害关系的判断，同样较为复杂。原告主体资格问题与司法体制、法治状况和公民意识等因素密切相关，且判断是否具备原告主体资格的标准多重，并呈逐渐扩大和与时俱进态势。其中，保护规范理论或者说保护规范标准，将法律规范保护的权益与请求权基础相结合，具有较强的实践指导价值。即以行政机关作出行政行为时所依据的行政实体法和所适用的行政实体法律规范体系，是否要求行政机关考虑、尊重和保护原告诉请保护的权利或法律上的利益（以下统称权益），作为判断是否存在公法上利害关系的重要标准。实践中，对行政实体法某一法条或者数个法条保护的权益范围的界定，不宜单纯以法条规定的文义为限，以免孤立、割裂地“只见树木不见森林”，而应坚持从整体进行判断，强调“适用一个法条，就是在运用整部法典”。在依据法条判断是否具有利害关系存有歧义时，可参酌整个行政实体法律规范体系、行政实体法的立法宗旨以及作出被诉行政行为的目的、内容和性质进行判断，以便能够承认更多的值得保护且需要保护的利益，属于法律保护的利益，从而认可当事人与行政行为存在法律上的利害关系，并承认其原告主体资格，以更大限度地监督行政机关依法行政。但需要强调的是，个案中对法律上利害关系，尤其是行政法上利害关系或者说行政法上权利义务关系的扩张解释，仍不得不兼顾司法体制、司法能力和司法资源的限制；将行政实体规范未明确需要保护、但又的确值得保护且需要保护的权益，扩张解释为法律上保护的权益，仍应限定于通过语义解释、体系解释、历史解释、立法意图解释和法理解释等法律解释方法能够扩张的范围为宜。

将当事人是否具有法律保护的权益，作为判断当事人是否具有原告主体资格的重要标准，与行政行为合法性审查原则也相互契合。法院对行政行为合法性的评判，除了依据行政诉讼法等行政基本法，更要依据行政机关所主管的行政实体法；在实体问题上的判断，更多是依据行政实体法律、法规、规章甚至规范性文件。如果原告诉请保护的权益，并不是行政机关作出行政行为时需要考虑和保护的法律上的权益，即使法院认可其原告主体资格，但在对行政行为合法性进行实体审查时，仍然不会将行政机关未考虑原告诉请保护权益之情形，作为认定行政行为违法的标准。即使法院认可其原告主体资格，受理其起诉，因其所诉请保护的权益并不会在诉讼中得到保护和尊重，其起诉也就丧失了必要性，不具备诉的利益；因而不承认其原告主体资格，也并不会侵犯其任何权益。对于仅具有反射性利益，而非法律上权益的当事人而言，也不能以被诉行政行为被作否定性评价后，可能会间接有利于保护其所主张的权益为由取得原告主体资格。申言之，当事人民法上的权益或者习惯法上的权益，只有在有关行政法律规范对其加以保护的情形下，才能成为行政法上保护的权益，才能形成行政法上的利害关系，才能取得原告主体资格，才能请求司法保护该权益。

2. 北京市东城区人民政府与北京联某房地产开发有限责任公司其他复议纠纷申请再审案【（2019）最高法行申293号 最高人民法院发布的全国法院系统2020年度优秀案例】

裁判要旨：联某公司作为出租房屋的实际所有权人，并不当然具有请求复议机关或者人民法院受理其撤销行政许可的权利。但本案特殊之处在于，涉案房屋明显未经竣工验收备案并不得投入使用、行政许可申请人持明显伪造的联某公司房屋所有权证申请许可、而开办幼儿园安全条件未经有权机关认定、涉案房屋安全性存有疑问且相关民事诉讼均未能解决纠纷的情况下，认可联某公司有权申请行政复议，具有合法性与正当性。联某公司担心其所有的涉案房屋用于幼儿园园舍不符合国家卫生标准、安全标准，可能妨害幼儿身体健康或者威胁幼儿生命安全，其将承担《北京市房屋租赁管理若干规定》等法律规范所规定的不利后果，在请求东城区教委解决未果后，向东城区政府申请行政复议，具备行政复议申请人资格、具有行政复议申请权。

3. 张某水、王某合再审审查与审判监督行政裁定书【（2016）最高法行申1759号】

裁判要旨：申请人在提出行政复议申请时，应当举证证明其与具体行政行为有利害关系。易言之，应当提供证据初步证明其存在一项合法权益、该项合法权益已经或者可能受到行政行为侵犯。但此种举证应当是初步的、表面成立的，而不能要求在申请阶段就必须证明其权利确实已经受到侵犯；在相邻权案件中尤其如此。是否具备申请人资格与其请求能否在行政复议中得到支持，是两个不同层面的问题。正如承认起诉人提起行政诉讼的原告主体资格，并不意味着必然会判决支持其实体诉讼请求；起诉权与胜诉权虽然有关联，但两者有着明显的区别。行政复议的申请人和行政诉讼的起诉人，只要能提供初步的证据证明其存在合法权益被侵犯的可能性，则应当认可其申请复议和提起诉讼的资格；不能以事后查明的不具备合法权益或者其合法权益未被侵犯事实，来否认其申请复议和提起诉讼的资格。在行政复议申请人是否具备合法权益，是否存在合法权益被侵犯的可能性，与原行政行为是否存在利害关系，应当按照有利于人民群众通过行政救济或者司法救济渠道维护权益的角度来理解和把握。

4. 晏某才与四川省人民政府土地行政复议纠纷再审案【（2017）最高法行再51号】

裁判要旨：本案中，晏某才请求四川省国土资源厅查处郫县人民政府和郫县团结镇人民政府违反土地管理法律、法规的行为是否具有行政复议申请资格，关键在于是不是为维护自身合法权益而进行的。

5. 陈某明诉四川省泸州市江阳区人民政府政府信息公开案【（2017）最高法行申6861号】

裁判要旨：对于行政诉讼和行政复议的选择以当事人自由选择作为原则，法律规定的应当复议前置或者复议终局的情形除外，公民、法人或者其他组织对行政机关作出的行政行为不服的，可以选择向相应行政机关申请行政复议，或者直接向人民法院起诉。这种自由选择的立法模式充分尊重了行政相对人的意愿，但也应遵循“行政复议与行政诉讼，当事人应择一而行之”之原则。这一原则包括如下三个方面的内容：一是不得对同一行政行为同时提起行政复议与行政诉讼；二是不得对已经进入行政诉讼程序的行政行为提起行政复议，亦不得对已经进入行政复议程序的行政行为提起行政诉讼；三是不得对已经有行政诉讼结论的行政行为提起行政复议，亦不得对已经有行政复议结论的行政行为提起行政诉讼。

作为复议机关的下级机关的被申请人，应当在收到决定书之后履行复议决定。“履行”是指采取措施，实施复议决定的内容。被申请人履行复议机关的复议决定，是该机关的法定职责，且行政机关是上级领导下级，即使被申请人对复议决定有不同意见，亦应按行政复议决定的内容办理，然后再以合适的方式（如报告、请示等）向上级表示不同意见，不可以采取置之不理或者故意违背的态度。

“不履行”是指明确表示不能执行复议决定或者不予理睬复议决定的内容，仍然按照自己的原来意愿去办理，或者仍然坚持原行政行为；“无正当理由拖延履行”则是指被申请人坚持自己的意见不立即采取措施执行行政复议决定。对无正当理由延缓履行复议决定或者不履行的，行政复议机关或者有关机关可以依照该规定，责令被申请人履行复议决定；如果复议机关或上一级行政机关对被申请人没有采取责令限期履行措施的，申请人也可以依照《行政诉讼法》和最高人民法院有关执行的司法解释向人民法院申请强制执行。

6. 黄某军等人诉金华市工商行政管理局工商登记行政复议案【（2010）浙金行终字第47号】[73]

裁判要旨：与企业存在民事合同关系的当事人，以企业违约或侵权为由，对行政机关许可设立企业的行为申请复议的，一般不具有复议申请人的资格。

评析：

一、背景情况介绍

《中华人民共和国行政复议法实施条例》第二十八条对行政复议申请受理的条件作出了限制性规定，该条第（二）项"申请人与具体行政行为有利害关系"对申请人的资格作出了规定。申请人对具体行政行为申请行政复议，除了符合条例第二十八条规定的其他条件外，还必须与申请复议的具体行政行为有利害关系，复议机关方可受理。立法未对"申请人与具体行政行为有利害关系"的判断标准作出具体规定，复议机关在具体个案中如何审查"申请人与具体行政行为有利害关系"在实践中存在争议。

二、确立裁判要旨的理由

黄某军等18人与涉诉公司之间因买卖、租赁商业用房、店铺发生了民事合同关系，其是否能以涉诉公司不履行合同，或者存在民事侵权行为为由，对涉诉公司的工商登记提起行政复议，即黄某军等18人与涉诉公司的工商登记行政行为是否有利害关系，对该问题存在两种意见：

一种意见认为，首先，条例第二十八条第（二）项规定表述为"申请人与具体行政行为有利害关系"，这种关系应该是比较宽泛的，没有具体的操作标准，基于行政复议法立法的基本精神，行政复议就是复议机关对行政行为的合法性、合理性进行审查，以实现对行政机关执法的监督之职。其次，"申请人与具体行政行为有利害关系"，不能等同于行政诉讼中"原告必须与行政行为具有法律上的利害关系"，前者内涵宽泛，后者内涵狭窄。故应当认定黄某军等18人与涉诉公司的工商登记行为有利害关系复议机关应受理其复议申请经实体审查后作出复议决定，金华市工商行政管理局以原告与涉诉公司登记行为没有利害关系为由驳回其复议申请是错误的。

另一种意见认为，涉诉公司经工商行政管理部门登记，作为市场主体与上诉人因购买或租赁发生了民事合同法律关系，双方享有合同权利与承担合同义务。双方因合同权益或其他民事侵权行为产生民事纠纷，应受合同法及相关民事法律调整。黄某军等18人作为民事法律关系的一方当事人，与工商行政管理部门的核准登记行为没有行政法律利害关系，不具有对合同相对方即涉案公司工商核准登记行为提起行政复议的主体资格。复议机关以黄某军等18人与涉诉公司登记行为没有利害关系，从程序上驳回其复议申请是正确的。

二审法院采纳了第二种观点。我国是成文法国家，法官依照法律规则办案。而

[73] 参见中华人民共和国最高人民法院行政审判庭编：《中国行政审判指导案例 第4卷》，中国法制出版社2012年版，第119-124页。

法律规则具有原则性、抽象性、滞后性，它不可能包罗社会万象。“申请人与具体行政行为有利害关系”作为一个法律规则，在实务中如何将该规则正确适用于形形色色的具体案件，要求适法者根据基本法理和生活办案经验作出正确解释。我们应该从以下层面界定“申请人与具体行政行为有利害关系”：（一）从文字表达上看，申请人是否享有复议资格，采用“利害关系说”；（二）构成利害关系的要素有二：(1) 申请人的权益受到损害或有受到损害的现实可能性；(2) 权益损害与具体行政行为具有因果关系，即具体行政行为是因，权益损害是果。如何根据权益损害与具体行政行为因果关系强弱来判断因果关系是否成立，是一个十分复杂的理论问题，有直接因果关系、间接因果关系、相当因果关系等学说之分。我们认为，可以从以下几个方面把握：（一）因果关系的顺序性：即原因在前，结果在后，必须先确认具体行政行为的成立，然后再确认权益是否受到具体行政行为的影响；（二）行为结果或损害可能性的可预见性：在行政行为当时，行政机关能否预见行为结果或损害可能性，如果在作出行政行为时，难以预料到危害结果的发生，就不存在行政法律所保护的因果关系；（三）预见义务的法定性：预见行为结果或损害可能性，是行政法律、法规、规章等对行政机关设定的法定义务；（四）权益具有可恢复性：撤销具体行政行为，被损害权益就可以得到恢复，如果权益不能得到恢复，因果关系也难以成立。

在本案中，黄某军等人以“世贸城采取种种软硬兼施手段，譬如停电、对一些商铺进行拆除改装，使业主无法经营”等为由申请行政复议要求撤销涉诉公司的工商核准登记。对此，我们认为：（一）东阳市工商行政管理局在对涉诉公司进行工商登记审查时，其按照公司法、企业登记相关法律、法规的规定，审查公司设立（变更）符合法定条件；（二）登记机关无法预见公司成立后作为市场主体，在与黄某军等 18 人发生买卖租赁民事合同后的侵权行为或侵权可能性；（三）登记机关没有对涉诉公司作为市场主体的民事侵权行为进行审查的法定义务；（四）本案黄某军等 18 人主张的权益损害原因并不是涉诉公司工商登记行政行为，而是涉诉公司不履行合同或其他民事侵权行为；（五）撤销涉诉公司的工商核准登记，不能使黄某军等人的权益损害得到恢复，其应通过民事诉讼寻求救济。综上，黄某军等人所主张的权益损害与涉诉公司登记的行政行为没有利害关系，故其不具有申请复议的主体资格。复议机关受理本案后从程序上驳回其复议申请是正确的。

三、运用裁判要旨应当注意的问题

1. 在运用裁判要旨时，要结合具体案情综合考量，对权益损害与行政行为是否具有因果关系作出正确的界定，以判断申请人与具体行政行为是否有利害关系。特别要注意对裁判要旨不能作绝对化理解，认为民事合同一方当事人一律不能对民事合同相对方的工商登记行政行为提起行政复议或行政诉讼。如果工商机关对未提供注册资金的企业违法作出行政登记，则可认为行政行为与合同一方当事人的权益损害之间存在一定的因果关系，其与具体行政行为就具有了法律上的利害关系。

2. 在行政复议过程中，“申请人与行政行为有利害关系”的申请人资格的判决标准，可以运用于行政诉讼中“原告与具体行政行为有法律上利害关系”的原告资格的界定，以实现行政复议申请人资格与行政诉讼中原告资格认定标准的统一。

四、其他

法官审查复议申请人或行政诉讼原告资格，要认真识别具体案件的法律关系属于行政法律关系还是民事法律关系。黄某军等 18 人诉工商登记案件中，原告与涉诉公司之间形成民事法律关系，并未因登记行为与涉诉公司形成行政法律关系。因此，黄某军等人不能作为行政法律关系的当事人。正确识别法律关系，有利于准确认定复议申请人或行政诉讼原告的资格。

7. 林某等不服某省人民政府征地批复案

(国务院法制办公室行政复议司提供)〔74〕

焦点问题评析：根据《行政复议法实施条例》第二十八条的规定，申请人与具体行政行为有利害关系的，方具备申请行政复议的合法资格。在征地类案件中，农村集体经济组织所有的土地被征收的，其作为原土地的所有权人，是征地行为最主要、最直接的行政相对人，依法可以以自己的名义就征地审批行为申请行政复议；被征地农民基于集体经济组织成员身份取得的宅基地使用权、土地承包经营权不仅是物权法法定的用益物权，更具有成员权的性质和保障农民基本生活的功能，其上述权利因征地行为而消灭，依法应当允许其申请行政复议。此外，被征收土地由农村集体经济组织统一使用、经营、管理，农村集体经济组织成员直接享受股份分红的，虽不存在法定的用益物权，但是该项股份分红权益与宅基地使用权土地承包经营权一样具有成员权的性质和保障农民基本生活的功能，与农民利益直接相关，应当允许其申请行政复议；被征收土地由农村集体经济组织统一使用、经营、管理，经营收益用于集体公共事务，不直接在成员间分配的，土地与农民个体没有直接利害关系，行政复议申请资格应当由该农村集体经济组织享有。

本案审理中，行政复议裁决机关在举行听证会时发现部分申请人使用的土地位置可能不在批准征地范围内，当即要求地方政府与申请人的代理律师一同对该问题作进一步核实。此后，行政复议裁决机关收到经地方政府与申请人的代理律师共同核实，且由 42 个申请人亲笔签字的情况说明。根据该说明，本案征收的土地不涉及农村集体经济组织统一使用、经营、管理的土地，在上述 8 个征地批复中，5 个征地批复不涉及申请人的承包地，另外 3 个征地批复仅涉及部分申请人的承包地。据此，本案中仅有部分申请人对其中部分征地批复具备申请行政复议的资格。

〔74〕 国务院法制办公室行政复议司编：《行政复议年度案例选评（2014~2015）》，中国法制出版社 2015 年版，第 17-21 页。

文书格式

司法行政机关行政复议立案审批表

<table>
<tr><td rowspan="4">当事人情况</td><td>单位名称</td><td></td><td>法定代表人</td><td colspan="3"></td></tr>
<tr><td>地址</td><td colspan="5"></td></tr>
<tr><td>当事人姓名</td><td></td><td>年龄</td><td></td><td>性别</td><td></td></tr>
<tr><td>地址</td><td colspan="5"></td></tr>
<tr><td>案由：</td><td colspan="6"></td></tr>
<tr><td colspan="7">复议要求：</td></tr>
<tr><td colspan="7">复议立案理由：</td></tr>
<tr><td colspan="7">立案人意见

立案人签字：
年　　月　　日</td></tr>
<tr><td colspan="7">法制工作部门意见

年　　月　　日</td></tr>
<tr><td colspan="7">行政机关负责人审批意见

审核人签字：
年　　月　　日</td></tr>
<tr><td colspan="7">备注</td></tr>
</table>

第三十一条　申请材料补正

行政复议申请材料不齐全或者表述不清楚，无法判断行政复议申请是否符合本法第三十条第一款规定的，行政复议机关应当自收到申请之日起五日内书面通知申请人补正。补正通知应当一次性载明需要补正的事项。

申请人应当自收到补正通知之日起十日内提交补正材料。有正当理由不能按期补正的，行政复议机关可以延长合理的补正期限。无正当理由逾期不补正的，视为申请人放弃行政复议申请，并记录在案。

行政复议机关收到补正材料后，依照本法第三十条的规定处理。

条文注释

本条是有关复议材料的补正的相关规定。实践中，经常有行政相对人在提起行政复议申请时提供的材料不齐全或表述不清楚。对于此类行政复议申请，若行政复议机关直接决定不予受理或拒绝作出相应答复，则不仅与法律的明确规定不符，更不利于行政相对人的权利保护，不符合行政复议法化解行政争议的立法目标。同时，伴随着“最多跑一次”改革的深化，行政机关应坚持便民原则的观念逐步深入人心，因此为减轻行政相对人提起行政复议申请的负担，防止行政复议机关滥用行政复议申请补正权力，拖延行政复议受理，有必要针对补正的期限、内容、次数、效力等要件作出规定。

1. 补正的时间

补正的时间是指行政复议机关通知申请人补正的时间期限。根据本条规定，行政复议机关应当自收到申请之日起五日内书面通知申请人补正。之所以规定为五日内通知，是因为五日是行政复议机关立案审查的期限，在这一期限内，行政复议机关应当决定相应的行政复议申请是否应当加以受理，而补正申请只有在行政复议机关作出是否受理的审查决定之前作出才有意义。因此，行政复议机关应当在五日内通知申请人补正。

2. 补正的形式

行政复议机关应当书面通知申请人补正，并一次性载明需要补正的事项。一般来说，补正的事项应当属于行政复议法和行政复议实施条例中规定的申请人应当提供的内容，行政复议机关不能滥用补正权力，违反法律规定要求申请人提供与行政复议无关的材料或者对符合条件的行政复议申请要求补正。同时，行政复议机关亦应当主动减轻行政复议申请人的补正负担，一次性向行政复议申请人说明其所需补正的材料。考虑到行政复议申请人对于行政复议不够了解，行政复议机关应当尽可能详细、全面地告知被申请人需要补正的材料。

3. 补正的期限

补正的期限是指行政复议申请人提交用于补正的材料的时间限制。根据本条的规定，补正的期限是申请人收到补正通知之日起的十日。此处的“收到”，可以参照人民法院对于诉讼材料的送达的相关规定，将送达日期视为收到补正通知的日期，即直接送达申请人的，以申请人的签收日期为准；申请人委托代收的，以代收人的签收日期为准；申请人拒绝接受补正通知的，可以邀请有关基层组织或者所在单位的代表到场，说明情况，在送达回证上记明拒收事由和日期，由送达人、见证人签名或者盖章，把诉讼文书留在申请人的住所；也可以把诉讼文书留在申请人的住所，并采用拍照、录像等方式记录送达过程，在此情况下以相应文书记录的日期为准；经申请人同意，以传真、电子邮件方式送达的，以传真、电子邮件等到达申请人特定系统的日期为送达日期；委托其他行政机关、单位代为送达的，以交由申请人签收的签收日期为准；申请人下落不明或无法送达的，公告送达，自发出公告之日起，经过六十日，即视为送达。

在补正期限内，申请人可能由于其能力所限，无法在十日内完成补正，在此情况下，若申请人无法完成补正的理由正当，应当为申请人适当延长补正期限。若申请人无正当理由拒绝补正，则应视为申请人放弃行政复议申请。

4. 无正当理由逾期不补正的判断

"无正当理由逾期不补正"的典型情形为申请人无正当理由在补正期间内没有作出任何补正行为，在此情况下认定申请人放弃行政复议申请，不易引起争议。但是，值得注意的是，实践中可能存在申请人作出了一定的补正，但是行政机关和申请人就该补正是否属于符合本条所规定的补正产生争议的问题。从实践来看，上述情况可以分为三类情形：1. 申请人在补正期间内提交了补正材料，但是行政复议机关认为该补正材料不符合要求；2. 申请人因客观原因无法提交相关材料，且在补正期间内提交了书面说明；3. 申请人主观上认为其无须提交补正材料，并在补正期间内提交了无须补正的书面说明，行政复议机关和申请人就是否需要补正这一问题上存在争议。从促进行政复议机关积极履行行政复议法定职责，充分保障行政相对人的行政复议权利，实现行政复议作为争端解决主渠道的制度目标来看，对于"无正当理由逾期不补正"应当从严解释，只有申请人存在不积极参与行政复议行为，不想补正又不通过自身努力积极推进行政复议进程，阻碍行政复议的正常运作的主观故意，并且在客观上存在无正当理由逾期不补正的行为时，才能视为复议申请人放弃了行政复议申请。因此，上述三类情形均不应当理解为无正当理由拒不补正，也不应就此被认定为申请人放弃行政复议申请，行政复议机关在申请人已经尽其所能补正证据后，应当根据申请人所补正的证据材料作出相应的行政复议决定。

5. 无正当理由逾期不补正的法律后果

根据本条的规定，无正当理由逾期不补正的，视为申请人放弃行政复议申请，放弃行政复议申请与申请人在审理环节撤回行政复议申请在法律后果上存在区别。根据本法第七十四条第二款的规定，行政复议机构准予撤回行政复议申请、行政复议机关决定终止行政复议的，申请人不得再以同一事实和理由提出行政复议申请。但是，若申请人因逾期不补正而被视为放弃行政复议申请，则申请人依然可以在法定期限内以同一事实和理由再次提出行政复议申请，只要申请人的行政复议申请经审查符合法定受案条件，行政复议机关依然应当予以受理。

6. 补正后的处理

对于补正后的行政复议申请，应当将其视为同本法第三十条所规定的行政复议申请相同的行政复议申请进行处理。若申请人补正后，行政复议申请符合受理条件，行政复议机关应当受理其行政复议申请；若申请人补正后，行政复议机关认为该申请仍不符合受理条件，则行政复议机关应当作出不予受理的决定，并告知行政复议申请人不予受理的理由，若行政复议机关发现该行政复议申请不属于本机关管辖，还应当在不予受理决定中告知申请人有管辖权的行政复议机关；若行政复议机关在补正后的复议申请审查期限内，未受理复议申请，也未作出不予受理决定，则视为行政复议机关已经受理。

值得注意的是，补正所用的时间，包括行政复议机关发出的补正通知、申请人递交的补正材料的在途时间等，均不应计入行政复议审理的期限。在收到补正材料之前，行政复议机关无法审查申请人的行政复议申请，因此行政复议的审理期限应当自行政复议机关收到补正材料之日起算。

相关规定

◎法律

《民事诉讼法》（2024 年 1 月 1 日）

第八十七条　送达诉讼文书必须有送达回证，由受送达人在送达回证上记明收到日期，签名或者盖章。

受送达人在送达回证上的签收日期为送达日期。

第八十八条　送达诉讼文书，应当直接送交受送达人。受送达人是公民的，本人不在交他的同住成年家属签收；受送达人是法人或者其他组织的，应当由法人的法定代表人、其他组织的主要负责人或者该法人、组织负责收件的人签收；受送达人有诉讼代理人的，可以送交其代理人签收；受送达人已向人民法院指定代收人的，送交代收人签收。

受送达人的同住成年家属，法人或者其他组织的负责收件的人，诉讼代理人或者代收人在送达回证上签收的日期为送达日期。

第八十九条　受送达人或者他的同住成年家属拒绝接收诉讼文书的，送达人可以邀请有关基层组织或者所在单位的代表到场，说明情况，在送达回证上记明拒收事由和日期，由送达人、见证人签名或者盖章，把诉讼文书留在受送达人的住所；也可以把诉讼文书留在受送达人的住所，并采用拍照、录像等方式记录送达过程，即视为送达。

第九十条　经受送达人同意，人民法院可以采用传真、电子邮件等能够确认其收悉的方式送达诉讼文书，但判决书、裁定书、调解书除外。

采用前款方式送达的，以传真、电子邮件等到达受送达人特定系统的日期为送达日期。

第九十一条　直接送达诉讼文书有困难的，可以委托其他人民法院代为送达，或者邮寄送达。邮寄送达的，以回执上注明的收件日期为送达日期。

第九十二条　受送达人是军人的，通过其所在部队团以上单位的政治机关转交。

第九十三条　被监禁人或被采取强制性教育措施人的转交送达受送达人被监禁的，通过其所在监所转交。

受送达人被采取强制性教育措施的，通过其所在强制性教育机构转交。

第九十四条　代为转交的机关、单位收到诉讼文书后，必须立即交受送达人签收，以在送达回证上的签收日期，为送达日期。

第九十五条　受送达人下落不明，或者用本节规定的其他方式无法送达的，公告送达。自发出公告之日起，经过六十日，即视为送达。

公告送达，应当在案卷中记明原因和经过。

◎行政法规

《行政复议法实施条例》（中华人民共和国国务院令第 499 号　2007 年 8 月 1 日）

第二十九条　行政复议申请材料不齐全或者表述不清楚的，行政复议机构可以自收到该行政复议申请之日起 5 日内书面通知申请人补正。补正通知应当载明需要补正的事项和合理的补正期限。无正当理由逾期不补正的，视为申请人放弃行政复议申请。补正申请材料所用时间不计入行政复议审理期限。

◎部门规章

《中国证券监督管理委员会行政复议办法》（中国证券监督管理委员会令第67号 2010年7月1日）

第十七条 依照《行政复议法实施条例》第二十九条的规定，行政复议机构可以自收到该行政复议申请之日起5日内书面通知申请人补正，有下列情形之一的，属于行政复议申请材料不齐全或者表述不清楚：

（一）未依照《行政复议法实施条例》第十九条第（一）项的规定提供申请人基本情况；

（二）无申请人身份证明文件；

（三）无明确的被申请人；

（四）行政复议请求不具体、不明确；

（五）委托代理申请复议的手续不全或者权限不明确；

（六）未依照《行政复议法实施条例》第二十一条的规定提供证明材料；

（七）其他行政复议申请材料不齐全或者表述不清楚的情形。

申请人收到补正通知后，无正当理由逾期不补正的，视为放弃行政复议申请。

典型案例

潘某明等360人诉浙江省人民政府履行行政复议法定职责案【（2010）浙杭行初字第20号】[75]

裁判要旨：1. 行政复议机关要求复议申请人提供与被申请具体行政行为有利害关系的证明材料，属于《中华人民共和国行政复议法实施条例》第二十九条所规定的“申请材料不齐全或者表述不清楚”的补正范围，可以通知申请人予以补正。

2. 在申请人书面回复认为不需要提供时，即申请人与复议机关对此存有争议的情况下，行政复议机关不能再作视为放弃行政复议申请处理。

第三十二条 部分案件的复核处理

对当场作出或者依据电子技术监控设备记录的违法事实作出的行政处罚决定不服申请行政复议的，可以通过作出行政处罚决定的行政机关提交行政复议申请。

行政机关收到行政复议申请后，应当及时处理；认为需要维持行政处罚决定的，应当自收到行政复议申请之日起五日内转送行政复议机关。

条文注释

本条是对于当场作出和依据电子技术监控设备记录的违法事实作出的行政处罚决定申请行政复议的特殊规定。之所以作出这一规定，主要是由于当场作出的行政处罚和依据电子技术监控设备记录的行政处罚往往应用于道路交通行政处罚领域，行政相对人在途经行政机关管辖地的情况下，因接受检查或经电子技术监控设备抓拍而被发现违法行为，遭受行政处罚。在此情况下，要求行政相对人向作出行政处

[75] 参见中华人民共和国最高人民法院行政审判庭编：《中国行政审判指导案例 第2卷》，中国法制出版社2011年版，第78-84页。

罚决定的行政机关所在的人民政府申请行政复议，往往会消耗行政复议申请人大量的时间、精力，不利于行政复议申请人获得行政复议救济。因此，在本次修法过程中，出于贯彻落实复议便民原则的考量，为方便针对当场作出或依据电子技术监控设备记录的违法事实作出的行政处罚决定不服的行政复议申请人提交行政复议申请，本条特别规定行政复议申请人在此情况下，可以通过作出行政处罚决定的行政复议机关提交行政复议申请。

作出行政处罚决定的行政机关在接到申请人提交的行政复议申请后，有两种处理方式。若该行政机关在接到行政复议申请后，认为该行政处罚决定确有不妥，可以依自身的行政职权，自行纠正其所作出的错误行政处罚行为，自此，原行政行为不存在，针对该行政行为申请行政复议已经无意义，因此，行政处罚机关不需要转送行政复议机关，但是应当按照《行政处罚法》的相关规定，将行政处罚机关作出的新行政决定送达行政相对人。若行政处罚机关经审核后，认为需要维持行政处罚决定，则应当自收到行政复议申请之日起五日内转送行政复议机关，由行政复议机关针对该行政行为进行审理。

值得注意的是，根据本条的规定，复议申请人仅是通过作出行政处罚决定的行政机关提交行政复议申请，并非向作出行政处罚决定的行政机关提交行政复议申请，实际的行政复议机关依然是原本的行政复议机关，而作出行政处罚的机关在接到行政处罚后的，认为需要变更而重新作出的行政行为，亦不属于行政复议决定，而是该行政机关依照职权进行的纠错行为，属于一个新行政行为，行政相对人依然可以针对该行政行为申请行政复议。

此外，本条规定申请人“可以”而非“必须”通过作出行政处罚决定的行政机关提交行政复议申请，因此，行政复议申请人对于行政复议申请的提交享有选择权，既可以通过原机关向行政复议机关提交行政复议申请，也可以直接向行政复议机关提交行政复议申请。

相关规定

◎法律

《行政处罚法》（2021 年 7 月 15 日）

第四十一条 行政机关依照法律、行政法规规定利用电子技术监控设备收集、固定违法事实的，应当经过法制和技术审核，确保电子技术监控设备符合标准、设置合理、标志明显，设置地点应当向社会公布。

电子技术监控设备记录违法事实应当真实、清晰、完整、准确。行政机关应当审核记录内容是否符合要求；未经审核或者经审核不符合要求的，不得作为行政处罚的证据。

行政机关应当及时告知当事人违法事实，并采取信息化手段或者其他措施，为当事人查询、陈述和申辩提供便利。不得限制或者变相限制当事人享有的陈述权、申辩权。

第五十一条 违法事实确凿并有法定依据，对公民处以二百元以下、对法人或者其他组织处以三千元以下罚款或者警告的行政处罚的，可以当场作出行政处罚决定。法律另有规定的，从其规定。

第五十二条 执法人员当场作出行政处罚决定的，应当向当事人出示执法证件，填写预定格式、编有号码的行政处罚决定书，并当场交付当事人。当事人拒绝签收的，应当在行政处罚决定书上注明。

前款规定的行政处罚决定书应当载明当事人的违法行为，行政处罚的种类和依据、罚款数额、时间、地点，申请行政复议、提起行政诉讼的途径和期限以及行政机关名称，并由执法人员签名或者盖章。

执法人员当场作出的行政处罚决定，应当报所属行政机关备案。

◎其他规范性文件

《国务院关于进一步贯彻实施〈中华人民共和国行政处罚法〉的通知》（国发〔2021〕26号　2021年11月15日）

（八）规范电子技术监控设备的设置和使用。行政机关设置电子技术监控设备要确保符合标准、设置合理、标志明显，严禁违法要求当事人承担或者分摊设置电子技术监控设备的费用，严禁交由市场主体设置电子技术监控设备并由市场主体直接或者间接收取罚款。除有证据证明当事人存在破坏或者恶意干扰电子技术监控设备、伪造或者篡改数据等过错的，不得因设备不正常运行给予其行政处罚。要定期对利用电子技术监控设备取证的行政处罚决定进行数据分析；对同一区域内的高频违法行为，要综合分析研判原因，推动源头治理，需要改进行政管理行为的，及时采取相应措施，杜绝以罚代管。要严格限制电子技术监控设备收集信息的使用范围，不得泄露或者向他人非法提供。

典型案例

张某不服甲县公安局交通巡逻警察大队行政处罚决定案（江苏省海门市人民政府法制办公室提供）〔76〕

焦点问题评析：一、被申请人对未经现场处罚的异地交通违章行为具有行政处罚管辖权

公安机关交通管理部门依法被赋予了异地行政处罚权，对登记在本地的机动车在异地发生的道路交通违法行为，且该违法行为发生地相关部门未当场处罚的，可以依法作出行政处罚。

《某省交通技术监控设备查处道路交通违法行为工作规范》第四条明确规定：对交通技术监控设备记录的道路交通违法行为的处理，可以由违法行为发现地或者机动车号牌核发地的公安机关交通管理部门管辖。当事人对违法事实有异议的，应当由违法行为发现地公安机关交通管理部门管辖。因此，异地处罚管辖权的行使应当建立在当事人对违法事实没有异议的基础上，公安机关交通管理部门在处理异地交通违法行为时，应当告知当事人存在的违法事实，当事人对违法事实没有异议的，可以依法作出行政处罚；若在处理过程中当事人对违法事实提出异议的，公安机关交通管理部门应当终止案件处理，告知当事人到违法行为发生地公安机关交通管理部门接受处理

二、交通技术监控记录的道路交通违法行为异地处理应当适用行政处罚一般程序

根据《实施条例》第一百零九条第二款“公安机关交通管理部门对非本辖区机动车的道路交通安全违法行为没有当场处罚的，可以由机动车登记地的公安机关交通管理部门处罚”的规定，这种异地查处职权行使属于非当场作出，因此异地查处职权行使程序不应当适用《行政处罚法》有关简易程序的规定，而应当严格依照行政处罚一般程序规定进行依据《行政处罚法》关于行政机关在作出行政处罚决定前应当告知当事人作出行政处罚决定的事实、理由、依据及当事人享有陈述申辩权

〔76〕　国务院法制办公室行政复议司编：《行政复议年度案例选评（2014~2015）》，中国法制出版社2015年版，第99-102页。

利的规定，公安机关交通管理部门根据行政处罚一般程序规定作出行政处罚决定前，应当主动告知当事人存在的违法事实，对当事人进行询问、证据确认等，并依法告知当事人享有陈述权、申辩权，以便当事人对拟作出的行政处罚行使陈述申辩的权利。

三、行政责任风险由作出行政处罚决定的行政机关承担

对交通违章行为的异地处罚，实际上是《行政处罚法》确立的“违法行为由违法行为发生地行政机关管辖”原则的例外，这种例外是为了便于违法当事人接受处罚，具有其合理性。《行政复议法实施条例》第十一条规定：“公民、法人或者其他组织对行政机关的具体行政行为不服，依照行政复议法和本条例的规定申请行政复议的，作出该具体行政行为的行政机关为被申请人。”《行政诉讼法》也明确了作出行政行为的机关是被告。据此，当事人对处罚决定不服的，依法应当以作出处罚决定的甲县公安机关交通管理部门为被申请人或者被告，向甲县人民政府申请行政复议，或者向甲县人民法院提起行政诉讼。

第三十三条　程序性驳回

行政复议机关受理行政复议申请后，发现该行政复议申请不符合本法第三十条第一款规定的，应当决定驳回申请并说明理由。

条文注释

本条为驳回行政复议申请的规定。相较于行政诉讼，行政复议并未采取统一的立案登记制，而是在本法第三十条规定了行政复议的受案条件和审查期限。但是，行政复议机关在立案审查的阶段可能作出了错误的判断，将一部分不符合行政复议受理条件的案件错误地纳入了行政复议的受案范围中，在此情况下，应当建立相应的驳回机制，将不符合行政复议受案范围的案件排除出行政复议的审理程序。因此，本条设定了错误受案后的复议驳回决定，明确行政复议机关在错误受理行政复议申请后的处理。

同时，和本法第三十条所规定的不予受理决定相统一，本条亦同时规定了行政复议机关在作出驳回申请决定的情况下应当履行的释明义务。

相关规定

◎司法解释及文件

《最高人民法院关于行政复议机关受理行政复议申请后，发现复议申请不属于行政复议法规定的复议范围，复议机关作出终止行政复议决定的，人民法院如何处理的答复》（〔2005〕行他字第11号　2005年6月3日）

北京市高级人民法院：

你院京高法〔2005〕102号《关于国务院法制办公室对北京市人民政府法制办公室（关于终止审理余国玉复议案件的请示的复函）有关问题的请示》收悉。经研究，原则同意你院倾向性意见，即行政复议机关受理行政复议申请后，发现该行政复议申请不符合法定的行政复议范围，作出终止行政复议决定。当事人不服，向人民法院提起诉讼，人民法院经审查认为，该复议申请不属于行政复议范围的，可以依法驳回其诉讼请求。

附：

北京市高级人民法院关于国务院法制办公室对北京市人民政府法制办公室《关于终止审理余国玉复议案件的请示的复函》有关问题的请示

（2005年4月19日）

最高人民法院：

国务院法制办公室国法函〔2002〕3号《对北京市人民政府法制办公室〈关于终止审理余国玉复议案件的请示〉的复函》（以下简称《复函》）规定：行政复议机关受理行政复议申请后，发现该行政复议申请不符合《中华人民共和国行政复议法》（以下简称《行政复议法》）规定的，可以决定终止行政复议。

针对上述情况，实践中有两种意见：一种意见认为《行政复议法》对行政复议机关受理行政复议申请后，发现复议申请不属于《行政复议法》复议范围而决定终止行政复议的，不符合《行政复议法》规定的复议终止情形，人民法院对此应以缺乏法律依据为由，判决撤销复议决定。另一种意见认为《复函》是对行政复议机关不应受理而受理的行政复议申请提出的结案方式意见，是对《行政复议法》结案方式上存在不足的弥补。行政复议机关受理行政复议申请后，发现复议申请不属于《行政复议法》规定的复议范围，可以参照《复函》的规定，决定终止行政复议。人民法院在审理此类案件中，经审查，如果认为行政复议机关终止行政复议决定行为认定事实清楚，应予维持。经研究，我们倾向于第二种意见。

当否，请批复。

◎行政法规

《行政复议法实施条例》（中华人民共和国国务院令第499号　2007年8月1日）

第四十八条　有下列情形之一的，行政复议机关应当决定驳回行政复议申请：

（一）申请人认为行政机关不履行法定职责申请行政复议，行政复议机关受理后发现该行政机关没有相应法定职责或者在受理前已经履行法定职责的；

（二）受理行政复议申请后，发现该行政复议申请不符合行政复议法和本条例规定的受理条件的。

上级行政机关认为行政复议机关驳回行政复议申请的理由不成立的，应当责令其恢复审理。

◎部门规章

《人力资源社会保障行政复议办法》（中华人民共和国人力资源和社会保障部令第6号　2010年3月16日）

第四十三条　依照行政复议法实施条例第四十八条第一款的规定，行政复议机关决定驳回行政复议申请的，应当制发《驳回行政复议申请决定书》，并通知申请人、被申请人和第三人。

典型案例

北京中某基投资管理有限公司与国家财政部行政复议纠纷案【（2018）最高法行申6283号】

裁判要旨：对诉讼案件的定性问题并不属于行政机关财政部门的职责范围。《行政复议法实施条例》第四十八条第一款第（二）项规定，受理行政复议申请后，发现该行政复议申请不符合行政复议法和本条例规定的受理条件的，行政复议机关应当决定驳回行政复议申请。

文书格式

司法行政机关不予复议决定书

司复决字（　　）第　　号

复议申请人：

你因__________事项，不服__________机关于____年___月___日对你（你单位）作出的关于__________的处理决定（文号），于____年___月___日向__________机关提出复议申请。

根据《行政复议法》第三十条规定，本机关对你的复议申请裁决如下：（简要阐述不予复议理由），决定对此案件不予复议。特此通知。现退回复议申请及有关材料____件。

司法厅（局）

（章）年　　月　　日

第三十四条　复议前置等情形的诉讼衔接

法律、行政法规规定应当先向行政复议机关申请行政复议、对行政复议决定不服再向人民法院提起行政诉讼的，行政复议机关决定不予受理、驳回申请或者受理后超过行政复议期限不作答复的，公民、法人或者其他组织可以自收到决定书之日起或者行政复议期限届满之日起十五日内，依法向人民法院提起行政诉讼。

条文注释

本条是关于法定行政复议前置案件中，行政相对人在提起行政复议不予受理、驳回或受理后超期不作复答时，如何另行提起行政诉讼的规定。在复议前置案件中，只有在行政相对人已经向行政复议机关申请了行政复议并对行政复议决定不服的情况下，行政相对人才能继续提起行政诉讼以维护自己的合法权益。这一条款的规定，使提起行政诉讼必须以行政相对人对行政复议决定不服为前提条件，但是，行政复议机关有可能不履行其行政复议职责或怠于履行其行政复议职责，针对应当受理的行政复议申请决定不予受理、驳回申请，或在受理后超过行政复议期限不作答复。在此情况下，行政相对人可能缺乏相应的行政复议决定作为支撑其提起行政诉讼的基础，由此使相关行政行为始终无法进入实体的审理程序中，行政争议无法得到解决，行政相对人权益的维护也就无从提起。

因此，本条专门规定了在复议前置案件中，在行政复议机关决定不予受理、驳回申请或者受理后超过行政复议期限不作答复，未针对行政复议案件进行实体审理或未作出行政复议决定的情况下，行政相对人可以在法定期限内依法向人民法院提起行政诉讼。

但是，在上述情形下，公民、法人或其他组织向法院提起行政诉讼应当针对复议机关的复议行为提起诉讼，不应起诉原行政行为。因为复议前置的情形下，理论上只有复议机关对于原行政行为进行实质审理后，法院才能对于该争议进行管辖，因此，应当起诉复议机关不予受理、驳回申请或受理后超过行政复议期限不作答复的行为。

相关规定

◎法律

《行政诉讼法》（2017年7月1日）

第四十四条　对属于人民法院受案范围的行政案件，公民、法人或者其他组织可以先向行政机关申请复议，对复议决定不服的，再向人民法院提起诉讼；也可以直接向人民法院提起诉讼。

法律、法规规定应当先向行政机关申请复议，对复议决定不服再向人民法院提起诉讼的，依照法律、法规的规定。

典型案例

1. 北海市宝某有限公司与广西壮族自治区北海市工商行政处罚再审审查与审判监督行政裁定书【（2018）最高法行申947号】

裁判要旨：复议机关程序性驳回复议申请的，不属于复议机关维持原行政行为、复议机关与原行政行为机关作共同被告的情形。法律、法规规定复议机关对申请人的复议申请不予答复，或者程序性驳回复议申请的复议前置案件中，复议申请人只能起诉复议机关的不答复或驳回复议申请行为，不能一并或单独对原行政行为提起行政诉讼。理由是，复议前置案件经过复议程序实体处理，才能视为经过复议。复议机关对复议申请不予答复，或程序性驳回复议申请，不能视为已经经过复议，未经复议当然也就不能一并或单独对原行政行为提起行政诉讼。而在不是法律、法规规定的复议前置案件中，复议机关对申请人的复议申请不予答复，或者程序性驳回复议申请的，申请人只能选择针对复议机关不答复、驳回复议申请的行为或者原行政行为两者之一，提起行政诉讼，不能对两者同时提起行政诉讼。理由是，复议程序和诉讼程序是两个具有承接关系的救济程序，申请人选择起诉复议机关的不予答复、驳回复议申请行为，实质是选择先行对复议进入救济程序，在针对复议机关的复议决定作出处理之前，人民法院对相关行政争议无管辖权，所以不能同时起诉原行政行为；如果复议申请人已选择直接起诉原行政行为，实质是放弃复议程序的救济，同时又起诉复议机关不予答复、驳回复议申请行为的，人民法院则无法既判决复议机关限期对被诉行政行为作出实质的复议决定，同时又由自己对被诉原行政行为的合法性进行实体审理并作出判决。

2. 董某权诉海南省三亚市人民政府土地权属处理决定案【（2008）琼行终字第169号】〔77〕

裁判要旨：复议前置程序是指复议为必经程序，行政相对人对行政机关作出的

〔77〕最高人民法院行政审判庭编：《中国行政审判案例》第2卷，中国法制出版社2011年版，第57-61页

具体行政行为不服的，应当先经过复议程序，然后才可提起行政诉讼。在行政复议机关未作出行政复议决定的情况下，法院不能以当事人已申请复议即受理当事人就行政机关作出的具体行政行为提起的行政诉讼。但是在复议前置案件中，如当事人就行政复议机关作出的不予受理决定向人民法院提起行政诉讼，诉求行政复议机关受理其复议申请并作出行政复议决定，人民法院仍应当受理。

第三十五条　对行政复议受理的监督

公民、法人或者其他组织依法提出行政复议申请，行政复议机关无正当理由不予受理、驳回申请或者受理后超过行政复议期限不作答复的，申请人有权向上级行政机关反映，上级行政机关应当责令其纠正；必要时，上级行政复议机关可以直接受理。

条文注释〔78〕

本条是关于上级行政机关对行政复议机关的不予受理行为进行监督的相关规定，是本次修法的新增条款，将2007年行政复议法实施条例第三十条转化为行政复议法正文中的内容，并在该条款的基础上进一步丰富了上级机关介入监督的情形。

正确理解本条，需要注意以下三个方面：

1. 上级行政机关的范围

根据我国宪法和有关法律的规定，上级行政机关和下级行政机关之间具有行政隶属关系，国务院对全国各级行政机关的行政行为有监督权，有权直接改变、撤销各部、地方各级国家行政机关发布的不适当的决定和命令；地方各级政府对下级政府及其所属工作部门的行政行为具有监督权，有权改变或者撤销所属各工作部门的不适当的命令、指示和下级人民政府的不适当的决定、命令。因此，针对下级行政机关对于行政复议申请无正当理由不予受理、驳回申请或者受理后超过行政复议期限不作答复的情况，上级机关有权监督纠正，行政复议机关应当执行上级行政机关的决定或命令。值得注意的是，这里的上级行政机关包括所有与行政复议机关存在行政上或业务上的领导或指导关系的行政机关，而不仅指上一级行政机关。不管是上几级行政机关，只要是行政复议机关的上级行政机关，都有权根据行政复议申请人的申诉和其自身的主动检查，监督下级行政机关依法受理行政复议申请，或直接对被申请行政复议的行政行为进行审理。

2. 上级行政机关介入监督的情况

在2007年行政复议法实施条例的基础上，本条进一步扩大了上级行政机关介入监督行政复议机关的行政复议申请受理的情形。本法第三十条规定，对于申请人提出的行政复议申请，只要符合法定的受理条件，行政复议机关都应当予以受理。在此情况下，行政机关对于行政复议申请无正当理由不予受理、驳回申请或者受理后超过行政复议期限不作答复，均违反了本法的相关规定，上级行政机关可以对此进行监督。

〔78〕参见本书编写组编著：《〈中华人民共和国行政复议法实施条例〉释义》，人民出版社2007年版，第113-118页。

具体而言，本条规定了三种行政机关介入监督的情况：

（1）“行政复议机关无正当理由决定不予受理”

这一情况是指行政复议申请符合受理条件而行政复议机关裁定不予受理，相应的行政复议案件未经实体审理，并未开展立案审查。值得注意的是，在此情况下，上级行政机关介入监督的前提是行政复议机关无正当理由决定不予受理，并不需要相关行政复议申请确实应当予以受理，只要行政复议机关对于自身不予受理决定未给出合理的理由，上级行政机关即可介入监督。

（2）“行政复议机关无正当理由决定驳回申请”

这一情况下，行政复议申请符合受理条件且行政复议机关已经受理了行政复议申请，相应行政复议案件已经立案，但是行政复议机关在立案后根据本法第三十三条，认为行政复议申请不符合行政复议申请的受理条件而驳回申请。决定驳回申请和决定驳回受理情况相同，只要行政复议机关对于自身驳回申请的决定未给出合理的理由，上级行政机关即可介入监督。

（3）“受理后超过行政复议期限不作答复”

如果说前述两类情况是行政复议机关明示拒绝履行其法定职责，本类情况就是行政复议机关默示拒绝履行其职责的情况。由于根据本法第三十条的规定，行政复议申请的审查期限届满，行政复议机关未作出不予受理决定的，审查期限届满之日起视为受理。因此，此处的“超过行政复议期限不作答复”只能是本法第五十八条规定的超越行政复议审理期限不作答复。

根据本法第六十二条的规定，除法定行政复议期限少于六十日的情况外，行政复议机关在受理行政复议申请后应当在六十日内作出行政复议决定，情况复杂，不能在规定期限内作出行政复议决定，并经行政复议机构的负责人批准的情况下，可以书面告知申请人，适当延长至多三十日的行政复议期限。行政复议机关应当在行政复议期限内及时作出行政复议决定，避免行政争议长期处于悬而未决的状态。若行政复议机关在上述行政复议期限内，对于行政复议申请人的行政复议申请并未作出相应的决定，即属于受理后超过行政复议期限不作答复的情况，行政复议申请人有权请求上级行政机关介入监督。在这一情况下，由于行政复议机关在法定复议期限内未作出行政复议决定，这一行为本身即存在违法性问题，不论行政复议机关是否存在合理理由，上级行政机关均可以介入监督。

3. 上级行政机关的处理

在上级行政机关认为行政复议机关存在无正当理由不予受理、驳回受理，或者受理后超过行政复议期限不作答复的情况下，上级行政机关可以依据本条责令行政复议机关纠正或直接受理相关的行政复议案件：

（1）责令纠正

本条扩大了上级行政机关针对行政复议机关在受理行政行为案件中介入监督的范围，不仅限于违法的不受理，还包括未给出正当理由的不受理和超越行政复议期限不答复。在此情况下，上级行政机关需要根据行政复议机关的具体违法情况，有针对性地要求行政复议机关进行纠正。针对相关行政复议申请符合行政复议受理条件，行政复议机关违法不受理或受理后驳回行政复议申请的情况，应当责令行政复议机关限期受理或进行实体审理，在此情况下，下级行政复议机关应当直接转入受理程序，不需要再进行受理前的审查，行政复议审理期限也同时开始起算。针对相关行政复议申请确实不符合行政复议受理条件，但是行政复议机关未履行本法第三十条规定的告知义务，未给出合理理由不予受理或驳回行政复议申请的情况，则应责令行政复议机关给出不予受理或驳回行政复议申请的理由。针对行政复议机关受理后超越行政复议期限不作答复的情况，则应当责令行政复议机关在合理期限内尽快作出相应的行政复议决定。总体而言，本条所规定的责令纠正，是上级行政机关针对行政复议机关所存在的违法情况，有针对性地要求其纠正自身违法行为的一类处理方式。

（2）上级行政机关直接受理

为维护行政管理的秩序、尊重不同行政机关之间的权力配置，上级行政机关不宜经常越级管理下级行政机关的事务，因此，只有在责令改正后下级行政复议机关仍不改正或存在其他必要情形的，才应由上级行政机关直接受理。本条规定“必要时，上级行政机关可以直接受理”，这一规定授予了上级行政机关自行判断和掌握什么情况下可以直接受理的自由裁量权。但是，上级行政机关直接受理下级行政机关管辖范围内的行政复议案件，是作为对下级行政机关不依法履行其职责的一种特别监督措施而存在的，具体而言，实践中在如下情况下应当考虑直接受理：

①行政复议机关经责令改正后仍不改正的；

②因不可抗力或其他特殊原因，行政复议机关无法继续履行行政复议职责的。

上级行政机关直接受理行政复议申请后，也应当按照行政复议法的相关规定对复议申请进行审查。如果经过审查，认为复议申请符合法定的条件和要求，就应当对复议案件进行审理，作出复议决定。如果经过审查，认为该复议申请不符合法定的受理条件，应当决定不予受理，并将不予受理的决定及其理由告知申请人。

相关规定

◎法律

《宪法》（2018年3月11日）

第八十九条　国务院行使下列职权：

（一）根据宪法和法律，规定行政措施，制定行政法规，发布决定和命令；

（二）向全国人民代表大会或者全国人民代表大会常务委员会提出议案；

（三）规定各部和各委员会的任务和职责，统一领导各部和各委员会的工作，并且领导不属于各部和各委员会的全国性的行政工作；

（四）统一领导全国地方各级国家行政机关的工作，规定中央和省、自治区、直辖市的国家行政机关的职权的具体划分；

（五）编制和执行国民经济和社会发展计划和国家预算；

（六）领导和管理经济工作和城乡建设；

（七）领导和管理教育、科学、文化、卫生、体育和计划生育工作；

（八）领导和管理民政、公安、司法行政和监察等工作；

（九）管理对外事务，同外国缔结条约和协定；

（十）领导和管理国防建设事业；

（十一）领导和管理民族事务，保障少数民族的平等权利和民族自治地方的自治权利；

（十二）保护华侨的正当的权利和利益，保护归侨和侨眷的合法的权利和利益；

（十三）改变或者撤销各部、各委员会发布的不适当的命令、指示和规章；

（十四）改变或者撤销地方各级国家行政机关的不适当的决定和命令；

（十五）批准省、自治区、直辖市的区域划分，批准自治州、县、自治县、市的建置和区域划分；

（十六）决定省、自治区、直辖市的范围内部分地区的戒严；

（十七）审定行政机构的编制，依照法律规定任免、培训、考核和奖惩行政人员；

（十八）全国人民代表大会和全国人民代表大会常务委员会授予的其他职权。

《地方各级人民代表大会和地方各级人民政府组织法》（2022年3月12日）

第七十三条　县级以上的地方各级人民政府行使下列职权：

（一）执行本级人民代表大会及其常务委员会的决议，以及上级国家行政机关的决定和命令，规定行政措施，发布决定和命令；

（二）领导所属各工作部门和下级人民政府的工作；

（三）改变或者撤销所属各工作部门的不适当的命令、指示和下级人民政府的不适当的决定、命令；

（四）依照法律的规定任免、培训、考核和奖惩国家行政机关工作人员；

（五）编制和执行国民经济和社会发展规划纲要、计划和预算，管理本行政区域内的经济、教育、科学、文化、卫生、体育、城乡建设等事业和生态环境保护、自然资源、财政、民政、社会保障、公安、民族事务、司法行政、人口与计划生育等行政工作；

（六）保护社会主义的全民所有的财产和劳动群众集体所有的财产，保护公民私人所有的合法财产，维护社会秩序，保障公民的人身权利、民主权利和其他权利；

（七）履行国有资产管理职责；

（八）保护各种经济组织的合法权益；

（九）铸牢中华民族共同体意识，促进各民族广泛交往交流交融，保障少数民族的合法权利和利益，保障少数民族保持或者改革自己的风俗习惯的自由，帮助本行政区域内的民族自治地方依照宪法和法律实行区域自治，帮助各少数民族发展政治、经济和文化的建设事业；

（十）保障宪法和法律赋予妇女的男女平等、同工同酬和婚姻自由等各项权利；

（十一）办理上级国家行政机关交办的其他事项。

◎相关行政批复

《司法行政机关行政复议应诉工作规定》（中华人民共和国司法部令第65号　2006年6月22日）

第十六条　申请人认为司法行政机关无正当理由不予受理其行政复议申请，可以向上级司法行政机关反映，上级司法行政机关在审查后可以作出以下处理决定：

（一）申请人提出的申请符合法定受理条件的，应当责令下级司法行政机关予以受理，其中申请人不服的具体行政行为是依据司法行政法律、法规、本级以上人民政府制定的规章或者本机关制定的规范性文件作出的，或者上级司法行政机关认为有必要直接受理的，可以直接受理；

（二）上级司法行政机关认为下级司法行政机关不予受理行为确有正当理由，申请人仍然不服的，应当告知申请人可以依法对下级司法行政机关的具体行政行为向人民法院提起行政诉讼。

◎司法解释及文件

《最高人民法院行政审判庭关于谭永智不服甘肃省人民政府房产登记行政复议决定请示案的答复》（［2011］行他字第26号 2011年7月12日）

甘肃省高级人民法院：

你院《关于谭永智不服甘肃省人民政府房产登记行政复议决定一案的请示报告》收悉，经研究答复如下：

1. 根据《行政复议法》第十二条〔79〕的规定，对县级以上地方各级人民政府工作部门的具体行政行为不服的，申请人既可以向该部门的本级人民政府申请行政复议，也可以向上一级主管部门申请行政复议。上级行政机关认为行政复议机关无正当理由不依法受理复议申请的，可以依据《中华人民共和国行政复议法》第二十条〔80〕和《中华人民共和国行政复议法实施条例》第三十一条的规定，先行督促行政复议机关受理；经督促仍不受理的，应当责令行政复议机关限期受理，必要时上级行政机关也可以直接受理。

2. 公司的法定代表人应以在公司登记机关登记备案为准。经股东大会或者董事会任命的董事长虽未依法办理法定代表人登记手续，但在全体股东对股东大会或者董事会决议的合法性无异议的情况下，可以代表公司申请行政复议或提起诉讼。如其后的股东大会、董事会已经通过新的决议否定了对原董事长的任命，则原董事长无权代表公司申请复议或诉讼。公司股东对行政复议机关或人民法院受理原董事长的复议申请或起诉提出异议后，行政复议机关或人民法院不应作出实体裁判，而应中止案件审理，要求相关当事人先行依法解决公司决议纠纷，明确公司代表权。

二〇一一年七月十二日

附：

甘肃省高级人民法院关于谭永智不服甘肃省人民政府房产登记行政复议决定一案的请示报告

（〔2010〕甘行他字第116号）〔81〕

◎行政法规

《行政复议法实施条例》（中华人民共和国国务院令第499号 2007年8月1日）

第三十一条 依照行政复议法第二十条〔82〕的规定，上级行政机关认为行政复议机关不予受理行政复议申请的理由不成立的，可以先行督促其受理；经督促仍不受理的，应当责令其限期受理，必要时也可以直接受理；认为行政复议申请不符合法定受理条件的，应当告知申请人。

第四十八条 有下列情形之一的，行政复议机关应当决定驳回行政复议申请：

（一）申请人认为行政机关不履行法定职责申请行政复议，行政复议机关受理后发现该行政机关没有相应法定职责或者在受理前已经履行法定职责的；

（二）受理行政复议申请后，发现该行政复议申请不符合行政复议法和本条例规定的受理条件的。

上级行政机关认为行政复议机关驳回行政复议申请的理由不成立的，应当责令其恢复审理。

---

〔79〕《行政复议法》（2023年修正）第24条、第27条。

〔80〕《行政复议法》（2023年修正）第35条。

〔81〕参见本书关于《行政复议法》（2023年修正）第14条相关司法解释。

〔82〕《行政复议法》（2023年修正）第35条。

典型案例

姚某妹诉被申请人上海市人民政府行政复议案【（2019）最高法行申14305号】

裁判要旨：根据《行政复议法》第二十条[83]及《行政复议法实施条例》第三十一条的规定，行政复议机关无正当理由不受理行政复议申请的，其上级行政机关具有监督职责，但该种监督职责从性质上看属于内部层级监督。

[83] 《行政复议法》（2023年修正）第35条。

第四章 行政复议审理

第一节 一般规定

> **第三十六条 审理程序及要求**
>
> 行政复议机关受理行政复议申请后，依照本法适用普通程序或者简易程序进行审理。行政复议机构应当指定行政复议人员负责办理行政复议案件。
>
> 行政复议人员对办理行政复议案件过程中知悉的国家秘密、商业秘密和个人隐私，应当予以保密。

条文注释

本条规定了行政复议的审理程序，是本次修法的新增条款。根据本条规定，行政复议机关审理行政复议案件存在两类程序，普通程序和简易程序。

相较于2017年行政复议法，本次行政复议法修法过程中，为实现立法者对于行政复议审理“办案原则上要通过灵活方式听取群众意见，实现开门办案、阳光复议”的期许，完全改变了原行政复议法所确立的书面审理原则，将行政复议审理的普通程序转变为听取意见的方式进行审理，并同时规定了简易程序。其中听取意见是一种介于原有的书面审理和行政诉讼一审程序的言辞审理的中间形态，相较于书面审理，听取意见程序实现了行政复议机关与行政复议申请人的直接接触，但是并未实现言辞审理中行政相对人与行政机关当面举证、质证和辩论。

简易程序，是指为加速案件审理之进行，减轻审理机关工作负担而制定的简易受理、审查、决定方式，以达到迅速处理轻微事件，为重大事件的处理争取更多时间，实现审理的高质量和迅捷化的程序。简易程序能够平衡效率与公正、减少当事人讼累、优化复议资源配置，适用于诉讼法领域，取得了较好的效果。因此，本次行政复议法修法的过程中，为降低行政复议机关的业务压力，进一步引入了针对事实清楚、权利义务关系明确、争议不大的特定类型案件的简易程序，实现了繁简分流。

在明确了行政复议的两类审理程序后，本条进一步规定了在行政复议案件中的行政复议人员责任问题。根据本条的相关规定，在行政复议案件中，行政复议机构应当指定行政复议人员办理行政复议案件。因此，行政复议法修法后，行政复议机关需要明确指定行政复议人员，专门负责审理行政复议案件，实现专人专案，明确行政复议案件的对应负责人，以此敦促行政复议人员依法履职，强化行政复议机构的履职，完善行政复议工作。

本条第二款规定了行政复议工作人员的保密义务。在行政复议工作中，为查清事实，查明真相，实现公正裁判，行政复议人员需要深入了解案件事实，因此可能接触到与行政复议案件有关的国家秘密、商业秘密和个人隐私，在此情况下，出于保障公共利益和个人利益的需要，行政复议人员应当保守其在办理行政案件过程中了解的国家秘密、商业秘密和个人隐私。

相关规定

◎法律

《保守国家秘密法》（2010年10月1日）

第二条 国家秘密是关系国家安全和利益，依照法定程序确定，在一定时间内只限一定范围的人员知悉的事项。

《反不正当竞争法》（2019年4月23日）

第九条第四款 本法所称的商业秘密，是指不为公众所知悉、具有商业价值并经权利人采取相应保密措施的技术信息、经营信息等商业信息。

《民法典》（2021年1月1日）

第一千零三十二条 自然人享有隐私权。任何组织或者个人不得以刺探、侵扰、泄露、公开等方式侵害他人的隐私权。

隐私是自然人的私人生活安宁和不愿为他人知晓的私密空间、私密活动、私密信息。

第一千零三十九条 国家机关、承担行政职能的法定机构及其工作人员对于履行职责过程中知悉的自然人的隐私和个人信息，应当予以保密，不得泄露或者向他人非法提供。

◎行政法规

《行政复议法实施条例》（中华人民共和国国务院令第499号 2007年8月1日）

第三十二条 行政复议机构审理行政复议案件，应当由2名以上行政复议人员参加。

第三十七条 审理依据

行政复议机关依照法律、法规、规章审理行政复议案件。

行政复议机关审理民族自治地方的行政复议案件，同时依照该民族自治地方的自治条例和单行条例。

条文注释

本条是有关行政复议机关审理行政复议案件的依据的规定，是本次修法的新增条款，明确了在行政复议中能够作为行政复议审理依据的规范性文件有五种，即法律、法规、规章、自治条例和单行条例。自治条例和单行条例适用于审理民族自治地方的行政案件。

本条所规定的法律应当理解为狭义的法律，仅包括全国人大制定的基本法律和全国人大常委会制定的一般法律。法律由最高国家权力机关制定，反映全国人民的意志，对各级行政机关和各级法院均具有约束力。在行政复议中，法律具有最高效力，法规、规章、自治条例和单行条例都应当与其保持一致，不得与其相抵触。

本条所规定的法规包括行政法规和地方性法规。其中行政法规是由国务院制定、发布的，有关国家行政管理问题的规范性文件，行政法规的效力仅低于宪法和法律，高于地方性法规、规章等其他规范性文件。地方性法规则是指省、自治区、直辖市，设区的市，省、自治区的人民政府所在地的市，经济特区所在地的市和国务院已经批准的较大的市和经济特区所在市人民代表大会及其常委会所制定的规范性文件的总称。此类地方性法规只能适用于本行政区域内，效力低于法律和行政法规。

规章是指国务院各部门以及省、自治区、直辖市人民政府和较大的市人民政府根据法律、法规制定的有关行政管理的规定、办法、规则等规范性文件的总称，规章可以分为部门规章和地方政府规章。与行政诉讼中法院仅需要参照规章不同，行政复议中行政复议机关亦应当依据规章对行政行为进行审查。之所以作出这样的规定，主要是考虑行政复议是行政机关内部的监督机制，其权力基础来源于行政机关内部的层级监督权，更进一步的是上级行政机关对于下级行政机关的领导权，而这一领导权使行政复议机关亦需要遵循规章。

自治条例和单行条例是民族自治地方的人民代表大会依照宪法、民族区域自治法或其他法律规定的权限，结合当地的政治、经济、社会、文化特点所制定的规范性文件。自治条例和单行条例在不违背法律、行政法规的基本原则，不对宪法和民族区域自治法的规定以及其他法律、行政法规专门就民族区域自治地方所作的规定作出变通规定的情况下可以对法律和行政法规的规定作变通规定。

所谓依据，是指行政复议机关在审理行政复议案件的过程中，以法律、法规、规章、自治条例和单行条例作为判断行政复议中的行政行为的合法性的依据，因此行政复议机关在审理行政复议案件的过程中，不能直接对于上述文件本身的合宪性、合法性作出评价和判断。

相关规定

◎法律

《立法法》（2023 年 3 月 15 日）

第十条 全国人民代表大会和全国人民代表大会常务委员会根据宪法规定行使国家立法权。

全国人民代表大会制定和修改刑事、民事、国家机构的和其他的基本法律。

全国人民代表大会常务委员会制定和修改除应当由全国人民代表大会制定的法律以外的其他法律；在全国人民代表大会闭会期间，对全国人民代表大会制定的法律进行部分补充和修改，但是不得同该法律的基本原则相抵触。

全国人民代表大会可以授权全国人民代表大会常务委员会制定相关法律。

第十一条 下列事项只能制定法律：

（一）国家主权的事项；

（二）各级人民代表大会、人民政府、监察委员会、人民法院和人民检察院的产生、组织和职权；

（三）民族区域自治制度、特别行政区制度、基层群众自治制度；

（四）犯罪和刑罚；

（五）对公民政治权利的剥夺、限制人身自由的强制措施和处罚；

（六）税种的设立、税率的确定和税收征收管理等税收基本制度；

（七）对非国有财产的征收、征用；

（八）民事基本制度；

（九）基本经济制度以及财政、海关、金融和外贸的基本制度；

（十）诉讼制度和仲裁基本制度；

（十一）必须由全国人民代表大会及其常务委员会制定法律的其他事项。

第十二条 本法第十一条规定的事项尚未制定法律的，全国人民代表大会及其常务委员会有权作出决定，授权国务院可以根据实际需要，对其中的部分事项先制定行政法规，但是有关犯罪和刑罚、对公民政治权利的剥夺和限制人身自由的强制措施和处罚、司法制度等事项除外。

第七十二条 国务院根据宪法和法律，制定行政法规。

行政法规可以就下列事项作出规定：

（一）为执行法律的规定需要制定行政法规的事项；

（二）宪法第八十九条规定的国务院行政管理职权的事项。

应当由全国人民代表大会及其常务委员会制定法律的事项，国务院根据全国人民代表大会及其常务委员会的授权决定先制定的行政法规，经过实践检验，制定法律的条件成熟时，国务院应当及时提请全国人民代表大会及其常务委员会制定法律。

第八十条 省、自治区、直辖市的人民代表大会及其常务委员会根据本行政区域的具体情况和实际需要，在不同宪法、法律、行政法规相抵触的前提下，可以制定地方性法规。

第八十一条 设区的市的人民代表大会及其常务委员会根据本市的具体情况和实际需要，在不同宪法、法律、行政法规和本省、自治区的地方性法规相抵触的前提下，可以对城乡建设与管理、生态文明建设、历史文化保护、基层治理等方面的事项制定地方性法规，法律对设区的市制定地方性法规的事项另有规定的，从其规定。设区的市的地方性法规须报省、自治区的人民代表大会常务委员会批准后施行。省、自治区的人民代表大会常务委员会对报请批准的地方性法规，应当对其合法性进行审查，认为同宪法、法律、行政法规和本省、自治区的地方性法规不抵触的，应当在四个月内予以批准。

省、自治区的人民代表大会常务委员会在对报请批准的设区的市的地方性法规进行审查时，发现其同本省、自治区的人民政府的规章相抵触的，应当作出处理决定。

除省、自治区的人民政府所在地的市，经济特区所在地的市和国务院已经批准的较大的市以外，其他设区的市开始制定地方性法规的具体步骤和时间，由省、自治区的人民代表大会常务委员会综合考虑本省、自治区所辖的设区的市的人口数量、地域面积、经济社会发展情况以及立法需求、立法能力等因素确定，并报全国人民代表大会常务委员会和国务院备案。

自治州的人民代表大会及其常务委员会可以依照本条第一款规定行使设区的市制定地方性法规的职权。自治州开始制定地方性法规的具体步骤和时间，依照前款规定确定。

省、自治区的人民政府所在地的市，经济特区所在地的市和国务院已经批准的较大的市已经制定的地方性法规，涉及本条第一款规定事项范围以外的，继续有效。

第八十二条 地方性法规可以就下列事项作出规定：

（一）为执行法律、行政法规的规定，需要根据本行政区域的实际情况作具体规定的事项；

（二）属于地方性事务需要制定地方性法规的事项。

除本法第十一条规定的事项外，其他事项国家尚未制定法律或者行政法规的，省、自治区、直辖市和设区的市、自治州根据本地方的具体情况和实际需要，可以先制定地方性法规。在国家制定的法律或者行政法规生效后，地方性法规同法律或者行政法规相抵触的规定无效，制定机关应当及时予以修改或者废止。

设区的市、自治州根据本条第一款、第二款制定地方性法规，限于本法第八十一条第一款规定的事项。

制定地方性法规，对上位法已经明确规定的内容，一般不作重复性规定。

第八十三条 省、自治区、直辖市和设区的市、自治州的人民代表大会及其常务委员会根据区域协调发展的需要，可以协同制定地方性法规，在本行政区域或者有关区域内实施。

省、自治区、直辖市和设区的市、自治州可以建立区域协同立法工作机制。

第八十四条 经济特区所在地的省、市的人民代表大会及其常务委员会根据全国人民代表大会的授权决定，制定法规，在经济特区范围内实施。

上海市人民代表大会及其常务委员会根据全国人民代表大会常务委员会的授权决定，制定浦东新区法规，在浦东新区实施。

海南省人民代表大会及其常务委员会根据法律规定，制定海南自由贸易港法规，在海南自由贸易港范围内实施。

第八十五条 民族自治地方的人民代表大会有权依照当地民族的政治、经济和文化的特点，制定自治条例和单行条例。自治区的自治条例和单行条例，报全国人民代表大会常务委员会批准后生效。自治州、自治县的自治条例和单行条例，报省、自治区、直辖市的人民代表大会常务委员会批准后生效。

自治条例和单行条例可以依照当地民族的特点，对法律和行政法规的规定作出变通规定，但不得违背法律或者行政法规的基本原则，不得对宪法和民族区域自治法的规定以及其他有关法律、行政法规专门就民族自治地方所作的规定作出变通规定。

第九十一条 国务院各部、委员会、中国人民银行、审计署和具有行政管理职能的直属机构以及法律规定的机构，可以根据法律和国务院的行政法规、决定、命令，在本部门的权限范围内，制定规章。

部门规章规定的事项应当属于执行法律或者国务院的行政法规、决定、命令的事项。没有法律或者国务院的行政法规、决定、命令的依据，部门规章不得设定减损公民、法人和其他组织权利或者增加其义务的规范，不得增加本部门的权力或者减少本部门的法定职责。

第九十三条 省、自治区、直辖市和设区的市、自治州的人民政府，可以根据法律、行政法规和本省、自治区、直辖市的地方性法规，制定规章。

地方政府规章可以就下列事项作出规定：

（一）为执行法律、行政法规、地方性法规的规定需要制定规章的事项；

（二）属于本行政区域的具体行政管理事项。

设区的市、自治州的人民政府根据本条第一款、第二款制定地方政府规章，限于城乡建设与管理、生态文明建设、历史文化保护、基层治理等方面的事项。已经制定的地方政府规章，涉及上述事项范围以外的，继续有效。

除省、自治区的人民政府所在地的市，经济特区所在地的市和国务院已经批准的较大的市以外，其他设区的市、自治州的人民政府开始制定规章的时间，与本省、自治区人民代表大会常务委员会确定的本市、自治州开始制定地方性法规的时间同步。

应当制定地方性法规但条件尚不成熟的，因行政管理迫切需要，可以先制定地方政府规章。规章实施满两年需要继续实施规章所规定的行政措施的，应当提请本级人民代表大会或者其常务委员会制定地方性法规。

没有法律、行政法规、地方性法规的依据，地方政府规章不得设定减损公民、法人和其他组织权利或者增加其义务的规范。

《民族区域自治法》（2001 年 2 月 28 日）

第十九条 民族自治地方的人民代表大会有权依照当地民族的政治、经济和文化的特点，制定自治条例和单行条例。自治区的自治条例和单行条例，报全国人民代表大会常务委员会批准后生效。自治州、自治县的自治条例和单行条例报省、自治区、直辖市的人民代表大会常务委员会批准后生效，并报全国人民代表大会常务委员会和国务院备案。

◎行政法规

《法规规章备案条例》（中华人民共和国国务院令第337号 2002年1月1日）

第二条 本条例所称法规，是指省、自治区、直辖市和较大的市的人民代表大会及其常务委员会依照法定职权和程序制定的地方性法规，经济特区所在地的省、市的人民代表大会及其常务委员会依照法定职权和程序制定的经济特区法规，以及自治州、自治县的人民代表大会依照法定职权和程序制定的自治条例和单行条例。

本条例所称规章，包括部门规章和地方政府规章。部门规章，是指国务院各部、各委员会、中国人民银行、审计署和具有行政管理职能的直属机构（以下简称国务院部门）根据法律和国务院的行政法规、决定、命令，在本部门的职权范围内依照《规章制定程序条例》制定的规章。地方政府规章，是指省、自治区、直辖市和较大的市的人民政府根据法律、行政法规和本省、自治区、直辖市的地方性法规，依照《规章制定程序条例》制定的规章。

《规章制定程序条例》（中华人民共和国国务院令第695号 2018年5月1日）

第三条 制定规章，应当贯彻落实党的路线方针政策和决策部署，遵循立法法确定的立法原则，符合宪法、法律、行政法规和其他上位法的规定。

没有法律或者国务院的行政法规、决定、命令的依据，部门规章不得设定减损公民、法人和其他组织权利或者增加其义务的规范，不得增加本部门的权力或者减少本部门的法定职责。没有法律、行政法规、地方性法规的依据，地方政府规章不得设定减损公民、法人和其他组织权利或者增加其义务的规范。

第三十八条 提级审理

上级行政复议机关根据需要，可以审理下级行政复议机关管辖的行政复议案件。

下级行政复议机关对其管辖的行政复议案件，认为需要由上级行政复议机关审理的，可以报请上级行政复议机关决定。

条文注释

本条是关于提级审理的规定。行政复议审理的案件主要是以下级和同级行政机关为被告的案件，容易受到地方的干扰。因此，有必要设置提级审理制度，在上述干扰可能影响行政复议结果的公正性的情况下，转移管辖权。根据本条的规定，提级审理可能存在两种情况：

1. 上级行政机关自行提级审理，上级行政复议机关有权审理下级行政复议机关管辖的行政复议案件。上级行政复议机关可以在下级行政复议机关作出行政复议决定前，决定由自己审理下级行政复议机关管辖的行政复议案件。上级行政复议机关直接审理下级行政复议机关的案件时，不受级别管辖和地域管辖的限制，可以上提一级或几级。

2. 下级行政机关申请上级行政机关提级审理，下级行政复议机关对其管辖的行政复议案件，认为案情重大、复杂、专业性强、干扰严重、审理难度过大，需要由上级行政复议机关审理的，可以报请上级行政复议机关决定。上级行政复议机关既可以决定由自己审理，也可以指定其他下级行政机关审理。当然，若上级行政复议机关经审查后，认为不存在上述不适宜审理的情形时，也可以要求下级行政复议机关继续审理。

第三十九条　中止情形

行政复议期间有下列情形之一的，行政复议中止：

（一）作为申请人的公民死亡，其近亲属尚未确定是否参加行政复议；

（二）作为申请人的公民丧失参加行政复议的行为能力，尚未确定法定代理人参加行政复议；

（三）作为申请人的公民下落不明；

（四）作为申请人的法人或者其他组织终止，尚未确定权利义务承受人；

（五）申请人、被申请人因不可抗力或者其他正当理由，不能参加行政复议；

（六）依照本法规定进行调解、和解，申请人和被申请人同意中止；

（七）行政复议案件涉及的法律适用问题需要有权机关作出解释或者确认；

（八）行政复议案件审理需要以其他案件的审理结果为依据，而其他案件尚未审结；

（九）有本法第五十六条或者第五十七条规定的情形；

（十）需要中止行政复议的其他情形。

行政复议中止的原因消除后，应当及时恢复行政复议案件的审理。

行政复议机关中止、恢复行政复议案件的审理，应当书面告知当事人。

条文注释〔84〕

本条是关于行政复议中止的有关规定，结合了2017年行政复议法和2007年行政复议法实施条例中所规定的行政复议中止条件。行政复议中止，是指行政复议过程中因出现需要中断行政复议进行的情形后，行政复议暂时停止，待有关引起行政复议中止的原因消失后，再继续审理行政案件。具体而言，本法所规定的行政复议中止的情况包括：

1. “作为申请人的公民死亡，其近亲属尚未确定是否参加行政复议”

申请人作为申请行政复议的权利义务主体，对于行政复议程序的顺利进行具有至关重要的作用，在作为申请人的公民死亡后，由于缺少一方主体，行政复议只能中止。在此情况下，如果其近亲属表明愿意继续参加行政复议的，行政复议机关可以恢复行政复议。本项所指的近亲属包括配偶、父母、祖父母、成年子女、兄弟姐妹等。

2. “作为申请人的公民丧失参加行政复议的行为能力，尚未确定法定代理人参

〔84〕参见本书编写组编著：《〈中华人民共和国行政复议法实施条例〉释义》，人民出版社2007年版，第145-150页。

加行政复议”

申请人丧失参加行政复议的行为能力后，由于其自身不能完整、准确地表达自身意志，因此需要由法定代理人参加行政复议，在尚未确定法定代理人之前，只能暂时中止行政复议。法定代理是指依照法律规定直接产生的代理。法定代理人依照法律规定代替丧失参加行政复议能力的公民代为复议，以行使其复议权利，维护其合法利益。

3. “作为申请人的公民下落不明”

下落不明是指自然人离开自己的住所或居所没有任何音信生死不明，持续满一定时间的。申请人作为行政复议的权利义务主体，不论是死亡、丧失行为能力还是下落不明，均会带来行政复议的一方主体的重新确定问题，影响到行政复议案件的继续审理，因此需要中止行政复议。

4. “作为申请人的法人或者其他组织终止，尚未确定权利义务承受人”

法人或者其他组织“终止”，是指法人或者其他组织依法解散、被宣告破产或者被撤销、合并等情形。在此情况下，与本款第一项所规定的自然人死亡相类似，亦会导致行政复议的一方主体的缺失。在此情况下，若法人或其他组织存在权利义务承受人，则行政复议可以继续，若不存在权利义务承受人，行政复议就应终止。因此，在尚未确定权利义务承受人之前，行政复议应当中止。

5. “申请人、被申请人因不可抗力或者其他正当理由，不能参加行政复议”

不可抗力是指申请人、被申请人不能遇见、不能避免且无法克服的自然和社会现象，如地震、海啸等自然灾害，战争、军事行动等社会现象等。值得注意的是，不可抗力并非必然导致行政复议中止，只有因不可抗力的发生导致申请人、被申请人不能参加行政复议的，行政复议才可以中止。

6. “依照本法规定进行调解、和解，申请人和被申请人同意中止”

申请人和被申请人进行调解、和解的过程中，双方的行政争议可能存在通过调解、和解自行解决的可能性，因此，为节约行政复议机关的时间精力，经申请人和被申请人同意，行政复议机关可以中止审理。但是，若申请人或被申请人撤回同意或调解、和解未达成一致，行政复议机关应当重新开始行政复议审理。

7. “行政复议案件涉及的法律适用问题需要有权机关作出解释或者确认”

行政复议案件中可能涉及法律适用问题，既包括对有关法律规定立法原意的理解，也包括对所适用法律规范的效力的确认。对于行政复议案件中涉及的法律适用问题，行政复议机关无权作出处理的，需要送达有权机关作出解释，在有权机关处理期间，行政复议机关无法对行政复议案件作出处理，因此，应当中止行政复议活动。

8. “行政复议案件审理需要以其他案件的审理结果为依据，而其他案件尚未审结”

在这一情况下，本案的审理必须以其他的案件审理结果为条件，即另一案对本案有预决性。另一案没有审结，本案就无法解决。实践中，有的行政复议案件中法律关系比较复杂，同一具体行政行为可能同时涉及行政、民事、刑事责任，当事人可能同时提起行政复议、民事诉讼以及刑事诉讼，由于它们是因同一具体行政行为产生的，因而会发生相互关联，有时行政复议案件需要以其他案件的审理结果为依据，因此，在其他案件审结之前，行政复议案件所依据的法律事实具有不确定性。

为了防止它们之间的结果互相冲突，行政复议机关应当中止行政复议。

9. “有本法第五十六条或者第五十七条规定情形”

本项规定了行政复议机关在经申请人申请进行规范性文件的审查或在进行行政复议案件审查时认为作为行政行为依据的规范性文件不合法时，行政复议机关的处理方式。根据本法第五十六条、第五十七条，在开展经申请的规范性文件审查和行政复议机关审理过程中认为被申请人作出的行政行为的依据不合法时，行政复议机关有权处理的，应当在三十日内依法处理；无权处理的，应当在七日内转送有权处理的行政机关依法处理。在行政复议机关或有权处理的机关针对经申请审查的规范性文件和被认为不合法的规范性文件的审理过程中，行政复议机关无法对行政复议案件作出处理，因此，应当中止行政复议活动。

10. “需要中止行政复议的其他情形”

这是本条所设置的兜底条款，以便解决实践中出现的种种复杂情况。

行政复议中止只是行政复议审理活动的暂时停止，而非行政复议活动的彻底终结。因此，一旦行政复议中止的原因消除后行政复议机构应当及时恢复行政复议案件的审理，并及时作出行政复议决定。为了充分保障行政复议申请人、被申请人和第三人参与行政复议的权利，规范行政复议中止活动，行政复议机构无论是中止还是恢复行政复议案件的审理，都应当书面告知当事人。因此，本条在规定了行政复议中止的各项原因后，还规定了行政复议中止的原因消除后，行政复议机关负有及时恢复行政复议案件的审理的义务和中止、恢复行政复议案件的审理时，并书面告知当事人的义务。

相关规定

◎法律

《民法典》（2021 年 1 月 1 日）

第二十三条　无民事行为能力人、限制民事行为能力人的监护人是其法定代理人。

第二十八条　无民事行为能力或者限制民事行为能力的成年人，由下列有监护能力的人按顺序担任监护人：

（一）配偶；

（二）父母、子女；

（三）其他近亲属；

（四）其他愿意担任监护人的个人或者组织，但是须经被监护人住所地的居民委员会、村民委员会或者民政部门同意。

《立法法》（2023 年 3 月 15 日）

第四十八条　法律解释权属于全国人民代表大会常务委员会。

法律有以下情况之一的，由全国人民代表大会常务委员会解释：

（一）法律的规定需要进一步明确具体含义的；

（二）法律制定后出现新的情况，需要明确适用法律依据的。

第五十三条　全国人民代表大会常务委员会的法律解释同法律具有同等效力。

第一百零五条　法律之间对同一事项的新的一般规定与旧的特别规定不一致，不能确定如何适用时，由全国人民代表大会常务委员会裁决。

行政法规之间对同一事项的新的一般规定与旧的特别规定不一致，不能确定如何适用时，由国务院裁决。

第一百零六条　地方性法规、规章之间不一致时，由有关机关依照下列规定的权限作出裁决：

（一）同一机关制定的新的一般规定与旧的特别规定不一致时，由制定机关裁决；

（二）地方性法规与部门规章之间对同一事项的规定不一致，不能确定如何适用时，由国务院提出意见，国务院认为应当适用地方性法规的，应当决定在该地方适用地方性法规的规定；认为应当适用部门规章的，应当提请全国人民代表大会常务委员会裁决；

（三）部门规章之间、部门规章与地方政府规章之间对同一事项的规定不一致时，由国务院裁决。

根据授权制定的法规与法律规定不一致，不能确定如何适用时，由全国人民代表大会常务委员会裁决。

◎行政法规

《行政复议法实施条例》（中华人民共和国国务院令第 499 号　2007 年 8 月 1 日）

第四十一条　行政复议期间有下列情形之一，影响行政复议案件审理的，行政复议中止：

（一）作为申请人的自然人死亡，其近亲属尚未确定是否参加行政复议的；

（二）作为申请人的自然人丧失参加行政复议的能力，尚未确定法定代理人参加行政复议的；

（三）作为申请人的法人或者其他组织终止，尚未确定权利义务承受人的；

（四）作为申请人的自然人下落不明或者被宣告失踪的；

（五）申请人、被申请人因不可抗力，不能参加行政复议的；

（六）案件涉及法律适用问题，需要有权机关作出解释或者确认的；

（七）案件审理需要以其他案件的审理结果为依据，而其他案件尚未审结的；

（八）其他需要中止行政复议的情形。

行政复议中止的原因消除后，应当及时恢复行政复议案件的审理。

行政复议机构中止、恢复行政复议案件的审理，应当告知有关当事人。

◎司法解释及文件

《最高人民法院关于适用〈中华人民共和国行政诉讼法〉的解释》（法释〔2018〕1 号　2018 年 2 月 8 日）

第五十六条　法律、法规规定应当先申请复议，公民、法人或者其他组织未申请复议直接提起诉讼的，人民法院裁定不予立案。

依照行政诉讼法第四十五条的规定，复议机关不受理复议申请或者在法定期限内不作出复议决定，公民、法人或者其他组织不服，依法向人民法院提起诉讼的，人民法院应当依法立案。

文书格式

1. **中止行政复议通知书**

中止行政复议通知书

〔　　〕　　号

(申请人)：

你（们/单位）对（被申请人）（具体行政行为）　　　　　　不服提出的行政复议申请，本机关依法已予受理。行政复议期间，(中止审理的事由)。根据［《中华人民共和国行政复议法》第三十九条第一款第（　）项或者《中华人民共和国行政复议法实施条例》第四十一条第一款第（　）项］的规定，现决定自　　年　　月　　日起中止该行政复议案件的审理。行政复议中止原因消除后，本机关将恢复该行政复议案件的审理。

特此通知。

年　月　日

(行政复议机构印章)

抄送：(其他当事人)

2. **恢复审理通知书**

恢复审理通知书

〔　　〕　　号

(申请人)：

你（们/单位）对（被申请人）（具体行政行为）　　　　　　不服提出的行政复议申请，本机关依法已予受理。因（中止审理的事由），本机关于　　年　　月　　日中止本案审理。现行政复议中止的原因已消除，根据《中华人民共和国行政复议法》第三十九条第二款或者《中华人民共和国行政复议法实施条例》第四十一条第二款的规定，即日起恢复该行政复议案件的审理。

特此通知。

年　月　日

(行政复议机构印章)

抄送：(其他当事人)

(行政复议机关全称)

第四十条　对无正当理由中止的监督

行政复议期间，行政复议机关无正当理由中止行政复议的，上级行政机关应当责令其恢复审理。

条文注释

本条是有关行政复议机关违法中止审理的情况的处理的规定，是本次修法的新增条款。行政复议机关中止行政复议应当有本法第三十九条所规定的情形作为依据，不能任意中止行政复议，在导致行政复议中止的情况消除后，应当及时恢复行政复议案件的审理。在实践中，部分行政复议机关在行政复议中无正当理由中止行政复议后，长期不恢复审理，使行政复议申请人既无法获得行政复议决定，也无法提起行政诉讼，导致行政争议长期得不到解决，造成了极为恶劣的影响。因此，有必要对于行政复议机关中止行政复议的情形进行监督。

根据本条的相关规定，上级行政机关能够依照层级监督权对于下级行政机关中止行政复议的行为进行监督纠正。这里的上级行政机关不仅指上一级行政机关，也可以是上两级或三级行政机关。只要行政复议机关无正当理由中止行政复议，上级行政机关均有权根据行政复议申请人的申诉或其主动开展检查，监督下级行政机关中止行政复议的行为，或直接根据本法第三十八条对被申请行政复议的行政行为进行审理。

根据本条的规定，若行政复议机关存在违法中止审理的情况，上级行政机关应当制发责令恢复审理通知书，采用行政命令的方式要求行政复议机关恢复审理。在此情况下，该责令恢复审理通知书应当书面作出，并且抄送行政复议申请人，以便于申请人了解情况、督促行政复议申请的办理。下级行政复议机关收到责令恢复审理通知后，应当直接转入受理程序，不需要再审查相关行政复议中止事由是否已经消除，行政复议审理期限也同时开始恢复计算。

文书格式

责令恢复审理通知书

〔　　〕　　号

（被责令恢复审理的机关）：

（申请人）　　　　对（被申请人）（具体行政行为）　　　　不服，于　　年　　月　　日向你机关提出行政复议申请，你机关于　　年　　月　　日作出驳回行政复议申请决定。经审查，本机关认为：该行政复议申请不属于《中华人民共和国行政复议法》第三十九条第一款或者《中华人民共和国行政复议法实施条例》第四十一条第一款规定的情形。根据《中华人民共和国行政复议法》第四十条或者《中华人民共和国行政复议法实施条例》第四十一条第二款的规定，责令你机关自收到本通知之日起恢复审理。

特此通知。

年　月　日

（行政复议专用章或者行政复议专用章）

第四十一条　终止情形

行政复议期间有下列情形之一的，行政复议机关决定终止行政复议：

（一）申请人撤回行政复议申请，行政复议机构准予撤回；

（二）作为申请人的公民死亡，没有近亲属或者其近亲属放弃行政复议权利；

（三）作为申请人的法人或者其他组织终止，没有权利义务承受人或者其权利义务承受人放弃行政复议权利；

（四）申请人对行政拘留或者限制人身自由的行政强制措施不服申请行政复议后，因同一违法行为涉嫌犯罪，被采取刑事强制措施；

（五）依照本法第三十九条第一款第一项、第二项、第四项的规定中止行政复议满六十日，行政复议中止的原因仍未消除。

条文注释〔85〕

本条是关于行政复议终止的规定。行政复议终止，是指在行政复议进行中，因发生法定的原因，使行政复议无法继续或者继续进行已无必要，从而结束行政复议。行政复议终止和行政复议中止虽然都是停止复议活动，但两者有根本不同。前者是永远停止，不再恢复行政复议程序；后者则是暂时停止，待障碍消除后，行政机关需要及时恢复行政复议，对案件继续审理，直至作出复议决定。新修订的行政复议法结合了2017年行政复议法和2007年行政复议实施条例的相关规定，规定了以下五种终止的情形：

1.“申请人撤回行政复议申请，行政复议机构准予撤回”

申请人撤回行政复议申请，表明自己主动放弃了行政复议申请权利，由于行政复议以申请人的申请而启动，申请人既然撤回申请，行政复议自然也因申请人的放弃而终止。

2.“作为申请人的公民死亡，没有近亲属或者其近亲属放弃行政复议权利”

行政复议实行“不告不理”的原则。行政复议因申请人提出申请启动，作为申请人的公民死亡，没有近亲属或者其近亲属放弃行政复议权利的情况下，程序上继续行政复议缺少相对方，在实体上行政复议保护已失去了保护对象。因此，只能终止行政复议。

3.“作为申请人的法人或者其他组织终止，没有权利义务承受人或其权利义务的承受人放弃行政复议权利”

法人或者其他组织在依法解散、被宣告破产或者被撤销、合并等情况下，没有权利义务承受人或权利义务的承受人放弃行政复议的权利，就与作为自然人的申请人死亡后没有继承人或继承人放弃复议权利一样，在程序上继续行政复议缺少了相对方，在实体上行政复议保护已失去了保护对象。因此，同样只能终止行政复议。

4.“申请人对行政拘留或者限制人身自由的行政强制措施不服申请行政复议后，因同一违法行为涉嫌犯罪，被采取刑事强制措施”

---

〔85〕参见本书编写组编著：《〈中华人民共和国行政复议法实施条例〉释义》，人民出版社2007年版，第151-153页。

在这一情况下终止行政复议的原因在于：第一，变更后的刑事拘留属于刑事强制措施，其行为的性质已经发生了改变。第二，由于行政拘留或者限制人身自由的其他行政强制措施已经被吸收到刑事拘留中，即使刑事拘留将来被认定为错误，当事人还可以通过刑事赔偿程序得到救济，不会产生当事人权利得不到救济的问题。第三，变更为刑事拘留后，相应的事实和证据材料也相应移转到案件的侦查机关，行政机关无法利用原来的材料继续参加行政复议。

实践中应注意以下情况：一是，如果刑事拘留前，对申请人还有其他行政处理，且该处理不属于行政拘留或者限制人身自由的强制措施，则有关行政复议活动应当继续进行，不受影响。二是，在实践中有权机关不能滥用本条规定，不能为了规避行政复议，就将申请人的行政拘留变更为刑事拘留。

4. “依照本法第三十九条第一款第一项、第二项、第四项的规定中止行政复议满六十日，行政复议中止的原因仍未消除”

行政复议有一定的时间限制，不能无限期地拖延下去，因此本法规定，在上述三种情况下，如果满六十日行政复议中止的原因仍未消除的，行政复议机关自然仍无法进行复议，此时行政复议应当终止。

相关规定

◎行政法规

《行政复议法实施条例》（中华人民共和国国务院令第499号 2007年8月1日）

第四十二条 行政复议期间有下列情形之一的，行政复议终止：

（一）申请人要求撤回行政复议申请，行政复议机构准予撤回的；

（二）作为申请人的自然人死亡，没有近亲属或者其近亲属放弃行政复议权利的；

（三）作为申请人的法人或者其他组织终止，其权利义务的承受人放弃行政复议权利的；

（四）申请人与被申请人依照本条例第四十条的规定，经行政复议机构准许达成和解的；

（五）申请人对行政拘留或者限制人身自由的行政强制措施不服申请行政复议后，因申请人同一违法行为涉嫌犯罪，该行政拘留或者限制人身自由的行政强制措施变更为刑事拘留的。

依照本条例第四十一条第一款第（一）项、第（二）项、第（三）项规定中止行政复议，满60日行政复议中止的原因仍未消除的，行政复议终止。

典型案例

尚某生、范某香诉被申请人江西省南昌市人民政府、江西省南昌市人力资源和社会保障局行政复议及行政赔偿案【（2016）最高法行申4746号】

裁判要旨：尚某生具备完全的诉讼行为能力；尚某生与南昌市人保局之间未签订书面的和解协议；二审判决认定“作出终止行政复议的决定符合《中华人民共和国行政复议法实施条例》第四十二条第（三）项规定”，其中的“第（三）项规定”存在笔误，应当是“第（四）项规定”。

文书格式

行政复议终止决定书

〔 〕 号

申请人：(姓名) 性别 出生年月

住所（联系地址）

［（法人或者其他组织）］(名称)

住所（联系地址）

法定代表人或者主要负责人（姓名） 职务

被申请人：(名称)

住所（联系地址）

法定代表人或者主要负责人（姓名） 职务

申请人对被申请人（具体行政行为）不服提出的行政复议申请，本机关依法已予受理。行政复议期间，(终止审理的事由)。根据［《中华人民共和国行政复议法》第四十一条第一款第（ ）项或者《中华人民共和国行政复议法实施条例》第四十二条第（ ）款第（ ）项］的规定，行政复议终止。

年 月 日

(行政复议机关印章或者行政复议专用章)

(行政复议机关全称)

第四十二条 行政行为停止执行情形

行政复议期间行政行为不停止执行；但是有下列情形之一的，应当停止执行：

（一）被申请人认为需要停止执行；

（二）行政复议机关认为需要停止执行；

（三）申请人、第三人申请停止执行，行政复议机关认为其要求合理，决定停止执行；

（四）法律、法规、规章规定停止执行的其他情形。

条文注释〔86〕

本条规定了行政复议期间不停止行政行为执行的一般原则，同时规定了行政机关应当停止执行的几种例外情形。在行政复议期间，原行政行为此时已经成立并生效，已经具备了对申请人的实体权利义务的拘束力、确定力和执行力，因此，应当尊重行政行为的上述效力，不在复议期间停止执行。但是，在本条所规定的四种例外情形下，行政行为应当停止执行：

〔86〕 参见江必新主编：《中华人民共和国行政诉讼法理解释用与实务指南》，中国法制出版社2015年版，第261-263页。

1. “被申请人认为需要停止执行”

如果作为被申请人的行政机关在行政复议中，主动认为被申请复议的行政行为需要停止执行的，在向行政复议机关提出申请后，行政复议机关应当裁定停止该行政行为的执行。该条款尊重了行政机关在其专业领域的判断能力，给予了行政机关在行政复议过程中停止行政行为执行的权利。在实践中，行政机关可以自行采取法定方式停止执行，只有在遇到第三人或其他利害关系人要求不停止执行等情形时，可以根据行政管理需要向行政复议机关提出停止执行被诉行政行为的专门申请，行政复议机关往往无须进行实体审查，即可直接裁定停止该行政行为的执行。待行政复议案件的决定作出后，对于未被复议决定撤销或变更的行政行为，可以决定恢复执行。

2. “行政复议机关认为需要停止执行”

在实践中，行政复议机关基于其对下级行政机关行为的监督、管理职能，有权对于行政机关的执行行为的合理性等问题进行审查。若行政复议机关在行政复议过程中认为行政行为的执行可能导致国家利益、社会公共利益受到损害等其他合理情况，可以在行政复议申请人和被申请人、第三人等主体均未提起行政复议停止执行的申请的情况下，依照职权自行裁定停止执行相关行政行为。

3. “申请人、第三人申请停止执行，行政复议机关认为其要求合理，决定停止执行”

部分行政行为如行政处罚、行政强制行为，不仅对于申请人产生一定的法律效力，对于作为利害关系人的第三人亦会产生法律效力，因此，本次修法在旧有规定的基础上，扩大了申请停止执行的主体范围，赋予了第三人基于自身的合法权益申请被诉行政行为停止执行的权利。

4. “法律、法规、规章规定停止执行的其他情形”

本项是关于行政复议过程中停止执行的情形的兜底条款。值得注意的是，本项所确定的能够规定行政复议机关停止执行的范围包含了法律、法规和规章三类规定。

相关规定

◎法律

《治安管理处罚法》（2013 年 1 月 1 日）

第一百零七条　被处罚人不服行政拘留处罚决定，申请行政复议、提起行政诉讼的，可以向公安机关提出暂缓执行行政拘留的申请。公安机关认为暂缓执行行政拘留不致发生社会危险的，由被处罚人或者其近亲属提出符合本法第一百零八条规定条件的担保人，或者按每日行政拘留二百元的标准交纳保证金，行政拘留的处罚决定暂缓执行。

《行政处罚法》（2021 年 7 月 15 日）

第七十三条　当事人对行政处罚决定不服，申请行政复议或者提起行政诉讼的，行政处罚不停止执行，法律另有规定的除外。

当事人对限制人身自由的行政处罚决定不服，申请行政复议或者提起行政诉讼的，可以向作出决定的机关提出暂缓执行申请。符合法律规定情形的，应当暂缓执行。

当事人申请行政复议或者提起行政诉讼的，加处罚款的数额在行政复议或者行政诉讼期间不予计算。

《行政强制法》（2012 年 1 月 1 日）

第四十四条　对违法的建筑物、构筑物、设施等需要强制拆除的，应当由行政机关予以公告，限期当事人自行拆除。当事人在法定期限内不申请行政复议或者提起行政诉讼，又不拆除的，行政机关可以依法强制拆除。

◎**行政法规**

《拘留所条例》（中华人民共和国国务院令第614号　2012年4月1日）

第二十九条　被拘留人提出举报、控告，申请行政复议，提起行政诉讼或者申请暂缓执行拘留的，拘留所应当在24小时内将有关材料转送有关机关，不得检查或者扣押。

典型案例

胡某媚诉广西壮族自治区南宁青秀山风景名胜旅游区管理委员会行政强制及行政赔偿案【（2019）最高法行再228号】

裁判要旨：在复议、诉讼法定期限内，应当停止执行强制拆除违法建筑物、构筑物、设施等。

第二节　行政复议证据

第四十三条　行政复议证据种类

行政复议证据包括：

（一）书证；

（二）物证；

（三）视听资料；

（四）电子数据；

（五）证人证言；

（六）当事人的陈述；

（七）鉴定意见；

（八）勘验笔录、现场笔录。

以上证据经行政复议机构审查属实，才能作为认定行政复议案件事实的根据。

条文注释〔87〕

本条是关于行政复议的证据种类和认定条件的规定，是本次修法的新增条款。诉讼法的一般原理认为，根据证据在认定案件事实中所起的作用，证据可以区分为一般诉讼证据和可定案诉讼证据。一般诉讼证据，即通常所说的证据材料，在复议中是指符合行政复议法规定的与案件事实有一定联系的各种材料和事实。而定案诉讼证据，即通常所说的定案证据，是指能够据以证明案件事实的证据材料。本条第一款规定了证据材料的要求，即原则上证据材料应当符合这八种证据形式，第二款规定了定案证据的认定标准，即必须经行政复议机关审查属实，才能成为定案证据。具体而言，定案证据应当具备真实性、关联性和合法性，即通常所说的"证据三性"，实际上这是对定案证据的要求，不是对证据材料的要求。证据的种类是证据的外在表现形式，对于证据种类的划分并不排斥利用其他可以解释案件事实的证据资料，而是侧重于方便从证据调查的角度针对不同种类的证据适用的证据规则进行规范。根据本条规定，行政复议的证据种类包括如下八种。

1. 书证

书证是以文字、符号、图案等形式记载的，能够表达人的思想和行为的，能证明案件事实的物品。书证是复议中的主要证据。

书证以纸张等物质载体的形式体现，但文字、图形、符号等所记载的内容是其本质属性。关于书证内涵的认识，一般认

〔87〕参见江必新主编：《中华人民共和国行政诉讼法理解释用与实务指南》，中国法制出版社2015年版，第198-201页。

为包括以下三层含义：(1) 它首先是一种物件或物品；(2) 该物件是一定文字、符号、图表等的载体；(3) 这些文字、符号、图表等记载或代表一定的内容、含义，而且能证明案件事实。

2. 物证

物证是以其物质属性、外部特征、存在状况、空间方位等来证明案件事实的物品和痕迹。我国三大诉讼法就物证这种证据形式进行了单独规定，并且将物证与鉴定意见、勘验笔录等分别规定，这在各国证据制度中是比较少见的。在英美法系国家，物证也称为实物证据，但在理解上其范围相当宽泛，不仅包括一般意义上的物证，视听资料、书证也包括在实物证据的范围之内。

3. 视听资料

视听资料是以录音、录像等设备所存储的信息证明案件真实情况的资料。视听资料的出现是现代科学技术发展的产物，将视听资料作为一种独立的证据类型，是我国在 1982 年民事诉讼法（试行）中创立的，其后的民事诉讼法一直延续，并被刑事诉讼法和行政诉讼法所吸收，最终适用于行政复议法中，成为我国独有的一种证据形式。在 2012 年民事诉讼法修正之前，电子计算机存储的数据一般也被归于视听资料的范畴，2012 年修订民事诉讼法将电子数据作为独立的证据形式，本次修法借鉴了民事诉讼法的规定。因此，视听资料的范围限于录音资料和录像资料，不包括电子数据。

4. 电子数据

电子数据即电子证据，是本次修法新增加的证据类型。联合国《电子商务示范法》第二条规定："电子数据是指由电子手段、光学手段或类似手段生成的传送、接收或储存的信息。"因此，作为证据类型的电子数据，可以归结为以电子、电磁、光学等形式或类似形式储存在计算机中的信息作为证明案件事实的证据资料，既包括计算机程序及其所处理的信息，也包括其他应用专门技术设备检测得到的信息资料。由于电子证据是以电子形式储存在电子介质之上的，与传统的证据形式相比，其在保存方式上需要借助一定的电子介质。电子证据在本质上是一种电子信息，可以实现精确复制，可以在虚拟空间里无限快速传播，在传播方式上与传统证据存在明显的差异。电子证据是以电子计算机及其他电子设备为基础的证据，没有专门的电子设备主件，没有相应的播放、检索、显示设备，电子证据只能停留在电子存储介质之中，无法被人们感知。因此，电子证据在感知方式上必须借助电子设备，而且必须依赖于特定的系统软件环境，如果软件环境发生变化，存储在电子介质上的信息可能无法显示或者无法正确显示。此外，对于电子证据的修改、复制或者删除能够通过技术手段分析认定和识别。与传统证据形式相比，电子证据的审查判断在两个方面具有较强的特殊性：一是对电子证据原件的识别；二是对电子证据完整性的认定。

5. 证人证言

证人证言，是指了解案件有关情况的非本案复议参加人关于案件事实的陈述。向行政复议机关陈述自己知道的情况、证明案情的人，称为证人。此处的证人是指狭义上的证人，即通过其亲身感受而知悉案件事实的第三方，不包括广义上的证人。广义上的证人盛行于英美法系国家，是指所有在法庭上作证的人，如鉴定人、专家证人、当事人等都是证人，其陈述都是证人证言。证人所陈述的内容是证言，证人本身不是证据，证人提供的证言才是证据。证人证言一般是口头陈述，以证人证言笔录加以固定。凡了解案件情况且正确表达意思的才能作为证人。证人证言是证人对案件有关情况感知的陈述，不是对事实的推断和分析判断意见。证人证言可能受证人主观因素的影响和客观条件的限制而存在证言内容不全面或不真实的情形。

6. 当事人的陈述

当事人的陈述，是指申请人、被申请人、第三人就自己所经历的案件事实，向行政复议机关所作的叙述、承认和陈词。实践中，当事人陈述的内容往往不仅是对于案件事实的认识、对于行政行为合法性的认识，还包括其程序上的申请以及对证据采用和法律适用的意见等。对于案件事实以外的内容属于适用法律层面的问题，不是单纯的事实层面的问题，因此不属于证据层面的当事人陈述。作为证据的当事人陈述必须能够证明案件事实，并非当事人所有的陈述均属于当事人陈述这种证据形式。

7. 鉴定意见

鉴定意见，是指接受行政机关的指派、聘请或者当事人聘请的鉴定人运用自己的专业知识和技能，根据案件事实材料，对需要鉴定的专门性问题进行分析、鉴别和判断之后得出的专业意见。2012 年刑事诉讼法修正之前，此种意见称为“鉴定结论”，称鉴定人所提供意见为“结论”，意味着只要鉴定人具有相应资格，其意见就应当作为定案根据。2012 年修正后的刑事诉讼法吸收了 2005 年《全国人民代表大会常务委员会关于司法鉴定管理问题的决定》中的提法，将“鉴定结论”改为“鉴定意见”。这一修改虽然只有两字之差，却充分地体现了立法对鉴定人所提供意见的基本态度的改变，不再将其作为理所当然应当采纳的证据，而是赋予行政机关选择权。这一修改恢复了鉴定人所提供意见的固有特征，具有较强的科学性，被随后的民事诉讼法修改和行政诉讼法修改吸收，并最终运用于本次的行政复议法中。行政行为过程中常见的鉴定有文书鉴定、会计鉴定、医学鉴定、科学技术鉴定等。鉴定结论只解决与案件事实中有关的专门性问题，不解决法律问题。

8. 勘验笔录、现场笔录

行政诉讼法将现场笔录和勘验笔录并列在一起规定。在三大诉讼法中只有行政诉讼法对现场笔录的证据形式作了规定。行政复议法与行政诉讼法同为行政法领域中的司法性行为，沿袭了行政诉讼法的相关规定。

勘验笔录，是指行政机关对有关案件事实的现场或物品进行就地检验、测量、勘查和分析所作的书面记录。一般来说，它是对客观事实的反映，能够证明案件的真实情况，是案件审理过程中的一种独立证据。勘验笔录大量应用于交通管理、城市建设管理和环境管理等行政管理领域。例如，对需要登记的建筑和土地进行拍照，确定方位并以文字、表格、图画等形式对所得结果作出的记录。

现场笔录，是指行政机关工作人员在执行职务过程中对有关管理活动的现场情况所作的书面记录。例如，货车司机违章载货，交通警察对于违章情况进行现场执法所作的笔录就属于现场笔录。现场笔录真实记载了行政机关作出行政行为的情况，综合反映当事人陈述、证人证言等证据材料也反映出行政机关作出行政决定的过程。现场笔录应当严格遵循法定程序，现场笔录应当是在“现场”制作的，不能事后补作；现场笔录应当由当事人签名或盖章，在可能的情况下还应当由在场证人签名盖章，没有当事人的或其他证人签名盖章的现场笔录不能起到证据作用。

勘验笔录和现场笔录的区别在于内容的不同。勘验笔录是对一些专门的物品和场所进行勘测后所作的记录，不包括当事人和证人的询问情况，反映的多是静态的客观情况；现场笔录则是对现场当时的情况所作的记录，一般为动态的事实，而且反映的多是制作笔录当时的情况，包括对相关人员的询问记录。

相关规定

◎行政法规

《行政复议法实施条例》（中华人民共和国国务院令第499号　2007年8月1日）

第三十七条　行政复议期间涉及专门事项需要鉴定的，当事人可以自行委托鉴定机构进行鉴定，也可以申请行政复议机构委托鉴定机构进行鉴定。鉴定费用由当事人承担。鉴定所用时间不计入行政复议审理期限。

第四十四条　举证责任分配

被申请人对其作出的行政行为的合法性、适当性负有举证责任。

有下列情形之一的，申请人应当提供证据：

（一）认为被申请人不履行法定职责的，提供曾经要求被申请人履行法定职责的证据，但是被申请人应当依职权主动履行法定职责或者申请人因正当理由不能提供的除外；

（二）提出行政赔偿请求的，提供受行政行为侵害而造成损害的证据，但是因被申请人原因导致申请人无法举证的，由被申请人承担举证责任；

（三）法律、法规规定需要申请人提供证据的其他情形。

条文注释〔88〕

本条是有关行政复议举证责任的相关规定。本条确立了行政复议被申请人的举证责任和例外情况下申请人提供证据的规定。

举证责任，是指由法律预先规定，在案件事实难以确定的情况下，由一方当事人提供证据予以证明，如果其提供的证据无法证明相应事实情况则承担败诉风险及不利法律后果的责任分配机制。完整意义上的举证责任包括说服责任和推进责任。所谓说服责任，是指这一责任由实体法规则确定，被确定有说服责任的一方当事人对自己的主张必须提供证据充分证明，使法官确信其主张成立。承担说服责任的当事人在诉讼期间内提出的证据不足以证明其诉讼主张成立，则法官必然得出其主张不能成立的结论。所谓推进责任，是指当事人提供证据证明其主张构成法律争端从而值得或者应当由法院进行审理的举证责任。表现为当事人向法院提供初步证据从

〔88〕参见江必新主编：《中华人民共和国行政诉讼法理解释用与实务指南》，中国法制出版社2015年版，第159-161页；本书编写组编著：《〈中华人民共和国行政复议法实施条例〉释义》，人民出版社2007年版，第81-82页。

而启动诉讼程序。承担说服责任的当事人在不能证明自己主张时只能推定其主张不成立，所承担的是败诉的法律后果。承担推进举证责任的当事人在不能证明自己的主张时，只需要承担不能证明对方主张不成立的不利后果而不是败诉的法律后果。行政复议作为行政司法，在举证责任上适用诉讼法的一般原理具有合理性。

本条第一款的规定确定了行政诉讼举证责任分配的基本原则，即被申请人对被诉行政行为的合法性承担说服责任。

行政机关承担行政行为合法性的说服责任，并不属于举证责任的倒置。行政复议中，复议申请虽然由行政相对人提起但法院要审查的不是行政相对人行为的合法性，而是行政行为的合法性。行政行为是由被申请人作出的，是被申请人主张的外在表现形式。申请人实质上是对被申请人在行政争议中提出的实体请求的抗辩，行政行为是行政机关的主张，被申请人应首先为其实体请求举证。因此，行政复议和行政诉讼相一致，改变了民事诉讼中的举证责任分配方式，由被申请人对行政行为的合法性承担说服责任，个别例外情形中由原告承担说服责任。因此，被申请人举证正是“谁主张，谁举证”的一般原则的体现。

被申请人对行政行为的合法性承担说服责任是行政复议举证责任规则体系中的核心，但这并不免除申请人、被申请人根据各自的主张承担相应的举证责任，对行政行为的违法性承担推进责任。行政复议的举证责任分配规则是对各方当事人举证责任的承担范围及程度的法定划分。具体划分情况如下：

1. 被申请人的举证责任。

被申请人对被诉行政行为负有举证责任，应当就其所作的行政行为，提供全部证据材料，包括：（1）有关被申请人职权依据的证据材料；（2）有关被诉行政行为程序方面的证据材料；（3）有关被诉行政行为所认定事实的证据材料。以上三个方面的内容，主要是要求被申请人提供与被诉行政行为合法性有关事实方面的证据。关于被诉行政行为适用法律方面的依据问题，严格而言不属于证据范畴，但仍属于被申请人向法院举证时一并提交的内容。

2. 申请人的举证责任。

本条第二款详细规定了申请人的举证责任，其具体情况包括如下三种：

（1）认为被申请人不履行法定职责

不履行法定职责是指行政主体对行政相对人请求其履行法定职责明示拒绝或不予答复的行为，其核心为行政主体应当履行其行政职责而未履行。在此类行政机关不履行法定职责类案件中，行政复议申请人申请行政复议的主要原因是被申请人对于原告的申请明示拒绝或不予答复，在此情况下，被申请人受理的前提是申请人提出了申请，而相较于被申请人，申请人更有能力也更方便证明其提出了申请，因此，将不履行法定职责类案件中，证明申请人提出了申请的责任授予申请人自己，具有合理性。

但是，在特殊情况下，被申请人不履行法定职责类案件不仅包括依申请的行政行为，还涉及依职权的行政行为。在此类行政行为中，行政机关应当依照职权主动履行其法定职责而未履行，行政相对人是否申请并非行政机关履行其法定职责的前提，故在此情况下，行政复议申请人不需要提供其提出申请的证据。

此外，若存在申请人因被申请人受理申请的登记制度不完备等正当事由不能提供相关的证据材料，并能够作出合理说明等类似情况，应当认定申请人因正当事由不能提供证据，在此情况下申请人亦不需要提供其提出申请的证据。

（2）一并提出行政赔偿请求

行政赔偿，是指国家机关及其工作人员违法行使职权侵犯公民、法人或者其他组织的合法权益并造成损害，由国家承担赔偿责任的制度。行政赔偿是国家赔偿制度中的重要组成部分。其特点主要有：第一，侵权行为的主体是国家行政机关及其工作人员。第二，行政赔偿是对行政行为发生过程中违法的侵权行为造成的损害所给予的赔偿。第三，行政赔偿请求人是其合法权益受到侵权行为损害的公民、法人或者其他组织。第四，行政赔偿的责任主体是国家，但行政赔偿义务机关为致害的行政机关。

在行政赔偿案件中，主要的待证事实是合法权益受到损害和违法行为与权益受损之间的因果关系。对于损害事实、违法行为是否存在、违法行为与侵权行为之间是否存在因果关系等待证事实，相较于被申请人，申请人更为清楚，获取相关证据也更为便利。因此，出于审理经济的考虑，由申请人承担证明责任具有正当性。

本条的例外是，如果出现由于被申请人的原因导致申请人客观上无法提供证明其主张的证据的情况，则申请人的主张事实的举证责任就转移给被申请人，由被申请人承担。之所以出现这一条款，主要是在实践中出现了一些行政机关违法征收，野蛮拆迁，在没有对被征收和拆迁财产依法清点和公证的情况下，强行将当事人驱离现场，对当事人房产、财物肆意毁坏，导致当事人事后无法提供证据证明其实际存在的损失。在此情况下，只要申请人能够提供其主张的受损财产初步存在的证据，被申请人就应当承担申请人受损事实不存在的举证责任，如果不能提供充分证据进行反驳，则应承担证明不能的不利影响。

（3）法律、法规规定的其他情形

本项规定是针对行政申请人提供证据的情形的兜底条款。值得注意的是，根据本条的规定，只有法律和法规才有权为行政复议申请人施加额外的负担，要求行政复议申请人额外提供证据材料。

（4）第三人的举证责任。

行政复议法对于第三人的举证责任并未作出规定，而从目前的规定来看，行政复议的举证责任，不管是推进责任还是说服责任，均由原告和被告分担，不论第三人支持原告的诉讼请求还是支持被告的行政行为，一般情况下都不直接承担举证责任。但根据本法第十六条的规定，在第三人在行政复议中提出被诉行政行为没有认定的事实且与该行为的合法性有关联的事实的情况下，第三人应当对其提出的事实承担举证责任。

相关规定

◎法律

《国家赔偿法》（2013年1月1日）

第九条 赔偿义务机关有本法第三条、第四条规定情形之一的，应当给予赔偿。

赔偿请求人要求赔偿，应当先向赔偿义务机关提出，也可以在申请行政复议或者提起行政诉讼时一并提出。

◎司法解释及文件

《最高人民法院关于审理行政赔偿案件若干问题的规定》（法释〔2022〕10号 2022年5月1日）

第十七条 公民、法人或者其他组织仅对行政复议决定中的行政赔偿部分有异议，自复议决定书送达之日起十五日内提起行政赔偿诉讼的，人民法院应当依法受理。

行政机关作出有赔偿内容的行政复议决定时，未告知公民、法人或者其他组织起诉期限的，起诉期限从公民、法人或者其他组织知道或者应当知道起诉期限之日起计算，但从知道或者应当知道行政复议决定内容之日起最长不得超过一年。

◎行政法规

《行政复议法实施条例》（中华人民共和国国务院令第499号　2007年8月1日）

第三条　行政复议机构除应当依照行政复议法第三条[89]的规定履行职责外，还应当履行下列职责：

（一）依照行政复议法第十八条[90]的规定转送有关行政复议申请；

（二）办理行政复议法第二十九条[91]规定的行政赔偿等事项；

（三）按照职责权限，督促行政复议申请的受理和行政复议决定的履行；

（四）办理行政复议、行政应诉案件统计和重大行政复议决定备案事项；

（五）办理或者组织办理未经行政复议直接提起行政诉讼的行政应诉事项；

（六）研究行政复议工作中发现的问题，及时向有关机关提出改进建议，重大问题及时向行政复议机关报告。

第二十一条　有下列情形之一的，申请人应当提供证明材料：

（一）认为被申请人不履行法定职责的，提供曾经要求被申请人履行法定职责而被申请人未履行的证明材料；

（二）申请行政复议时一并提出行政赔偿请求的，提供受具体行政行为侵害而造成损害的证明材料；

（三）法律、法规规定需要申请人提供证据材料的其他情形。

◎部门规章

《税务行政复议规则》（中华人民共和国国家税务总局令第44号　2018年1月15日）

第四十一条　有下列情形之一的，申请人应当提供证明材料：

（一）认为被申请人不履行法定职责的，提供要求被申请人履行法定职责而被申请人未履行的证明材料。

（二）申请行政复议时一并提出行政赔偿请求的，提供受具体行政行为侵害而造成损害的证明材料。

（三）法律、法规规定需要申请人提供证据材料的其他情形。

《工业和信息化部行政复议实施办法》（中华人民共和国工业和信息化部令第41号　2017年9月1日）

第九条　有下列情形之一的，申请人应当提供证明材料：

（一）认为被申请人不履行法定职责的，提供曾经要求被申请人履行法定职责而被申请人未履行的证明材料；

（二）申请行政复议时一并提出行政赔偿请求的，提供受具体行政行为侵害而造成损害的证明材料；

（三）行政复议申请超出本办法第五条规定的申请期限的，提供因不可抗力或者其他正当理由耽误法定申请期限的证明材料；

（四）法律、法规规定需要申请人提供证据材料的其他情形。

《海关行政复议办法》（中华人民共和国海关总署令第166号　2014年3月13日）

---

[89] 已废止。

[90] 同上。

[91] 《行政复议法》（2023年修正）第72条。

第二十九条 有下列情形之一的，申请人应当提供相应的证明材料：

（一）认为被申请人不履行法定职责的，提供曾经申请被申请人履行法定职责的证明材料；

（二）申请行政复议时一并提出行政赔偿申请的，提供受具体行政行为侵害而造成损害的证明材料；

（三）属于本办法第二十三条第五款情形的，提供发生不可抗力或者有其他正当理由的证明材料；

（四）法律、行政法规规定需要申请人提供证据材料的其他情形。

《中国保险监督管理委员会行政复议办法》（中国保险监督管理委员会令2010年第1号 2010年3月1日）

第十八条 有下列情形之一的，申请人应当提供证明材料：

（一）认为被申请人不履行法定职责的，提供曾经要求被申请人履行法定职责而被申请人未履行的证明材料；

（二）法律、法规规定需要申请人提供证据材料的其他情形。

《环境行政复议办法》（中华人民共和国环境保护部令第4号 2008年12月30日）

第十四条 有下列情形之一的，申请人应当提供相应证明材料：

（一）认为被申请人不履行法定职责的，提供曾经要求被申请人履行法定职责而被申请人未履行的证明材料；

（二）申请行政复议日期超过法律、法规规定的行政复议申请期限的，提供因不可抗力或者其他正当理由耽误法定申请期限的证明材料；

（三）申请行政复议时一并提出行政赔偿请求的，提供受具体行政行为侵害而造成损害的证明材料；

（四）法律、法规规定需要申请人提供证据材料的其他情形。

《安全生产行政复议规定》（中华人民共和国国家安全生产监督管理总局令第14号 2007年11月1日）

第二十四条 有下列情形之一的，申请人应当提供证明材料：

（一）认为被申请人不履行法定职责的，提供曾经要求被申请人履行法定职责而被申请人未履行的证明材料，但被申请人依法应当主动履行的除外；

（二）申请行政复议时一并提出行政赔偿请求的，提供受具体行政行为侵害而造成损害的证明材料；

（三）申请人自己主张的事实；

（四）法律、行政法规规定由申请人提供证据材料的其他情形。

典型案例

1. 范某不服中国某监督管理委员会行政处罚决定案（中国证券监督管理委员会法律部提供）[92]

焦点问题评析：本案争议的焦点是：申请人行政复议时提交的“新证据”是否应予采纳。

申请人主张处罚认定事实错误的证据，在行政处罚决定作出前已经存在，但申请人并未在被申请人调查处罚期间提出，而是在行政复议时才予提交。被申请人认为，应适用“证据关门”原则，对申请人提供的“新证据”不予采纳。

行政复议机关认为，“证据关门”是诉讼中的一项证据规则，目的是督促双方

[92] 国务院法制办公室行政复议司编：《行政复议年度案例选评（2014~2015）》，中国法制出版社2015年版，第112-117页。

当事人及时举证，提高诉讼效率。我国民事诉讼法和行政诉讼法中均规定“证据关门”，但从行政诉讼法对具体行政行为进行司法审查、促进依法行政和维护人民群众合法权益的特殊职能定位角度，行政诉讼的“证据关门”主要是对行政机关关门。最高人民法院《关于执行〈中华人民共和国行政诉讼法若干问题的解释》(以下简称《行政诉讼司法解释》)和《关于行政诉讼证据若干问题的规定》(以下简称《行政诉讼证据若干规定》)规定，被告应提供作出具体行政行为时的证据、依据，无正当理由不提供的或者逾期提供的，视为被诉具体行政行为没有相应的证据。虽然上述司法解释从维护诉讼当事人权益的角度同时规定了“证据关门”的例外，即新证据的采纳，但对作为行政机关的被告提交补充新证据的条件予以严格限制，如《行政诉讼证据若干规定》规定，被告在二审中向法庭提交的新证据不能作为法院维持原具体行政行为的根据；法院不得为证明被诉具体行政行为的合法性，依申请调取被告在作出具体行政行为时未收集的证据。相对而言，“证据关门”对作为原告的行政相对人则比较宽松。根据《行政诉讼证据若干规定》以及《关于审理证券行政处罚案件证据若干问题的座谈会纪要》的规定，原告适用“证据关门”的条件为：1. 行政机关明确要求原告提供；2. 原告依法应当提供；3. 原告无正当理由拒不提供。同时满足以上三个条件，原告后续再提供证据的，法院“一般”不予采纳，且并非绝对不采纳。同时，相对于行政机关，上述司法解释对行政相对人规定了更多“证据关门”的例外适用情形，如原告如在举证期限届满后发现新证据向法院提交的，法院仍可以采纳，但行政机关不可以。

行政复议机关认为，基于行政复议对行政行为监督纠错的法律职能定位，行政复议主要对行政机关据以作出处罚的证据是否充分确凿进行审查。《行政复议法》明确规定，作为被申请人的行政执法部门应当提交当初作出具体行政行为的证据(除另有规定外，行政机关事后提供的证明行政行为合法的证据没有法律效力)，在复议程序中，行政机关不得自行收集证据。即行政复议中对被申请人适用“证据关门”。与之形成对比的是，《行政复议法》和《行政复议法实施条例》明确规定行政相对人有权提供“申请行政复议的主要事实理由”，同时规定“行政复议机构认为有必要时，可以实地调查取证”，即为查清案件事实法律明确赋予复议机关调查取证权。《行政处罚法》也规定“发现行政处罚有错误的，应当主动改正”。根据上述立法精神，为了保障行政复议有效发挥对行政处罚的监督规范作用，“证据关门”不适用于复议申请人，应本着实事求是、全面审查的原则办理复议案件，不能用所谓“证据关门”对待申请人提出的具有重要证明意义的证据。

据此，本案中，根据申请人提供的可能影响处罚认定事实的新证据，行政复议机关根据《行政复议法》的规定进行了必要的调查核实，采纳了查证属实的新证据。

2. 某进出口公司不服某海关行政处罚决定案（深圳海关提供）〔93〕

〔93〕 国务院法制办公室行政复议司编：《行政复议年度案例选评（2014~2015）》，中国法制出版社2015年版，第118-123页。

焦点问题评析：本案被复议的行为是海关对违规企业作出的行政处罚决定，在海关行政复议案件中，这类行政复议案件很常见。在办理这类行政复议案件的过程中，应当以事实为依据，注重调查核实证据，做到确凿无误。

一是要注重运用听证方式审理案件。《行政复议法实施条例》第三十三条规定，行政复议机构认为必要时，可以实地调查核实证据；对重大、复杂的案件，申请人提出要求或者行政复议机构认为必要时，可以采取听证的方式审理。通过组织听证会，双方可以当场辩论互相质证，对于查明案件事实、明确责任、以法以理服人有重要的作用，能有效提高办案质量。本案就是通过听证才发现行政处罚决定的最初材料，即申请人曾经委托某报关公司代理报关的《授权委托书》，竟然出现两个版本，从而对案件的审理结果起了决定性影响。

二是要注重举证责任的分配。《行政复议法实施条例》第二十一条规定了申请人的初步证明责任，除此以外，申请人只要讲清主要事实即可，无须承担证明责任而按照行政处罚、行政复议等行政法规的一般原则，行政处罚程序中证明违法行为发生、事实、情节的举证责任在于行政机关。本案中，行政复议机关审理认定被申请人对其行政行为负有举证责任，在其无法提供据以作出行政处罚决定的《授权委托书》原件的情况下，即应承担行政行为被撤销的不利后果。

第四十五条　行政复议机关调查取证

行政复议机关有权向有关单位和个人调查取证，查阅、复制、调取有关文件和资料，向有关人员进行询问。

调查取证时，行政复议人员不得少于两人，并应当出示行政复议工作证件。

被调查取证的单位和个人应当积极配合行政复议人员的工作，不得拒绝或者阻挠。

条文注释〔94〕

调查取证可以分为调查和取证两个方面，调查是对存在违法嫌疑的事实、行为，找当事人或知情人查实情况的活动，而取证则是指在调查过程中收集证据来处理案件事实。本条是关于行政复议机关在开展行政复议时调查取证的程序规定。

1. 调查取证人员

行政复议过程中，行政复议人员可以向有关组织和人员调查取证。调查取证时，行政复议人员不得少于2人，并应当向当事人或者有关人员出示证件。行政复议机关参与调查取证的人员应当符合相关规定，并已经取得专职行政复议人员资格证书，一般的行政复议机关工作人员无权向当事人调查取证。调查取证人员也有向当事人或者有关人员出示证件的义务，对

〔94〕参见本书编写组编著：《〈中华人民共和国行政复议法实施条例〉释义》，人民出版社2007年版，第128-130页。

没有出示合法证件的，当事人有权拒绝。

2. 调查取证的方式

行政复议人员在调查取证过程中，可以查阅、复制、调取有关文件和资料，向有关人员进行询问。特殊情况下，需要勘验现场的，行政复议人员可以进行现场勘验。调查取证开始前，调查人员应当告知被调查单位和人员有如实作证的义务，否则要承担相应的法律责任。另外，调查人员应依法调查取证，不能采取胁迫或者欺骗等手段取证。

3. 被调查取证对象的配合义务

查阅、复制、调取和询问是行政复议人员调查取证过程中拥有的法定权力，被调查的单位和人员应当配合，不得以各种名义拒绝或者阻挠行政复议人员依法行使调查取证的权力。与所调查取证案件无关的问题，被调查人员有权拒绝回答。

相关规定

◎行政法规

《行政复议法实施条例》（中华人民共和国国务院令第499号　2007年8月1日）

第三十四条　行政复议人员向有关组织和人员调查取证时，可以查阅、复制、调取有关文件和资料，向有关人员进行询问。

调查取证时，行政复议人员不得少于2人，并应当向当事人或者有关人员出示证件。被调查单位和人员应当配合行政复议人员的工作，不得拒绝或者阻挠。

需要现场勘验的，现场勘验所用时间不计入行政复议审理期限。

◎部门规章

《海关行政复议办法》（中华人民共和国海关总署令第166号　2014年3月13日）

第五十条　海关行政复议机构向有关组织和人员调查取证时，可以查阅、复制、调取有关文件和资料，向有关人员进行询问。

调查取证时，行政复议人员不得少于2人，并且应当主动向有关人员出示调查证。被调查单位和人员应当配合行政复议人员的工作，不得拒绝或者阻挠。

调查情况、听取意见应当制作笔录，由被调查人员和行政复议人员共同签字确认。

《人力资源社会保障行政复议办法》（中华人民共和国人力资源和社会保障部令第6号　2010年3月16日）

第三十三条　有下列情形之一的，行政复议机构可以实地调查核实证据：

（一）申请人或者被申请人对于案件事实的陈述有争议的；

（二）被申请人提供的证据材料之间相互矛盾的；

（三）第三人提出新的证据材料，足以推翻被申请人认定的事实的；

（四）行政复议机构认为确有必要的其他情形。

调查取证时，行政复议人员不得少于2人，并应当向当事人或者有关人员出示证件。

《环境行政复议办法》（中华人民共和国环境保护部令第4号　2008年12月30日）

第二十三条　环境行政复议机构进行调查取证时，可以查阅、复制、调取有关文件和资料，向有关人员询问，必要时可以进行现场勘验。

调查取证时，环境行政复议人员不得少于2名，并应出示有关证件。调查结果应当制作笔录，由被调查人员和环境行政复议人员共同签字确认。

行政复议期间涉及专门事项需要鉴定、评估的，当事人可以自行委托鉴定机构进行鉴定、评估，也可以申请环境行政复议机构委托鉴定机构进行鉴定、评估。鉴定、评估费用由当事人承担。

现场勘验、鉴定及评估所用时间不计入行政复议审理期限。

《安全生产行政复议规定》（中华人民共和国国家安全生产监督管理总局令第14号 2007年11月1日）

第二十八条　安全生产行政复议机构认为必要时，可以实地调查核实证据。调查核实时，行政复议人员不得少于2人，并应当向当事人或者有关人员出示证件。

需要现场勘验的，现场勘验所用时间不计入行政复议审理期限。

典型案例

胡某与河南省民权县人民政府确认行为违法案【（2019）最高法行申13394号】

裁判要旨：胡某以民权县政府组织的提取土壤样品程序违法为由，提起本案诉讼，请求公示相关土壤样品化验鉴定结果。根据原审查明，胡某以其经营的鱼塘被附近化工厂污染而遭受经济损失为由，于2014年7月15日拨打环保热线进行举报。民权县环境保护局经查发现案涉化工厂自2014年7月1日被强制拆除后，并未再行生产。同年11月7日，胡某与韩明化工厂达成协议，由韩明化工厂补偿胡某8万元，并于当日履行。2018年6月29日，民权县环境保护局委托政院检测公司对原化工厂所在地的地下水进行检测。胡某不服提起本案诉讼。案涉提取土壤样品系政院公司基于其与民权县环保局签订的环境检测服务合同而实施的检测行为，并非民权县政府作出的行政行为。相关鉴定检测结果是环保职能部门在调查污染事件过程中形成的证据材料，由民权县环保局保存。因此，原审裁定驳回胡某对民权县政府的起诉，并无不当。

第四十六条　被申请人收集和补充证据限制

行政复议期间，被申请人不得自行向申请人和其他有关单位或者个人收集证据；自行收集的证据不作为认定行政行为合法性、适当性的依据。

行政复议期间，申请人或者第三人提出被申请行政复议的行政行为作出时没有提出的理由或者证据的，经行政复议机构同意，被申请人可以补充证据。

条文注释

本条是关于行政复议过程中被申请人收集证据的限制性规定及其例外，在原行政复议法第二十四条的基础上进一步充实了行政复议过程中的案卷原则及其内涵。所谓行政案卷制度，是行政主体在作出行政行为前通过调查、鉴定、举行听证等形式取得的和相对人提供的用以证明待证事实的各种记录、陈述意见、鉴定结论、证人证言、物证等证据，以及程序中所依据或收到的各种法律文书按照一定的顺序组成案卷。行政主体的行政行为只能以该案卷为依据作出，卷外证据不能作为行政行为根据。与行政诉讼法一样，行政复议法虽并未直接规定行政案卷制度，但是以本条的规定体现了案卷主义原则的基本内涵，即没有在行政案卷里载明的证据和依据，原则上不能作为证明行政行为合法的证据和依据。行政复议中，行政机关只能向复议机关提供行政程序中形成的行政卷宗材料作为证明被申请复议的行政行为合法的依据，不得另行向申请人、第三人和证人补充收集证明行政行为合法性的证据。这是因为行政机关作出行政行为时就必须调查收集到充分的证据和完备的法律依据，行政行为必须建立在相关证据支持的事实基础上，禁止先有行政决定后调查收集证据等不符合依法行政原则的“先裁决后取证”情况。如果允许行政机关在复议中收集证据，会助长行政机关先决定后取证的违法行为，更会助长行政机关在重新取证时向申请人和其他证人施加压力的不端行为。

本条在针对被申请人在行政复议期间收集和补充证据问题进行了较为具体化的限制性规定之后，进一步规定了违反本条第一款的规定收集证据的后果和被申请人可以补充证据的例外情况。

1. 被申请人收集和补充证据的限制

根据本条的规定，行政复议期间，被申请人不得自行向申请人和其他有关单位或者个人收集证据。本条规定的被申请人不得自行收集证据的对象为“申请人和其他有关单位和个人”，这一规定所涵盖的范围较为广泛，其涵盖的对象包括申请人、第三人、证人和其他案外人员等一系列参与行政复议行为的单位和个人。同时，从《行政诉讼法》第三十五条的实践来看，不得向行政程序中的主体收集和补充对象的要求，不仅要求行政机关不得向上述参与行政复议行为的单位和个人收集证据，也要求行政机关不得向上述参与行政复议行为的单位和个人的诉讼代理人收集证据。

2. 违反本条规定收集证据的后果

本条规定行政机关自行收集的证据不能作为认定行政行为合法性、适当性的依据，体现了严格的案卷主义原则。需要注意的是，复议程序外被申请人收集的证据以及复议程序内被申请人向申请人、证人和第三人之外的人收集的证据应当属于可以用来证明被申请行政复议的行政行为合法性、适当性的证据。

3. 被申请人可以补充证据的例外情况

在行政程序中，可能出现申请人、第三人不配合行政机关调查，不提供相关证据及证据线索，不提出申辩意见的情况，导致行政机关向他人收集的证据可能错误，以及没有收集关于申辩意见的证据，无法证明申辩意见是否成立。进入诉讼后，申请人或者第三人突然提出新证据，行政机关陷于被动地位。为维持行政机关与申请人或第三人之间的平衡关系，本条第二款规定被申请人以“申请人或者第三人提出被申请行政复议的行政行为作出时没有提出的理由或者证据”为由要求补充证据的，行政复议机关应当准许被申请人补充证据。但如果被申请人补充的证据与申请人或者第三人在诉讼中新提出的理由和证据没有关联，行政复议机关不应采纳。

相关规定

◎其他规范性文件

《监察部行政复议和行政应诉工作办法》
（监发〔2006〕5号　2006年4月30日）

第十五条　在行政复议过程中，被申请人不得自行或委托他人向申请人和其他有关组织或者个人收集证据。

监察部是被申请人的，以监察部名义作出具体行政行为的有关司局不得自行或委托他人向申请人和其他有关组织或者个人收集证据。

被申请人自行收集的证据不具有法律效力。

典型案例

史某超等诉河南省人民政府土地征收复议纠纷再审案【（2016）最高法行申3516号】

裁判要旨：河南省人民政府既是被申请人，也是复议机关，在行政复议过程中可以调查取证。同时，本案争议的事实是被上诉人与豫政土（2012）287号征地批复是否有法律上的利害关系，与征地批复的合法性无关。河南省人民政府提供证据的目的是证明豫政土（2012）287号征地批复与被上诉人没有利害关系，不对被上诉人的权利义务产生实际影响，而非为证明该批复的合法性或成为人民法院维持其具体行政行为的根据。该取证行为不在法律和司法解释禁止的范围内。

第四十七条　申请人等查阅、复制权利

行政复议期间，申请人、第三人及其委托代理人可以按照规定查阅、复制被申请人提出的书面答复、作出行政行为的证据、依据和其他有关材料，除涉及国家秘密、商业秘密、个人隐私或者可能危及国家安全、公共安全、社会稳定的情形外，行政复议机构应当同意。

条文注释〔95〕

本条是关于申请人、第三人的行政复议阅卷权的规定。本条在原行政复议法第二十三条、行政复议法实施条例第三十五条的相关规定的基础上，进一步增加了行政复议申请人、第三人及其委托代理人复制相关证据、依据及其他有关材料的权利，帮助行政复议申请人、第三人能够更好地研究行政行为作出的相关材料。

需要指出的是，阅卷权属于申请人、第三人行政复议中的法定权利，申请人查阅有关资料的权利是行政复议机关应当予以保证的，不必经过行政复议机关同意，除非涉及国家秘密、商业秘密或者个人隐私外，复议机关不得以任何理由和借口拒绝当事人阅卷。

其中“国家秘密”，是指关系国家的安全和利益，依照法定程序确定，在一定时间内只限一定范围的人员知悉的事项。一切国家机关、武装力量、政党、社会团体、企业事业单位和公民都有保守国家秘密的义务。

“商业秘密”，是指不为公众所知悉、能为权利人带来经济利益，具有实用性并经权利人采取保密措施的设计资料、程序、产品配方、制作工艺、制作方法、管理诀窍、客户名单、货源情报、产销策略等技术信息和经营信息。其中，不为公众知悉，是指该信息是不能从公开渠道直接获取的；能为权利人带来经济利益，具有实用性，是指该信息具有可确定的可应用性，能为权利人带来现实的或者潜在的经济利益或者竞争优势；权利人采取保密措施，包括订立保密协议建立保密制度及采取其他合理的保密措施。

“个人隐私”，是指纯属个人私生活的、不愿为他人所知晓的情事以及其他属于个人秘密的事项。

上述事项由于涉及国家和社会公共利益以及需要给予保护的他人利益，在行政复议中未纳入申请人和第三人可以查阅的材料范围。

本条在原法规定的国家秘密、商业秘密和个人隐私三类被申请人拒绝申请人、第三人查阅、复制资料的情形外，额外增添了“可能危及国家安全、公共安全、社

〔95〕参见本书编写组编著：《〈中华人民共和国行政复议法实施条例〉释义》，人民出版社2007年版，第131-133页。

会稳定的情形”这一兜底条款，为行政复议被申请人在向申请人和第三人公开行政复议案卷的情况提供了更多的裁量权。

在具体的实施过程中，本条有以下六点需要注意：

一是，申请人、第三人有权查阅、复印行政复议案件的有关材料。其他行政复议代理人查阅、复印本行政复议案件的有关材料的，必须有申请人、第三人的授权，同时，查阅、复印案件材料不得影响复议案件的审查活动。

二是，查阅、复印本行政复议案件材料的范围是被申请人提出的书面答复、作出具体行政行为的证据、依据和其他有关材料等，但涉及国家秘密、商业秘密或者个人隐私，以及可能危及国家安全、公共安全、社会稳定的除外。

三是，行政复议机关应当为申请人、第三人查阅有关材料提供必要的条件，申请人、第三人阅卷、复印时，行政复议机构应有人员在场，案卷材料不得脱离行政复议机关的控制。

四是，申请人、第三人阅卷、复印案卷材料时，应出示有效的身份证件，其他行政复议代理人应当出示授权委托书等有效证件，填写阅卷登记，交行政复议机构工作人员。

五是，查阅、复印案件材料时，申请人、第三人和其他复议代理人不得涂改、损毁、拆换、增添、抽取案件材料。

六是，查阅、复印案件材料后，应当及时将查阅的全部案件材料交回，工作人员应当当面清点，清点无误后在阅卷单上签注。

相关规定

◎法律

《保守国家秘密法》（2010年10月1日）

第二条 国家秘密是关系国家安全和利益，依照法定程序确定，在一定时间内只限一定范围的人员知悉的事项。

◎行政法规

《行政复议法实施条例》（中华人民共和国国务院令第499号 2007年8月1日）

第三十五条 行政复议机关应当为申请人、第三人查阅有关材料提供必要条件。

◎部门规章

《住房城乡建设行政复议办法》（中华人民共和国住房和城乡建设部令第25号 2015年11月1日）

第四十二条 申请人、第三人在行政复议期间以及行政复议决定作出之日起90日内，可以向行政复议机关申请查阅被申请人提出的书面答复、作出行政行为的证据、依据和其他有关材料，除涉及国家秘密、商业秘密或者个人隐私外，行政复议机关不得拒绝。查阅应当依照下列程序办理：

（一）申请人、第三人应当至少提前5日向行政复议机关预约时间；

（二）查阅时，申请人、第三人应当出示身份证件，行政复议机关工作人员应当在场；

（三）申请人、第三人不得涂改、毁损、拆换、取走、增添查阅材料；未经复议机关同意，不得进行复印、翻拍、翻录。

申请人、第三人通过政府信息公开方式，向县级以上人民政府住房城乡建设部门申请公开被申请人提出的书面答复、作出行政行为的证据、依据和其他有关材料的，县级以上人民政府住房城乡建设部门可以告知申请人、第三人按照前款规定申请查阅。

申请人、第三人以外的其他人，或者申请人、第三人超过规定期限申请查阅被申请人提出的书面答复、作出行政行为的证据、依据和其他有关材料的，行政复议机关可以不予提供查阅。

典型案例

张某等诉北京市人民政府复议决定案【（2016）最高法行申2839号】

裁判要旨：根据现行法律规范的规定，政府信息公开申请权和卷宗阅览权是保障当事人知情权的两种不同的方式，并分别受政府信息公开立法和其他专门立法调整；政府信息公开申请权和卷宗阅览权的申请时间、权利内容和被申请行政机关的义务也有所不同。一般认为，卷宗阅览制度是处于特定行政程序中的当事人或利害关系人，为维护自身权益，全面掌握案情，更好地参与该程序，依法向行政机关申请阅览或获取有关卷宗的制度。而政府信息依申请公开制度，是行政机关根据申请人的申请将其自身制作或者获取的政府信息通过法定形式和程序予以提供的制度。为保障行政复议申请人的卷宗阅览权利，《行政复议法》第二十三条第二款〔96〕规定："申请人、第三人可以查阅被申请人提出的书面答复，作出具体行政行为的证据、依据和其他有关材料，除涉及国家秘密、商业秘密或者个人隐私外，行政复议机关不得拒绝。"由于现行《行政复议法》和《行政复议法实施条例》未明确规定行政复议程序终结后，行政复议申请人仍可以申请卷宗阅览。因此，为保障行政复议申请人的知情权，在行政复议程序终结后，行政复议的申请人仍可以依据《政府信息公开条例》的规定以申请信息公开的方式来查阅卷宗中记载的相关信息。

第三节　普通程序

第四十八条　被申请人书面答复

行政复议机构应当自行政复议申请受理之日起七日内，将行政复议申请书副本或者行政复议申请笔录复印件发送被申请人。被申请人应当自收到行政复议申请书副本或者行政复议申请笔录复印件之日起十日内，提出书面答复，并提交作出行政行为的证据、依据和其他有关材料。

条文注释

本条是关于行政复议申请书副本的发送与书面状的提交、发送的规定。具体而言，本条的适用包含如下两个要件：

1. 关于申请书副本的发送

本法第二十二条规定，申请书可能存在书面申请和口头申请两种情况。但是，不管是书面申请还是口头申请，均存在相应的申请文件，区别只在于当该申请为行政复议申请人自行书写时，为行政复议申请书，当该申请为行政复议机关代为填写，为行政复议申请笔录，但是其作为行政复议的启动的标志的法律效力是相同的。因此，本条对于书面和口头提交的行政复议规定了统一的申请书副本发送期限。即行政复议机关均应当在受理申请后七日内，将行政复议申请书副本或者行政复议申请笔录复印件发送被申请人。

〔96〕《行政复议法》（2023年修正）第47条。

2. 关于被申请人提交材料的内容、期限

根据本条的规定，被申请人有义务准备书面答复、作出行政行为的依据、证据和其他有关材料。其中，书面答复与行政诉讼中的答辩状类似，是行政复议被申请人向行政复议机关提交的，对申请人向行政复议机关提出的复议请求及理由进行反驳的法律文书。证据是被申请人作出行政行为的事实依据，依据是行政机关作出行政行为的法律依据，而其他有关材料则是行政机关提出的，有助于证明被申请行政复议的行政行为合法性的其他材料。根据本条的相关规定，被申请人应当在收到申请书副本或者申请笔录复印件之日起十日内，向行政复议机关发送书面答复，并提交证据、依据和其他有关材料。被申请人向行政机关发送书面答复的同时提交作出行政行为的证据、依据和其他有关材料，有助于行政复议机关及时、全面了解案件情况，提高行政复议效率。

相关规定

◎司法解释及文件

《最高人民法院关于审理政府信息公开行政案件若干问题的规定》（法释〔2011〕17号 2011年8月13日）

第二条 公民、法人或者其他组织对下列行为不服提起行政诉讼的，人民法院不予受理：

（一）因申请内容不明确，行政机关要求申请人作出更改、补充且对申请人权利义务不产生实际影响的告知行为；

（二）要求行政机关提供政府公报、报纸、杂志、书籍等公开出版物，行政机关予以拒绝的；

（三）要求行政机关为其制作、搜集政府信息，或者对若干政府信息进行汇总、分析、加工，行政机关予以拒绝的；

（四）行政程序中的当事人、利害关系人以政府信息公开名义申请查阅案卷材料，行政机关告知其应当按照相关法律、法规的规定办理的。

◎行政法规

《行政复议法实施条例》（中华人民共和国国务院令第499号 2007年8月1日）

第四十六条 被申请人未依照行政复议法第二十三条[97]的规定提出书面答复、提交当初作出具体行政行为的证据、依据和其他有关材料的，视为该具体行政行为没有证据、依据，行政复议机关应当决定撤销该具体行政行为。

◎部门规章

《税务行政复议规则》（中华人民共和国国家税务总局令第44号 2018年6月15日）

第六十二条 行政复议机构应当自受理行政复议申请之日起7日内，将行政复议申请书副本或者行政复议申请笔录复印件发送被申请人。被申请人应当自收到申请书副本或者申请笔录复印件之日起10日内提出书面答复，并提交当初作出具体行政行为的证据、依据和其他有关材料。

对国家税务总局的具体行政行为不服申请行政复议的案件，由原承办具体行政行为的相关机构向行政复议机构提出书面答复，并提交当初作出具体行政行为的证据、依据和其他有关材料。

《煤矿安全监察行政复议规定》（中华人民共和国国家安全生产监督管理局、中华人民共和国国家煤矿安全监察局令第3号 2003年8月1日）

第十三条 煤矿安全监察行政复议机

[97]《行政复议法》（2023年修正）第48条。

关负责法制工作的机构应当自行政复议申请受理之日起七日内，将煤矿安全监察行政复议申请书副本或者行政复议申请笔录复印件发送被申请人。

被申请人应当自收到申请书副本或者行政复议申请笔录复印件之日起十日内，向煤矿安全监察行政复议机关提出书面答复，并提交当初作出具体行政行为的证据、依据和其他有关材料。

申请人、第三人可以查阅被申请人提出的书面答复、作出具体行政行为的证据、依据和其他有关材料，除涉及国家秘密、商业秘密或者个人隐私外，煤矿安全监察行政复议机关不得拒绝。

◎其他规范性文件

《民政部行政复议与行政应诉办法》（民发〔1999〕123号 1999年12月23日）

第十三条 民政部应当自受理之日起7日内将行政复议申请书副本或者行政复议申请笔录复印件发送被申请人。被申请人应当自收到申请书副本或者申请笔录复印件之日起10日内，向民政部提交作出具体行政行为的有关证据、依据和其他有关材料，并提出答辩书。逾期不答辩的，不影响行政复议。

典型案例

再审申请人王爱某诉湖南省桑植县人民政府、原审第三人王明某行政复议决定案【（2017）最高法行申2012号】

裁判要旨：公民、法人和其他组织提出复议申请后，行政复议被申请人应当依照行政复议法的规定，依法参加行政复议程序，并依法履行行政复议法规定的义务。

文书格式

1. 行政复议答复通知书

行政复议答复通知书

〔　　〕　　号

（被申请人）：

（申请人）对你机关的（具体行政行为）不服提出的行政复议申请，本机关已于　年　　月　　日依法受理。根据《中华人民共和国行政复议法》第四十八条的规定，现将行政复议申请书副本（口头申请行政复议笔录复印件）发送你机关，请你机关自收到行政复议申请书副本（口头申请行政复议笔录复印件）之日起10日内，对该行政复议申请提出书面答复，并提交当初作出该具体行政行为的证据、依据和其他有关材料。逾期未提交书面答复，未提交当初作出具体行政行为的证据、依据和其他有关材料的，视为该具体行政行为没有证据、依据，本机关将依法予以撤销。

特此通知。

附件：行政复议申请书副本或者口头申请行政复议笔录复印件及相关材料。

年　　月　　日

（行政复议机关印章或者行政复议专用章）

（被申请人全称）

2. **被申请人答复书**

被申请人答复书

〔 〕 号

被申请人（名称）住所

法定代表人（姓名）职务

（申请人）对本机关于 年 月 日作出的（具体行政行为）

不服提出行政复议申请，根据你机关行政复议答复通知书（文号 ）的要求，现答复如下：（针对申请人提出的问题作出答复，同时说明作出该具体行政行为的事实依据、法律依据。）

此致

（行政复议机关名称）

附件：1. 被申请人答复书一式三份

2. 证据目录清单及相关证据

3. 授权委托书（有委托代理人的）

被申请人：（印章）

年 月 日

（行政复议机关全称）

第四十九条 听取意见程序

适用普通程序审理的行政复议案件，行政复议机构应当当面或者通过互联网、电话等方式听取当事人的意见，并将听取的意见记录在案。因当事人原因不能听取意见的，可以书面审理。

条文注释

本条是关于行政复议普通审理程序的规定，是本次修法的新增条款。本次修法对行政复议案件的审理方式进行了根本性的转变，将原行政复议法所确定的以书面审理为主，调查情况和听取意见为补充的审理方式转变为以听取意见为主，以听证为补充，使得行政复议的审理方式成为介于书面审理与言辞审理的中间形式。

相较于书面审理和言辞审理，作为中间形式的听取意见程序规定了行政复议机关接触申请人，听取申请人意见的义务，但是并未规定申请人和被申请人之间是否需要接触，由此使得行政复议机关可以选择同时面对面听取双方意见，给行政复议申请人和被申请人彼此接触的机会，也可以选择背对背分别听取单方面意见。这一设计避免了过去采取书面审理的情况下行政复议程序以书面审查为主，导致“文来文往，层层审批，程序繁杂且不够公开透明，行政相对人参与不够”的问题。也避免了书面审理方式带来的层层签字批准，导致行政复议的审查主体和判决主体出现错位的问题。

相较于言辞审理，听取意见程序方式多样，更为便捷、灵活，能够提升行政复议机关处理行政复议案件的效率，能够满足行政复议法所追求的高效便民的立法目的的要求，避免行政复议的过度司法化，充分发挥行政复议优势，使得行政复议机关与其自身的行政争议解决主渠道地位更为匹配。

同时，听取意见程序在行政复议中，具有自身的独特优势。相较于法院，行政机关在行政行为领域的专业性使得在行政复议领域能够推行更为彻底的职权主义案件审理模式，由行政复议机关主导对于事实的调查和证据的收集，在案件过程中不必拘泥于规范化的审理程序中的举证质证规则，而更多发挥行政复议审理人员的主观能动性以推进行政争议解决，具有较强的合理性。同时，由于在听取意见程序中，由专业的行政机关推进对于事实的调查和证据的收集认定，也使得行政相对人不需要自行掌握交叉询问规则、询问策略、证据规则，不需要具备专业的法律素养和能力也能够通过行政复议程序维护自身的合法权益，更有助于提升申请人通过行政复议制度寻求救济的积极性。

本次修订在确立听取意见原则后，还规定了例外情形，即在因当事人原因不能听取意见的情况下，行政复议机构可以书面审理。值得注意的是，由于本条所规定的听取意见方式十分多样化，因此，满足"不能听取意见"这一构成要件需要当事人当面、互联网、电话等方式均不能听取。此外，若当事人因特殊情况，确实无法实现当面听取，也无法通过互联网、电话等方式听取，但是可以采用书面递交材料、通过第三人表达意见等方式实现间接听取意见，行政复议机关亦应当接受，此时亦不构成本条所规定的"不能听取意见"。因此，"因当事人原因不能听取意见"应当局限为因当事人存在客观上的困难或主观上明确表示拒绝表达意见的情形。

典型案例

钱某春诉上海市奉贤区人民政府复议决定案【（2016）最高法行申4450号】

裁判要旨： 行政复议机关应当按照行政复议法的规定，结合申请人的行政复议申请，对行政行为的合法性、适当性进行审查。公民、法人和其他组织提出复议申请后，行政复议被申请人应当依照行政复议法的规定，依法参加行政复议程序，并依法履行行政复议法规定的义务。

第五十条　听证情形和人员组成

审理重大、疑难、复杂的行政复议案件，行政复议机构应当组织听证。

行政复议机构认为有必要听证，或者申请人请求听证的，行政复议机构可以组织听证。

听证由一名行政复议人员任主持人，两名以上行政复议人员任听证员，一名记录员制作听证笔录。

条文注释

本条是有关行政复议机关采取听证方式审理的规定。听证，是指行政机关为了合理、有效地制作和实施行政决定，公开举行由全部利害关系人参加的听证会，听取利害关系人的意见，并据以作出决定的程序。听证来源于正当程序原则，其核心在于要求权力的行使可能使得他人受到不利影响时必须听取对方当事人的陈述与申辩。从程序上可以将听证分为正式听证和非正式听证。正式听证又称审判型听证，是指行政机关在制定法规和作出行政决定时，举行正式的听证会，当事人得以提出证据、质证、询问证人，行政机关基于听证记录作出决定。我国行政处罚法中所规定的听证是典型的正式听证，有着详细的听证程序，并且要求行政机关只能按照听证笔录作出行政决定。非正式听证又称咨询型听证，是指行政机关在制定法规和作出行政决定时，只需要给予当事人口头或书面陈述意见的机会，以供行政机关参考。在我国的立法中，城乡规划法、环境影响评价法和价格法等法律中所规定的听证均为非正式听证，该听证没有具体的程序性规定，对于听证意见的效力也没有明确的法律规定。

本条规定了行政复议机关“应当”组织听证的情形和“可以”组织听证的情形，规定了听证的参与人员和被申请人的负责人参与听证的义务。从本条的规定来看，本条所规定的行政复议的听证类似于正式听证，在听证过程中，进行听证的行政机关需要遵循明确的听证程序。但是，本条并未规定听证意见的效力，因此行政复议中的听证意见不能像行政处罚法、行政许可法中所规定的听证一样，作为行政机关作出相应的行政决定的唯一依据。但是，相较于原行政复议法，本条将重大、疑难、复杂的案件纳入强制组织听证的情形，并设置了行政复议机构认为有必要听证，或者申请人请求听证的两类可以组织听证的情形，已经大幅拓展了行政复议中听证的范围，体现了行政复议程序公正性上的进步。

1. 行政复议机关应当组织听证的情形

根据本条的规定，针对重大、疑难、复杂的行政复议案件，行政复议机关应当组织听证。这一条款使得行政复议机关在面对此类案件时的组织听证从行政机关可以开展听证变为行政应当开展听证。在此情况下，有必要对重大、疑难、复杂的行政复议案件的行政案件的范围加以限定。这一限定可以适当参考行政诉讼法中所规定的中级人民法院审理本辖区内的重大、复杂案件的相关规定，也可以参考行政处罚法和行政许可法等行政行为法中有关行政机关作出行政行为应当听证的条款。

2. 行政复议机关可以组织听证的情形

本条规定了根据行政复议机关裁量和经行政复议申请人申请后行政复议机关同意的情况下，行政复议机关可以组织听证。这一条款将非重大、疑难、复杂案件中开展行政复议听证的权力授予了行政复议机关，行政复议机关可以自行决定开启听证，也可以经相对人申请后同意开启听证，大幅拓展了能够组织听证的行政复议申请范围。

3. 听证的参与人员

本条还规定了听证的参与人员，即听证中应当至少有3名行政复议人员参与，其中1名行政复议人员任主持人，2名及以上行政复议人员任听证员，除3名行政复议人员外，行政复议听证还应有1名记录员制作听证笔录。该记录员可以不是符合本法第六条所规定的行政复议职业规范要求的行政复议人员。

相关规定

◎法律

《行政处罚法》（2021年7月15日）

第六十三条 行政机关拟作出下列行政处罚决定，应当告知当事人有要求听证的权利，当事人要求听证的，行政机关应当组织听证：

（一）较大数额罚款；

（二）没收较大数额违法所得、没收较大价值非法财物；

（三）降低资质等级、吊销许可证件；

（四）责令停产停业、责令关闭、限制从业；

（五）其他较重的行政处罚；

（六）法律、法规、规章规定的其他情形。

当事人不承担行政机关组织听证的费用。

《行政许可法》（2019年4月23日）

第四十七条 行政许可直接涉及申请人与他人之间重大利益关系的，行政机关在作出行政许可决定前，应当告知申请人、利害关系人享有要求听证的权利；申请人、利害关系人在被告知听证权利之日起五日内提出听证申请的，行政机关应当在二十日内组织听证。

申请人、利害关系人不承担行政机关组织听证的费用。

◎司法解释及文件

《最高人民法院关于适用〈中华人民共和国行政诉讼法〉的解释》（法释〔2018〕1号 2018年2月8日）

第五条 有下列情形之一的，属于行政诉讼法第十五条第三项规定的"本辖区内重大、复杂的案件"：

（一）社会影响重大的共同诉讼案件；

（二）涉外或者涉及香港特别行政区、澳门特别行政区、台湾地区的案件；

（三）其他重大、复杂案件。

◎行政法规

《行政复议法实施条例》（中华人民共和国国务院令第499号 2007年8月1日）

第三十三条 行政复议机构认为必要时，可以实地调查核实证据；对重大、复杂的案件，申请人提出要求或者行政复议机构认为必要时，可以采取听证的方式审理。

◎部门规章

《国家国际发展合作署行政复议实施办法》（中华人民共和国国家国际发展合作署令2020年第3号 2020年5月1日）

第十二条 对重大、复杂的案件，法制机构可以组织法律顾问、专家进行研究论证；申请人提出要求或者法制机构认为必要时，可以采取听证方式审理。

《税务行政复议规则》（中华人民共和国国家税务总局令第44号 2018年年6月15日）

第六十五条 对重大、复杂的案件，申请人提出要求或者行政复议机构认为必要时，可以采取听证的方式审理。

《工业和信息化部行政复议实施办法》（中华人民共和国工业和信息化部令第41号 2017年9月1日）

第十六条 对重大、复杂的案件，工业和信息化部法制工作机构可以组织法律顾问、专家进行研究论证；申请人提出要求或者工业和信息化部法制工作机构认为必要时，可以采取听证的方式审理。听证按照下列程序进行：

（一）工业和信息化部法制工作机构应当将听证的时间、地点、具体要求等事项提前5日通知有关当事人；

（二）行政复议听证人员为不少于3人的单数，由工业和信息化部法制工作机构确定，并指定其中1人为听证主持人；

（三）举行听证时，被申请人应当提供书面答复及相关证据、依据等材料，证明其具体行政行为的合法性、合理性，申请人、第三人可以提出证据进行申辩和质证；

（四）听证应当制作笔录，听证笔录应当交听证参加人确认无误后签字或者盖章。

《人力资源社会保障行政复议办法》（中华人民共和国人力资源和社会保障部令第6号 2010年3月16日）

第三十四条 对重大、复杂的案件，申请人提出要求或者行政复议机构认为必要时，可以采取听证的方式审理。

有下列情形之一的，属于重大、复杂的案件：

（一）涉及人数众多或者群体利益的案件；

（二）具有涉外因素的案件；

（三）社会影响较大的案件；

（四）案件事实和法律关系复杂的案件；

（五）行政复议机构认为其他重大、复杂的案件。

《安全生产行政复议规定》（中华人民共和国国家安全生产监督管理总局令第14号 2007年11月1日）

第二十六条　行政复议原则上采取书面审理的方式，但对重大、复杂的案件，申请人提出要求或者安全生产行政复议机构认为必要时，可以采取听证的方式审理。

听证应当保障当事人平等的陈述、质证和辩论的权利。

典型案例

1. 陈某琼诉某省公安厅行政复议案【（2017）最高法行申3809号】

裁判要旨：某省公安厅根据陈某琼的听证申请作出的告知书属于行政复议过程中的程序性事项，其对陈某琼的权益不产生实质影响。如陈某琼认为告知书违法，可以对四川省公安厅之后作出的行政复议决定提起行政诉讼，要求确认其程序违法。

2. 张某来与国家税务总局行政复议行政纠纷再审申请案【（2016）最高法行申154号】

裁判要旨：根据《行政复议法实施条例》第三十三条，对于是否举行听证，复议机关具有裁量权。

3. 再审申请人海南省人民政府诉被申请人海口农某商业银行股份有限公司无偿收回国有建设用地使用权及行政复议案【（2020）最高法行申4439号】

裁判要旨：作为行政相对人的公民、法人或者其他组织，在行政处罚程序或者行政处理程序中均具有知情权、参与权及申辩权，但是具体的行政程序不同，当事人的知情内容、参与程度及陈述申辩事由均不相同。海南省政府虽然在复议审查期间组织了听证会，听取海口农某行针对无偿收地行政处罚的陈述申辩，但其径行适用无偿收地行政处理决定的法律依据作出48号复议决定，剥夺了海口农某行关于无偿收地行政处理决定的知情权、参与权和申辩权，违反了程序正当原则。

第五十一条　听证程序和要求

行政复议机构组织听证的，应当于举行听证的五日前将听证的时间、地点和拟听证事项书面通知当事人。

申请人无正当理由拒不参加听证的，视为放弃听证权利。

被申请人的负责人应当参加听证。不能参加的，应当说明理由并委托相应的工作人员参加听证。

条文注释

本条是关于行政复议机构组织听证的通知义务和申请人拒绝参加听证的后果的相关规定，是本次修法的新增条款。

1. 听证的组织

本条第一款是有关听证的组织的相关规定，具体可以分为听证的组织义务主体、听证通知的时间、通知的方式和通知的内容。

（1）听证的组织义务主体

行政复议机构是负有组织听证义务的

主体，根据我国听证制度实施的规则，听证应当由行政机关免费召开，行政相对人不承担行政机关组织听证的费用。这一要求也与行政复议制度力图吸引更多的行政相对人通过行政复议程序解决行政争议的立法目的相契合。

（2）听证的通知

本条第一款还规定了行政复议机构的听证通知义务，该通知应当至少于听证开始5日前书面送达当事人，且通知中应当注明听证的时间、地点和拟听证的事项，以帮助听证的当事人能够及时知晓听证的内容，按时参加听证，提高听证的效率。

2. 申请人无正当理由拒不参加听证的处理

行政复议申请人向行政复议机构提出行政复议申请，希望能够通过行政复议制度解决其行政争议，就有义务参与行政复议的程序。针对行政复议机构根据本法第五十条组织听证的行政复议案件，申请人无正当理由拒不参加听证的，反映出其消极应对听证权利的心理状态，行政复议机关按照本条的规定视为其放弃听证权利，对申请人而言是一种警诫。

但是，值得注意的是，并非申请人只要不参加听证就视为其放弃听证权利，在实践中，申请人可能因意外事件或不可抗力等正当理由无法按时参与听证，在此情况下，行政复议机构应当对于申请人未参加听证的理由予以审核，认为申请人无法按时参加听证的理由正当的，可以延期听证。

此外，即便申请人无正当理由拒不参加听证，也并不导致行政复议申请的撤回，或听证的终止。而是仅能视为申请人放弃听证权利，即申请人放弃在听证中根据调查人员提出的作出行政行为的事实、证据、依据和其他裁量进行申辩和质证等。行政复议机构依然能够继续审理行政复议案件。

3. 行政机关负责人出席听证制度

本次修法移植了在行政诉讼中取得了良好的制度实施成效的“行政机关负责人出庭应诉制度”，将之适用于需要进行听证的行政复议案件中，确立了行政机关负责人出席听证制度。

这一制度使得在审理重大、疑难、复杂的行政复议案件、行政复议机构认为有必要听证或申请人请求听证后行政复议机构组织听证的行政复议案件中，行政机关负责人需要参与听证过程，实际了解行政复议案件情况，客观、全面地了解本单位的执法现状和存在的问题，进而改进行政执法方式，提高行政执法水平，促进依法行政，从源头上减少行政争议。同时，通过行政机关负责人出席听证，给申请人一个在听证程序中接触被申请人负责人的机会，有利于密切“官”民关系，理顺群众情绪，以此来高效解决行政争议，促进社会和谐。

在实践过程中，被申请行政复议的行政机关负责人往往承担着众多业务工作，较为繁忙，需要优先履行其本职工作，不一定每次都能够按时出席行政复议的听证工作，因此，若行政机关负责人确实存在不能出席听证的正当理由，可以在说明理由的前提下，委托相应的工作人员参加听证。此处的“相应的工作人员”，往往为行政机关中具体行使听证针对的内容的行政职权的工作人员，其往往具有丰富的实务工作经验，对被申请听证的行政行为有充分的了解，能够有效参与听证。

相关规定

◎行政法规

《行政复议法实施条例》（中华人民共和国国务院令第499号　2007年8月1日）

第三十三条 行政复议机构认为必要时，可以实地调查核实证据；对重大、复杂的案件，申请人提出要求或者行政复议机构认为必要时，可以采取听证的方式审理。

◎司法解释及文件

《最高人民法院关于行政机关负责人出庭应诉若干问题的规定》（法释〔2020〕3号2020年7月1日）

为进一步规范行政机关负责人出庭应诉活动，根据《中华人民共和国行政诉讼法》等法律规定，结合人民法院行政审判工作实际，制定本规定。

第一条 行政诉讼法第三条第三款规定的被诉行政机关负责人应当出庭应诉，是指被诉行政机关负责人依法应当在第一审、第二审、再审等诉讼程序中出庭参加诉讼，行使诉讼权利，履行诉讼义务。

法律、法规、规章授权独立行使行政职权的行政机关内设机构、派出机构或者其他组织的负责人出庭应诉，适用本规定。

应当追加为被告而原告不同意追加，人民法院通知以第三人身份参加诉讼的行政机关，其负责人出庭应诉活动参照前款规定。

第二条 行政诉讼法第三条第三款规定的被诉行政机关负责人，包括行政机关的正职、副职负责人、参与分管被诉行政行为实施工作的副职级别的负责人以及其他参与分管的负责人。

被诉行政机关委托的组织或者下级行政机关的负责人，不能作为被诉行政机关负责人出庭。

第三条 有共同被告的行政案件，可以由共同被告协商确定行政机关负责人出庭应诉；也可以由人民法院确定。

第四条 对于涉及食品药品安全、生态环境和资源保护、公共卫生安全等重大公共利益，社会高度关注或者可能引发群体性事件等的案件，人民法院应当通知行政机关负责人出庭应诉。

有下列情形之一，需要行政机关负责人出庭的，人民法院可以通知行政机关负责人出庭应诉：

（一）被诉行政行为涉及公民、法人或者其他组织重大人身、财产权益的；

（二）行政公益诉讼；

（三）被诉行政机关的上级机关规范性文件要求行政机关负责人出庭应诉的；

（四）人民法院认为需要通知行政机关负责人出庭应诉的其他情形。

第五条 人民法院在向行政机关送达的权利义务告知书中，应当一并告知行政机关负责人出庭应诉的法定义务及相关法律后果等事项。

人民法院通知行政机关负责人出庭的，应当在开庭三日前送达出庭通知书，并告知行政机关负责人不出庭可能承担的不利法律后果。

行政机关在庭审前申请更换出庭应诉负责人且不影响正常开庭的，人民法院应当准许。

第六条 行政机关负责人出庭应诉的，应当于开庭前向人民法院提交出庭应诉负责人的身份证明。身份证明应当载明该负责人的姓名、职务等基本信息，并加盖行政机关印章。

人民法院应当对出庭应诉负责人的身份证明进行审查，经审查认为不符合条件，可以补正的，应当告知行政机关予以补正；不能补正或者补正可能影响正常开庭的，视为行政机关负责人未出庭应诉。

第七条 对于同一审级需要多次开庭的同一案件，行政机关负责人到庭参加一次庭审的，一般可以认定其已经履行出庭应诉义务，但人民法院通知行政机关负责人再次出庭的除外。

行政机关负责人在一个审理程序中出庭应诉，不免除其在其他审理程序出庭应诉的义务。

第八条 有下列情形之一的，属于行政诉讼法第三条第三款规定的行政机关负责人不能出庭的情形：

（一）不可抗力；

（二）意外事件；

（三）需要履行他人不能代替的公务；

（四）无法出庭的其他正当事由。

第九条 行政机关负责人有正当理由不能出庭的，应当提交相关证明材料，并加盖行政机关印章或者由该机关主要负责人签字认可。

人民法院应当对行政机关负责人不能出庭的理由以及证明材料进行审查。

行政机关负责人有正当理由不能出庭，行政机关申请延期开庭审理的，人民法院可以准许；人民法院也可以依职权决定延期开庭审理。

第十条 行政诉讼法第三条第三款规定的相应的工作人员，是指被诉行政机关中具体行使行政职权的工作人员。

行政机关委托行使行政职权的组织或者下级行政机关的工作人员，可以视为行政机关相应的工作人员。

人民法院应当参照本规定第六条第二款的规定，对行政机关相应的工作人员的身份证明进行审查。

第十一条 诉讼参与人参加诉讼活动，应当依法行使诉讼权利，履行诉讼义务，遵守法庭规则，自觉维护诉讼秩序。

行政机关负责人或者行政机关委托的相应工作人员在庭审过程中应当就案件情况进行陈述、答辩、提交证据、辩论、发表最后意见，对所依据的规范性文件进行解释说明。

行政机关负责人出庭应诉的，应当就实质性解决行政争议发表意见。

诉讼参与人和其他人以侮辱、谩骂、威胁等方式扰乱法庭秩序的，人民法院应当制止，并根据行政诉讼法第五十九条规定进行处理。

第十二条 有下列情形之一的，人民法院应当向监察机关、被诉行政机关的上一级行政机关提出司法建议：

（一）行政机关负责人未出庭应诉，且未说明理由或者理由不成立的；

（二）行政机关有正当理由申请延期开庭审理，人民法院准许后再次开庭审理时行政机关负责人仍未能出庭应诉，且无正当理由的；

（三）行政机关负责人和行政机关相应的工作人员均不出庭应诉的；

（四）行政机关负责人未经法庭许可中途退庭的；

（五）人民法院在庭审中要求行政机关负责人就有关问题进行解释或者说明，行政机关负责人拒绝解释或者说明，导致庭审无法进行的。

有前款情形之一的，人民法院应当记录在案并在裁判文书中载明。

第十三条 当事人对行政机关具有本规定第十二条第一款情形提出异议的，人民法院可以在庭审笔录中载明，不影响案件的正常审理。

原告以行政机关具有本规定第十二条第一款情形为由拒不到庭、未经法庭许可中途退庭的，人民法院可以按照撤诉处理。

原告以行政机关具有本规定第十二条第一款情形为由在庭审中明确拒绝陈述或者以其他方式拒绝陈述，导致庭审无法进行，经法庭释明法律后果后仍不陈述意见的，人民法院可以视为放弃陈述权利，由其承担相应的法律后果。

第十四条　人民法院可以通过适当形式将行政机关负责人出庭应诉情况向社会公开。

人民法院可以定期将辖区内行政机关负责人出庭应诉情况进行统计、分析、评价，向同级人民代表大会常务委员会报告，向同级人民政府进行通报。

第十五条　本规定自2020年7月1日起施行。

典型案例

孙某等不服某省人民政府征地批复案（国务院法制办公室行政复议司提供）〔98〕

焦点问题评析：一、征地报批前的程序履行不到位导致确认违法

《国务院关于深化改革严格土地管理的决定》规定：在征地依法报批前，要将拟征地的用途、位置、补偿标准、安置途径告知被征地农民；对拟征土地现状的调查结果须经被征地农村集体经济组织和农户确认；确有必要的，国土资源部门应当依照有关规定组织听证。要将被征地农民知情、确认的有关材料作为征地报批的必备材料。

实践中，征地报批前告知、确认、听证程序履行不到位被征地农民知情权保障不充分，是征地类行政复议案件中较为常见的问题。具体而言：一是告知程序方面，有的地方只将征地事项告知被征地村或者个别被征地农户；二是土地利用现状调查确认方面，有的地方没有对拟征收土地现状进行调查，有的地方没有把土地利用现状调查结果交被征地村集体经济组织和被征地农户确认，有的仅交被征地村集体经济组织和部分被征地农户确认，有的地方伪造土地利用现状调查确认材料上的被征地农户签名；三是听证权利告知方面，有的地方仅将听证告知书送达被征地村集体经济组织，未将听证权利告知被征地农户，也有的地方伪造放弃听证证明上的被征地农户签名。

针对上述问题，在征地报批前，有关机关应当严格依法履行征地程序，不能将自己应承担的告知义务推给村集体避免因违反程序埋下纠纷隐患；在复议过程中，行政复议机关要严格依法进行审查，该维持的维持，该纠正的纠正，力争将矛盾化解在初发阶段。

二、查明案件事实应将书面审理与听证相结合

本案中，查清征地报批前有关部门是否依法履行告知确认程序的事实，是案件办理的关键。在行政复议裁决机关组织召开的案件听证会上，申请人提出，征地报批材料中《征地情况调查确认表》和放弃听证《证明》均存在伪造村民签名的问题。行政复议裁决机关经询问证人、核对笔迹调阅户籍档案等发现，申请人反映的问题基本属实。征地报批材料中《征地情况调查确认表》和放弃听证《证明》上部分村民签名确属伪造。据此，在查清案件事实基础上，行政复议裁决机关依法作出了确认被申请人作出的征地批复违法的最终裁决。

办理行政复议案件，查清案件事实是基础，“基础不牢，地动山摇”，只有查清了案件事实，才有可能正确适用法律依法

〔98〕　国务院法制办公室行政复议司编：《行政复议年度案例选评（2014~2015）》，中国法制出版社2015年版，第11-16页。

作出公平公正的行政复议决定；日常工作中，大多数行政复议案件的办理，难点不在法律的适用，而在查清案件事实。因为案件进入行政复议程序时，往往离事情的发生已经相隔数月、甚至数年。时过境迁，许多书证、物证会因各种原因损毁、灭失，不少当事人的记忆会逐渐模糊，甚至有的当事人已经过世，仅仅通过书面审理难以查清案件事实。

解决问题的办法之一就是进行案情调查或者听证，由申请人与被申请人围绕案件争议焦点及相关事实的证据进行共同核对。通过调查、听证，申请人、被申请人对对方提供的证据提出质疑，被质疑方对有关事实进行陈述、说明，可以帮助行政复议机关厘清相关情况，并进一步通过查阅、核对原始档案资料，综合进行分析等，查明案件全部事实。在此基础上，依照相关法律法规的规定，作出合法、合理、合情的行政复议决定。

第五十二条　行政复议委员会组成和职责

县级以上各级人民政府应当建立相关政府部门、专家、学者等参与的行政复议委员会，为办理行政复议案件提供咨询意见，并就行政复议工作中的重大事项和共性问题研究提出意见。行政复议委员会的组成和开展工作的具体办法，由国务院行政复议机构制定。

审理行政复议案件涉及下列情形之一的，行政复议机构应当提请行政复议委员会提出咨询意见：

（一）案情重大、疑难、复杂；

（二）专业性、技术性较强；

（三）本法第二十四条第二款规定的行政复议案件；

（四）行政复议机构认为有必要。

行政复议机构应当记录行政复议委员会的咨询意见。

条文注释

本条是有关行政复议委员会的相关规定，是本次修法的新增条款。早在2008年，原国务院法制办公室印发了《国务院法制办公室关于在部分省、直辖市开展行政复议委员会试点工作的通知》（国法〔2008〕71号），在北京市、黑龙江省、江苏省、山东省等省、直辖市开展了行政复议委员会试点工作。复议委员会集中审理重大疑难行政复议案件，引入独立外部专家学者，具有提升公正性，提高专业性和办案质量，强化化解行政争议能力，整合复议资源的效果，取得了较好的成效，试点范围不断扩大。在试点的过程中，根据行政复议委员会在行政复议案件中所发挥的作用出现了咨询型委员会和决议型委员会两类典型代表。其中，决议型委员会是指由行政复议委员会对于行政复议案件独立进行决议，典型代表如《哈尔滨市行政复议规则》的相关规定；而作为试点过程中占据主要地位的咨询型委员会则是指在行政复议案件审理的过程中，以行政机关为主导，行政复议委员会向行政机关提供咨询意见的模式，典型代表如北京市。

在本次修法中，立法者吸收了实践中行政复议委员会的实践经验，设置了行政复议委员会制度，使得在试点改革模式下的行政复议委员会正式成为行政复议制度中的一部分。同时，采纳了运用相对较为广泛的咨询型委员会模式，规定了以行政机关为主导，行政复议委员会意见为参考的基本设计，一定程度上避免了原有试点下决议型委员会带来的行政复议过程中复议决定机关和承担复议责任机关不统一带来的权责分离问题。

本条第一款规定了行政复议委员会的组织结构和基本职能。根据本条第一款的相关规定，县级以上各级人民政府均应当建立行政复议委员会，也就是说，除垂直管理的国家机关、税务机关、国家安全机关等的上级机关这类特殊的行政复议机关外，每级行政复议机关均有对应的行政复议委员会。而行政复议委员会的组成包括相关政府部门工作人员、专家和学者等在行政复议领域专业性相对较强的人员，这一人员结构充分体现了专业保障作为复议委员会的核心要素的要点，通过专业人士的加入，使得行政复议委员会能够更好地履行其咨询、建议的基本职能。从行政复议委员会的职能来看，行政复议委员会的职能包括为办理行政案件提供咨询意见和就行政复议中的重大事项和共性问题进行研究，提出意见和建议两大部分。

本条第二款则规定了必须经由行政复议委员会提出咨询意见的案件的种类。该款采取了“列举性规定+兜底条款”的立法例，在三类法定的行政复议机关必须提交行政复议委员会提出咨询意见的案件之外，又增加了行政复议机构认为有必要的，可以提请行政复议委员会提出咨询意见的规定，为行政复议机构在日常工作中就行政复议过程中的疑难问题向行政复议委员会咨询提供了便利。

本条第三款则规定了行政复议机关应当记录行政复议委员会的咨询意见，“应当记录”这一表述，类似于刑事诉讼和民事诉讼中的听取意见规则。这一条款并未明确规定行政复议委员会的咨询意见对于行政复议机关作出行政复议决定的影响。应当认为，从行政复议委员会审议后作出的决定被命名为咨询意见可以看出，立法者将行政复议委员会的决定定位为咨询性意见，其结果对于行政复议决定仅具有参考价值，不具备决定性影响。然而，根据本条的相关规定，咨询意见虽然仅具有参考价值，但是由于行政复议机关负有记录相关咨询意见的义务，需要听取行政复议委员会的意见，这一咨询意见必然作为行政复议决定作出的参考要素而存在。

相关规定

◎部门规章

《自然资源行政复议规定》（中华人民共和国自然资源部令第3号　2019年9月1日）

第五条　行政复议机关可以根据工作需要设立行政复议委员会，审议重大、复杂、疑难的行政复议案件，研究行政复议工作中的重大问题。

第二十三条　行政复议案件以书面审理为主。必要时，行政复议机构可以采取实地调查、审查会、听证会、专家论证等方式审理行政复议案件。

重大、复杂、疑难的行政复议案件，行政复议机构应当提请行政复议委员会审议。

《住房城乡建设行政复议办法》（中华人民共和国住房和城乡建设部令第25号　2015年11月1日）

第五条　行政复议机关可以根据行政复议工作的需要，设立行政复议委员会，其主要职责是：

（一）制定行政复议工作的规则、程序；

（二）对重大、复杂、疑难的行政复议案件提出处理意见；

（三）对行政复议涉及的有权处理的规范性文件的审查提出处理意见；

（四）其他需要决定的重大行政复议事项。

◎**其他规范性文件**

《北京市人民政府办公厅关于设立北京市人民政府行政复议委员会的通知》（京政办发〔2007〕58号 2007年9月12日）

各区、县人民政府，市政府各委、办、局，各市属机构：

为推进依法行政，充分发挥行政复议制度在解决行政争议、化解社会矛盾中的重要作用，提高本市行政复议案件审理工作质量，维护当事人合法权益，依据《中华人民共和国行政复议法》、《中华人民共和国行政复议法实施条例》及《北京市人民政府关于进一步加强本市行政复议工作的意见》（京政发〔2007〕5号），市政府决定设立北京市人民政府行政复议委员会（简称市政府行政复议委员会）。经市政府同意，现将有关事项通知如下：

一、市政府行政复议委员会的职责

市政府行政复议委员会是市政府负责审理行政复议案件、指导本市行政复议制度建设工作的审议机构，主要负责审议市政府重大疑难行政复议案件和研究本市行政复议工作中的重大问题等。

市政府行政复议委员会办公室设在市政府法制办，负责执行行政复议委员会的议定事项、普通性案件审理和日常事务处理等工作。

二、市政府行政复议委员会的组成

市政府行政复议委员会由主任委员、常务副主任委员、副主任委员、常任委员和非常任委员组成。主任委员由市政府主管法制工作的领导同志担任；常务副主任委员、副主任委员、常任委员由市政府法制办有关负责同志及相关处室负责人担任；非常任委员（不超过30名）按照有关工作程序进行遴选。市政府行政复议委员会人选按程序报市政府批准任命。

市政府行政复议委员会组成人员如有调整，常任委员由市政府行政复议委员会办公室报主任委员同意、非常任委员按程序报市政府同意后，由市政府行政复议委员会办公室印发调整人员名单。

三、市政府行政复议委员会的经费保障

市政府行政复议委员会及其办公室审议市政府行政复议案件和研究本市行政复议工作中重大问题的工作经费，纳入市政府法制办的部门预算予以保障，并按照专款专用的原则进行开支。

北京市人民政府办公厅

二〇〇七年九月十二日

《哈尔滨市行政复议规定》（哈尔滨市人民政府令第186号 2008年6月15日）

第四十九条 按照行政复议委员会形式审理行政复议案件的，适用本节议决程序。

第五十条 行政复议委员会由本级人民政府聘请有关专家、学者以及其他专业人员组成，其中本级人民政府以外的委员应当占全部委员的半数以上。

行政复议委员会议决本级人民政府受理的需要政府作出行政复议决定的行政复议案件，但适用简易程序的除外。

第五十一条 行政复议机关对受理的行政复议案件，需要作出行政复议决定的，行政复议委员会办公室应当形成案件调查报告，并且将调查报告和有关材料在行政复议委员会案件议决会议召开的3日前发送参加案件议决的委员。

第五十二条 行政复议委员会案件议决会议由3至9名委员参加，委员人数为单数，其中本级人民政府以外的委员应当占半数以上。

第五十三条 行政复议调查人员应当

向行政复议委员会案件议决会议汇报案件调查情况，议决委员可以对案件相关情况进行询问，对案件涉及的证据和法律问题进行研究，按照少数服从多数的原则，以表决方式形成行政复议案件的议决意见。

第五十四条　行政复议委员会案件议决会议形成的议决意见报委员会主任签发，由本级人民政府作出决定。

第五十五条　行政复议委员会主任认为行政复议案件需要重新议决的，应当责成行政复议委员会办公室另行组织召开不少于9名委员参加的案件议决会议，或者召开由三分之二以上委员参加的委员会会议，按照少数服从多数的原则，以表决方式议决。经重新议决的行政复议决定书报行政复议委员会主任审签。

行政复议委员会主任认为重新作出的议决意见需要再次研究决定的，应当报请本级人民政府常务会议集体研究作出决定。

《河南省人民政府办公厅关于开展行政复议委员会试点工作的通知》（豫政办〔2009〕84号　2009年5月20日）

各省辖市人民政府，省人民政府各部门：

为进一步完善行政复议体制和工作机制，提高行政复议化解行政争议的质量和效率，增强行政复议制度的公信力，根据《国务院法制办公室关于在部分省直辖市开展行政复议委员会试点工作的通知》（国法〔2008〕71号）要求，省政府决定开展行政复议委员会试点工作。现将试点工作的有关事项通知如下：

一、试点工作意义和范围

开展行政复议委员会试点工作，探索并逐步推行相对集中行政复议审理权，可以有效集中现有分散的行政复议资源，强化政府依法解决行政争议的功能，是优化行政复议资源配置、充分发挥行政复议制度作用的重要途径，也是进一步提高行政复议办案质量、效率和社会公信力的现实需要。

为了稳步推进行政复议委员会试点工作，省政府决定在省政府本级和郑州、安阳、驻马店三市开展行政复议委员会试点工作。上述省辖市政府可以根据本地实际情况选择部分县（市）开展试点工作。其他有条件的省辖市可以结合本地行政复议工作的实际情况，探索开展相关工作。

二、试点工作原则

（一）依法实施原则。各试点单位要以完善行政复议体制和工作机制、切实提高行政复议工作质量和效率为目标，根据《中华人民共和国行政复议法》及其实施条例的立法精神，结合我国行政管理体制特点和行政复议工作发展趋势，积极探索，大胆创新，切实做好试点工作。

（二）稳步推进原则。各试点单位要根据各自实际情况，在本级政府以及部分县级政府先行开展试点，并根据试点开展情况逐步推开。

（三）注重实效原则。行政复议委员会的组建要充分体现“有效、便捷、公正”的特点，增强行政复议案件办理的权威性和公信力。通过行政复议委员会的运作，努力实现将行政争议主要化解在基层、化解在初发阶段、化解在行政机关内部的目标。

三、试点工作内容

（一）设置行政复议委员会。行政复议委员会由主任委员、副主任委员和委员组成。主任委员由本级政府分管法制工作的负责人担任，副主任委员由本级政府秘书长和政府法制机构主要负责人担任；委员由本级政府有关部门负责人、本级政府法制机构有关负责人、经遴选的专职行政复议人员和聘请的专业人士、专家学者等组成。

行政复议委员会下设办公室，办公室设在本级政府法制机构，具体负责受理、审理行政复议案件以及行政复议委员会其他日常工作。

（二）相对集中行政复议审理权。各试点单位办理行政复议案件要在以法定行政复议机关名义作出行政复议决定的前提下，合理整合行政复议资源，积极探索集中办案力量和集中办理案件的办法。试点单位的组成部门不再单独受理和审理行政复议案件，由试点单位集中受理和审理行政复议案件，以法定行政复议机关的名义作出决定。法定行政复议机关不得以任何理由拖延或者拒绝作出行政复议决定。

（三）探索完善行政复议运行机制。根据提高行政复议案件办理质量和效率的要求，探索不同案件的不同审理方式。要明确行政复议委员会及其办公室的职责分工，在充分探索的基础上，根据案件影响力或者难易程度确定多种案件审理方式和审定程序。一般案件可以由行政复议委员会办公室直接审理并以行政复议机关名义作出行政复议决定；重大、复杂案件可以由行政复议委员会办公室审查后提出初步处理意见，经行政复议委员会审议后以行政复议机关名义作出行政复议决定；社会影响大的案件在行政复议委员会审议的基础上经行政复议机关负责人批准或者经集体讨论后以行政复议机关名义作出行政复议决定。

四、试点工作要求

（一）加强组织领导。各试点单位要充分认识试点工作的意义，切实加强对试点工作的组织和领导。省政府成立了以李克常务副省长为组长的省政府行政复议委员会试点工作领导小组，负责全面组织领导试点工作，及时研究、协调和解决试点工作中的重大问题和重要事项，制定相关工作制度，督促指导各试点单位做好实施方案的落实。领导小组办公室设在省政府法制办。省辖市试点单位也要建立健全试点工作领导机制，挑选配备行政复议业务骨干，加大试点工作人力资源和物资保障力度，确保试点工作顺利开展。

（二）明确工作分工。各试点单位要抓紧制定试点工作实施方案，协调解决试点过程中的重大、疑难问题。各试点单位政府法制机构要集中力量抓紧做好相关制度建设和宣传培训工作。参加试点的政府各部门要按照要求积极配合开展试点工作，协助完成相关工作任务，确保试点工作扎实推进，取得成效。

（三）积极稳步推进。省辖市试点单位试点工作实施方案经本级政府确定后于2009年6月20日前报省政府行政复议委员会试点工作领导小组备案，并由本级政府组织实施；2009年8月1日前各试点单位要将试点工作实施方案的组织实施情况报省政府行政复议委员会试点工作领导小组；2009年10月1日，我省各试点单位行政复议委员会及其办公室正式开展工作。试点工作正式开展后，各试点单位要将每个季度的工作情况报省政府行政复议委员会试点工作领导小组备案。

河南省人民政府办公厅

二〇〇九年五月二十日

《上海市人民政府关于建立上海市人民政府行政复议委员会的决定》（沪府发〔2011〕63号　2011年9月30日）

各区、县人民政府，市政府各委、办、局：

行政复议是解决行政争议、化解社会矛盾和维护社会稳定的重要渠道，也是推进依法行政和促进政府职能转变的重要抓手。为进一步提高本市行政复议工作质量，切实维护当事人合法权益，努力实现将行政争议化解在初发阶段和行政程序中的目标，依据《中华人民共和国行政复议法》、《中华人民共和国行政复议法实施条例》和《国务院关于加强法治政府建设的意见》（国发〔2010〕33号）等精神，市政府决定成立上海市人民政府行政复议委员会（以下简称“市政府行政复议委员会”）。

一、市政府行政复议委员会的职责

市政府行政复议委员会负责审议市政府重大、复杂、疑难的行政复议案件，研究本市行政复议工作中的重大问题。

市政府法制办承担市政府行政复议委员会的日常工作，负责行政复议案件的立案受理、调查取证、案件审查、文书送达、档案管理等事务。

二、市政府行政复议委员会的组成

市政府行政复议委员会由主任委员、常务副主任委员、副主任委员和委员组成。主任委员由常务副市长担任。常务副主任委员由市政府秘书长、市政府法制办主任担任。副主任委员由市政府法制办分管行政复议工作的负责人担任。委员分为常任委员和非常任委员，常任委员由市政府法制办有关负责人和相关处室负责人担任；非常任委员从法学专家、律师、人大代表、政协委员以及行政机关、人民团体、社会团体内熟悉法律工作的人员中遴选。

上海市人民政府

二〇一一年九月三十日

《内蒙古自治区人民政府办公厅转发自治区法制办关于做好行政复议委员会试点工作意见的通知》（内政办发〔2012〕99号 2012年8月30日）

各盟行政公署、市人民政府，各旗县人民政府，自治区各委、办、厅、局：

经自治区人民政府同意，现将自治区法制办《关于做好行政复议委员会试点工作的意见》转发给你们，请结合实际，认真贯彻执行。

为进一步完善行政复议体制和工作机制，提高行政复议化解行政争议的质量和效率，增强行政复议制度的公信力，根据党中央、国务院关于完善行政复议制度、健全行政复议体制的要求，现就做好我区行政复议委员会试点工作提出如下意见：

一、做好行政复议委员会试点工作的重要意义

行政复议是化解行政争议、维护人民群众合法权益、推动行政机关依法行政、实现社会公平正义的重要法定渠道。做好行政复议委员会试点工作，是落实党中央、国务院关于完善行政复议体制、创新行政复议工作机制要求的重要举措，是提高行政复议办案质量、效率和社会公信力的现实需要，是优化行政复议资源配置、集中行政复议力量、充分发挥行政复议制度功能的重要途径。

二、做好行政复议委员会试点工作的基本原则

（一）依法实施原则。各试点地区要以完善行政复议体制和工作机制，切实提高行政复议工作质量和效率为目标，根据《中华人民共和国行政复议法》、《中华人民共和国行政复议法实施条例》及《内蒙古自治区实施〈中华人民共和国行政复议法〉办法》的立法精神，结合现行行政管理体制特点和行政复议工作发展趋势，大胆创新行政复议体制和工作机制，积极探索相对集中行政复议审理权，切实做好试点工作。

（二）稳步推进原则。各试点地区要根据本地区实际情况，制定切实可行的实施方案，将试点工作与行政管理体制改革

有机结合起来，将其纳入推进依法行政、建设法治政府的整体规划和部署当中。

（三）注重实效原则。行政复议委员会的组建要充分体现行政复议“有效、便捷、公正”的特点，优化行政复议资源配置，增强行政复议案件办理的权威性和公信力。通过行政复议委员会的运作，努力实现将行政争议主要化解在基层、化解在初发阶段、化解在行政机关内部的目标。

三、开展行政复议委员会试点工作的范围

为了稳步推进行政复议委员会试点工作，自治区决定在呼和浩特市、赤峰市、乌兰察布市、鄂尔多斯市4个盟市先行开展行政复议委员会试点工作。各试点盟市可在本盟市全面开展试点工作，也可在本级人民政府或选择部分条件成熟的旗县（市、区）人民政府先行开展试点，并根据试点情况逐步推开。

鼓励其他有条件的地区，结合本地区行政复议工作的实际情况，积极探索开展相关工作。拟开展行政复议委员会试点工作的盟市，经自治区法制办审查后，列入试点范围。

四、开展行政复议委员会试点工作的主要内容

各试点地区应主要围绕行政复议委员会的功能定位、职责范围、组织形式、运行机制、工作规则等进行积极探索。

（一）积极探索行政复议委员会的功能定位及主要职责。行政复议委员会是本级人民政府行政复议工作的议决机构，其主要职责是审议本级人民政府及其部门重大、疑难行政复议案件，研究本级人民政府行政复议工作中的重大事项。

（二）积极探索行政复议委员会的组织形式。各试点地区应探索建立政府主导、专业保障、社会参与的行政复议体制机制。行政复议委员会原则上由主任委员、副主任委员、常任委员和非常任委员组成。主任委员可由本级人民政府分管法制工作的负责人担任，副主任委员可由本级人民政府分管法制工作的秘书长和本级政府法制机构主要负责人担任，常任委员可由本级政府法制机构分管行政复议工作的负责人及相关内设机构负责人担任，非常任委员可由本级政府部门负责人、法律界及相关行业的专业人士担任。非常任委员按照有关程序进行遴选聘任，每届任期3年。

行政复议委员会下设办公室，办公室设在本级政府法制机构，承担行政复议委员会的日常工作。行政复议委员会办公室主任由本级政府法制机构主要负责人兼任，办公室副主任由本级政府法制机构分管行政复议工作的负责人兼任。

（三）积极探索行政复议委员会的运行机制。行政复议委员会一般以召开会议的形式审议重大、疑难行政复议案件或研究有关重大事项，以投票方式、按照少数服从多数的原则作出结论。

1. 相对集中行政复议审理权。各试点地区办理行政复议案件，要在以法定行政复议机关名义作出行政复议决定的前提下，合理整合行政复议资源，积极探索集中办案力量和集中办理案件的办法。试点地区的政府部门不再单独受理和审理行政复议案件，由试点地区行政复议委员会集中受理和审理行政复议案件，以法定行政复议机关的名义作出行政复议决定。法定行政复议机关不得以任何理由拖延或拒绝作出行政复议决定。

2. 明确行政复议委员会及其办公室的职责分工，根据案件影响力或难易程度确定不同案件的不同审理方式和审定程序。一般案件可由行政复议委员会办公室直接

审理，经办公室主任审批后，报行政复议委员会主任委员或副主任委员审定，以法定行政复议机关名义作出行政复议决定；重大、疑难案件可由行政复议委员会办公室审查后提出初步处理意见，经行政复议委员会议决后，报主任委员审定，以法定行政复议机关名义作出行政复议决定。

（四）积极探索行政复议委员会的工作规则。制定行政复议委员会相关工作制度，如行政复议委员会工作规则和议事规则、非常任委员遴选办法、委员会委员守则等。

五、有关要求

（一）加强领导。各试点地区要充分认识做好行政复议委员会试点工作的重要意义，切实加强组织领导。各试点地区政府法制机构具体负责试点工作的组织实施，相关政府部门要积极配合试点工作，确保试点工作取得成效。

（二）精心部署。各试点地区要在充分调研的基础上，抓紧制定试点工作实施方案，并报自治区法制办备案。各试点地区政府法制机构要集中力量制定相关工作制度和宣传培训方案，对于试点工作中遇到的困难和问题，要及时向自治区法制办反馈。

（三）保障有力。各试点地区要健全完善行政复议机构，落实办案场所，配备接待室和案件审理室，有条件的地区可在信访接待大厅或政务服务大厅设置行政复议受理窗口。试点工作所需经费纳入本级财政预算。各试点地区行政复议机构要根据工作需要，合理配备专职行政复议工作人员，确保行政复议机构的办案能力与工作任务相适应。

（四）总结完善。各试点地区要定期对试点工作情况进行总结，认真分析研究试点过程中出现的新情况、新问题，并分年度向自治区法制办反馈试点工作情况。同时，要加强与区内外试点地区的交流，吸收好的经验和做法，不断完善试点工作内容。自治区法制办要定期深入试点地区进行调研指导，适时组织召开试点工作座谈会，交流试点经验，及时提出具体指导意见。

《贵州省人民政府关于进一步推进行政复议委员会试点工作的通知》（黔府发〔2012〕28号　2018年8月12日）

各市、自治州人民政府，各县（市、区、特区）人民政府，省政府各部门、各直属机构：

为全面贯彻落实《中共中央办公厅国务院办公厅关于预防和化解行政争议健全行政争议解决机制的意见》（中办发〔2006〕27号）精神，进一步完善行政复议体制和工作机制，提高行政复议解决行政争议的质量和效率，增强行政复议制度的公信力，充分发挥行政复议制度在解决行政争议、建设法治政府、构建社会主义和谐社会中的重要作用，根据《国务院法制办公室关于在部分省、直辖市开展行政复议委员会试点工作的通知》（国法〔2008〕71号）（以下简称《通知》）要求和2011年全国行政复议委员会试点工作座谈会精神，现就进一步推进行政复议委员会试点工作的有关事项通知如下：

一、指导原则

（一）依法实施原则。各试点单位要以完善行政复议体制和工作机制，切实提高行政复议工作质量和效率为目标，根据《行政复议法》、《行政复议法实施条例》及《贵州省行政复议条例》的立法精神，结合现行行政管理体制特点和行政复议工作发展趋势，积极探索，大胆创新，切实做好试点工作。

（二）稳步推进原则。各试点单位要根据各自实际情况，制定切实可行的实施方案，将试点工作与行政管理体制改革有机结合起来，纳入到推进依法行政、建设法治政府的整体规划和部署当中。

（三）注重实效原则。行政复议委员会的组建要充分体现行政复议“有效、便捷、公正”的特点，优化行政复议资源配置，增强行政复议案件办理的权威性和公信力。通过行政复议委员会的运作，努力实现将行政争议主要化解在基层、化解在初发阶段、化解在行政机关内部的目标。

二、试点范围

在省人民政府本级、省工商局和遵义市、黔西南自治州人民政府及清镇市、福泉市、金沙县人民政府已开展行政复议委员会试点工作的基础上，结合各地在组织保障、机构建设、人员配置、行政复议案件办理及行政复议委员会设置等方面的实际，新增贵阳市、铜仁市、黔东南自治州人民政府为开展行政复议委员会试点工作的单位。鼓励其他有条件的地方和单位，结合本地、本部门行政复议工作实际，积极探索开展相关工作。

三、试点内容

试点单位要围绕行政复议委员会的功能定位、职责范围、组织形式、运行机制、工作规则等，结合本地、本部门实际，制定工作方案。

（一）设立行政复议委员会及其办公室。

行政复议委员会可以由主任委员、常务副主任委员、副主任委员、常任委员和非常任委员组成。主任委员由试点单位负责人担任，常务副主任委员可以由试点单位负责人或试点单位法制机构主要负责人担任，副主任委员由试点单位法制机构负责人担任，常任委员由试点单位法制机构负责人、行政复议及相关机构（部门）负责人担任，非常任委员可以由其他行政机关负责人、经遴选的相关大专院校、科研机构和专业协会的专家学者、专业人士等人员担任。行政复议委员会的主要职责是通过召开会议，研究讨论行政复议委员会办公室提请审议的行政复议案件以及行政复议工作中的重大问题。行政复议委员会下设办公室，与行政复议机构合署办公，办公室主任由试点单位法制机构负责人担任。行政复议委员会办公室（以下简称复议办）的主要职责是具体负责受理、审理行政复议案件，承担行政复议委员会的日常工作。

（二）规范行政复议委员会及其办公室的运行机制。

1. 行政复议委员会及其办公室审查行政复议案件的权限。复议办负责受理、审理各类行政复议案件，其中：

——事实清楚、争议不大的案件，复议办审议后以行政复议机关的名义作出行政复议决定。

——事实、证据认定存在较大争议、专业性较强和难度较大、涉及重大公共利益、社会影响较大、法律关系复杂、法律适用存在重大分歧等一般重大案件，由复议办审查后提出处理意见，提请行政复议委员会审议后，以行政复议机关的名义作出行政复议决定。

——案情特别复杂、社会普遍关注的重特大案件或者行政机关主要领导认为必要的，由行政复议委员会审议提出处理意见，报经行政机关主要负责人批准或者经行政机关负责人集体讨论审议后，以行政复议机关的名义作出行政复议决定。

2. 行政复议委员会的运行机制。行政复议委员会开会审议行政复议案件，由主任委员或其指定的常务副主任委员或副主任委员主持，常任委员和根据审议案件的需要及专业特长选定的非常任委员参加。

行政复议委员会开会研究行政复议工作中的重大问题，由主任委员或其指定的常务副主任委员或副主任委员主持，常任委员和非常任委员参加，每年至少召开1次全体委员会议。行政复议委员会审议行政复议案件和研究行政复议工作中的重大问题实行票决制，会议以应到会的二分之一以上委员的表决意见通过行政复议案件的处理意见和审议的行政复议工作事项。

3. 复议办的运行机制。复议办与行政复议机构合署办公，由办公室主任领导，具体承办行政复议委员会作出的有关决议和工作事项，依法组织行政复议人员受理、审理行政复议案件，提出审理意见，按权限作出行政复议决定或者提请行政复议委员会审议。

（三）相对集中行政复议审理权。

各试点单位应当按照集中收案、集中人力、集中办理的办法受理和审理行政复议案件。相对集中的行政复议案件范围为申请人不服行政机关作出的具体行政行为，根据《行政复议法》、《行政复议法实施条例》的规定，选择向其上一级主管部门申请行政复议的案件，具体办法由各试点单位结合本地、本部门实际制定，主要原则是：

1. 省政府法制办（省政府复议办）集中受理除省公安厅、省工商局、省人力资源社会保障厅以外的省直有关部门和单位应当受理的行政复议案件，审理后以省人民政府的名义作出行政复议决定。

2. 贵阳市政府法制办（贵阳市政府复议办）集中受理除市住房城乡建设局、市公安局、市国土资源局、市人力资源社会保障局以外的市直有关部门和单位应当受理的行政复议案件，审理后以贵阳市人民政府的名义作出行政复议决定。

3. 遵义市政府法制办（遵义市政府复议办）集中受理除市公安局以外的市直有关部门和单位应当受理的行政复议案件，审理后以遵义市人民政府的名义作出行政复议决定。

4. 铜仁市政府法制办（铜仁市政府复议办）、黔东南自治州政府法制办（黔东南自治州政府复议办）、黔西南自治州政府法制办（黔西南自治州政府复议办）集中受理市（州）直有关部门和单位应当受理的行政复议案件，审理后以市（州）人民政府的名义作出行政复议决定。

5. 省工商局集中受理向工商系统申请的行政复议案件，审理后以省工商局的名义作出行政复议决定。

6. 清镇市、福泉市、金沙县政府法制办（清镇市、福泉市、金沙县政府复议办）集中受理本级政府有关部门和单位应当受理的行政复议案件，以本级人民政府的名义作出行政复议决定。

（四）相对集中行政复议案件的应诉。

对于各试点单位集中受理的行政复议案件，因行政复议申请人、第三人不服行政复议决定提起行政诉讼的，按以下规定应诉：

1. 作出维持原具体行政行为的行政复议决定，由原作出具体行政行为的行政机关应诉。

2. 作出改变原具体行政行为内容的行政复议决定，根据行政复议机关的委托，由复议办指派2人作为委托代理人，以行政复议机关的名义应诉。

（五）设立行政复议委员会专家咨询组。

为了使行政复议委员会审理行政复议案件更具有权威性、专业性和公正性，更加体现民主、科学和依法决策的特征，行政复议委员会可以设立行政复议委员会专家咨询组。专家咨询组成员根据行政复议案件的专业需要从有关工作部门、大专院校、科研机构和群团组织中聘请经遴选的专家学者和专业人士担任。行政复议委员会专家咨询组受行政复议委员会委托，对重大复杂、专业性较强的行政复议案件进行咨询论证，出具书面意见，必要时可以召开咨询论证会集中审议，专家组提出的意见作为作出行政复议决定的参考依据。

四、原级行政复议案件的答复和应诉

（一）对省人民政府的具体行政行为不服申请行政复议的案件，由原承办具体行政行为有关事项的部门或者机构（原承办具体行政行为有关事项是议事机构的，由议事机构办公室牵头会同相关部门进行研究）代省人民政府提出书面答复意见，并提交作出具体行政行为的证据、依据和其他有关材料。

（二）对省人民政府的具体行政行为不服申请行政复议的案件，因行政复议申请人、第三人不服行政复议决定提起行政诉讼的，按以下规定应诉：

1. 作出维持原具体行政行为的行政复议决定，由原承办具体行政行为有关事项的部门或者机构（原承办具体行政行为有关事项是议事机构的，由议事机构办公室牵头会同相关部门进行研究）根据省人民政府的委托，指派 2 人作为委托代理人，以省人民政府的名义应诉。

2. 作出改变原具体行政行为内容的行政复议决定，由复议办根据省人民政府的委托，指派 2 人作为委托代理人，以省人民政府的名义应诉。

五、试点措施

（一）加强试点工作的组织领导。

为积极稳妥开展行政复议委员会试点工作，加强对试点工作的组织领导，各试点单位应当根据试点工作需要，成立由政府分管领导任组长，政府分管副秘书长、副主任和政府法制机构负责人任副组长，编委、人事、财政、监察、信访和行政复议机构等部门负责人为成员的行政复议委员会试点工作领导小组（以下简称试点领导小组），负责组织协调有关方面的工作。试点领导小组办公室设在政府行政复议机构内，具体承办试点领导小组的日常工作。省工商局可以根据工作需要建立相应组织领导机构。

（二）健全完善行政复议机构，落实办案场所，切实保障行政复议委员会试点工作的顺利进行。各试点单位及其相关部门要按照《通知》要求，根据本地、本部门实际，健全完善行政复议机构，配备人员编制，落实办案场所，为开展试点工作提供人员、场所、经费等方面保障，确保试点工作顺利进行。

（三）总结经验，加强交流。

各试点单位要定期对试点工作情况进行小结，认真分析研究解决试点过程中出现的新情况、新问题。要加强与省内外试点单位的交流，吸收好的经验和做法，不断完善试点工作内容。省试点领导小组办公室要编辑试点工作简报，适时组织召开试点工作座谈会，交流试点经验，及时提出具体指导意见。

（四）定期上报试点工作情况，加强监督检查。贵阳市、铜仁市、黔东南自治州人民政府应按要求在试点开始前将试点工作方案报省试点领导小组办公室备案。各试点单位每季度应向省试点领导小组办公室报告试点工作情况，报告内容要有情况、有问题、有分析、有对策，为我省试点工作提供好的经验和做法。省试点领导小组要对各试点单位的工作情况进行监督检查，推动试点工作顺利开展。

《省人民政府印发关于开展行政复议委员会试点工作的方案的通知》（黔府发

〔2009〕22号）同时废止。

贵州省人民政府

2012年8月12日

《四川省人民政府关于设立四川省人民政府行政复议委员会的通知》（川府函〔2013〕311号 2013年12月12日）

各市（州）人民政府，省政府各部门、各直属机构：

为推进依法行政，充分发挥行政复议制度在解决行政争议、化解社会矛盾中的主渠道作用，提高省政府行政复议案件审理质量，维护当事人合法权益，根据《中共中央关于全面深化改革若干重大问题的决定》、《中华人民共和国行政复议法》和国家有关规定，省政府决定设立四川省人民政府行政复议委员会（以下简称省政府行政复议委员会）。现将有关事项通知如下。

一、人员组成

省政府行政复议委员会由1名主任委员、3名副主任委员和若干名委员组成，主任委员由省政府常务副省长担任；副主任委员由省政府秘书长、分管副秘书长和省政府法制办主任担任；常任委员从非行政复议被申请人单位中产任；非常任委员从政府外的专家学者中遴选、实行任期制，参与案件相关工作适当支付报酬。

省政府行政复议委员会组成人员名单报主任委员审定。

二、主要职责

省政府行政复议委员会是负责统一审理省政府行政复议案件、指导全省行政复议制度建设工作的审议机构，主要负责签发省政府行政复议决定书，审议省政府重大疑难行政复议案件和研究全省行政复议工作中的重大问题。

省政府行政复议委员会下设省政府行政复议办公室，负责执行省政府行政复议委员会的议定事项、一般性案件审理，承担省政府行政复议委员会的日常工作。省政府行政复议办公室设在省政府法制办，办公室主任由省政府法制办主任兼任。

四川省人民政府

2013年12月12日

《山西省人民政府办公厅关于开展行政复议委员会试点工作的通知》（晋政办发〔2014〕27号 2014年4月11日）

各市、县人民政府，省人民政府各委、办、厅、局：

为了进一步完善行政复议体制和工作机制，增强行政复议制度的公信力，充分发挥行政复议制度在解决行政争议、化解社会矛盾、构建社会主义和谐社会中的主渠道作用，更好地贯彻落实党的十八届三中全会通过的《中共中央关于全面深化改革若干重大问题的决定》中提出的“改革行政复议体制，健全行政复议案件审理机制，纠正违法或不当行政行为”的精神，根据《国务院法制办公室关于在部分省、直辖市开展行政复议委员会试点工作的通知》（国法〔2008〕71号），经省人民政府同意，现就我省开展行政复议委员会试点工作通知如下：

一、充分认识开展行政复议委员会试点工作的重要意义

开展行政复议委员会试点工作，是充分发挥行政复议解决行政争议、化解社会矛盾主渠道作用的具体措施。行政复议委员会是一种全新的行政复议工作机制和行政复议案件审理模式，通过行政复议委员会的新机制和新模式可以进一步整合行政复议资源，打造更加有效、便捷、公正的行政复议制度平台。

开展行政复议委员会试点工作，是提高行政复议办案质量、效率和社会公信力的需要。“政府主导、专业保障、社会参

与”的行政复议委员会，可以充分发挥专家学者等社会力量的作用，有利于提高行政复议案件办理质量和效率，有利于“定纷止争、案结事了”，实现法律效果与社会效果的统一，有利于进一步提升行政复议制度的社会公信力。

开展行政复议委员会试点工作对健全和完善市、县（市、区）政府行政复议机构，充实和加强行政复议队伍，有效集中现有分散的行政复议资源，保障行政复议制度功能的充分发挥，都具有重要的现实意义。

二、试点范围

按照试点先行、稳步推进的原则，决定在太原市和晋城市开展行政复议委员会试点工作。其他有条件的市、县，也可以结合本地行政复议工作的实际，主动探索开展试点工作。

三、试点内容

太原市和晋城市应主要围绕行政复议委员会的功能定位、职责范围、组织形式、运行机制、工作规则等内容，结合本地行政复议工作实际，合理制订试点工作方案。

（一）创新行政复议体制。

行政复议委员会是本级政府行政复议案件的审理机构，应妥善处理好行政复议委员会与行政复议机关首长负责制的关系，充分发挥行政复议委员会在讨论决定行政复议案件、解决行政复议工作中重大问题的作用。合理整合行政复议资源，实行集中人力、集中受理、集中审理的行政复议办案模式。

（二）健全行政复议组织机构。

行政复议委员会原则上由主任委员、副主任委员和一般委员组成，主任委员可由本级政府分管法制工作的负责人担任，副主任委员可由本级政府法制机构负责人担任，一般委员由专职行政复议人员和经遴选的专业人士、专家学者等人员担任。

行政复议委员会下设办公室，办公室设在本级政府法制机构，具体负责受理、审查行政复议案件以及承担行政复议委员会的日常工作，行政复议委员会办公室主任由本级政府法制机构主要负责人兼任，办公室副主任由本级政府法制机构分管行政复议工作的负责人兼任。

（三）完善行政复议运行机制。

1. 相对集中行政复议案件审理权。行政复议委员会集中受理和审理行政复议案件，以法定行政复议机关作出行政复议决定。

2. 明确行政复议委员会及其办公室的职责分工。一般案件由行政复议委员会办公室直接审理，以法定行政复议机关名义作出行政复议决定。重大疑难案件可由行政复议委员会办公室提出初步意见，经行政复议委员会议定后，再以法定行政复议机关名义作出行政复议决定。

3. 制定行政复议委员会相关工作制度。制定行政复议委员会工作规则和议事规则、一般委员的遴选办法、委员守则等制度。

四、工作要求

（一）加强领导。要以改革创新的精神，结合我省转型综改试验区的优势和行政管理体制特点，切实加强领导。政府法制机构具体负责试点的组织实施，相关政府部门要凝聚共识积极配合试点工作。

（二）精心布置。要在认真调查研究的基础上，结合实际，抓紧制订工作方案。要集中力量制定相关工作制度和宣传培训方案。试点工作方案须报省政府法制办备案。

（三）全面保障。要健全完善行政复议机构，合理配备专职行政复议人员，有条件的可在政务服务大厅和信访接待大厅设置行政复议受理窗口，试点工作所需经费由本级财政予以保障。

（四）总结经验。要定期对试点工作情况进行总结，注意研究解决行政复议委员会设立运行过程中出现的新问题、新情况，不断完善试点内容。对试点工作中遇到的困难和问题，要及时向省政府法制办反馈和报告。

山西省人民政府办公厅

2014年4月11日

《吉林省人民政府法制办公室关于长春、白山两市及所属县（市区）政府集中办理行政复议案件的通知》（吉府法发〔2014〕88号 2014年7月25日）

长春市、白山市及所属县（市、区）人民政府，省政府各厅委办、各直属机构：

根据《国务院法制办公室关于在部分省、直辖市开展行政复议委员会试点工作的通知》（国法〔2008〕71号）和吉发〔2014〕8号《中共吉林省委、吉林省人民政府关于印发〈吉林省贯彻党的十八届三中全会决定精神，推进全面深化改革重点任务落实的实施方案〉的通知》精神，按照省政府批准的行政复议体制改革试点方案，省里于2013年8月即确定在长春、白山两市及所属县（市、区）进行行政复议体制改革试点。试点的主要任务是：在县级以上人民政府设立行政复议委员会；行政复议案件全部集中到政府办理，政府部门不再受理行政复议案件。经省政府同意，自2014年9月1日开始，长春、白山两市及所属县（市、区）政府行政复议委员会办公室统一办理所辖的全部行政复议案件。具体通知如下：

一、省直各部门（含省以下垂直部门）不再受理以长春、白山两市政府部门为被申请人的行政复议案件，案件统由长春、白山两市政府行政复议委员会办公室办理。

二、长春、白山两市政府部门不再受理其派出机构为被申请人和所属县（市、区）政府部门为被申请人的行政复议案件，以长春、白山两市政府部门派出机构为被申请人的行政复议案件由长春、白山两市政府行政复议委员会办公室办理，以县（市、区）政府部门为被申请人的行政复议案件由长春、白山两市所属县（市、区）政府行政复议委员会办公室办理。

三、长春、白山两市及所属县（市、区）各类开发区管委会为被申请人的行政复议案件，由设立该开发区的政府行政复议委员会办公室办理。

四、长春、白山两市及所属县（市、区）法律授权组织为被申请人的行政复议案件，由该授权组织的本级政府行政复议委员会办公室办理。

五、长春、白山两市及所属县（市、区）政府各部门于2014年9月1日前受理的行政复议案件、省直各部门于2014年9月1日前受理长春、白山两市的行政复议案件，由受理该案件的部门继续审理。

吉林省人民政府法制办公室

2014年7月25日

《山东省人民政府办公厅关于设立山东省人民政府行政复议委员会的通知》（鲁政办字〔2014〕139号 2014年9月28日）

各市人民政府，省政府各部门、各直属机构：

为贯彻落实党的十八届三中全会精神，改革行政复议体制，健全复议案件审理机制，省政府决定设立山东省人民政府行政复议委员会（以下简称行政复议委员会），负责审理省政府重要行政复议案件，研究我省行政复议工作中的重大问题。

行政复议委员会由省政府分管法制工作的副省长担任主任委员，省政府分管法制工作的副秘书长、省法制办主任担任副主任委员，省法制办分管行政复议工作的负责同志担任专职副主任委员，省法制办相关负责同志和有关处（室）负责同志担任常任委员，省政府有关部门、直属机构法制处（室）负责同志和“山东省法律专家库”遴选的部分专家担任非常任委员。行政复议委员会不作为省政府议事协调机构，日常工作由山东省人民政府行政复议办公室负责。

山东省人民政府办公厅

2014 年 9 月 28 日

《贵州省人民政府办公厅关于进一步深化行政复议委员会试点工作的通知》（黔府办发〔2015〕28 号　2015 年 7 月 6 日）

各市、自治州人民政府，贵安新区管委会，各县（市、区、特区）人民政府，省政府各部门、各直属机构：

我省自 2009 年开展行政复议委员会试点工作以来，在依法受理行政复议申请，提高行政复议办案质量和效率，积极化解行政争议，促进依法行政等方面取得明显成效。2012 年省人民政府下发了《关于进一步推进行政复议委员会试点工作的通知》（黔府发〔2012〕28 号），进一步扩大了试点范围。为贯彻落实党的十八届三中、四中全会和省委十一届四次、五次全会精神，进一步深化行政复议委员会试点工作，健全行政复议案件审理机制，经省人民政府同意，就有关事项补充通知如下：

一、进一步深化行政复议委员会试点工作

继续深化省人民政府本级和贵阳市、遵义市、铜仁市、黔东南自治州、黔西南自治州及清镇市、福泉市、金沙县人民政府行政复议委员会试点工作，进一步健全集中力量统一受理、统一审理、统一作出决定的行政复议工作机制和案件审理机制。新增六盘水市、安顺市、毕节市、黔南自治州人民政府、贵安新区管委会和除清镇市、福泉市、金沙县之外的其余所有县（市、区、特区）人民政府开展行政复议委员会试点工作，建立健全行政复议案件审理机制。省工商局不再作为系统试点单位，对工商部门的具体行政行为不服的，可以向同级人民政府申请行政复议，也可以向上一级主管部门申请行政复议。对市、县两级政府工作部门的具体行政行为不服的，应当引导申请人向同级人民政府申请行政复议。申请人坚持向上级部门申请行政复议的，也应尊重其选择。（牵头单位：省政府法制办，责任单位：省政府各部门、各直属机构，各市〔州〕人民政府、贵安新区管委会、各县〔市、区、特区〕人民政府）

二、健全行政复议案件审理机制

（一）根据案件难易程度，行政复议案件可以采取听证、实地调查、书面审理等形式审理。对于重大、疑难、复杂或者申请人、第三人要求听证以及行政复议委员会办公室（以下简称复议办）认为应当听证的案件，采取听证方式审理。复议办举行听证，应当指定 3 人以上单数具有行政复议资格的人员作为听证人员，并确定其中 1 人为听证主持人。（牵头单位：省政府法制办，责任单位：各市〔州〕人民政府、贵安新区管委会、各县〔市、区、特区〕人民政府）

（二）除简易与调解和解的案件外，复议办指定 3 人以上单数具有行政复议资格的人员组成案件审理组或者听证庭审理案件并向复议办提出处理意见，其中，一般案件由复议办讨论后作出行政复议决定；重大、疑难、复杂案件由复议办提出处理意见报行政复议委员会审理。案件审理组、听证庭和复议办审理案件应当集体讨论并按少数服从多数的原则提出处理意见。（牵头单位：省政府法制办，责任单位：各市〔州〕人民政府、贵安新区管委会、各县〔市、区、特区〕人民政府）

（三）行政复议委员会审理案件，由主任委员或其指定的副主任委员主持，常任委员和根据审理案件需要选定的非常任委员参加，参会人数为7人以上单数，其中试点单位以外的非常任委员人数不得少于参会总人数的三分之一。行政复议委员会审理案件提出的处理意见应以到会二分之一以上人员表决通过方为有效。（牵头单位：省政府法制办，责任单位：各市〔州〕人民政府、贵安新区管委会、各县〔市、区、特区〕人民政府）

（四）对于重大、疑难、复杂的案件，行政复议委员会或者复议办可以组织专家咨询组开展咨询论证，出具书面意见，必要时可以召开咨询论证会集中审理。专家咨询组成员出具的意见作为行政复议机关作出行政复议决定的参考依据。（牵头单位：省政府法制办，责任单位：各市〔州〕人民政府、贵安新区管委会、各县〔市、区、特区〕人民政府）

三、工作要求

全省各级行政复议机关要将行政争议主要化解在基层、化解在初发阶段、化解在行政系统内部，按照方便群众、服务群众的总要求，着力通过深化行政复议体制机制改革、健全行政复议机构，充实行政复议专业队伍，加强行政复议规范化建设，进一步畅通行政复议渠道，提升行政复议公信力，加强层级监督，促进依法行政，充分发挥行政复议依法化解行政争议主渠道作用。（牵头单位：省政府法制办、省编委办、省财政厅、省监察厅、省人力资源社会保障厅，责任单位：省公安厅、省工商局、各市〔州〕人民政府、贵安新区管委会、各县〔市、区、特区〕人民政府）

新增试点单位要根据《省人民政府关于进一步推进行政复议委员会试点工作的通知》（黔府发〔2012〕28号）和本通知要求，于2015年9月1日前制定试点工作方案报上一级人民政府试点领导小组办公室备案并组织实施，每年年底向上一级人民政府试点领导小组办公室报告试点工作开展情况。省政府法制办要加强对试点单位的业务指导和监督检查，推动试点工作顺利开展，各试点单位在试点工作中遇到新情况、新问题，要及时研究解决，有关工作意见和建议报省政府法制办。（牵头单位：省政府法制办，责任单位：各市〔州〕人民政府、贵安新区管委会、各县〔市、区、特区〕人民政府）

贵州省人民政府办公厅

2015年7月6日

第四节　简易程序

第五十三条　简易程序适用情形

行政复议机关审理下列行政复议案件，认为事实清楚、权利义务关系明确、争议不大的，可以适用简易程序：

（一）被申请行政复议的行政行为是当场作出；

（二）被申请行政复议的行政行为是警告或者通报批评；

（三）案件涉及款额三千元以下；

（四）属于政府信息公开案件。

除前款规定以外的行政复议案件，当事人各方同意适用简易程序的，可以适用简易程序。

条文注释

本条是有关行政复议简易程序适用范围的规定。

针对简易程序的适用范围，本条采用了实质标准和形式标准兼具的立法模式。实质标准，是指适用简易程序的案件所应当符合的基本特征。根据本法的规定，简易程序适用的实质标准包含三大要素，“事实清楚、权利义务关系明确、争议不大”，其中，事实清楚是指被申请复议的行政行为认定的事实清楚、完整，双方当事人对于争议的事实陈述基本一致，并能提供相应的证据，行政复议机关对于事实无需进行调查收集；权利义务明确则指行政行为涉及的权利义务关系明确，当事人双方对权利义务问题的争议不大；争议不大则是指除上述事实和权利义务要件外，当事人双方对行政行为所涉及的其他方面，如法律关系等问题亦不存在较大的争议。形式标准，是指针对特定类型的行政行为，可以适用行政复议简易程序。具体而言，本法规定了四类应当适用简易程序的案件：

1. 被申请行政复议的行政行为是依法当场作出的

行政机关当场作出决定，是指行政机关在执法现场适用简易程序直接作出行政行为的情形，在行政处罚、行政许可等领域均存在有关行政机关当场作出行政行为的相关规定。此类当场作出的行政决定，对于公民的权利义务的影响相对较小，符合适用行政复议简易程序的条件。

2. 被申请行政复议的行政行为是警告或者通报批评的

警告和通报批评是两类典型的申诫罚，其中，警告是指行政主体依法对实施了行政违法行为的相对人作出的书面谴责或训诫，是行政处罚中最轻的形式；通报批评是指行政主体对实施了行政违法行为，但情节较轻的行政相对人采用的在一定范围内给予公开的书面批评和谴责的行政处罚形式，由于通报批评需要在一定的范围内公开，因此其相较于警告，处罚更为严厉。但是，总体而言，警告与通报批评的处罚主要集中于对被处罚人法律上的谴责，其不利影响的范围往往仅限于行政相对人的名誉权，因此，对于行政相对人的权利义务影响较小，符合行政复议简易程序的适用条件。

3. 案件涉及款额三千元以下的

这一规定主要是考虑到案件涉及的款项额越小，对于公民的权利义务的影响亦会随之减少，适用行政复议简易程序也就更为正当。相较于行政诉讼法，行政复议法中适用简易程序的案件的金额标准提升至三千元及以下，这一规定扩大了行政复议案件简易程序的适用范围，使得行政复议机关能够提升案件受理能力，解决更多行政纠纷，进一步体现了行政复议法修法过程中对于行政复议作为纠纷解决主渠道的立法目标。

4. 政府信息公开案件

政府信息公开，是指政府主动或者依申请对行政机关在履行行政管理职能过程中制作或者获取的，以一定形式记录、保存的信息进行公开的行政行为。政府信息公开案件中所涉及的行政争议往往是行政相对人申请政府信息公开诉求未获满足而引发的争议。在此情况下，受到侵犯的是行政相对人针对政府信息的知情权，该权利对于行政相对人的其他义务的影响相对较小，符合行政复议简易程序的使用条件。

本条第二款规定了当事人合意选择适用建议程序的情形，即除前款规定的情形外，若当各方当事人同意适用简易程序的，可以适用简易程序。值得注意的是，本条所规定的当事人各方，不仅包括申请人、被申请人，还应包括第三人，只有在上述三方主体均同意适用简易程序时，才能够适用简易程序。此外，根据本条的规定，行政复议机构享有决定是否适用简易程序的决定权，即便各方当事人均同意适用简易程序，但若行政复议机构认为不宜适用简易程序，可以不接受当事人申请，决定适用普通程序审理。

相关规定

◎法律

《行政处罚法》（2021 年 7 月 15 日）

第五十一条 违法事实确凿并有法定依据，对公民处以二百元以下、对法人或者其他组织处以三千元以下罚款或者警告的行政处罚的，可以当场作出行政处罚决定。法律另有规定的，从其规定。

第五十二条 执法人员当场作出行政处罚决定的，应当向当事人出示执法证件，填写预定格式、编有号码的行政处罚决定书，并当场交付当事人。当事人拒绝签收的，应当在行政处罚决定书上注明。

前款规定的行政处罚决定书应当载明当事人的违法行为，行政处罚的种类和依据、罚款数额、时间、地点，申请行政复议、提起行政诉讼的途径和期限以及行政机关名称，并由执法人员签名或者盖章。

执法人员当场作出的行政处罚决定，应当报所属行政机关备案。

第五十三条 对当场作出的行政处罚决定，当事人应当依照本法第六十七条至第六十九条的规定履行。

第六十八条 依照本法第五十一条的规定当场作出行政处罚决定，有下列情形之一，执法人员可以当场收缴罚款：

（一）依法给予一百元以下罚款的；

（二）不当场收缴事后难以执行的。

第六十九条 在边远、水上、交通不便地区，行政机关及其执法人员依照本法第五十一条、第五十七条的规定作出罚款决定后，当事人到指定的银行或者通过电子支付系统缴纳罚款确有困难，经当事人提出，行政机关及其执法人员可以当场收缴罚款。

《道路交通安全法》（2021 年 4 月 29 日）

第一百零七条 对道路交通违法行为人予以警告、二百元以下罚款，交通警察可以当场作出行政处罚决定，并出具行政处罚决定书。

行政处罚决定书应当载明当事人的违法事实、行政处罚的依据、处罚内容、时间、地点以及处罚机关名称，并由执法人员签名或者盖章。

《海警法》（2021 年 2 月 1 日）

第二十九条 违法事实确凿，并有下列情形之一，海警机构执法人员可以当场作出处罚决定：

（一）对个人处五百元以下罚款或者警告、对单位处五千元以下罚款或者警告的；

（二）罚款处罚决定不在海上当场作出，事后难以处罚的。

当场作出的处罚决定，应当及时报所属海警机构备案。

《治安管理处罚法》（2013 年 1 月 1 日）

第一百条 违反治安管理行为事实清楚，证据确凿，处警告或者二百元以下罚款的，可以当场作出治安管理处罚决定。

第一百零一条 当场作出治安管理处罚决定的，人民警察应当向违反治安管理行为人出示工作证件，并填写处罚决定书。处罚决定书应当当场交付被处罚人；有被侵害人的，并将决定书副本抄送被侵害人。

前款规定的处罚决定书，应当载明被

处罚人的姓名、违法行为、处罚依据、罚款数额、时间、地点以及公安机关名称，并由经办的人民警察签名或者盖章。

当场作出治安管理处罚决定的，经办的人民警察应当在二十四小时内报所属公安机关备案。

《出境入境管理法》（2013年7月1日）

第八十六条 对违反出境入境管理行为处五百元以下罚款的，出入境边防检查机关可以当场作出处罚决定。

《行政许可法》（2019年4月23日）

第三十四条 行政机关应当对申请人提交的申请材料进行审查。

申请人提交的申请材料齐全、符合法定形式，行政机关能够当场作出决定的，应当当场作出书面的行政许可决定。

根据法定条件和程序，需要对申请材料的实质内容进行核实的，行政机关应当指派两名以上工作人员进行核查。

第五十五条 实施本法第十二条第四项所列事项的行政许可的，应当按照技术标准、技术规范依法进行检验、检测、检疫，行政机关根据检验、检测、检疫的结果作出行政许可决定。

行政机关实施检验、检测、检疫，应当自受理申请之日起五日内指派两名以上工作人员按照技术标准、技术规范进行检验、检测、检疫。不需要对检验、检测、检疫结果作进一步技术分析即可认定设备、设施、产品、物品是否符合技术标准、技术规范的，行政机关应当当场作出行政许可决定。

行政机关根据检验、检测、检疫结果，作出不予行政许可决定的，应当书面说明不予行政许可所依据的技术标准、技术规范。

◎行政法规

《政府信息公开条例》（中华人民共和国国务院令第711号 2019年5月15日）

第二条 本条例所称政府信息，是指行政机关在履行行政管理职能过程中制作或者获取的，以一定形式记录、保存的信息。

第五十四条 简易程序书面答复

适用简易程序审理的行政复议案件，行政复议机构应当自受理行政复议申请之日起三日内，将行政复议申请书副本或者行政复议申请笔录复印件发送被申请人。被申请人应当自收到行政复议申请书副本或者行政复议申请笔录复印件之日起五日内，提出书面答复，并提交作出行政行为的证据、依据和其他有关材料。

适用简易程序审理的行政复议案件，可以书面审理。

条文注释

本条是关于适用简易程序的情况下行政复议的审理方式的规定，是本次修法的新增条款。为防止行政复议法修法后，行政复议法所设定的听取意见程序导致行政复议机构像法院一样出现案多人少问题，行政复议法修法过程中，引入了简易程序。简易程序可以实现案件分流和简化程序的效果，在行政诉讼中表现出了具有较强的实践价值，因此将其引入行政复议法具有合理性。

相较于普通程序，行政复议的简易程序的简化主要表现为三个方面：

1. 行政复议受理申请书副本发送时间由五日缩短为三日；

2. 被申请人提交材料的期限由十日缩短为五日；

3. 适用简易程序时，行政复议机关可以书面审理行政复议案件。

根据本条的相关规定，行政复议案件中的简易程序主要表现为行政复议案件中程序行为的期限缩短和行政复议审理方式的转变。值得注意的是，根据本条第二款的规定，仅有在简易程序中，行政复议机构才能够对行政复议案件书面审理。同时，即使是在简易程序中，行政复议机构也可以针对行政复议案件开展听取当事人意见的程序。

第五十五条　简易程序向普通程序转换

适用简易程序审理的行政复议案件，行政复议机构认为不宜适用简易程序的，经行政复议机构的负责人批准，可以转为普通程序审理。

条文注释

本条是有关于简易程序向普通程序的转换的规定，是本次修法的新增条款。行政复议简易程序的设置是为了提高司法效率，因此对程序转换需要有所限制，行政复议简易程序的转换仅限于单向的程序转换，即，这一条款仅能适用于“简易程序→普通程序”之间的转换，并且仅能转化一次，对于已经转入普通程序审理的案件，在审理过程中无论案情发生如何变化，都不得改用为简易程序，否则将会导致程序繁琐，时间浪费，违背行政复议简易程序的基本目标。

在整个行政复议案件的审理过程中，行政复议机构均能将简易程序转化为普通程序审理。

简易程序向普通程序的转化的启动权限仅限于行政复议机构行使，且需要行政复议机构的负责人批准，这一规定的目的在于避免当事人和行政复议案件审理人滥用程序转化权，扰乱行政复议审理节奏，无故延长审理期限，进一步保障行政复议案件的高效性。

第五节　行政复议附带审查

第五十六条　规范性文件审查处理

申请人依照本法第十三条的规定提出对有关规范性文件的附带审查申请，行政复议机关有权处理的，应当在三十日内依法处理；无权处理的，应当在七日内转送有权处理的行政机关依法处理。

条文注释

本条是行政复议中针对规范性文件的审查处理期限的规定，是本次修法的新增规定，旨在完善行政复议规范性审查的程序和处理方式。

根据本条的相关规定，行政复议机关在接到附带性审查申请后，应当首先判断其是否具有针对该规范性文件进行审查的权限。根据《国务院办公厅关于全面推行行政规范性文件合法性审核机制的指导意见》，“以县级以上人民政府或者其办公机构名义印发的规范性文件，或者由县级以上人民政府部门起草、报请本级人民政府批准后以部门名义印发的规范性文件，由同级人民政府审核机构进行审核；起草部门已明确专门审核机构的，应当先由起草部门审核机构进行审核。国务院部门制定的规范性文件，由本部门审核机构进行审核。省、自治区、直辖市和设区的市人民政府部门制定的规范性文件，由本部门审核机构进行审核，也可以根据实际需要由本级人民政府确定的审核机构进行审核。县（市、区）人民政府部门、乡镇人民政府及街道办事处制定的规范性文件，已明确专门审核机构或者专门审核人员的，由本单位审核机构或者审核人员进行审核；未明确专门审核机构或者专门审核人员的，统一由县（市、区）人民政府确定的审核机构进行审核。"

从国务院部门和省级政府所制定的部门规章和地方性法规等文件来看，本条所指的审核机构往往就是司法行政部门和承担法制工作的机构等机构。在新行政复议法修订前，行政复议机构就是该机关中承担法治工作的机构，新行政复议法修订后，行政复议机关虽然获得了独立的人员、财政支持，成为了独立的政府机构，但是行政复议机构依然隶属于政府部门中的司法行政部门，是该部门的一部分。因此，除非相关部门规章和地方性法规另行规定，行政复议机构可以适用国务院的指导意见，审议同级人民政府和政府部门制定的规范性文件，县级人民政府的行政复议机构可以审议县级人民政府和政府部门、乡镇人民政府以及街道办事处制定的规范性文件，国务院部门制定的规范性文件由本部门的审核机构进行审核。

此外，值得注意的是，行政复议的审查权限的核心是上级行政机关对于下级行政机关的监督权，因此，即使国务院的规定并未规定省市两级的行政复议机构有权审查县级政府及其政府部门、乡镇人民政府以及街道办事处制定的规范性文件，省市两级的行政复议机构依然可以依据其作为上级机关的监督权监督相关主体所制定的规范性文件。

对于经行政复议申请人提出附带性审查的规范性文件，行政复议机关具有审查权限的，应当对其在30日内作出处理。在行政复议机关进行规范性文件附带性审查的过程中，行政复议根据本法第三十九条第一款第九项的规定而中止。行政复议机关根据本条或有权处理的行政机关根据本法第六十条的相关规定完成针对行政规范性文件的附带性审查的，规范性文件附带性审查程序结束，行政复议中止事由消除，行政复议机关应当及时恢复审理，防止因规范性文件附带性审查而导致行政复议案件久拖不决。行政复议机关决定中止或恢复行政复议的，应当根据本法第三十九条第二款的规定，书面告知行政复议的各方当事人。但是，上述告知应当为中止或恢复行政复议的告知，并不必然包含针对规范性文件附带性审查结果的告知。行政复议机关既可以在附带性审查结束，恢复行政复议时向当事人告知附带性审查的结果，也可以在行政复议决定书中向当事人告知附带性审查的结果。

在行政复议的审理过程中，行政机关作出的行政行为的依据可能并非本机关所制定的规范性文件，而是上级行政机关所制定的规范性文件，在此情况下，行政复议机关可能对于被申请附带性审查的规范性文件没有处理权限。本条亦规定了行政复议机关在此情况下的处理方法，即应当将上述被申请附带性审查的规范性文件根据其制定机关转送有权限审查的机关进行处理。

相关规定

◎部门规章

《气象行政规范性文件管理办法》（中国气象局令第39号　2021年1月1日）

第二条　气象行政规范性文件的制

定、审核、备案、清理以及相关的监督管理工作，适用本办法。

本办法所称气象行政规范性文件是指除部门规章外，由县级以上气象主管机构依照法定权限、程序制定并公开发布，涉及公民、法人和其他组织权利义务，具有普遍约束力，在一定期限内反复适用的公文。

气象主管机构内部执行的管理规范、工作制度、机构编制、会议纪要、工作方案、请示报告及表彰奖惩、人事任免等文件，不适用本办法。

第十条　县级以上气象主管机构制定气象行政规范性文件，应当依照本办法的规定进行合法性审核。与其他部门联合制定行政规范性文件，应当分别就其职责事项进行合法性审核。

未经合法性审核的或者经审核不合法的气象行政规范性文件，不得提交本级气象主管机构审议。

第十一条　合法性审核应当由承担法制工作的机构（以下简称合法性审核机构）负责。

国务院气象主管机构和省、自治区、直辖市气象主管机构的法制工作机构负责对本级制定的气象行政规范性文件进行合法性审核。

地（市）级气象主管机构的法制工作机构负责对本级和下级气象主管机构制定的气象行政规范性文件进行合法性审核。

第十二条　起草机构在形成气象行政规范性文件送审稿后，应当由本级气象主管机构的办公机构审核后再进行合法性

《税务规范性文件制定管理办法》（国家税务总局令第53号　2022年2月1日）

第二条　本办法所称税务规范性文件，是指县以上税务机关依照法定职权和规定程序制定并发布的，影响纳税人、缴费人、扣缴义务人等税务行政相对人权利、义务，在本辖区内具有普遍约束力并在一定期限内反复适用的文件。

国家税务总局制定的税务部门规章，不属于本办法所称的税务规范性文件。

第二十四条　政策法规部门应当就下列事项进行合法性审核：

（一）是否超越法定权限；

（二）是否具有法定依据；

（三）是否违反法律、法规、规章以及上级税务机关税务规范性文件的规定；

（四）是否设定行政许可、行政处罚、行政强制、行政事业性收费以及其他不得由税务规范性文件设定的事项；

（五）是否违法、违规减损税务行政相对人的合法权利和利益，或者违法、违规增加其义务；

（六）是否违反本办法规定的制定规则或者程序；

（七）是否与本机关制定的其他税务规范性文件进行衔接。

对审核中发现的明显不适当的规定，政策法规部门可以提出删除或者修改的建议。

政策法规部门审核过程中认为有必要的，可以通过召开座谈会、论证会等形式听取相关各方意见。

第二十五条　政策法规部门进行合法性审核，根据不同情况提出审核意见：

（一）认为送审稿没有问题或者经过协商达成一致意见的，提出审核通过意见；

（二）认为起草部门应当补充征求意见，或者对重大分歧意见没有合理说明的，退回起草部门补充征求意见或者作出进一步说明；

（三）认为送审稿存在问题，经协商不能达成一致意见的，提出书面审核意见

后，退回起草部门。

第二十六条　政策法规部门应当根据世界贸易组织规则对送审稿进行合规性评估，并提出评估意见。

第二十九条　税务机关牵头与其他机关联合制定规范性文件，省以下税务机关代地方人大及其常委会、政府起草涉及税务行政相对人权利义务的文件，业务主管部门应当将文件送审稿或者会签文本送交纳税服务部门和政策法规部门审查。

经其他机关会签后，文件内容有实质性变动的，起草部门应当重新送交纳税服务部门和政策法规部门审查。

其他机关牵头与税务机关联合制定的规范性文件，参照本条第一款规定执行。

《国家体育总局规章和规范性文件制定程序规定》（国家体育总局令第28号　2022年12月1日）

第二十四条　规章和规范性文件送审稿，由起草单位报送政策法规司进行审查或合法性审核。

不得以会签、征求意见等形式代替合法性审核。

第二十五条　起草单位报送规章和规范性文件送审稿时，应当同时报送起草说明和其他有关材料。

起草说明包括制定规章或规范性文件的必要性、起草过程、主要内容及其理由和依据、征求意见和修改情况等。

第二十七条　政策法规司主要从以下方面对规范性文件送审稿进行合法性审核：

（一）制定主体是否合法；

（二）是否超越体育总局法定职权；

（三）是否符合宪法、法律、行政法规、规章和国家相关政策规定，是否符合社会主义核心价值观；

（四）是否违法设立行政许可、行政处罚、行政强制、行政征收、行政收费等事项，是否存在没有法律、行政法规依据作出减损公民、法人和其他组织合法权益或者增加其义务的情形，是否存在没有法律、行政法规依据增加体育总局权力或者减少体育总局法定职责的情形；

（五）是否违反规范性文件制定程序；

（六）是否符合公平竞争原则；

（七）需要审核的其他内容。

第二十八条　政策法规司对规章和规范性文件进行审查或合法性审核时，有下列情形之一的，可以缓办并退回起草单位，要求补充材料或说明相关情况：

（一）制定的基本条件尚不成熟或者发生重大变化的；

（二）规定的主要制度或措施不具可行性的；

（三）国务院其他部门，或者体育总局其他单位对送审稿规定的主要制度或措施存在较大争议，未与其协商并妥善处理的；

（四）未依照本规定公开征求意见的；

（五）不符合本规定第二十六条、第二十七条相关要求的。

《国家广播电视总局行政规范性文件管理规定》（国家广播电视总局令第5号　2020年3月1日）

第十一条　规范性文件草案送审稿经起草部门主要负责人签署后，送政策法规司进行合法性审核。不得以征求意见、会签、参加审议等方式代替合法性审核。

送审材料应当包括以下内容：

（一）规范性文件草案送审稿及其说明；

（二）法律、行政法规、规章和上级文件等制定依据；

（三）征求意见及意见采纳情况；

（四）起草部门初步的合法性审核和

公平竞争审查意见；

（五）针对不同审核内容需要的其他材料。

第十三条　政策法规司主要从以下方面对规范性文件草案送审稿进行合法性审核：

（一）是否超越制定机关法定职权；

（二）是否符合宪法的精神和原则；

（三）是否符合社会主义核心价值观的要求；

（四）是否符合法律、行政法规、总局规章和其他上位法的规定，是否与相关规范性文件相协调、衔接；

（五）是否属于执行有关法律、行政法规、规章和上级文件且需要制定规范性文件的事项；

（六）是否存在违法设定行政许可、行政处罚、行政强制、行政征收、行政收费以及其他不得由规范性文件设定措施的情况；

（七）是否存在没有法律、行政法规依据，减损公民、法人和其他组织权利或者增加其义务的规定，以及增加本部门权力或者减少本部门法定职责的情况；

（八）是否存在排除、限制公平竞争的情况；

（九）是否符合规范性文件制定程序；

（十）需要审核的其他内容。

第十七条　政策法规司应当根据合法性审核结果，提出合法、不合法或者应当予以修改的审核意见。

起草部门应当根据审核意见对规范性文件进行必要的修改或者补充；特殊情况下起草部门未完全采纳审核意见的，应当在提请总局局务会议集体审议时详细说明理由和依据。

未经合法性审核或者经审核不合法的规范性文件，不得提交集体审议。

第十八条　规范性文件经审核合法的，由起草部门与政策法规司会签后，报总局局务会议集体审议，审议通过后由分管副局长审阅后报局长签发。

规范性文件经过集体审议后需要进行重大修改的，应当在修改后重新进行合法性审核。

《自然资源规范性文件管理规定》（中华人民共和国自然资源部令第2号　2019年1月1日）

第十七条　法治工作机构的合法性审核，主要包括下列内容：

（一）制定主体是否合法；

（二）是否超越制定机关法定职权；

（三）内容是否符合宪法、法律、法规、规章和国家政策规定；

（四）是否违法设立行政许可、行政处罚、行政强制、行政收费等事项；

（五）是否存在没有法律、法规依据减损公民、法人和其他组织合法权益或者增加其义务；

（六）是否存在没有法律、法规依据增加本单位权力或者减少本单位法定职责；

（七）是否违反规范性文件制定程序。

第十八条　法治工作机构根据不同情形，提出合法、不合法、应当予以修改的书面合法性审核意见。

起草机构应当根据合法性审核意见对规范性文件送审稿作必要的修改或者补充。

起草机构未完全采纳合法性审核意见的，应当在提请审议时详细说明理由和依据。

第二十一条　规范性文件送审稿经集体审议通过后，由起草机构按照公文办理程序报送本部门主要负责人签发。集体审议未通过，需要进行重大修改的，应当在修改后重新征求意见并进行合法性审核。

《商务部规范性文件制定和管理办法》（中华人民共和国商务部令2018年第5号　2018年5月13日）

第六条　部内业务部门及相关单位负责职责范围内的规范性文件的起草、修改和清理等工作；办公厅负责规范性文件的审核、制发（含编号、登记）工作；法制机构负责规范性文件的合法性审查、组织清理工作。

第十七条　合法性审查的内容包括：

（一）是否违反法律、行政法规、部门规章或国务院文件；

（二）是否违反我国加入的国际条约；

（三）是否超越法定职权；

（四）是否创设行政许可、行政处罚、行政强制等事项；

（五）是否无法律法规依据作出减损公民、法人和其他组织合法权益或者增加其义务的规定；

（六）是否符合本办法规定的制定程序；

（七）是否对征求意见进行了说明；

（八）是否涉及第十三条第（六）项规定的审查事项；

（九）其他需要审查的事项。

第十八条　法制机构应当自收到规范性文件的全部送审材料之日起10个工作日内完成合法性审查工作；情况复杂或者需进一步调查研究或者征求意见的，经法制机构负责人批准，可延长10个工作日。为预防、应对和处置自然灾害、灾难事故、公共卫生和社会安全等突发事件或者执行上级行政机关的紧急命令和决定，需要立即制定和实施的规范性文件，应当缩短审查时限。

第十九条　规范性文件草案符合本办法相关规定的，法制机构应当作出合法性审查予以通过的意见。

规范性文件草案不符合本办法要求的，法制机构应当根据不同情形作出书面审查意见：对与上位法抵触的，提出不符合法律、行政法规、部门规章或国务院文件等规定的审查意见；超越制定机关权限的，提出无权制定文件的审查意见；对部分内容违反上位法规定的，部分内容无法律法规依据对公民、法人和其他组织变相减损权利或者增加义务事项的，提出修改的审查意见；对不符合本办法程序的，未说明征求意见情况的，提出履行相应程序或者补充相关材料的审查意见。

《国家知识产权局规范性文件制定和管理办法》（中华人民共和国国家知识产权局令第73号　2017年2月1日）

第六条　局业务司（部）负责职责范围内的规范性文件的起草、清理等工作；条法司负责规范性文件的合法性审查、备案、组织清理等工作。

条法司在开展规范性文件的合法性审查、备案、清理等工作时，应当充分发挥公职律师第十一条规范性文件起草工作完成后，在报请批准或者审议前，起草司（部）应当将草案送审稿、草案说明和其他必要材料提交条法司进行合法性审查。未经合法性审查或者经审查不合法的，不得提交批准或者审议。

第十二条　条法司收到草案送审稿及相关材料后，一般应当在5个工作日内提出合法性审查意见。

合法性审查的内容包括：

（一）是否与法律、行政法规、部门规章相抵触；

（二）是否与我国加入的国际条约相抵触；

（三）是否属于国家知识产权局的法定职权范围；

（四）其他需要审查的事项。

第十三条 经审查无异议，条法司应当作出合法性审查通过的审查意见。

草案送审稿存在合法性问题，不符合本办法要求的，条法司应当作出合法性审查不予通过的审查意见并说明理由。起草司（部）应当根据合法性审查意见对草案进行修改或者对制定规范性文件的必要性、可行性等进行重新论证。

◎地方政府规章

《贵州省行政规范性文件制定和监督管理规定》（贵州省人民政府令第212号 2023年4月1日）

第四条 各级人民政府、县级以上人民政府部门按照职责权限负责行政规范性文件的监督管理，其主要负责人是本地区、本部门行政规范性文件监督管理工作第一责任人，应当加强对行政规范性文件监督管理工作的领导，及时研究解决工作中的重要问题。

县级以上人民政府司法行政部门具体负责行政规范性文件的监督管理工作。县级以上人民政府部门应当明确相关机构负责行政规范性文件的监督管理工作。

第十四条 行政规范性文件在提交制定机关集体审议前，政府行政规范性文件和报请本级人民政府批准后以部门名义印发的行政规范性文件，应当经起草部门法制机构合法性审核同意并出具书面审核意见后，报送本级人民政府司法行政部门进行合法性审核。部门行政规范性文件应当报送部门法制机构进行合法性审核。

乡镇人民政府、街道办事处制定行政规范性文件，已明确专门合法性审核机构或者专门合法性审核人员的，由专门审核机构或者审核人员进行审核；未明确的，统一由县级人民政府司法行政部门审核。

行政规范性文件制定机关和起草部门不得以征求意见、会签、参加审议等方式代替合法性审核。未经合法性审核或者经审核不合法的行政规范性文件，不得提交制定机关集体审议。

第十五条 县级以上人民政府司法行政部门进行合法性审核，起草部门应当提供以下材料，并保证材料的真实性、完备性、规范性和有效性：

（一）提请合法性审核的送审函，起草部门应当与人民政府办公机构沟通并对发文形式达成一致意见，在送审函中说明；

（二）行政规范性文件草案送审稿及注释稿，注释稿应当载明具体条款来源及依据；

（三）行政规范性文件起草说明，包括制定行政规范性文件的目的、依据、必要性和可行性、起草过程、评估论证结论、主要内容、对拟设定的主要制度和行政措施是否存在重大分歧、分歧意见协调处理情况等；

（四）制定依据，包括法律、法规、规章以及国家有关政策文件；

（五）征求意见及意见采纳情况，包括相关部门书面意见、向社会公开征求意见情况、未采纳意见说明等；

（六）起草部门法制机构合法性审核同意意见；

（七）起草部门集体审议意见；

（八）应当提交的其他相关材料。

乡镇人民政府、街道办事处专门机构或者人员，部门法制机构进行合法性审核，起草部门提交的材料参照前款规定执行。

起草部门未按照第一款要求提供材料的，应当自接到司法行政部门通知之日起5个工作日内补充相关资料，逾期未补充完毕的，司法行政部门将所收到的材料退回起草部门。

第十六条 县级以上人民政府司法行政部门、乡镇人民政府、街道办事处专门合法性审核机构和部门法制机构（以下统称审核机构）应当加强行政规范性文件认定，对非行政规范性文件提请行政规范性文件合法性审核的，函复退回起草部门。

第十七条 行政规范性文件合法性审核主要包括以下方面：

（一）制定主体是否合法；

（二）是否超越制定机关的法定职权或者超越法律、法规、规章的授权范围；

（三）内容是否符合法律、法规、规章和国家政策规定；

（四）是否违法设立行政许可、行政处罚、行政强制、证明、行政征收、行政收费等事项；

（五）是否存在没有法律、法规依据作出减损公民、法人和其他组织合法权益或者增加其义务的情形；

（六）是否存在没有法律、法规依据作出增加本单位权力或者减少本单位法定职责的情形；

（七）是否违反行政规范性文件制定程序。

第十八条 对审核影响面广、专业性强、社会关注度高的行政规范性文件，审核机构应当建立会商审核机制，召开专题会与起草部门联合审核，或者召开论证会组织相关部门共同研究审核。

审核机构应当建立健全专家协助审核机制，充分发挥政府法律顾问、公职律师和有关专家作用。

第十九条 审核行政规范性文件草案送审稿，应当按照下列规定处理：

（一）符合第十七条规定的，审核为合法；

（二）超越权限，主要内容违法，拟设定的主要制度和措施与法律、法规、规章冲突的，审核为不合法；

（三）具体内容不合法的，建议予以修改；

（四）起草行政规范性文件不符合法定程序的，退回起草部门。

第二十条 审核机构应当自收到行政规范性文件草案送审材料之日起10个工作日内完成审核，并出具合法性审核意见书。对争议较大、内容复杂的，可以延长5个工作日。补充送审材料、会商审核、听取意见的时间不计入审核时限。

行政规范性文件制定机关应当保障合法性审核时间一般不少于5个工作日。起草部门要求提前出具合法性审核意见的，审核机构应当登记备案。

第二十一条 起草部门应当按照合法性审核意见书，对行政规范性文件草案送审稿进行修改或者补充后，报送制定机关审议。

起草部门对合法性审核意见书有不同意见的，可以提出异议，并提供相关理由和依据。审核机构应当及时进行研究，及时给予答复。特殊情况下，起草部门未完全采纳合法性审核意见的，应当在提请制定机关审议时详细说明理由和依据。

第二十二条 行政规范性文件制定机关办公机构应当对起草部门是否依照规定的程序起草、是否进行评估论证、是否广泛征求意见、是否经过合法性审核等进行审核。

未经过合法性审核的，制定机关办公机构应当退回起草部门按要求送审。

第二十三条 县级以上人民政府司法行政部门应当建立健全行政规范性文件合法性审核评查制度，对行政规范性文件的审核情况、审核效果等，采取交叉、书面等方式进行评查。

《湖南省规范性文件管理办法》（湖南省人民政府令第 310 号　2022 年 10 月 8 日）

第十二条　起草单位报送规范性文件送审稿，须将送审稿及其起草说明、依据等材料径送制定机关办公厅（室）。联合起草的，由主办部门报送。

制定机关办公厅（室），应当对材料的齐备性、规范性和制定该规范性文件的必要性进行审查。材料齐备、规范且确有必要制定该规范性文件的，移送本机关法制机构进行合法性审查。

制定机关办公厅（室）应当保证本机关法制机构有足够的合法性审查时间。

第十三条　制定机关法制机构进行合法性审查，应当就制定主体、权限、程序、内容、形式是否合法进行全面审查，并向制定机关提交合法性审查报告。

负责合法性审查的法制机构要求起草单位补充依据、说明情况，或者要求有关单位协助审查的，起草单位和有关单位应当予以配合。

第十四条　法制机构对合法性审查发现的问题，分别情况，按照下列规定处理：

（一）制定机关不具有制定该规范性文件的法定权限，或者送审稿的主要内容不合法的，建议不制定该规范性文件；

（二）应当事先请示本级人民政府同意的部门规范性文件，尚未请示的，建议待请示本级人民政府同意后再制定；

（三）应当公布征求意见稿但尚未公布、应当听证但尚未听证、应经专家论证但尚未论证的，建议退回起草单位补正程序；

（四）送审稿的个别具体规定不合法的，逐一提出具体修改意见。

《江苏省行政规范性文件管理规定》（江苏省人民政府令第 158 号　2022 年 8 月 1 日）

第十六条　行政规范性文件在提交制定机关集体审议决定前，应当进行合法性审核。不得以征求意见、会签、参加审议等方式代替合法性审核。

行政规范性文件未经合法性审核或者经审核不合法的，不得提交制定机关集体审议决定。

第十七条　县级以上地方人民政府及其办公机构和所属工作部门应当明确承担行政规范性文件合法性审核工作的部门或者机构（以下统称审核机构），具体负责行政规范性文件的合法性审核工作。

乡镇人民政府以及街道办事处制定的行政规范性文件，已经明确专门审核机构或者专门审核人员的，由本单位审核机构或者审核人员进行审核；未明确专门审核机构或者专门审核人员的，由县（市、区）人民政府确定的审核机构进行审核。

以县级以上地方人民政府及其办公机构名义印发的行政规范性文件，或者由县级以上地方人民政府所属工作部门起草、报请本级人民政府批准后以部门名义印发的行政规范性文件，应当先由起草单位审核机构进行审核，再由政府审核机构进行审核。

第十八条　起草单位送审行政规范性文件，应当提供下列材料：

（一）行政规范性文件草案送审稿；

（二）行政规范性文件起草说明；

（三）行政规范性文件制定依据；

（四）征求意见以及意见采纳情况和分歧协调情况等材料；

（五）按照相关规定进行听证、风险评估、公平竞争审查、性别平等评估、专家论证等材料。

政府行政规范性文件送审时，还应当提供起草单位合法性审核意见。

第十九条　起草单位将合法性审核材料报送制定机关办公机构的，制定机关办公机构应当对材料的完备性、规范性进行初步审核，不符合本规定第十八条规定的，可以退回起草单位，或者要求在规定时间内补充材料、说明情况。符合要求的，转送审核机构审核。

起草单位直接将合法性审核材料报送审核机构进行审核的，审核机构应当对材料的完备性、规范性进行初步审核，不符合本规定第十八条规定的，可以退回起草单位，或者要求在规定时间内补充材料、说明情况。

第二十条　合法性审核的内容包括：

（一）制定主体是否具有制定权限；

（二）制定内容是否符合法律、法规、规章以及国家政策规定；

（三）制定过程是否履行法定程序；

（四）文件形式是否符合行政规范性文件格式；

（五）其他依法需要审核的内容。

第二十一条　审核机构进行合法性审核，根据实际需要，可以采取下列方式：

（一）书面审核；

（二）要求起草单位进行说明；

（三）通过实地考察、召开座谈会等方式组织开展调研论证；

（四）通过召开座谈会、听证会、书面征求意见或者公开征求意见等形式听取社会各方面的意见；

（五）组织有关行业专家进行咨询或者论证；

（六）组织政府法律顾问、律师进行法律咨询或者论证；

（七）法律、法规、规章规定的其他方式。

第二十二条　除为了应对突发事件、维护总体国家安全、执行上级机关紧急命令和决定需要立即制定行政规范性文件外，行政规范性文件合法性审核时间一般不少于5个工作日，最长不超过15个工作日；审核过程中的征求意见、专家论证等时间不计算在内。

第二十三条　有关单位对政府行政规范性文件草案送审稿有不同意见的，审核机构应当进行协调；经协调不能达成一致意见的，审核机构应当将协调的有关情况和处理意见，报请制定机关决定。

第二十四条　审核机构对行政规范性文件草案送审稿进行合法性审核后，可以根据不同情形，提出书面审核意见；书面审核意见包括合法、不合法、应当予以修改等内容。

对确实不需要制定或者制定的基本条件尚不成熟的行政规范性文件，审核机构可以向制定机关提出意见，建议不予制定。

第二十五条　起草单位应当根据合法性审核意见对行政规范性文件草案进行修改或者补充；特殊情况下，起草单位未完全采纳合法性审核意见的，应当向审核机构反馈，并在提请制定机关审议时详细说明理由和依据。

《四川省行政规范性文件管理办法》（四川省人民政府令第351号　2022年3月1日）

第二十五条　制定政府规范性文件，起草单位应当将审核材料报送政府办公机构，由政府办公机构负责审核制定的必要性和材料的完备性、规范性。符合要求的，转送同级司法行政部门进行合法性审核；对没有必要制定的，直接退回起草单位；对材料不完备或者不规范的，退回起草单位或者要求起草单位在规定时间内补充材料、说明情况后转送同级司法行政部门进行合法性审核。

制定需报请本级人民政府同意以部门名义发布的规范性文件，按照第一款规定执行。

制定部门规范性文件，参照第一款规定报送本部门办公机构和审核机构。

第二十七条　合法性审核主要包括以下内容：

（一）制定主体是否合法；

（二）是否超越法定权限；

（三）内容是否符合法律、法规、规章和国家政策；

（四）是否违反规范性文件制定程序。

第二十八条　合法性审核可以邀请法律顾问、公职律师和有关专家协助。

对影响广泛、情况复杂、社会关注度高的规范性文件，审核机构可以在书面征求意见的基础上，采取召开座谈会、论证会、实地调研等方式听取有关方面意见。

审核机构向有关单位征求意见的，相关单位应当在规定期限内回复。

第二十九条　合法性审核应当保证必要的审核时间，确保审核质量。

审核时间从审核机构收到本办法第二十六条规定的全部材料之日起，不得少于5个工作日，最长不超过15个工作日。

审核机构可以要求起草单位予以协助或者在一定期限内补充审核所需的相关材料。补充材料时间不计入审核时间。

第三十条　审核机构应当出具合法性审核意见。

起草单位应当根据审核意见进行修改，未采纳或者未完全采纳审核意见的，应当向制定机关提交书面说明并抄送审核机构。

《甘肃省行政规范性文件管理办法》（甘肃省人民政府令第158号　2021年10月1日）

第六条　县级以上人民政府司法行政部门负责督促指导本地区规范性文件制定和监督管理工作，具体承担本级政府规范性文件的合法性审核工作，对下级政府及本级政府部门的规范性文件开展备案监督。

县级以上人民政府工作部门以及法律、法规授权具有管理公共事务职能的组织应当明确内设机构或者指定专人负责规范性文件制定和监督管理工作。

第二十四条　政府规范性文件合法性审核时，起草部门应当提交下列材料并将电子版上传至甘肃省规章行政规范性文件管理信息系统：

（一）提请审核的报告和送审稿文本；

（二）起草说明、征求意见及意见采纳情况；

（三）制定文件所依据的法律、法规、规章和上级机关政策文件；

（四）起草部门合法性审核机构的审核意见；

（五）公平竞争审查意见、风险评估报告等其他需要起草部门提供的材料。

报送的材料不符合前款规定的，负责合法性审核的机构应当退回起草部门补正材料。

第二十五条　合法性审核机构应当重点审核规范性文件的制定主体、依据、内容、权限、程序以及其他需要重点审核的内容。

第二十六条　除为了预防、应对和处置突发事件，或者执行上级机关的紧急命令和决定需要立即制定实施规范性文件等情形外，合法性审核时间一般不少于五个工作日，最长不超过十五个工作日。补正材料及修改期间不计入合法性审核时限。

第二十七条　合法性审核机构对政府规范性文件送审稿进行审核，需要征求有关部门意见的，有关部门应当在规定期限内书面予以回复。

第二十八条　合法性审核机构审核政府规范性文件送审稿，可以采取召开听证会、论证会、座谈会或者向社会公布送审稿等方式，听取公民、法人和其他组织的意见。听取意见所需时间不计入合法性审核时限。

第二十九条 司法行政部门应当建立专家协助审核机制，邀请政府法律顾问、公职律师和有关专家参加合法性审核工作。

第三十条 起草部门应当根据合法性审核意见对政府规范性文件送审稿进行修改；起草部门未完全采纳合法性审核意见的，应当在提请审议时详细说明理由和依据。

不得以征求意见、会签、参加审议等方式代替合法性审核。未经合法性审核或者经审核不合法的，不得提交集体审议。

《辽宁省行政规范性文件合法性审核办法》（辽宁省人民政府令第338号 2021年2月1日）

第二条 本办法所称行政规范性文件（以下简称规范性文件），是指除地方政府规章外，由行政机关或者经法律、法规授权的具有管理公共事务职能的组织（以下统称行政机关）依照法定权限、程序制定并公开发布，涉及公民、法人和其他组织权利义务，具有普遍约束力，在一定期限内反复适用的公文。

第五条 省、市、县（含县级市、区，下同）、乡（镇）政府及其部门应当明确具体承担规范性文件合法性审核工作的部门或者机构（以下统称审核机构）。

省、市司法行政部门和县政府审核机构，负责审核拟以本级政府或者其办公机构名义印发的规范性文件，或者报请本级政府批准后以部门名义印发的规范性文件。

省、市政府部门制定的规范性文件，由本部门审核机构进行审核。县政府部门、乡（镇）政府及街道办事处制定的规范性文件，已明确专门审核机构或者专门审核人员的，由本单位审核机构或者审核人员进行审核；未明确专门审核机构或者专门审核人员的，统一由县政府确定的审核机构进行审核。

第十条 起草单位提交规范性文件合法性审核，应当报送下列材料：

（一）提请合法性审核的函；

（二）拟发布规范性文件的会议纪要、领导批示等；

（三）规范性文件送审稿及其说明；

（四）制定规范性文件所依据的法律、法规、规章和政策规定；

（五）征求意见和采纳情况的汇总材料；

（六）起草单位合法性审核意见、公平竞争审查意见、集体讨论记录等其他需要的材料。

起草单位提交材料不齐全，审核机构应当要求其在规定时间内补充。审核机构应当一次性告知起草单位提交规范性文件合法性审核所需的报送材料。

第十一条 审核机构应当对规范性文件送审稿的下列内容进行审核：

（一）制定主体是否合法；

（二）是否超越制定机关法定权限，或者超越职权规定应当由市场调节、企业和社会自律、公民自我管理的事项；

（三）内容是否符合宪法和法律、法规、规章以及有关政策规定；

（四）是否违法设立行政许可、行政处罚、行政强制、行政征收、行政收费等事项；

（五）是否存在没有法律、法规依据作出增加本部门权力或者减少本部门法定职责的情形；

（六）是否违反规范性文件制定程序；

（七）其他按照国家和省有关规定需

要审核的事项。

《河北省规范性文件管理办法》（河北省人民政府令〔2020〕第2号 2020年10月31日）

第十三条 政府规范性文件起草后，应当将下列材料报送本级人民政府，由其批转至本级政府司法行政部门进行合法性审查：

（一）规范性文件送审稿；

（二）起草说明，包括制定的必要性、拟采取的主要措施等内容；

（三）征求意见的汇总、协调处理情况；

（四）法律、法规和规章依据；

（五）其他有关材料。

第十四条 负责合法性审核的部门对规范性文件进行合法性审查，应当按照下列规定出具审查意见：

（一）规范性文件内容符合本办法第五条规定的，出具内容合法的意见；

（二）规范性文件部分内容不符合本办法第五条规定的，出具建议修改的意见；

（三）规范性文件主要内容不符合本办法第五条规定的，出具不合法或重新起草后报送审查的意见。

第十五条 负责合法性审核的部门进行合法性审查的时间一般不超过15个工作日。

合法性审查以书面审查为主。必要时可以采取补充征求意见、召开座谈会、协调论证、实地调研等方式进行，所需时间不计算在合法性审查期限内。

第十六条 通过合法性审查的规范性文件送审稿形成草案提交制定机关集体讨论决定。

提请集体讨论的规范性文件应当如实列明负责合法性审核的部门的审查意见，不得以征求意见、会签等方式替代合法性审查。

《广东省行政规范性文件管理规定》（广东省人民政府令第277号 2020年9月1日）

第四条 县级以上人民政府应当加强对规范性文件的监督管理。

县级以上人民政府办公机构按照国家公文处理相关规定，负责本机关规范性文件处理工作，并对下级行政机关的规范性文件处理工作进行业务指导和督促检查。

县级以上人民政府司法行政部门负责本级人民政府规范性文件的合法性审核工作，并在本级人民政府领导下，具体承担规范性文件监督工作。

第二十二条 司法行政部门对送审的规范性文件草案，按照下列情形，分别作出处理：

（一）符合本规定第九条和第十条规定的，提出审查同意的意见；

（二）不符合本规定第九条或者第十条规定，或者有关机关对草案主要内容存在较大争议的，提出不合法、应当予以修改的审核（审查）意见后退回送审机关。

规范性文件草案存在合法性问题，司法行政部门认为有其他符合法律、法规、规章或者国家政策要求的处理方式的，可以在审核（审查）意见中提出建议，由制定机关研究确定。

规范性文件内容涉及探索性改革决策事项，法律、法规、规章和国家政策尚无明确规定的，司法行政部门可以在审核（审查）意见中明示法律风险，由制定机关研究决定。

第二十三条 对审查意见有异议的，送审机关可以自收到审查意见之日起10个工作日内提出异议及理由，与司法行政部门协商或者向本级人民政府申请复核。

政府规范性文件未经司法行政部门合

法性审核或者经审核不合法的，不得提请政府审议。起草单位应当根据审核意见对规范性文件作出修改或者补充；特殊情况下未完全采纳审核意见的，应当在提请政府审议时说明理由和依据。

《山西省行政规范性文件制定与监督管理办法》（山西省人民政府令第274号 2020年6月1日）

第十六条 规范性文件草案在提交制定机关集体讨论前，应当进行合法性审核，不得以征求意见、会签、参加审议等方式代替合法性审核。

县级以上人民政府及其办公机构制定印发规范性文件，或者县级以上人民政府所属工作部门起草，经本级人民政府批准后由部门制定印发规范性文件，经起草部门内部审核机构审核后，起草部门应当将规范性文件送审材料报送同级人民政府司法行政部门进行合法性审核。

县级以上人民政府所属工作部门、实行垂直管理的部门制定印发规范性文件，由本部门确定的审核机构进行合法性审核。

乡（镇）人民政府及街道办事处制定印发规范性文件，由县级人民政府司法行政部门进行合法性审核。

县级以上人民政府派出机关制定印发规范性文件，由同级人民政府司法行政部门进行合法性审核。

第十七条 按照本办法规定，应当由县级以上人民政府司法行政部门进行合法性审核的规范性文件，起草部门应当报送下列材料，并对报送材料的真实性、准确性、完整性负责：

（一）送审公函；

（二）规范性文件草案文本；

（三）规范性文件起草说明；

（四）制定规范性文件依据的法律、法规、规章以及国家有关政策；

（五）征求意见汇总及采纳情况；

（六）起草部门的合法性审核意见；

（七）有关内容涉及市场主体经济活动的，需提供市场公平性竞争审核意见；

（八）需要提供的其他材料。

起草部门为两个或者两个以上的，由牵头部门负责报送材料。

起草部门报送的材料不符合要求或者缺失的，县级以上人民政府司法行政部门应当告知起草部门需要补正的全部材料并限期补送。

第十八条 规范性文件起草说明应当包括以下内容：

（一）制定规范性文件的依据、必要性和起草过程；

（二）拟解决的主要问题和采取的主要措施；

（三）征求意见情况及分歧意见协调情况；

（四）其他需要说明的问题。

第十九条 县级以上人民政府司法行政部门收到规范性文件送审材料后，应当提出书面审核意见。除为了预防、应对和处置突发事件，或者执行上级机关的紧急命令和决定需要立即制定实施规范性文件外，合法性审核时间一般不少于五个工作日，最长不超过十五个工作日。

第二十条 县级以上人民政府司法行政部门应当履行审核职责，审核规范性文件以下内容：

（一）制定主体是否合法；

（二）是否超越制定机关法定权限；

（三）是否符合本办法第六条、第十条、第十三条、第十四条的规定；

（四）其他需要审核的内容。

第二十一条 县级以上人民政府司法行政部门对送审的规范性文件草案，按照下列情形，分别作出处理：

（一）按照本办法第二十条规定审核通过的，以书面形式提出同意的合法性审核意见；

（二）按照本办法第二十条规定未审核通过的，以书面形式提出修改意见或者其他意见。

收到合法性审核意见后，起草部门应当按照规定处理。起草部门对合法性审核意见有异议的，可以自收到合法性审核意见之日起十个工作日内申请复核，审核文件的县级以上人民政府司法行政部门应当在五个工作日内提出复核意见。

第二十二条　规范性文件草案涉及重大复杂问题或者有关部门职能的，审核文件的县级以上人民政府司法行政部门可以发送有关部门征求意见，也可以召开座谈会、论证会研究论证，或者进行调查研究，听取有关方面的意见。

第二十三条　有关部门收到规范性文件草案征求意见稿后，应当认真研究并提出书面意见，加盖本部门公章后按要求时限回复县级以上人民政府司法行政部门。

第二十四条　县级以上人民政府所属工作部门、实行垂直管理的部门制定印发规范性文件，合法性审核程序参照本办法执行。

《海南省行政规范性文件制定与备案规定》（海南省人民政府令第285号　2019年7月1日）

第十三条　行政规范性文件送审稿在提交会议决定前，应当由下列审核机构进行合法性审查：

（一）县级以上人民政府印发的行政规范性文件，或者由县级以上人民政府部门起草、报请本级人民政府批准后以部门名义印发的行政规范性文件，由同级人民政府司法行政机关进行审核；

（二）县级以上人民政府部门和经法律、法规授权的具有管理公共事务职能的组织制定的行政规范性文件，由本部门法制机构进行审核；

（三）乡镇人民政府及街道办事处制定的行政规范性文件，已明确专门审核机构或者专门审核人员的，由本单位审核机构或者审核人员进行审核。未明确专门审核机构或者专门审核人员的，统一由上一级人民政府司法行政机关进行审核。

第十四条　制定机关的审核机构对行政规范性文件送审稿的制定主体、制定依据、制定内容、制定权限、制定程序以及其他需要审查的内容进行合法性审查。

对审核机构提出的法律意见，起草单位应当采纳。

合法性审查时间一般不少于5个工作日，最长不超过15个工作日。

第十五条　县级以上人民政府办公机构要对行政规范性文件送审稿及有关材料的完备性、规范性进行审查。符合要求的，转送审核机构进行审核；不符合要求的，可以退回，或者要求起草单位在规定时间内补充材料后转送审核机构进行审核。

《黑龙江省行政规范性文件制定和监督管理办法》（黑龙江省人民政府令第5号　2024年1月1日）

第五条　县级以上人民政府领导本行政区域内行政规范性文件制定和监督管理工作，负责下一级人民政府，本级人民政府派出机关和工作部门，以及法律、法规授权的具有管理公共事务职能的组织（以下简称法律、法规授权的组织）行政规范性文件的监督管理工作。具体工作由县级以上司法行政部门负责实施。

行政机关承担合法性审核工作的部门或者机构（以下统称合法性审核机构），负责本机关行政规范性文件的合法性审核工作。

行政机关的办公机构按照国家公文处理相关规定，负责行政规范性文件的发文处理、报送备案和归档等工作。

行政规范性文件的制定、评估、论证、审核、备案、清理所需工作经费，纳入同级财政预算予以保障。

《云南省行政规范性文件制定和备案办法》（云南省人民政府令第212号 2018年1月1日）

第十六条 起草单位应当将由主要负责人签署的规范性文件送审稿及其说明、起草单位法制机构合法性审查意见、对送审稿主要问题的不同意见和其他有关材料报送制定机关。

规范性文件送审稿的说明应当包括制定规范性文件的必要性、依据、规定的主要制度和措施、有关方面的意见等内容。

第十七条 规范性文件送审稿在提交会议决定前，应当经制定机关法制机构或者负责法制工作的机构进行合法性审查。

第十八条 法制机构对规范性文件送审稿进行合法性审查主要包括下列内容：

（一）制定主体的合法性；

（二）制定依据的合法性；

（三）制定内容的合法性；

（四）制定权限的合法性；

（五）制定程序的合法性；

（六）其他需要审查的内容。

法制机构在审查中需要有关单位作出说明、提交依据文本的，有关单位应当在要求期限内回复；需要协助工作的，有关单位应当配合。

第十九条 规范性文件送审稿有下列情形之一的，法制机构可以建议制定机关退回起草单位：

（一）制定规范性文件的条件尚不成熟的；

（二）有关部门或者机构对规范性文件送审稿规定的主要内容分歧意见较大，起草单位未与有关部门或者机构协商的；

（三）上报送审稿不符合本办法第十六条规定的。

第二十条 有关部门或者机构对规范性文件送审稿涉及的主要措施、管理体制、权限分工等问题有不同意见的，法制机构可以进行协调；不能达成一致意见的，应当将主要问题、有关部门或者机构的意见和法制机构的意见上报本级人民政府或者本部门决定。

第二十一条 法制机构对规范性文件送审稿审查结束后，应当出具合法性审查意见书。

未经法制机构进行合法性审查或者经审查认定存在不合法的规范性文件送审稿，在作出必要的修改前，不得提交会议讨论。

◎国务院规范性文件

《国务院办公厅关于全面推行行政规范性文件合法性审核机制的指导意见》（国办发〔2018〕115号 2018年12月4日）

各省、自治区、直辖市人民政府，国务院各部委、各直属机构：

制定行政规范性文件（以下简称规范性文件）是行政机关或者经法律、法规授权的具有管理公共事务职能的组织（以下统称行政机关）依法履行职能的重要方式。对规范性文件进行合法性审核是确保行政机关出台的规范性文件合法有效的重要措施。全面推行规范性文件合法性审核机制，是推进依法行政、建设法治政府的必然要求，有利于维护国家法制统一、政令统一，有利于从源头上防止违法文件出台、促进行政机关严格规范公正文明执法，有利于保障公民、法人和其他组织的合法权益。《中共中央关于全面深化改革若干重大问题的决定》提出，要完善规范性文件合法性审核机制。中共中央、国务院印发的《法治政府建设实施纲要（2015–2020年）》要求完善规范性文件制定程序，落实合法性审核制度。为全面推行规范性文件合法性审核机制，经党中央、国务院同意，现提出以下意见。

一、总体要求

（一）指导思想。以习近平新时代中国特色社会主义思想为指导，全面贯彻党的十九大和十九届二中、三中全会精神，认真落实党中央、国务院决策部署，按照依法治国、依法执政、依法行政共同推进，法治国家、法治政府、法治社会一体建设的要求，全面推行规范性文件合法性审核机制，维护国家法制统一、尊严、权威，加快建设法治政府，提高政府治理能力。

（二）主要目标。进一步明确规范性文件合法性审核的范围、主体、程序、职责和责任，建立健全程序完备、权责一致、相互衔接、运行高效的合法性审核机制，落实审核工作要求，加大组织保障力度，确保所有规范性文件均经过合法性审核，保证规范性文件合法有效。

二、严格落实工作措施

（三）明确审核范围。各地区、各部门要结合工作实际，从制定主体、公文种类、管理事项等方面，确定纳入规范性文件合法性审核的标准和范围，编制规范性文件制定主体清单，明确规范性文件的公文种类，列明规范性文件管理事项类别。凡涉及公民、法人和其他组织权利义务的规范性文件，均要纳入合法性审核范围，确保实现全覆盖，做到应审必审。行政机关内部执行的管理规范、工作制度、机构编制、会议纪要、工作方案、请示报告及表彰奖惩、人事任免等文件，不纳入规范性文件合法性审核范围。

（四）确定审核主体。各级人民政府及其部门要明确具体承担规范性文件合法性审核工作的部门或者机构（以下统称审核机构）。以县级以上人民政府或者其办公机构名义印发的规范性文件，或者由县级以上人民政府部门起草、报请本级人民政府批准后以部门名义印发的规范性文件，由同级人民政府审核机构进行审核；起草部门已明确专门审核机构的，应当先由起草部门审核机构进行审核。国务院部门制定的规范性文件，由本部门审核机构进行审核。省、自治区、直辖市和设区的市人民政府部门制定的规范性文件，由本部门审核机构进行审核，也可以根据实际需要由本级人民政府确定的审核机构进行审核。县（市、区）人民政府部门、乡镇人民政府及街道办事处制定的规范性文件，已明确专门审核机构或者专门审核人员的，由本单位审核机构或者审核人员进行审核；未明确专门审核机构或者专门审核人员的，统一由县（市、区）人民政府确定的审核机构进行审核。

（五）规范审核程序。各地区、各部门要根据实际情况确定规范性文件合法性审核程序，明确起草单位、制定机关办公机构及审核机构的职责权限，严格执行材料报送、程序衔接、审核时限等工作要求。起草单位报送的审核材料，应当包括文件送审稿及其说明，制定文件所依据的法律、法规、规章和国家政策规定，征求意见及意见采纳情况，本单位的合法性审核意见，以及针对不同审核内容需要的其他材料等。起草单位直接将文件送审稿及有关材料报送制定机关办公机构的，制定机关办公机构要对材料的完备性、规范性进行审查。符合要求的，转送审核机构进行审核；不符合要求的，可以退回，或者要求起草单位在规定时间内补充材料或说明情况后转送审核机构进行审核。起草单位直接将文件送审稿及有关材料报送审核机构进行审核的，审核机构要对材料的完备性、规范性进行审核，不符合要求的，可以退回，或者要求起草单位在规定时间内补充材料或说明情况。除为了预防、应对和处置突发事件，或者执行上级机关的紧急命令和决定需要立即制定实施规范性文件等外，合法性审核时间一般不少于5个工作日，最长不超过15个工作日。

（六）明确审核职责。审核机构要认真履行审核职责，防止重形式、轻内容、走过场，严格审核以下内容：制定主体是否合法；是否超越制定机关法定职权；内容是否符合宪法、法律、法规、规章和国家政策规定；是否违法设立行政许可、行政处罚、行政强制、行政征收、行政收费等事项；是否存在没有法律、法规依据作出减损公民、法人和其他组织合法权益或者增加其义务的情形；是否存在没有法律、法规依据作出增加本单位权力或者减少本单位法定职责的情形；是否违反规范性文件制定程序。审核机构要根据不同情形提出合法、不合法、应当予以修改的书面审核意见。起草单位应当根据合法性审核意见对规范性文件作必要的修改或者补充；特殊情况下，起草单位未完全采纳合法性审核意见的，应当在提请制定机关审议时详细说明理由和依据。

（七）强化审核责任。要充分发挥合法性审核机制对确保规范性文件合法有效的把关作用，不得以征求意见、会签、参加审议等方式代替合法性审核。未经合法性审核或者经审核不合法的文件，不得提交集体审议。审核机构未严格履行审核职责导致规范性文件违法，造成严重后果的，依纪依法追究有关责任人员的责任；未经合法性审核或者不采纳合法性审核意见导致规范性文件违法，造成严重后果的，依纪依法追究有关责任人员的责任。

三、健全审核工作机制

（八）完善审核工作方式。审核机构可以根据工作需要，采用多种方式进行合法性审核，提高质量和效率。对影响面广、情况复杂、社会关注度高的规范性文件，如审核过程中遇到疑难法律问题，要在书面征求意见的基础上，采取召开座谈会、论证会等方式听取有关方面意见。要建立健全专家协助审核机制，充分发挥政府法律顾问、公职律师和有关专家作用。

（九）发挥审核管理信息平台作用。要积极探索利用信息化手段推进规范性文件合法性审核机制建设，完善合法性审核管理信息平台，制定建设标准，统一格式、文本等各项管理要求，做好与公文管理系统和政务信息公开平台的衔接，实现电子审核一体化和平台互联互通。建立合法性审核台账，对已审核的规范性文件实行动态化、精细化管理。建立合法性审核信息共享机制，充分利用大数据技术和资源，加强对审核数据的统计分析，推动信息共享和整合，切实提高审核实效。

四、加大组织保障力度

（十）加强组织领导。各地区、各部门要充分认识全面推行规范性文件合法性审核机制的重要意义，主要负责同志作为本地区、本部门规范性文件合法性审核工作第一责任人，要切实加强对规范性文件合法性审核机制建设工作的领导，听取合法性审核工作情况汇报，及时研究解决工作中的重要问题。要结合本地区、本部门实际制定具体实施意见，进一步完善工作制度，明确责任分工和时间进度要求，细化具体措施，确保各项工作落实到位。

（十一）注重能力建设。各地区、各

部门要高度重视规范性文件合法性审核能力建设，认真落实审核责任。要设立专门工作机构或者明确相关机构负责合法性审核工作，配齐配强审核工作力量，确保与审核工作任务相适应。要加强合法性审核人员正规化、专业化、职业化建设，建立健全定期培训和工作交流制度，多形式开展业务学习和经验交流，全面提升合法性审核人员的政治素质和业务能力。

（十二）强化指导监督。各地区、各部门要将规范性文件合法性审核机制建设情况纳入法治政府建设督察内容，将规范性文件合法性审核工作纳入法治政府建设考评指标体系，建立情况通报制度，对工作扎实、成效显著的予以表扬激励，对工作开展不力的及时督促整改，对工作中出现问题造成不良后果的依纪依法问责。各级人民政府对所属部门、上级人民政府对下级人民政府要加强指导监督，发现问题及时纠正。审核机构要建立健全统计分析、规范指导、沟通衔接、问题通报等机制，加强共性问题研究，定期向制定机关、起草单位通报本地区、本部门合法性审核情况和存在的问题，切实提高规范性文件质量。

司法部负责组织协调、统筹推进、督促指导本意见贯彻落实工作。要及时跟踪了解落实情况，督促检查指导规范性文件合法性审核机制建设，总结交流推广工作经验，研究协调解决共性问题。各地区、各部门要将本意见的贯彻落实情况和工作中遇到的重要事项及时报司法部。

国务院办公厅

2018年12月4日

《国务院办公厅关于加强行政规范性文件制定和监督管理工作的通知》（国办发〔2018〕37号　2018年5月16日）

……

行政规范性文件是除国务院的行政法规、决定、命令以及部门规章和地方政府规章外，由行政机关或者经法律、法规授权的具有管理公共事务职能的组织（以下统称行政机关）依照法定权限、程序制定并公开发布，涉及公民、法人和其他组织权利义务，具有普遍约束力，在一定期限内反复适用的公文。制发行政规范性文件是行政机关依法履行职能的重要方式，直接关系群众切身利益，事关政府形象。近年来，各地区、各部门不断加强行政规范性文件制定和监督管理工作，取得了一定成效，但乱发文、出台“奇葩”文件的现象还不同程度地存在，侵犯了公民、法人和其他组织的合法权益，损害了政府公信力。为全面贯彻习近平新时代中国特色社会主义思想和党的十九大精神，落实党中央、国务院关于推进依法行政、建设法治政府的部署和要求，切实保障群众合法权益，维护政府公信力，经国务院同意，现就加强行政规范性文件制定和监督管理工作通知如下：

……

二、规范制发程序，确保合法有效

……

（六）严格审核把关。建立程序完备、权责一致、相互衔接、运行高效的行政规范性文件合法性审核机制，是做好合法性审核工作的重要保证。起草部门要及时将送审稿及有关材料报送制定机关的办公机构和负责合法性审核的部门，并保证材料的完备性和规范性。制定机关的办公机构要对起草部门是否严格依照规定的程序起草、是否进行评估论证、是否广泛征求意见等进行审核。制定机关负责合法性审核的部门要对文件的制定主体、程序、有关内容等是否符合法律、法规和规章的规定，及时进行合法性审核。未经合法性审核或者经审核不合法的，不得提交集体审议。

……

各地区、各部门要按照要求抓紧对本地区、本部门的文件开展自查自纠，发现存在违反法律法规和国家政策、侵犯群众合法权益的"奇葩"文件等问题的，要及时纠正，造成严重影响的，要按照有关规定严肃问责。要做好机构改革过程中行政规范性文件清理和实施的衔接工作，新组建或者职责调整的政府部门要对本部门负责实施的行政规范性文件进行清理，需要修改的，及时进行修改；不需要修改的，做好继续实施的衔接工作，确保依法履职。

……

第五十七条 行政行为依据审查处理

行政复议机关在对被申请人作出的行政行为进行审查时，认为其依据不合法，本机关有权处理的，应当在三十日内依法处理；无权处理的，应当在七日内转送有权处理的国家机关依法处理。

条文注释

本条是关于行政复议机关依职权主动审查被申请人作出的行政行为的依据是否合法的规定。本条延续了2017年行政复议法第二十七条的相关规定，授予了行政复议机关在行政复议过程中针对行政行为的依据主动进行合法性审查的权力。因此，在行政复议法中事实上存在两类针对行政行为作出的依据进行合法性审查的机制，一类是依据本法第五十六条，由当事人申请所启动的针对规范性文件的附带性审查程序，另一类则是依据本条，由行政复议机关主动进行的，针对行政行为作出的依据的合法性问题进行附带性审查。

值得注意的是，相较于第五十六条中行政复议申请人主动申请进行附带性审查，本条中行政复议机关开展附带性审查的范围不仅局限于规范性文件，而是针对被申请人作出行政行为的所有依据均能展开附带性审查。由于被申请人作出行政行为的依据可能包含法律、行政法规、地方性法规、部门规章、地方政府规章和其他规范性文件，因此，行政复议机关能够针对上述包含法律在内的所有规范性文件展开附带性审查，其附带性审查的范围远远大于第五十六条中针对行政复议申请人主动申请的附带性审查范围。

行政复议机关虽然经本法授权后有权针对被申请人作出行政行为的相关依据进行审查，但是针对法律文件的合法性的审查、监督权限和针对违法的法律文件进行处理的权限并不相同，后者属于行政立法权，需要经过专门授权才能获得。只有在少数情况下，行政复议机关才能针对其认为违法的规范性文件直接进行处理。这种情况包括：国务院对于自己发布的行政法规和其下属机关发布的规章、规定进行处理，行政复议机关对本级或下级行政机关发布的规章、规定的处理和行政复议机关依据领导或监督关系对其具有撤销权的规范性文件进行处理。在此情况下，行政复议机关应当在30日内按照本法第五十八条、第五十九条的规定进行处理。

在大部分情况下，在行政复议机关针对被申请人作出行政行为的依据进行审查后，即便发现相关依据违法，也可能缺乏对于相关依据的处理权限，此时行政复议机关应当根据相关规定转送依法有权处理的国家机关或依据的制定机关。

相关规定

◎相关立法

《立法法》（2023 年 3 月 15 日）

第一百零八条　改变或者撤销法律、行政法规、地方性法规、自治条例和单行条例、规章的权限是：

（一）全国人民代表大会有权改变或者撤销它的常务委员会制定的不适当的法律，有权撤销全国人民代表大会常务委员会批准的违背宪法和本法第八十五条第二款规定的自治条例和单行条例；

（二）全国人民代表大会常务委员会有权撤销同宪法和法律相抵触的行政法规，有权撤销同宪法、法律和行政法规相抵触的地方性法规，有权撤销省、自治区、直辖市的人民代表大会常务委员会批准的违背宪法和本法第八十五条第二款规定的自治条例和单行条例；

（三）国务院有权改变或者撤销不适当的部门规章和地方政府规章；

（四）省、自治区、直辖市的人民代表大会有权改变或者撤销它的常务委员会制定的和批准的不适当的地方性法规；

（五）地方人民代表大会常务委员会有权撤销本级人民政府制定的不适当的规章；

（六）省、自治区的人民政府有权改变或者撤销下一级人民政府制定的不适当的规章；

（七）授权机关有权撤销被授权机关制定的超越授权范围或者违背授权目的的法规，必要时可以撤销授权。

《法规、司法解释备案审查工作办法》（2019 年 12 月 16 日）

第三章　审　查

第一节　审查职责

第十八条　对法规、司法解释可以采取依职权审查、依申请审查、移送审查、专项审查等方式进行审查。

第十九条　专门委员会、法制工作委员会对法规、司法解释依职权主动进行审查。

第二十条　对法规、司法解释及其他有关规范性文件中涉及宪法的问题，宪法和法律委员会、法制工作委员会应当主动进行合宪性审查研究，提出书面审查研究意见，并及时反馈制定机关。

第二十一条　国家机关依照法律规定向全国人大常委会书面提出的对法规、司法解释的审查要求，由常委会办公厅接收、登记，报秘书长批转有关专门委员会会同法制工作委员会进行审查。

第二十二条　国家机关、社会团体、企业事业组织以及公民依照法律规定向全国人大常委会书面提出的对法规、司法解释的审查建议，由法制工作委员会接收、登记。

法制工作委员会对依照前款规定接收的审查建议，依法进行审查研究。必要时，送有关专门委员会进行审查、提出意见。

……

◎部门规章

《税务规范性文件制定管理办法》（国家税务总局令第 53 号　2022 年 2 月 1 日）

第四十三条　制定机关应当及时对税务规范性文件进行清理，形成文件清理长效机制。

清理采取日常清理和集中清理相结合的方法。

第四十四条　日常清理由业务主管部门负责。

业务主管部门应当根据立法变化以及税务工作发展需要，对税务规范性文件进行及时清理。

第四十五条　有下列情形之一的，制定机关应当进行集中清理：

（一）上级机关部署的；

（二）新的法律、法规颁布或者法律、法规进行重大修改，对税务执法产生普遍影响的。

第四十六条　集中清理由政策法规部门负责牵头组织，业务主管部门分工负责。

业务主管部门应当在规定期限内列出需要清理的税务规范性文件目录，并提出清理意见；政策法规部门应当对业务主管部门提出的文件目录以及清理意见进行汇总、审查后，提请集体讨论决定。

清理过程中，业务主管部门和政策法规部门应当听取有关各方意见。

《国家体育总局规章和规范性文件制定程序规定》（国家体育总局令第28号　2022年12月1日）

第四十一条　政策法规司适时组织各厅、司、局和有关直属单位对规章和规范性文件进行清理，定期更新、发布废止的和现行有效的规章和规范性文件目录。不得以会签、征求意见等形式代替合法性审核。

第四十二条　规章和规范性文件的修改和废止，依照本规定有关制定程序进行。

第四十三条　公民、法人和其他组织，各厅、司、局和有关直属单位认为规章和规范性文件同法律、行政法规或其他规章和规范性文件相抵触或者有必要进行修改、废止的，可以书面提出建议，按照规定程序处理。

第四十四条　规范性文件有效期届满前六个月，起草单位应当提出延长有效期、修改或者不再延长有效期的处理意见。

需要继续执行的，应当在其有效期届满前依照本规定程序延长有效期，延长期限不得超过其最初设定的有效期；需要修改的，应当依照本规定程序在有效期届满前修改发布；不再延长有效期或者未提出处理意见的，有效期届满，规范性文件自动失效。

第四十五条　起草单位负责立法后评估工作的具体实施。

必要时，政策法规司可以自行或者会同起草单位对规章和规范性文件或者其中的有关规定组织开展立法后评估工作。

评估结果将作为修改或者废止的重要参考。

第四十六条　体育总局作为主办部门与国务院其他部门联合公布的规章和规范性文件的修改及废止工作，应当征求有关部门意见并依照本规定程序进行。

《国家广播电视总局行政规范性文件管理规定》（国家广播电视总局令第5号　2020年3月1日）

第二十一条　起草部门应当适时对规范性文件的执行情况、实施效果、存在问题等进行评估，并根据评估结果开展规范性文件解释、修改、废止工作，需要上升为法律规定的，应当及时启动相关工作。

第二十二条　政策法规司应当会同总局有关部门，根据全面深化改革、全面依法治国要求和经济社会发展需要，以及上位法制定、修改、废止情况，及时对规范性文件进行清理，并根据清理情况及时解释、修改、废止相关规范性文件。

《自然资源规范性文件管理规定》（中华人民共和国自然资源部令第2号　2019年1月1日）

第二十八条　规范性文件有效期届满，自动失效。

起草机构认为规范性文件需要继续执行或者修改的，应当在规范性文件有效期届满前重新发布，或者依照本规定在有效期届满前完成修改并重新发布。

第二十九条　起草机构可以根据规范性文件的实施情况，组织对其政策措施、执行情况、实施效果、存在问题等进行评估，并将评估结果作为规范性文件修改或者废止的依据。

第三十条　县级以上自然资源主管部门应当建立规范性文件定期清理制度。清理结果是规范性文件修改或者废止的依据。

县级以上自然资源主管部门应当及时公布清理后继续有效的规范性文件目录。

《商务部规范性文件制定和管理办法》（中华人民共和国商务部令2018年第5号　2018年5月13日）

第六条　部内业务部门及相关单位负责职责范围内的规范性文件的起草、修改和清理等工作；办公厅负责规范性文件的审核、制发（含编号、登记）工作；法制机构负责规范性文件的合法性审查、组织清理工作。

第二十六条　商务部定期组织对本部门的规范性文件进行清理。

起草单位应当对其负责起草的所有规范性文件提出明确修改或清理意见。规范性文件的起草涉及多个司（局）的，由牵头起草单位商相关司（局）后提出修改或清理意见。对本办法出台前的规范性文件，各司（局）在定期清理时应逐步进行修改以符合本办法的规定。

清理工作完成后，由法制机构拟定现行有效的规范性文件目录，按照规范性文件批准发布程序及时向社会公布。规范性文件修改和废止程序参照本办法第二章至第五章的规定。

《国家知识产权局规范性文件制定和管理办法》（中华人民共和国国家知识产权局令第73号　2017年2月1日）

第六条　局业务司（部）负责职责范围内的规范性文件的起草、清理等工作；条法司负责规范性文件的合法性审查、备案、组织清理等工作。

条法司在开展规范性文件的合法性审查、备案、清理等工作时，应当充分发挥公职律师第十一条规范性文件起草工作完成后，在报请批准或者审议前，起草司（部）应当将草案送审稿、草案说明和其他必要材料提交条法司进行合法性审查。未经合法性审查或者经审查不合法的，不得提交批准或者审议。

第二十条　规范性文件的全面清理工作应当每隔2年开展一次。

起草司（部）应当对其负责起草的所有规范性文件提出明确清理意见。规范性文件的起草涉及多个司（部）的，由牵头起草司（部）商相关司（部）后提出清理意见。

清理工作完成后，由条法司拟定继续有效、需要修改、宣布失效和废止的规范性文件目录，按照规范性文件批准发布程序及时向社会公布。

◎地方政府规章

《贵州省行政规范性文件制定和监督管理规定》（贵州省人民政府令第212号　2023年4月1日）

第四十二条　行政规范性文件实行定期全面清理、及时清理和专项清理。制定机关应当根据清理结果作出修改、废止或者宣布失效的决定，对行政规范性文件文本和目录及时作出调整，按照政府信息公开相关规定向社会公开并备案。

第四十三条　行政规范性文件的清理工作由制定机关负责，具体清理工作由起草部门或者实施部门承担。

两个以上部门联合制定的部门行政规范性文件，由牵头部门会同有关部门负责清理。

制定机关被撤销、合并或者职权调整的，由继续行使其职权的机关负责清理。

第四十四条 制定机关应当每3年对本机关制定的行政规范性文件组织全面清理。政府行政规范性文件全面清理由本级人民政府司法行政部门组织实施，具体清理工作由起草部门或者实施部门承担。

第四十五条 制定机关应当根据法律、法规、规章、国家政策等制定依据的立改废释情况，结合实际情况对本机关制定的行政规范性文件组织及时清理。

政府行政规范性文件由起草部门或者实施部门及时清理后报制定行政规范性文件的人民政府决定。

原则上应当在涉及的法律、法规、规章、国家政策等制定依据立改废释后3个月内及时完成清理。

第四十六条 制定机关根据上级机关的要求或者认为确有必要的，组织专项清理。

政府行政规范性文件的专项清理由业务主管部门根据清理内容、涉及领域组织实施。

《湖南省规范性文件管理办法》（湖南省人民政府令第310号 2022年10月8日）

第二十七条 实行规范性文件定期清理与即时清理相结合的制度。

制定机关应当建立每两年一次的规范性文件清理制度，于偶数年的第三季度全面清理本机关现行规范性文件。

情况变化，需要修改、宣布失效或者废止本机关有关规范性文件的，制定机关应当及时清理相应规范性文件。

修改规范性文件，按照本办法关于规范性文件制定的规定执行。宣布失效和废止规范性文件，应当在本级政府公报和政府网站公布失效和废止的规范性文件目录。

《江苏省行政规范性文件管理规定》（江苏省人民政府令第158号 2022年8月1日）

第四十一条 制定机关应当适应经济社会发展需要，按照上位法和上级行政规范性文件制定、修改、废止情况，对行政规范性文件进行定期清理、专项清理。

根据清理结果，制定机关应当对行政规范性文件目录和文本及时作出调整并向社会公布。

《四川省行政规范性文件管理办法》（四川省人民政府令第351号 2022年3月1日）

第四十五条 地方各级人民政府应当定期组织对本级政府及其部门规范性文件的全面清理。

第四十六条 有下列情形之一的，制定机关应当即时组织清理：

（一）相关法律、法规、规章、上级文件新颁布或者被修改、废止、宣布失效的；

（二）上级机关提出清理要求的；

（三）其他应当组织清理的情形。

第四十七条 政府规范性文件由起草部门或者实施部门负责清理。起草和实施部门不一致的，由实施部门负责清理。

部门规范性文件由制定机关清理。部门被撤销、合并或者职责调整的，由继续履行其职责的部门负责清理。

两个以上部门联合制定的部门规范性文件，由牵头部门负责清理。

《甘肃省行政规范性文件管理办法》（甘肃省人民政府令第158号 2021年10月1日）

第三十三条 制定机关应当根据法律、法规、规章和国家政策的调整情况，及时对现行的规范性文件进行清理。政府规范性文件清理的具体工作由规范性文件起草或者实施部门承担。

规范性文件实行定期清理制度，每三年清理一次；有特殊情形的即时清理，清理结果及时向社会公布。

《河北省规范性文件管理办法》（河北省人民政府令〔2020〕第2号 2021年10月31日）

第二十七条 制定机关应当建立健全规范性文件清理长效机制，根据法律、法规、规章的制定、修改、废止等情况以及经济社会发展需要，对规范性文件进行及时清理或者组织专项清理。

第二十八条 规范性文件应当在有效期届满前3个月由制定机关组织评估清理。政府规范性文件的评估清理，首先由实施部门提出废止、修改和继续实施的意见，经本级政府司法行政部门审核后，报本级人民政府决定。

第二十九条 制定机关应当按照下列规定对清理的规范性文件作出处理决定：

（一）内容合法、仍然适用的，予以保留；保留的规范性文件可以延长有效期，但延长期最长不超过5年；

（二）内容与法律、法规、规章规定不一致或者不适当的，予以修订或者重新制定；

（三）已被新的法律、法规或者规章等规定替代，有效期已过或者调整对象已消失的，予以宣布失效。

制定机关应当将清理结果以目录形式向社会公布。

《广东省规章和行政规范性文件管理规定》（广东省人民政府令第277号 2020年9月1日）

第三十四条 规范性文件规定有效期的，一般应当在有效期届满前6个月对实施情况进行评估；未规定有效期的，一般应当定期对实施情况进行评估，评估间隔期最长不得超过5年。

部门规范性文件由制定机关组织评估，政府规范性文件一般由主要实施部门牵头组织评估。

第三十五条 评估规范性文件，应当对其内容的合法性、合理性、协调性、可操作性及其实施效果进行综合分析并形成报告，作为规范性文件修订、废止或者继续实施的重要参考。

第三十六条 制定机关应当根据法律、法规、规章和上级文件的调整情况以及上级机关要求，及时对规范性文件进行清理。清理工作遵循日常清理与定期清理相结合、专项清理与全面清理相结合的原则。

第三十七条 规范性文件修改程序按照制定程序执行。

废止规范性文件，应当履行本规定第十六条以及第四章、第五章规定的程序，可以根据实际适当简化第十三条、第十四条和第十五条规定的程序。

第三十八条 规范性文件因行政管理需要仅作文字表述、管理部门名称调整等不涉及实体内容的简易修改，或者有效期届满拟继续实施但不作修改的，由实施部门依照本规定第十六条规定形成草案后，由制定机关主要负责人签发，并在有效期届满前依照本规定第二十七条规定重新发布。

规范性文件依照前款规定重新发布的，应当报送负责监督的司法行政部门备案。司法行政部门发现重新发布的规范性文件存在合法性问题的，应当及时提出意见，制定机关应当及时处理。

《江西省行政规范性文件管理办法》（江西省人民政府令第245号 2020年9月1日）

第三十八条 行政规范性文件的全面清理，由县级以上人民政府统一组织。

行政规范性文件的专项清理，由职能部门负责组织清理；涉及多个部门的，由主要部门负责牵头组织清理。

第三十九条　行政规范性文件的具体清理工作由制定机关负责。以政府名义制定的行政规范性文件，具体清理工作由起草部门承担，起草部门提出清理意见后报制定行政规范性文件的人民政府决定。

起草部门或者制定机关被撤销、合并或者职能调整的，由继续行使其职能的机关负责清理。

《山西省行政规范性文件制定与监督管理办法》（山西省人民政府令第274号　2020年6月1日）

第四十一条　规范性文件应当注明有效期，有效期一般不超过五年，试行、暂行的规范性文件，有效期一般不超过两年。法律法规另有规定的，从其规定。

规范性文件有效期届满需要继续执行的，或者规范性文件需要修改的，应当按照本办法规定在有效期届满前重新制定公布。

第四十二条　制定机关每隔两年应当对本机关制定的规范性文件进行一次清理。规范性文件与现行法律、法规、规章相抵触或者不适当的，应当及时修改或者废止。规范性文件修改按照制定程序执行。

第四十三条　规范性文件清理结束后，制定机关应当及时公布继续有效、废止和失效的规范性文件目录；未列入继续有效规范性文件目录的，不得作为行政管理的依据。

《海南省行政规范性文件制定与备案规定》（海南省人民政府令第285号　2019年7月1日）

第二十二条　修改或者废止行政规范性文件，应当按行政规范性文件的制定程序办理。

第三十一条　建立行政规范性文件清理长效机制。行政规范性文件制定机关每5年组织一次行政规范性文件全面清理。

行政规范性文件有下列情形之一的，制定机关应当及时清理：

（一）行政规范性文件涉及的内容已制定新的法律、法规、规章或者国家和本省政策的；

（二）行政规范性文件涉及的法律、法规、规章或者国家和本省政策被修改、废止或者宣布失效的；

（三）国家或者本省要求进行及时清理的。

制定机关应当将行政规范性文件清理的情况及时报告本级人民政府和备案机关，并向社会公布。

《黑龙江省行政规范性文件制定和监督管理办法》（黑龙江省人民政府令第5号　2024年1月1日）

第四章　评估与清理

第四十一条　行政规范性文件有效期届满的，起草单位应当在其有效期届满3个月前，对其有效期是否需要延续进行评估。经评估需要继续实施的，由制定单位延续有效期后重新公布；经评估需要修改的，由制定单位按照制定程序执行。

行政规范性文件有效期超过5年或者未明确有效期，施行满5年的，起草单位应当在其施行满5年的3个月前，对其是否需要继续实施进行评估。经评估需要修改的，由制定单位按照制定程序执行。

第四十二条　行政规范性文件由制定单位负责清理。涉及多个制定单位的，由主要制定单位牵头组织清理。制定单位被撤销、合并或者职权调整的，由继续行使其职权的单位负责清理。

第四十三条　制定单位应当根据全面深化改革、全面依法治国要求和经济社会发展需要，以及法律、法规、规章及有关政策制定、修改、废止情况，对行政规范性文件进行清理。

第四十四条　行政规范性文件有下列情形之一的，应当进行修改：

（一）部分内容与现行法律、法规、规章或者有关政策不一致，但基本适应经济社会发展需要、有必要继续实施的；

（二）不同行政规范性文件对同一事项规定不一致的；

（三）作为主要制定依据的法律、法规、规章或者有关政策已经修改的；

（四）其他应当修改的情形。

第四十五条　行政规范性文件有下列情形之一的，应当予以废止：

（一）主要内容与现行法律、法规、规章或者有关政策相抵触的；

（二）主要内容已被新的法律、法规、规章或者有关政策覆盖的；

（三）作为主要制定依据的法律、法规、规章或者有关政策已经废止的；

（四）主要内容不适应经济社会发展需要的；

（五）其他应当废止的情形。

第四十六条　行政规范性文件有下列情形之一的，应当宣布失效：

（一）作为主要制定依据的有关政策已经失效的；

（二）调整对象已经消失的；

（三）任务已完成、不需要继续存续的；

（四）其他应当宣布失效的情形。

第四十七条　清理后保留、修改、废止、失效的行政规范性文件目录，应当由制定单位向社会公布，并适时公布调整后的行政规范性文件文本。

制定单位向社会公布的行政规范性文件目录等清理结果情况，应当按照本办法第三十四条规定的时限和途径报送。

◎国务院规范性文件

《国务院办公厅关于全面推行行政规范性文件合法性审核机制的指导意见》（国办发〔2018〕115号　2018年12月4日）

（六）明确审核职责。审核机构要认真履行审核职责，防止重形式、轻内容、走过场，严格审核以下内容：制定主体是否合法；是否超越制定机关法定职权；内容是否符合宪法、法律、法规、规章和国家政策规定；是否违法设立行政许可、行政处罚、行政强制、行政征收、行政收费等事项；是否存在没有法律、法规依据作出减损公民、法人和其他组织合法权益或者增加其义务的情形；是否存在没有法律、法规依据作出增加本单位权力或者减少本单位法定职责的情形；是否违反规范性文件制定程序。审核机构要根据不同情形提出合法、不合法、应当予以修改的书面审核意见。起草单位应当根据合法性审核意见对规范性文件作必要的修改或者补充；特殊情况下，起草单位未完全采纳合法性审核意见的，应当在提请制定机关审议时详细说明理由和依据。

第五十八条　附带审查处理程序

行政复议机关依照本法第五十六条、第五十七条的规定有权处理有关规范性文件或者依据的，行政复议机构应当自行政复议中止之日起三日内，书面通知规范性文件或者依据的制定机关就相关条款的合法性提出书面答复。制定机关应当自收到书面通知之日起十日内提交书面答复及相关材料。

行政复议机构认为必要时，可以要求规范性文件或者依据的制定机关当面说明理由，制定机关应当配合。

条文注释

本条是有关行政复议机关开展行政规范性文件审查和处理过程中听取规范性文件的制定机关意见的规定。

具体而言，本条规定了两个方面的内容。

一是有权处理的行政复议机关审查后发现规范性文件或依据违法的情况下，应当书面通知规范性文件或依据的制定机关就相关条款的合法性提出书面答复。这一条款旨在保障制定机关能够知晓并充分参与行政复议机关针对行政规范性文件的合法性审核的过程，并及时向行政复议机构提交有关规范性文件的合法性的证明材料，充分保障制定机关的程序性权利，帮助行政复议机关对于规范性文件进行公正的合法性审查。同时，为避免行政复议机构或制定机关利用书面通知和书面答复的程序，无限制拖延针对规范性文件的审查流程，本条第一款还规定了行政复议机构书面通知和制定机关书面答复的时间限制。

此外，制定机关未陈述意见或者未提供相关证明材料的，不影响行政复议机构对规范性文件进行审查。行政复议机构对规范性文件进行的附带审查，是一种条款审查、客观审查，无论制定机关是否提供书面意见，行政复议机构都要对规范性文件合法性作出判断。

二是进一步规定了行政复议机构在审理过程中有权要求制定机关当面说明理由。在行政复议机构审查处理规范性文件合法性问题的过程中，可能遇到情况较为复杂，书面审理无法明确认定规范性文件合法性的情况。面对这一情况，有必要规定制定机关当面说明理由程序，赋予行政复议机构要求制定机关当面说明理由的权力，帮助行政复议机构更好地审理规范性文件或依据的合法性。

第五十九条　附带审查处理结果

行政复议机关依照本法第五十六条、第五十七条的规定有权处理有关规范性文件或者依据，认为相关条款合法的，在行政复议决定书中一并告知；认为相关条款超越权限或者违反上位法的，决定停止该条款的执行，并责令制定机关予以纠正。

条文注释

本条规定了有权处理的行政复议机关对于规范性文件的附带审查的结果的处理，是本次修法的新增条款。

以行政复议机关有权针对规范性文件或依据进行审查并有权进行处理为基础，按照行政复议机关对于规范性文件或依据的附带审查的结果情况，本条可分为两层：

1. 若行政复议机关经过审查，认为有关的规范性文件或依据的相关条款合法，行政复议机关应当在行政复议决定书中明确阐明相关规范性文件的合法性问题。行政复议机关对规范性文件进行合法性审查之后，如果不对合法性审查情况予以阐明，当事人可能质疑行政复议机关遗漏复议请求，甚至质疑行政复议机关包庇制定机关。因此，行政复议机关应当告知申请人相关条款合法，为行政相对人针对相关条款的合法性进行释明。

2. 本条还规定了若行政复议机关经过审查，认为相关条款存在违法情形的处理方式。具体而言，本条规定了两类行政复议机关可以直接决定停止该条款的执行，并责令制定机关予以纠正的情形。

（1）相关条款超越权限

行政复议机关在审查行政规范性文件的合法性时，首先应当审查制定机关是否具有相应的制定权限问题。制定权限问题是判断行政规范性文件合法性时的首要问题，也是最容易判断的问题。一旦制定机关超越自身合法权限制定相关规范性文件，不论该文件的内容是否具有合理性，是否符合上位法规的精神，是否遵循了有效的批准、发布程序，该规范性文件就一定是违法越权的规范性文件。

在审查制定机关的制定权限时，应当主要从两个方面进行审查：一是规范性文件所涉及的管理领域是否属于制定机关法定职权的范围。每一个行政机关均有法定的职责范围，不同行政机关之间不能越权行事，均应在法定的职责范围之内行使各自职权，履行法定职责。因此，审查规范性文件的职权因素时应当审视规范性文件涵摄内容与规范性文件制定机关法定职权之间的对应性。二是规范性文件的制定是否超越法律、法规、规章的授权范围。行政机关的职权范围除了行政机关自成立之初按照行政职能分工、行政工作惯例形成的职权，还包括法律、法规规章的专门性授权规定特别赋予给行政机关的职权，即除了行政机关的常规性职权、职责之外，在审查规范性文件时，还应当关注规范性文件内容是否属于法律、法规、规章特别授权的范围。

（2）违反上位法

违反上位法包括行政规范性文件没有上位法授权，违法增加公民、法人和其他组织义务或减损公民、法人和其他组织合法权益和与法律、法规、规章等上位法的规定相抵触两类情况。

在法律关系之中，对于公民、法人或者其他组织最重要的就是对于其权利和义务的安排和处置。公民、法人或者其他组织的权利和义务是宪法、法律保障和规范的重心，其合法权益不得随意剥夺和减损，义务也不能随意增设和改变。规范性文件并无在没有法律、法规和规章依据的情况下，增加公民、法人和其他组织义务或减损公民、法人和其他组织合法权益的权限。对于规范性文件而言，由于其是对宪法、法律法规和规章相关规定的细化，很多情况下，对公民、法人或者其他组织的权益和义务的影响更加直接。因此，在没有法律、法规、规章依据的情况下，规范性文件若存在违法增加公民、法人和其他组织义务或者减损公民、法人和其他组织合法权益的情形，行政复议机关则可以判定该规范性文件违法。

相关规定

◎法律

《行政处罚法》（2021 年 7 月 15 日）

第十六条 除法律、法规、规章外，其他规范性文件不得设定行政处罚。

《行政许可法》（2019 年 4 月 23 日）

第十四条 本法第十二条所列事项，法律可以设定行政许可。尚未制定法律的，行政法规可以设定行政许可。

必要时，国务院可以采用发布决定的方式设定行政许可。实施后，除临时性行政许可事项外，国务院应当及时提请全国人民代表大会及其常务委员会制定法律，或者自行制定行政法规。

第十五条 本法第十二条所列事项，尚未制定法律、行政法规的，地方性法规可以设定行政许可；尚未制定法律、行政法规和地方性法规的，因行政管理的需要，确需立即实施行政许可的，省、自治区、直辖市人民政府规章可以设定临时性的行政许可。临时性的行政许可实施满一年需要继续实施的，应当提请本级人民代表大会及其常务委员会制定地方性法规。

地方性法规和省、自治区、直辖市人民政府规章，不得设定应当由国家统一确定的公民、法人或者其他组织的资格、资质的行政许可；不得设定企业或者其他组织的设立登记及其前置性行政许可。其设定的行政许可，不得限制其他地区的个人或者企业到本地区从事生产经营和提供服务，不得限制其他地区的商品进入本地区市场。

第十七条 除本法第十四条、第十五条规定的外，其他规范性文件一律不得设定行政许可。

《行政强制法》（2012年1月1日）

第十条 行政强制措施由法律设定。

尚未制定法律，且属于国务院行政管理职权事项的，行政法规可以设定除本法第九条第一项、第四项和应当由法律规定的行政强制措施以外的其他行政强制措施。

尚未制定法律、行政法规，且属于地方性事务的，地方性法规可以设定本法第九条第二项、第三项的行政强制措施。

法律、法规以外的其他规范性文件不得设定行政强制措施。

◎国务院规范性文件

《国务院办公厅关于加强行政规范性文件制定和监督管理工作的通知》（国办发〔2018〕37号 2018年5月16日）

……

行政规范性文件是除国务院的行政法规、决定、命令以及部门规章和地方政府规章外，由行政机关或者经法律、法规授权的具有管理公共事务职能的组织（以下统称行政机关）依照法定权限、程序制定并公开发布，涉及公民、法人和其他组织权利义务，具有普遍约束力，在一定期限内反复适用的公文。制发行政规范性文件是行政机关依法履行职能的重要方式，直接关系群众切身利益，事关政府形象。近年来，各地区、各部门不断加强行政规范性文件制定和监督管理工作，取得了一定成效，但乱发文、出台“奇葩”文件的现象还不同程度地存在，侵犯了公民、法人和其他组织的合法权益，损害了政府公信力。为全面贯彻习近平新时代中国特色社会主义思想和党的十九大精神，落实党中央、国务院关于推进依法行政、建设法治政府的部署和要求，切实保障群众合法权益，维护政府公信力，经国务院同意，现就加强行政规范性文件制定和监督管理工作通知如下：

一、严格依法行政，防止乱发文件

（一）严禁越权发文。坚持法定职责必须为、法无授权不可为，严格按照法定权限履行职责，严禁以部门内设机构名义制发行政规范性文件。要严格落实权责清单制度，行政规范性文件不得增加法律、法规规定之外的行政权力事项或者减少法定职责；不得设定行政许可、行政处罚、行政强制等事项，增加办理行政许可事项的条件，规定出具循环证明、重复证明、无谓证明的内容；不得违法减损公民、法人和其他组织的合法权益或者增加其义务，侵犯公民人身权、财产权、人格权、劳动权、休息权等基本权利；不得超越职权规定应由市场调节、企业和社会自律、公民自我管理的事项；不得违法制定含有排除或者限制公平竞争内容的措施，违法干预或者影响市场主体正常生产经营活动，违法设置市场准入和退出条件等。

……

第六十条　接受转送的机关的职责

依照本法第五十六条、第五十七条的规定接受转送的行政机关、国家机关应当自收到转送之日起六十日内，将处理意见回复转送的行政复议机关。

条文注释

本条规定了附带审查转送后的处理程序。根据本法第五十六条、第五十七条的相关规定，行政复议机关在接受针对规范性文件的审查申请后，发现其对于该规范性文件无权处理的，或者行政复议机关审查其有权审查的规范性文件后，发现该规范性文件存在不合法问题而无权处理的情况下，均应在7日内转送有权处理的行政机关、国家机关。

在转送后，相应的规范性文件的审查就应当由接受转送的行政机关、国家机关进行。为防止对应的行政机关、国家机关不履行、拖延履行其审查行政规范性文件或针对违法的行政规范性文件进行处理的义务，导致行政复议长期处于中止状态，行政争议无法得到适当解决，有必要针对接受转送的行政机关、国家机关设定回复转送的义务履行期限。根据本条的相关规定，接受转送的行政机关、国家机关应当在收到转送之日起60日内，回复其处理意见。

第五章 行政复议决定

第六十一条 行政复议决定程序

行政复议机关依照本法审理行政复议案件，由行政复议机构对行政行为进行审查，提出意见，经行政复议机关的负责人同意或者集体讨论通过后，以行政复议机关的名义作出行政复议决定。

经过听证的行政复议案件，行政复议机关应当根据听证笔录、审查认定的事实和证据，依照本法作出行政复议决定。

提请行政复议委员会提出咨询意见的行政复议案件，行政复议机关应当将咨询意见作为作出行政复议决定的重要参考依据。

条文注释

本条规定是关于行政复议决定作出程序的规定，是本次修法的新增条款。具体而言，本条的规定可以分为三部分：

1. 行政复议机构和行政复议机关的职责分配

在本次修法前，行政复议实施条例虽然增添了行政复议机构的相关规定，但是由于相关的规定缺乏法律的支撑，正当性长期受到学界的质疑，地方上亦难以为行政复议机构配备充足的人员和资金支持。同时，即便在建立起行政复议机构的行政机关中，作为实际受理案件机关的行政复议机关和作为实际审理案件机关的行政复议机构之间的关系和权责分配缺乏明确的规范，导致了一系列的问题。为此，新法专门明确了行政复议机关和行政复议机构之间的关系。

根据本条的相关规定，行政复议机关依法履行行政复议职责，审理行政复议案件，作出行政复议决定。但行政复议工作的强法律性和专业性，以及首长负责制的要求使得作为行政复议机关的上级政府首长无法全权负责行政复议工作，因此，行政复议工作需要专门的机构来承担。为此，本条专门规定应由行政复议机构对行政行为进行审查并提出意见。但由于行政复议决定最终需要由行政复议机关承担相应的法律责任，因此，行政复议决定的作出不能由行政复议机构独立作出需要通过行政复议机关首长的监督或行政复议机关的集体讨论后才能作出行政复议决定。

因此，从本条的规定来看，行政复议机关是负责对外作出最终行政复议决定的机关，要承担行政复议决定所带来的法律后果；而行政复议机构是行政复议机关的内部专门机构，具体负责对案件的审理。行政复议机关履行行政复议职责的具体表现，并非是实际审理行政复议案件，而是体现在其对行政复议工作的领导、支持、保障和监督的责任。

2. 听证笔录的效力

行政听证笔录，又称行政听证记录，是指由听证主持人或记录人代表行政机关在正式听证过程中对整个听证活动所作的客观记载，是确定行政机关是否听取当事人的陈述与申辩的凭据。听证笔录的法律效力是听证笔录制度中的核心问题，将直接决定听证笔录制度的运作成效。伴随着我国行政法治的发展，听证笔录的法律效力呈现出逐步上升的态势。在最早规定听证笔录制度的《行政处罚法》中，对于听证笔录的规定只作出了原则性的规定，没有针对听证笔录的法律效力作出具体规定，导致听证笔录在行政处罚制度中难以起到有效作用。后续的《行政许可法》吸收了这一教训，规定了行政机关只能根据听证笔录中认定的事实作出决定，确立了听证笔录制度中的案卷排他规则。在行政复议法中，立法者有选择地针对听证笔录的案卷排他性原则进行了缓和，在确立听证笔录作为行政复议案件的主要证据的地位后，又将行政复议机关审查认定的事实和证据纳入了行政复议案件的证据中。

3. 咨询意见效力

本条第三款规定了行政复议中经行政复议委员会咨询后行政复议委员会的咨询意见的效力。根据本条的规定，行政复议委员会的咨询意见应当作为行政复议机关作出行政复议决定的重要参考依据。这一规定强调了行政复议委员会的咨询意见对于行政复议决定的参考意义，与行政复议法修订过程中一审草案稿所规定的“未采纳行政复议委员会咨询意见的，应当经行政复议机关负责人集体讨论通过”相比，强制性相对较弱，但是确立了行政复议委员会的咨询意见的重要参考依据地位，依然使得行政复议机关在行政复议过程中必须考虑行政复议委员会的咨询意见，若行政机关不考虑上述咨询意见，可能属于行政复议机关未考虑行政复议案件中的重要证据，构成主要证据不足，由此使得行政复议决定属于可撤销的行政行为。

相关规定

◎其他规范性文件

《中国人民银行行政复议委员会工作制度》

（银办发〔2001〕135号　2001年5月28日）

一、组织机构

中国人民银行行政复议委员会是中国人民银行负责对重大行政复议案件进行研究和作出决定的内设专门工作机构。中国人民银行行政复议委员会由主管条法工作的副行长，条法司的司局级领导以及银行一司、银行二司、非银行司、合作司、货币金银局、支付结算管理办公室等主要执法职能部门的司局级领导组成主任由主管条法工作的副行长担任，副主任由条法司主管行政复议工作的副司长担任。

条法司行政复议处是行政复议委员会的日常工作机构，负责承办行政复议委员会的具体工作。

二、行政复议委员会的职责

根据《中国人民银行行政复议办法》第十二条的规定和中国人民银行行政复议工作的实际，行政复议委员会的具体职责为：

（一）对案情重大复杂，在全国范围内造成严重影响的行政复议申请作出行政复议决定；

（二）对申请人依法提出的对金融规章以下规则的审查申请作出审查决定；

（三）讨论决定行政复议处在经办具体行政复议工作过程中，与业务司局意见不一致的重大事项；

（四）讨论决定行政复议处在经办具体行政复议工作过程中，提交其决定的其他重大事项。

三、行政复议委员会的工作原则和工作方法

行政复议委员会按照合法、公正、及时的原则开展工作。行政复议委员会按照《中国人民银行行政复议办法》及本工作制度确定的工作职责及工作方法开展工作，实行主任负责制。

行政复议委员会通过会议和案件审查会的形式开展工作。行政复议委员会会议一般每半年召开一次，分别于每年的1月和7月召开，特殊情况经主任决定可以临时召开工作会议。会议的主要内容是：通报开展行政复议工作的有关情况；研究有关行政复议的重要事项；研究行政复议案件。案件审查会根据行政复议案件的实际需要，由行政复议委员会主任决定，可以随时召开。

行政复议委员会每次会议必须有三分之二以上成员参加。行政复议处负责于会议召开前一日将会议材料分送出席会议的各位成员。

行政复议委员会会议由主任主持召开，主任因故不能履行职责时，由副主任代为履行职责。

行政复议委员会作出决定采取投票制，出席会议的成员投赞成票超过半数为通过。当赞成票与反对票、弃权票票数相等时，由主持会议的主任或者副主任作出决定。

中国人民银行行长对行政复议委员会的决定有最终否决权。

行政复议委员会会议由行政复议处组织，会后由行政复议处负责印发会议纪要并组织落实会议议定事项。

◎地方性政府规章

《黑龙江省行政复议案件听证审查规定》

（黑龙江省人民政府令第1号　2020年5月6日）

第一章　总　　则

第一条　为了规范行政复议案件听证审查程序，保证客观、公正地审查行政复议案件，保护公民、法人和其他组织的合法权益，保障和监督行政机关依法行使职权，根据《中华人民共和国行政复议法》和国家有关规定，结合本省实际，制定本规定。

第二条　全省各级行政复议机关审查行政复议案件进行听证审查，适用本规定。

第三条　行政复议机关负责办理行政复议事项的机构（以下统称行政复议机构）负责行政复议案件听证审理的组织实施。

第四条　行政复议案件听证审查应当公开进行，但是涉及国家秘密、商业秘密或者个人隐私的除外。

第五条　当事人在听证审查中的法律地位平等。

第六条　听证审查实行回避制度。

第七条　当事人在听证审查中有权进行辩论。

第二章　听证审查范围

第八条　下列行政复议案件应当进行听证审查：

（一）两个或者两个以上有独立请求权的申请人，对同一或者同类的具体行政行为申请行政复议，行政复议机构决定合并审查的行政复议案件；

（二）涉及第三人的行政复议案件；

（三）涉及行政赔偿的行政复议案件；

（四）案件处理结果涉及国家利益、公共利益的行政复议案件；

（五）被上级行政机关责令受理或者限期审查的行政复议案件；

（六）本辖区有重大影响的以及涉外或者涉及香港特别行政区、澳门特别行政区、台湾地区的行政复议案件；

（七）案情重大、疑难、复杂的行政复议案件。

第九条　申请人提出听证审查申请或者行政复议机构认为有必要听证审查的，可以进行听证审查。

第三章　听证审查组织和听证审查参加人

第十条　行政复议机构应当指派三名具有行政复议资格的人员组成听证审查合议庭，负责听证审查工作，指定其中一人或者听证审查合议庭成员以外的行政复议机构人员担任听证审查的记录人。

听证审查合议庭成员回避的，行政复议机构应当另行指派具有行政复议资格的人员组成听证审查合议庭。

第十一条　听证审查合议庭成员中有行政复议机构负责人的，行政复议机构负责人主持听证审查；没有行政复议机构负责人的，由听证审查合议庭决定其中一人主持听证审查。

第十二条　听证审查的参加人包括：听证审查合议庭成员、申请人及其委托代理人、被申请人及其委托代理人、第三人及其委托代理人、证人、鉴定人员、勘验人员和翻译人员等。

案情疑难、复杂或者涉及专业技术问题的，可以邀请专家参加听证审查。

第十三条　听证审查合议庭成员有下列情形之一，应当回避：

（一）是本案当事人或者当事人、委托代理人的近亲属的；

（二）与本案有利害关系的；

（三）与本案当事人有其他关系，可能影响对案件公正审查的。行政复议机构负责人决定听证审查合议庭成员的回避。

行政复议机关负责人决定行政复议机构负责人的回避。

行政复议机关负责人决定行政复议机关法制机构负责人的回避。

第十四条　听证审查合议庭行使下列职权：

（一）认定案件事实，确认证据效力；

（二）决定鉴定、勘验；

（三）决定邀请专家参加听证审查；

（四）在听证审查后，提出案件初步审查意见；

（五）需要由听证审查合议庭决定的其他事项。

第十五条　听证审查主持人行使下列职权：

（一）主持听证审查；

（二）宣布听证审查纪律，维持听证审查秩序；

（三）向申请人及其委托代理人、被申请人及其委托代理人、第三人及其委托代理人、证人、鉴定人员、勘验人员、翻译人员和特邀专家等询问；

（四）宣布听证审查合议庭的决定；

（五）需要由主持人决定的其他事项。

第十六条　申请人享有下列权利：

（一）申请听证审查；

（二）委托代理人参加听证审查；

（三）申请听证审查合议庭成员回避；

（四）申请调取证据材料；

（五）申请鉴定、勘验；

（六）举证、质证；

（七）经听证审查主持人同意，向听证审查合议庭成员以外的其他听证审查参加人询问；

（八）辩论和最后陈述；

（九）按规定查阅案件有关材料。

第三人享有前款除（一）项外的其他权利。

第十七条　被申请人享有下列权利：

（一）委托代理人参加听证审查；

（二）申请调取证据材料；

（三）听证审查前知道行政复议申请的内容；

（四）申请鉴定、勘验；

（五）举证、质证；

（六）经听证审查主持人同意，向听证审查合议庭成员以外的其他听证审查参加人询问；

（七）辩论和最后陈述；

（八）按规定查阅案件有关材料。

第四章　听证审查程序

第十八条　申请人申请听证审查的，

应当自行政复议机构受理行政复议申请之日起二十日内向行政复议机构递交书面申请。

听证审查申请书应当载明下列事项：

（一）申请人的姓名或者名称；

（二）申请听证审查的理由；

（三）申请人的签名或者印章；

（四）提交听证审查申请书的日期。

第十九条　当事人委托代理人参加听证审查的，应当向行政复议机构递交授权委托书和委托代理人的身份证明，授权委托书应当载明委托事项和具体权限。

一方当事人的委托代理人不得超过两人。

第二十条　行政复议机构收到听证审查申请后，应当在五日内决定是否进行听证审查。决定不进行听证审查的，应当向申请人说明理由。

第二十一条　行政复议机构应当在举行听证审查的三日前采取电话通知、书面通知或者其他方式通知除听证审查合议庭成员以外的听证审查参加人参加听证审查。

第二十二条　采取听证审查通知书通知听证审查的，应当载明下列事项：

（一）听证审查的案件名称；

（二）听证审查参加人的姓名或者名称；

（三）听证审查的理由；

（四）听证审查的时间和地点；

（五）缺席参加听证审查的法律后果；

（六）需要通知的其他事项。

第二十三条　听证审查按照下列顺序进行：

（一）听证审查记录人核对除听证审查合议庭成员以外的参加人的身份，并记录其姓名、单位、职务和联系方式等；

（二）听证审查主持人宣布听证审查纪律；

（三）听证审查主持人介绍听证审查合议庭成员；

（四）听证审查主持人询问申请人、第三人是否申请听证审查合议庭成员回避，申请回避的，应当说明理由，是否回避按照本规定第十三条的规定处理；

（五）事实调查；

（六）举证、质证；

（七）辩论；

（八）最后陈述。

第二十四条　事实调查按照下列顺序进行：

（一）申请人陈述行政复议请求事项、事实和理由；

（二）被申请人答辩；

（三）第三人陈述意见；

（四）听证审查合议庭成员向当事人询问；

（五）经听证审查主持人同意，当事人之间可以针对案件事实相互询问。

第二十五条　举证、质证按照下列顺序进行：

（一）被申请人举证，申请人和第三人质证；

（二）申请人举证，被申请人和第三人质证；

（三）第三人举证，被申请人和申请人质证；

（四）听证审查主持人征求当事人意见，是否申请调取证据材料、鉴定或者勘验。

听证审查合议庭成员可以对证据材料所要证明的案件事实，询问除听证审查合议庭成员以外的有关听证审查参加人。

第二十六条　辩论按照下列顺序进行：

（一）听证审查主持人确定案件焦点

问题；

（二）当事人及其委托代理人按照申请人、被申请人、第三人的顺序围绕案件焦点问题进行辩论。

第二十七条　辩论结束后，当事人及其委托代理人做最后陈述。

第二十八条　申请人撤回听证审查申请或者无正当事由不参加听证审查的，不得再次申请听证审查。

第二十九条　放弃参加听证审查权利的申请人不得申请或者再次申请听证审查。

第三十条　无正当事由不按期参加听证审查的，不影响听证审查的进行，但是申请听证审查的申请人除外。

第三十一条　当事人及其委托代理人有正当事由不能按时参加听证审查的，听证审查的日期由行政复议机构另行确定。

第三十二条　在听证审查中，听证审查参加人应当遵守下列纪律：

（一）服从听证审查主持人的指挥；

（二）不得擅自录音、录像和摄影；

（三）不得随意走动；

（四）不得随意发言、提问；

（五）不得拨打或者接听移动电话；

（六）不得对听证审查参加人进行指责和人身攻击；

（七）不得泄露国家秘密、商业秘密和个人隐私；

（八）不得鼓掌、喧哗、哄闹或者实施其他妨害听证审查的行为。

第三十三条　听证审查记录人应当客观、公正、真实地记录听证审查的全部活动。

第三十四条　听证审查结束后，当事人及其委托代理人应当核对听证审查笔录，认为记录有遗漏或者错误的，可以申请补正。

对听证审查笔录核对无误后，应当签名或者盖章。拒绝签名或者盖章的，听证审查记录人应当如实记录。

第三十五条　听证审查笔录应当作为作出行政复议决定的根据。

第五章　听证审查的证据及其效力

第三十六条　听证审查的证据主要有以下几种：

（一）书证；

（二）物证；

（三）视听资料；

（四）证人证言；

（五）当事人陈述；

（六）鉴定结论；

（七）勘验笔录、现场笔录。

以上证据经行政复议机构审查属实，才能作为定案的根据。

听证审查应当出示证据的原件或者原物。无法当场出示或者不便于当场出示原件或者原物的证据，经听证审查合议庭同意，举证的当事人可以出示与原件、原物核对无异的复印件、副本、照片、复制件等。

第三十七条　当事人向行政复议机构提供证据材料时，应当一并提供证据目录，注明证据材料的来源、取得时间和所要证明的案件事实。

第三十八条　申请人和第三人应当在听证审查结束前提供证据材料。逾期提供证据材料的，视为放弃举证权利。

第三十九条　证人应当在听证审查时到场如实作证。

证人因正当事由无法到场作证的，经听证审查合议庭同意，可以由举证的当事人宣读证人证言。

第四十条　申请人在听证审查过程中，对下列事项负有举证责任：

（一）证明行政复议申请符合法定

条件；

（二）在被申请人不履行法定职责的案件中，证明自己已向被申请人提出过要求其履行法定职责的申请；

（三）申请行政复议时一并提出行政赔偿申请的，证明具体行政行为对其合法权益造成损害的事实；

（四）行政复议机构认为应当由申请人承担举证责任的其他事项。

第四十一条 有下列情形之一，被申请人经听证审查合议庭同意可以补充相关的证据：

（一）被申请人作出具体行政行为时已经收集，但是因不可抗拒的事由或者其他正当理由不能提供的；

（二）申请人或者第三人在听证审查过程中，提出了在被申请人实施行政行为过程中没有提出的反驳理由或者证据的。

第四十二条 下列证据不能作为认定具体行政行为合法的事实根据：

（一）被申请人违反法定程序收集的证据；

（二）被申请人在作出具体行政行为后收集的证据；

（三）申请人或者第三人在行政复议过程中提供的，但是被申请人在行政程序中未作为具体行政行为事实根据的证据。

第四十三条 有下列情形之一，行政复议机构有权向有关组织和人员调查取证、查阅文件和资料：

（一）涉及国家利益、公共利益或者他人合法利益的事实认定的；

（二）涉及依职权追加当事人等程序性事项的；

（三）申请人或者第三人提供了证据或者依据的线索，但是无法自行收集，申请行政复议机构调取的；

（四）申请人或者第三人应当提供原件或者原物而无法提供的；

（五）为了查明事实，确有必要调取其他证据材料的。

在调查取证、查阅文件和资料时，应当由两名以上具有行政复议资格的人员进行，并出示工作证件和行政复议人员资格证件，有关组织和人员应当配合，不得阻挠或者拒绝。

第四十四条 当事人申请调取证据材料的，应当在听证审查结束前向行政复议机构递交书面申请。

第四十五条 行政复议机构根据当事人的申请，经调取未能取得相应证据材料的，应当告知当事人，并说明原因。

第四十六条 行政复议案件涉及专门问题需要进行鉴定、勘验的，由行政复议机构委托依法设立的鉴定、勘验机构进行鉴定、勘验。

第四十七条 对需要鉴定、勘验的事项负有举证责任的当事人，在举证期限内无正当事由不提出鉴定、勘验申请，不交纳鉴定、勘验费用或者拒不提供相关材料，致使对案件争议的事实无法通过鉴定、勘验结论予以认定的，应当对该事实承担举证不能的法律后果。

第四十八条 行政复议机构在听证审查过程中收集和补充的证据，不能作为维持具体行政行为或者确认具体行政行为合法、有效、适当的证据，但是可以作为撤销、变更原具体行政行为或者确认原具体行政行为违法、无效或者不适当的证据。

第四十九条 听证审查期间，在与案件有一定关联性的证据可能灭失或者以后难以取得的情况下，当事人可以向行政复议机关申请保全证据，行政复议机关也可以主动采取保全措施。

行政复议机关保全证据，可以根据具体情况采取拍照、录音、录像、复制、鉴定、勘验、制作询问笔录等保全措施。

第五十条　听证审查应当以证据能够证明的案件事实为根据。

第五十一条　证明同一事实的数个证据，其证明效力一般可以按照下列情形分别认定：

（一）国家机关以及其他职能部门依职权制作的公文文书优于其他书证；

（二）鉴定结论、现场笔录、勘验笔录、档案材料以及经过公证或者登记的书证优于其他书证、视听资料和证人证言；

（三）原件、原物优于复制件、复制品；

（四）法定鉴定部门的鉴定结论优于其他鉴定部门的鉴定结论；

（五）原始证据优于传来证据；

（六）其他证人证言优于与当事人有亲属关系或者其他密切关系的证人提供的对该当事人有利的证言；

（七）数个种类不同、内容一致的证据优于一个孤立的证据。

同一证人对同一事实提供的互相矛盾的证言不能作为认定案件事实的根据。

第五十二条　听证审查合议庭应当按照法定程序，全面、客观、公正地审核证据，依据法律、法规、规章的规定，遵循行政复议人员的职业道德，运用逻辑推理和日常生活经验，对证据有无证明力和证明力的大小进行判断，确定证据材料与案件事实之间的证明关系，排除不具有关联性的证据材料，准确认定案件事实。

第六章　法律责任

第五十三条　听证审查合议庭成员违反本规定进行听证审查的，由行政复议机关责令改正，重新进行听证审查，并对听证审查主持人和其他直接责任人员依法给予行政处分。

第五十四条　听证审查记录人不如实记录听证审查活动、擅自涂改听证审查笔录的，由行政复议机关依法给予行政处分。

第五十五条　当事人及其委托代理人不遵守听证审查纪律，严重影响听证审查秩序，经劝告仍不改正，移送有关机关依法处理。

第五十六条　国家机关工作人员阻挠或者拒绝行政复议机构及其行政复议人员调查取证、查阅文件和资料的，该国家机关应当依法对直接责任人员给予行政处分。

第七章　附　　则

第五十七条　听证审查费用由行政复议机关在行政复议专项经费中支出，不得向当事人收取。

第五十八条　鉴定、勘验费用由提出申请的当事人承担。

第五十九条　行政复议人员的资格由省级行政复议机构组织考试确认。

第六十条　本规定自二〇〇六年五月一日起施行。

《辽宁省行政复议听证程序规定》（辽宁省人民政府令第246号　2010年2月22日）

第一条　为规范行政复议听证程序，依法公正办理行政复议案件，保护公民、法人和其他组织的合法权益，根据《中华人民共和国行政复议法》、《中华人民共和国行政复议法实施条例》等法律、法规，结合我省实际，制定本规定。

第二条　本规定所称行政复议听证是指行政复议机关或者行政复议机构为查清案件事实，直接听取听证参加人对案件事实、证据、依据等问题所作的陈述、辩论等的审理方式。

第三条　本规定适用于我省行政区域内行政复议机关或者行政复议机构（以下统称听证机关）依法组织的听证。

第四条 听证参加人包括当事人及其代理人和其他参加人。

当事人包括行政复议申请人、被申请人、第三人。

其他参加人是指证人、勘验人、鉴定人、翻译人员等有关人员。

第五条 听证应当坚持公平、公正、公开原则。除涉及国家秘密、商业秘密或者个人隐私外，听证应当公开举行。

第六条 行政复议案件具有下列情形之一的，可以举行听证：

（一）对具体行政行为认定的事实存在重大争议；

（二）对具体行政行为依据的理解和适用存在重大争议；

（三）符合《辽宁省行政复议规定》第二十三条第一款规定；

（四）听证机关认为必要的。

第七条 听证可以依当事人申请或者由听证机关决定举行。听证应当由听证机关实施，不得委托其他机构组织。

当事人要求听证的，应当向听证机关提出书面申请。当事人口头申请听证的，听证机关应当当场记录。

第八条 听证机关决定举行听证的，应当在举行听证的7日前，通知听证参加人。

第九条 听证通知书应当载明下列事项：

（一）听证参加人姓名或者名称；

（二）案由；

（三）举行听证的时间、地点；

（四）首席听证员、听证员、书记员的姓名；

（五）告知其他有关事项。

第十条 听证应当在被申请人依法答复后，行政复议决定作出前举行。

第十一条 听证在1名首席听证员和2名听证员组织下进行。首席听证员由听证机关负责人指定，并主持听证活动。听证设书记员1名，负责制作听证笔录和其他事务工作。

根据案件审理需要，听证机关可以邀请有关专家或者其他人员作为听证员参加听证。

第十二条 首席听证员履行下列职责：

（一）决定听证的时间、地点和方式；

（二）决定有关的听证参加人参加听证；

（三）主持听证活动，维持听证秩序；

（四）根据案件需要询问听证参加人；

（五）决定证人当场作证；

（六）决定听证的延期或中止。

第十三条 首席听证员、听证员或者书记员有下列情形之一的，应当回避：

（一）与本案当事人、代理人是近亲属；

（二）与本案有利害关系；

（三）与本案当事人之间存在其他关系，可能影响案件公正处理。

前款规定，适用于勘验人、鉴定人和翻译人员。

首席听证员的回避，由听证机关负责人决定；听证员、书记员的回避，由首席听证员决定。

第十四条 当事人在听证活动中享有下列权利：

（一）申请首席听证员、听证员或者书记员回避；

（二）可以自己参加听证，也可以委托1至2名代理人参加听证；

（三）查阅提交的材料；

（四）陈述案件事实和理由；

（五）就案件争议焦点进行质证、辩论；

（六）听证结束前作最后陈述；

（七）阅读听证笔录；

（八）依法享有的其他权利。

同一案件申请人超过5人的，推选1至3名代表参加听证。

第十五条 当事人在听证活动中履行下列义务：

（一）按时到指定地点参加听证；

（二）遵守听证纪律；

（三）如实回答听证员的询问，如实陈述、举证；

（四）委托代理人的，应当出具授权委托书，明确委托事项和权限；

（五）未经首席听证员批准不得中途退出听证会。

第十六条 有下列情形之一的，申请人应当提供证明材料：

（一）申请行政复议时一并提出行政赔偿请求的，提供由具体行政行为造成损害的证明；

（二）认为被申请人不履行法定职责的，提供曾经要求被申请人履行法定职责而被申请人未履行的证明。

第十七条 首席听证员、听证员应当在举行听证前，分析案件争议焦点，确定听证重点内容，拟订听证提纲。

第十八条 听证开始前，书记员应当查明当事人和其他参加人是否到场，宣布听证纪律。

听证开始时，首席听证员应当核对听证参加人的身份，宣布首席听证员、听证员、书记员名单，宣布案由，告知当事人有关的权利义务，询问当事人是否申请回避。

第十九条 听证会按下列程序进行：

（一）申请人陈述行政复议请求、事实和理由，出示相关证据；

（二）被申请人答辩，陈述作出具体行政行为的事实、理由和依据，出示相关证据；

（三）第三人陈述，出示相关证据；

（四）当事人对证据进行质证；

（五）当事人进行辩论；

（六）当事人作最后陈述；

（七）首席听证员征求当事人意见，是否同意调解。

第二十条 书记员应当将听证的全部活动记入听证笔录。

听证笔录应当载明下列事项：

（一）听证参加人姓名或者名称、住所；

（二）首席听证员、听证员和书记员的姓名；

（三）举行听证的时间、地点；

（四）案由；

（五）行政复议请求，申请人陈述的事实、理由和证据；

（六）被申请人答辩的事实和理由，出示的依据、证据及其他材料；

（七）第三人陈述的事实和理由；

（八）证人证言；

（九）质证、辩论的内容；

（十）当事人的最后陈述；

（十一）当事人是否同意调解。

第二十一条 听证结束后，听证笔录应当交当事人核对无误后签名或者盖章；拒绝签名或者盖章的，由首席听证员在听证笔录上注明情况。首席听证员、听证员和书记员应当在听证笔录上签字。

听证笔录中有关证人证言部分，应当交证人核对无误后签名或者盖章。听证笔录应当附卷。

第二十二条 听证认定的事实，应当作为审理行政复议案件的依据。

第二十三条 有下列情形之一的，应当决定延期听证：

（一）申请人（自然人）死亡或者法人、组织解散，须等待权利义务继承人或者法定代表人参加听证；

（二）申请人、被申请人因不可抗力不能参加听证；

（三）申请人（自然人）丧失行为能力，尚未确定法定代理人；

（四）听证机关认为应当延期听证的。

第二十四条　当事人违反听证纪律或者未经批准中途退场，致使听证会无法进行的，中止听证。

被申请人无正当理由不参加听证会，且在依法答复中未提供有关证据、依据的，应当视为具体行政行为没有证据、依据。

第二十五条　行政复议机关和行政复议机构应当设置专门场所用于举行听证。听证所需费用应当从行政复议经费中列支。

第二十六条　本规定自2010年2月22日起施行。

《江苏省行政复议听证办法》（江苏省人民政府令第49号　2009年1月1日）

第一条　为规范行政复议审查活动，保护公民、法人和其他组织的合法权益，根据《中华人民共和国行政复议法》、《中华人民共和国行政复议法实施条例》的规定，制定本办法。

第二条　本办法所称行政复议听证，是指行政复议机关负责办理具体行政复议案件的法制工作机构（下称法制工作机构）直接听取案件申请人、被申请人、第三人及其他有关人员就案件事实、证据、依据等问题所作的陈述、举证、质证、辩论的审理方式。

第三条　本省行政区域内的法制工作机构以听证方式审理行政复议案件的，应当遵守本办法。

县级以上地方人民政府法制工作机构对本行政区域内的行政复议听证工作实施指导和监督。

第四条　行政复议案件有下列情形之一的，可以组织听证：

（一）对事实认定存在重大争议的；

（二）案情疑难、复杂的；

（三）对具体行政行为依据的理解和适用存在重大争议的；

（四）可能影响申请人重大权益的；

（五）被申请人仅提交具体行政行为的证据、依据，但未对其合法性和合理性作出说明的；

（六）其他需要组织听证的。

第五条　法制工作机构根据本办法规定，决定案件是否听证。

申请人、第三人申请听证的，由法制工作机构决定。

第六条　听证坚持公正原则，除涉及国家秘密、商业秘密和个人隐私外，听证应当以公开方式进行。

第七条　被申请人应当按照《行政复议法》规定履行举证责任，对所提供的证据、依据进行说明。

第八条　行政复议机关的法制工作机构决定听证的，设主持人一名，相关工作人员一至二名，组成审理组，进行听证。

第九条　主持人负责组织和主持行政复议听证工作，具体履行下列职责：

（一）决定听证会的时间、地点；

（二）组织和主持听证会；

（三）决定证人、鉴定人、勘验人参加听证会；

（四）询问听证参加人；

（五）决定听证会的中止；

（六）维护听证会纪律，对违反听证会纪律的人员予以制止，情节严重的可以责令其退出；

（七）其他由主持人行使的职责。

第十条　行政复议听证当事人是指行政复议的申请人、被申请人和第三人。当事人应当按照行政复议听证通知要求参加听证。

一方当事人为五名以上的，应当推举一至三名代表参加听证。

第十一条　证人、鉴定人、勘验人应当参加听证会并接受调查、询问。当事人提出的证人、鉴定人、勘验人不参加听证会的，审理组可以向证人、鉴定人、勘验人调查，并征求当事人对证人、鉴定人、勘验人的意见。

证人、鉴定人、勘验人在工作期间参加听证会的，用人单位应当为其提供便利并视其为正常工作。

第十二条　一方当事人无正当理由拒不到场参加听证的，或者未经允许中途退场的，视为放弃听证权利。

被申请人在答复中未提供证据和依据的，无正当理由又不参加听证的，应当视为具体行政行为没有事实和法律依据。

第十三条　当事人在听证过程中享有下列权利：

（一）认为主持人或者其他相关工作人员与案件有直接利害关系的，可以申请回避；

（二）当事人可以亲自参加听证，也可以经主持人批准委托一至二名代理人参加听证；

（三）查阅对方提交的材料；

（四）在听证过程中陈述案件事实和理由；

（五）就案件争议焦点进行质证、辩论；

（六）核对听证笔录；

（七）依法享有的其他权利。

第十四条　当事人在听证过程中履行下列义务：

（一）按时参加听证；

（二）如实回答有关询问；

（三）未经主持人批准不得中途退出听证会；

（四）遵守听证会纪律。

第十五条　主持人的回避，由法制工作机构负责人决定；其他工作人员的回避，由主持人决定。

法制工作机构负责人担任主持人的回避，由行政复议机关负责人决定。

第十六条　法制工作机构在举行听证会的五日前，应当向听证参加人书面告知以下内容：

（一）听证参加人的姓名或者名称；

（二）案由；

（三）举行听证会的时间、地点；

（四）主持人的姓名；

（五）其他内容。

行政复议案件复杂或者证据材料较多的，应当通知当事人提前阅卷并提供阅卷场所。

第十七条　行政复议听证按下列程序进行：

（一）书记员核实听证参加人的身份及到场情况；

（二）书记员宣读听证纪律；

（三）主持人宣布案由和听证员、书记员名单，询问当事人是否申请回避；

（四）宣布听证会开始；

（五）申请人提出行政复议请求、陈述理由，并举证；

（六）被申请人陈述作出具体行政行为的事实、理由和依据，并举证；

（七）第三人参加听证的，由第三人陈述自己观点，并举证；

（八）申请人、被申请人、第三人对证据进行质证；

（九）主持人对需要查明的问题向听证参加人询问；

（十）主持人宣布听证结束后，主持人、记录人、当事人及其他参加人在听证笔录上签字。当事人及其他参加人拒绝签名或者盖章的，主持人应当在听证笔录中说明情况。

第十八条 行政复议参加人应当遵守以下听证纪律：

（一）未经听证主持人允许不得随便发言、提问；

（二）未经听证主持人允许不得录音、录像和拍照；

（三）不得鼓掌、喧哗、吵闹或者有其他妨碍听证秩序的活动；

（四）听证时不随意走动或离场；

（五）听证时禁止吸烟，禁止随地吐痰，禁止使用通讯工具；

（六）当事人陈述事实、答辩问题，必须做到实事求是、文明礼貌，不得有攻击性语言。

违反听证纪律的，由听证主持人劝告制止；不听劝告的，给予训诫；情节严重的，责令其退出听证。

第十九条 证人作证时，主持人应当核对证人身份，并告知证人的权利义务以及作伪证的法律责任。

证人不得旁听听证会。

两名以上证人到会作证的，应当分别作证，需要组织证人对质的除外。

第二十条 证人应当如实作证，接受有关询问。证人到会后，由提供证人的一方当事人针对案件的事实问题向证人发问。

证人作证后，主持人应当询问其他当事人对证言有无异议。

其他当事人经主持人允许可以向证人发问。

第二十一条 经主持人允许，鉴定人、勘验人可以到会说明情况，接受询问。

对于到会的鉴定人、勘验人，主持人应当核对其身份以及与当事人及案件的关系，并告知鉴定人、勘验人如实说明情况的法定义务和作虚假说明的法律责任。

第二十二条 听证笔录及听证认定的事实应当作为法制工作机构审理行政复议案件的依据。

第二十三条 有下列情形之一的，主持人可以决定中止听证，并向各有关当事人发送《行政复议听证中止通知书》：

（一）当事人因正当事由不能参加听证的；

（二）当事人申请回避的，但当场决定不需要回避的除外；

（三）当事人死亡或者解散，需要等待权利、义务继承人的；

（四）需要通知新的证人到场或者需要重新鉴定、勘验的；

（五）其他应当中止听证的情形。

当事人因正当事由不能参加听证的，应当在听证会召开三日前向法制工作机构提出，并提交证明正当事由存在的证据，是否中止，由主持人决定。

中止情形消除后，主持人可以决定恢复听证。

第二十四条 法制工作机构举行行政复议听证，不得向当事人收取费用。行政复议听证所需费用由本级财政予以保障。

第二十五条 本办法自2009年1月1日起施行。

《贵州省行政复议听证规定》（贵州省人民省政府令第105号　2008年7月1日）

第一条 为了规范行政复议听证活动，依法、公开、公正审理行政复议案件，维护公民、法人和其他组织的合法权益，根据《中华人民共和国行政复议法》、《中华人民共和国行政复议法实施条例》和《贵州省行政复议条例》的规定，结合本省实际，制定本规定。

第二条 本规定所称的行政复议听证，是指行政复议机关在审理行政复议案件中，为了查明案件事实，依照本规定组织当事人就被申请人作出的具体行政行为的程序、证据和依据进行陈述、举证、质证、辩论的活动。

第三条 行政复议申请人向行政复议机关提出行政复议听证申请或者行政复议机构认为必要时，决定举行的行政复议听证活动，适用本规定。

第四条 行政复议机关具体审理行政复议案件的行政复议机构负责组织行政复议听证活动。

行政复议机构不得委托其他机构或者组织举行行政复议听证。

第五条 本规定所称的行政复议听证人员，是指行政复议机构中负责组织行政复议听证活动的行政复议人员。

本规定所称的行政复议听证主持人，是指负责组织、指挥行政复议听证活动，并主持听证会的行政复议听证人员。

本规定所称的行政复议当事人，是指行政复议的申请人、被申请人和第三人。

本规定所称的行政复议听证参加人包括当事人及其代理人、证人、翻译人员、勘验人员、鉴定人员以及其他与行政复议听证有关的人员。

第六条 行政复议听证活动应当遵循依法、公开、公正的原则。

除涉及国家秘密、商业秘密或者个人隐私外，行政复议听证应当公开举行。

行政复议听证实行回避制度，保障行政复议当事人陈述、举证、质证和辩论的权利。

第七条 具有下列情形之一的行政复议案件可以举行行政复议听证：

（一）涉及人数众多或者群体利益的；

（二）具有涉港、澳、台或者涉外因素的；

（三）社会影响较大的；

（四）涉及重大行政处罚的；

（五）案件事实与法律关系复杂的；

（六）其他法律、法规规定需要举行行政复议听证的。

第八条 申请人在向行政复议机关提交行政复议申请之日起15日内可以向行政复议机构提出行政复议听证申请，行政复议机构应当在收到申请之日起5个工作日内进行审查，对符合本规定适用行政复议听证情形的，决定举行行政复议听证；对不符合适用行政复议听证的情形，决定不举行行政复议听证的，应当说明理由，并书面告知申请人。

行政复议机构受理的行政复议案件符合适用行政复议听证情形的，可以在受理行政复议案件后，作出行政复议决定前决定举行行政复议听证。

第九条 行政复议机构决定举行行政复议听证，应当于举行行政复议听证会的5个工作日前向行政复议听证参加人送达《行政复议听证通知书》。

第十条 《行政复议听证通知书》应当载明下列主要事项：

（一）案由；

（二）行政复议听证参加人的姓名或者名称；

（三）行政复议听证人员、记录人员的姓名；

（四）举行行政复议听证会的时间、地点；

（五）行政复议当事人的权利、义务；

（六）其他有关事项。

第十一条 行政复议机构举行行政复议听证，应当指定2至3名具有行政复议资格的人员作为行政复议听证人员，其中指定1人担任行政复议听证主持人，主持行政复议听证活动。

行政复议机构指定记录人员具体承担听证记录和其他有关事务。

第十二条 行政复议当事人在行政复议听证活动中享有下列权利：

（一）认为行政复议听证人员、记录人员、翻译人员、勘验人员、鉴定人员具有本规定第十四条所列情形之一的，可以申请其回避；

（二）申请人、第三人可以委托代理人参加行政复议听证活动；

（三）行使陈述、举证、质证和辩论权；

（四）核对行政复议听证笔录。

第十三条 行政复议当事人在行政复议听证活动中承担下列义务：

（一）按时到达指定地点参加行政复议听证会；

（二）遵守行政复议听证会纪律；

（三）如实回答行政复议听证人员和其他参加人的问题；

（四）如实陈述行政复议案件事实；

（五）出具的相关证据、依据和有关材料必须客观真实；

（六）委托代理人的，应当出具授权委托书，明确委托事项和权限。

第十四条 行政复议听证人员有下列情形之一的应当自行回避，行政复议当事人也有权申请其回避：

（一）是本案的行政复议申请人、第三人及其委托代理人的近亲属；

（二）与本案的处理结果有利害关系；

（三）与本案有其他关系，可能影响对案件公正处理的。

记录人员、翻译人员、勘验人员、鉴定人员的回避适用前款规定。

第十五条 行政复议当事人申请回避的，应当在行政复议机构送达《行政复议听证通知书》后，行政复议听证会开始前向行政复议机构提出申请并说明理由；行政复议当事人口头提出回避申请的，由记录人员记录在卷。

行政复议听证人员、记录人员、翻译人员、勘验人员、鉴定人员的回避，由行政复议机构负责人决定；行政复议机构负责人担任行政复议听证人员的，其回避由行政复议机关负责人决定。

行政复议机关或行政复议机构不批准回避的，应当将不批准理由答复行政复议当事人。

第十六条 行政复议听证会按下列步骤进行：

（一）行政复议听证人员核实行政复议听证参加人身份；审查行政复议听证代理人的代理权限；宣布行政复议听证纪律；告知行政复议当事人的权利和义务；询问行政复议当事人是否申请回避等，宣布行政复议听证会开始；

（二）申请人陈述行政复议请求及其理由；

（三）被申请人陈述作出具体行政行为的程序、证据、依据或者不作为的证据、依据；

（四）第三人陈述意见及其理由；

（五）行政复议当事人在行政复议听证人员的主持下，就行政争议的事实进行举证、质证、辩论、认证；

（六）行政复议听证人员就行政争议的焦点问题进行询问；

（七）经行政复议听证人员同意，行政复议当事人互相询问、申辩、说明，也可以对证人、勘验人员、鉴定人员发问；

（八）对符合法定调解情形的行政复议案件，由行政复议听证人员组织行政复议当事人进行调解；

（九）行政复议听证人员宣布听证会结束；

（十）行政复议听证参加人核对行政复议听证笔录。

对行政复议案件中的专门事项举行的行政复议听证会，适用前款规定。

第十七条　记录人员应当将行政复议听证会的全部活动记入笔录。

行政复议听证笔录应当载明下列事项：

（一）行政复议听证参加人的姓名、住址或者名称、地址；

（二）行政复议听证人员、记录人员的姓名；

（三）举行行政复议听证会的时间、地点；

（四）案由；

（五）申请人及其代理人提出的行政复议请求及其理由；

（六）被申请人陈述其作出具体行政行为的程序、证据和依据；

（七）第三人及其代理人陈述的意见及其理由；

（八）行政复议听证主持人总结、归纳行政争议的焦点；

（九）行政复议当事人就行政争议的事实进行举证、质证、辩论、认证的内容。

行政复议听证会结束后，记录人员应当将行政复议听证笔录当场交由行政复议听证参加人核对无误后签名或盖章。行政复议听证参加人认为有错误或者遗漏的，经行政复议听证人员同意，可以修改或者补正。行政复议听证参加人拒绝签名或盖章的，记录人员应当如实记录在卷。

行政复议听证人员、记录人员应当在行政复议听证笔录上签名，行政复议听证笔录应当附卷归档。

第十八条　行政复议听证笔录以及通过行政复议听证认定的事实应当作为行政复议机构审理行政复议案件的证据材料。

第十九条　行政复议听证参加人因不可抗力或者其他正当理由不能按时参加行政复议听证会的，应当在举行行政复议听证会的3个工作日前以书面或者适当的方式告知行政复议机构，经行政复议机构同意，可以延期举行行政复议听证会。

第二十条　申请人撤回行政复议听证申请的，应当在举行行政复议听证会的3个工作日前书面告知行政复议机构。申请人无正当理由拒不参加听证会、听证会开始后迟到或者无故中途退出听证会的，视为放弃行政复议听证。申请人放弃行政复议听证的，不得再要求举行行政复议听证。

有前款情形，行政复议听证是否继续举行，由行政复议机构决定。

被申请人无正当理由拒不参加行政复议听证的，依法承担相应的后果，行政复议机构可以依法向有关机关提出处理建议。

第二十一条　在行政复议听证会中，行政复议听证参加人应当遵守下列纪律：

（一）服从行政复议听证人员的指挥；

（二）不得录音、录像和摄影；

（三）不得随意走动；

（四）未经行政复议听证人员同意，不得发言、提问；

（五）不得对行政复议听证参加人进行指责和人身攻击；

（六）不得大声喧哗、哄闹或者实施其他妨害行政复议听证活动的行为。

第二十二条　行政复议听证参加人违反行政复议听证会纪律的，行政复议听证人员有权对其进行警告；严重扰乱行政复议听证会秩序，致使行政复议听证无法进行的，行政复议听证人员有权终止行政复议听证，行政复议机构可以依照有关规定建议有关机关依法追究责任。

第二十三条　行政复议机构举行行政复议听证活动所需经费，应由本级财政予以保障，不得向行政复议当事人收取任何费用。

第二十四条　本规定自2008年7月1日起施行。

典型案例

刘某奇诉信阳市人民政府复议案【（2017）最高法行申5761号】

裁判要旨：信阳市人民政府根据《国务院法制办公室关于在部分省、直辖市开展行政复议委员会试点工作的通知》（国法〔2008〕71号）、《河南省人民政府办公厅关于开展行政复议委员会试点工作的通知》（豫政办〔2009〕84号）中“其他有条件的省辖市可以结合本地行政复议工作的实际情况，探索开展相关工作”的规定，制定了《信阳市人民政府关于印发信阳市人民政府行政复议委员会试点工作方案的通知》（信政文〔2013〕90号），开展行政复议委员会试点工作，对行政复议职权、程序作出了相应调整，实行相对集中行使行政复议权运行体制。其具体做法是，市直各部门不再办理行政复议案件，统一由信阳市人民政府行政复议委员会受理并拟制行政复议决定，再加盖法定行政复议机关的公章。本案中，信阳市人民政府行政复议委员会办公室受理再审申请人的行政复议申请后，具体办理了该行政复议案件。客观来讲，行政复议的受理机关与最终署名的机关不一致，虽然符合改革精神，但确实造成行政复议申请人的困惑与不解，如果行政复议机关对此予以释明，势必会减少许多不必要的争执。考虑到再审被申请人已经实际履行了相应职责，无论以哪个机关的名义作出复议决定，也不影响再审申请人的实体权利，本案没有必要应再审申请人的要求提起再审并判令信阳市人民政府行政复议委员会重新出具复议结果。本院在此也提醒再审被申请人进一步加强对于行政复议体制改革的宣传力度，增进人民群众对于相关改革的了解和理解。

文书格式

1. **司法行政机关行政复议决定审批表**

司法行政机关行政复议决定审批表

复议申请人	工作单位		
	住址（地址）		
被申请人		原行政决定文号	
原行政决定时间		送达时间	
复议申请收到时间			
原处理决定			

续表

申请复议事项及理由	
复议结论	
业务部门意见	年　月　日
法制工作审核意见	年　月　日
行政机关负责人审批意见	年　月　日
备注：	

2. **司法行政机关行政复议决定书**

司法行政机关行政复议决定书

司复决定（　）第　号

复议申请人：（姓名、性别、出生年月日、职业或工作单位、职务、住址）

代理人：（姓名、性别、职业或工作单位、职务、住址）

（复议申请人为法人或其它组织的，则应写明单位名称、法定代表人或主要负责人姓名、职务、住址）

被申请人：（名称地址、法定代表人或主要负责人姓名、职务）

委托代理人：（姓名、职业或工作单位、职务、住址）

复议申请人因________事项，（申请复议的主要请求和理由）不服________机关于______年____月____日作出的关于______的处理决定（文号），于______年____月____日向________机关提出复议申请。

经本机关复议，根据________的有关规定，特作如下决定：

____。

复议申请人如不服本决定，可在接到本决定之日起____日内向________人民法院起诉。

司法厅（局）（章）

年　月　日

第六十二条 行政复议审理期限

适用普通程序审理的行政复议案件，行政复议机关应当自受理申请之日起六十日内作出行政复议决定；但是法律规定的行政复议期限少于六十日的除外。情况复杂，不能在规定期限内作出行政复议决定的，经行政复议机构的负责人批准，可以适当延长，并书面告知当事人；但是延长期限最多不得超过三十日。

适用简易程序审理的行政复议案件，行政复议机关应当自受理申请之日起三十日内作出行政复议决定。

条文注释

本条是关于通过普通程序和简易程序作出行政复议决定的期限的规定。

作出行政复议决定的期限，是指行政复议机关在受理公民、法人或者其他组织依法提出的行政复议申请后，对被申请人的具体行政行为完成审查并作出行政复议决定的最长时间限制。根据本条的规定，行政复议机关作出行政复议决定的期限一般为60日，在特殊情况下，经行政复议机构负责人同意，行政复议机构可以适当延长行政复议期限。延长获得批准后，行政复议机关应当及时书面告知申请人和被申请人，延长期限最多不超过30日。

行政复议期限在何种情况下可以延长，行政复议法和行政复议法实施条例并未作出具体规定，从部门规章的规定看，可以延长期限的情形一般包括如下几类：(1) 行政复议案件属于重大、疑难、复杂案件，依法应当申请听证或行政复议机关认为该行政复议案件有必要听证或当事人申请听证的；(2) 申请人、第三人提出新的事实、理由和证据，需要进一步调查核实的；(3) 申请人和被申请人依法调解或和解的；(4) 其他复杂情况。

本条除规定普通行政复议程序的期限外，还规定了行政复议简易程序的审理期限，根据本条的相关规定，适用简易程序审理的行政复议案件，其审理期限是固定的30日，不能延长。若行政复议机关无法在简易程序的30日审限内审结完毕，应当将案件转为普通程序。

相关规定

◎法律

《行政许可法》（2019年4月23日）

第四十五条 行政机关作出行政许可决定，依法需要听证、招标、拍卖、检验、检测、检疫、鉴定和专家评审的，所需时间不计算在本节规定的期限内。行政机关应当将所需时间书面告知申请人。

◎行政法规

《行政复议法实施条例》（中华人民共和国国务院令第499号 2007年8月1日）

第二十九条 行政复议申请材料不齐全或者表述不清楚的，行政复议机构可以自收到该行政复议申请之日起5日内书面通知申请人补正。补正通知应当载明需要补正的事项和合理的补正期限。无正当理由逾期不补正的，视为申请人放弃行政复议申请。补正申请材料所用时间不计入行政复议审理期限。

◎部门规章

《中国证券监督管理委员会行政复议办法》（中国证券监督管理委员会令第67号 2010年7月1日）

第三十条 依照《行政复议法》第三

十一条[99]的规定，有下列情况之一的，可以视为案件情况复杂，经行政复议机关的负责人批准，行政复议期限可以适当延长，但是延长期限最多不超过30日：

（一）需要举行行政复议听证的；

（二）申请人、第三人提出新的事实、理由或者证据需进一步调查核实的；

（三）申请人与被申请人进行和解或者行政复议机构进行调解的；

（四）情况复杂，不能在规定期限内作出行政复议决定的其他情况。

延长复议期限，应当制作决定延期通知书，告知有关当事人。

《国家电力监管委员会行政复议办法》（中华人民共和国国家电力监管委员会令第29号 2010年9月1日，已失效）

第十八条 行政复议决定应当自行政复议申请受理之日起60日内作出。

根据行政复议法第三十一条[100]规定，有下列情形之一的，经电监会负责人批准，可以适当延长行政复议期限；但是延长期限最多不超过30日：

（一）根据行政复议法实施条例第三十三条规定采取听证方式审理的；

（二）申请人、第三人提出新的事实、证据需要进行调查核实的；

（三）申请人与被申请人依照行政复议法实施条例第四十条规定和解，或者法制工作部门依照行政复议法实施条例第五十条规定进行调解的；

（四）情况复杂，不能在规定期限内作出行政复议决定的其他情况。

延长行政复议期限，应当制作行政复议延期通知书，告知申请人和被申请人。

典型案例

1. 启东市发某船舶工程有限公司诉启东市人民政府渡口行政许可及南通市人民政府行政复议案【《最高人民法院公报》2020年第12期（总第290期）】

裁判要旨：情况复杂，不能在规定期限内作出行政复议决定的，经行政复议机关的负责人批准，可以适当延长，并告知申请人和被申请人；但是延长期限最多不超过三十日。

2. 海南省儋州市人民政府诉海南省渔某开发公司土地行政管理行政复议案【（2020）最高法行申7012号】

裁判要旨：海南省政府作为复议机关，没有提供证据证明其超过作出复议决定法定期限的正当理由，违反了《行政复议法》第三十一条第一款[101]的规定，属程序违法，应予撤销。

3. 罗某斌与四川省自然资源厅其他行政复议纠纷再审案【（2020）最高法行申6939号】

裁判要旨：四川省资源厅于2017年11月8日收到了罗某斌的行政复议申请，于同年11月14日通知罗某斌补正，于同年11月30日收到了罗某斌的补正材料，于2018年1月26日作出《行政复议决定书》并于1月29日送达，并未超过《行政复议法》规定的六十日行政复议期限。

4. 黄某英诉四川省人民政府不履行行政复议法定职责案【（2020）最高法行申4650号】

裁判要旨：四川省政府已在法定期限内作出行政复议决定并按照黄某英提供的邮寄地址和联系电话向其邮寄送达《行政复议决定书》，已经依法履行了法定职责。

---

[99] 《行政复议法》（2023年修正）第62条。

[100] 同上。

[101] 《行政复议法》（2023年修正）第62条第1款。

黄某英申请行政复议，具有如实提供送达地址、联系电话并配合签收有关法律文书的义务，因其提供的地址不明、联系电话无人接听导致邮寄送达未能妥投，系黄某英自身原因所致，不应因此认定四川省政府未履行法定职责。

5. 乔某超诉安徽省人民政府行政复议案【（2020）最高法行申5455号】

裁判要旨：乔某超提起本案诉讼时，安徽省政府未在法定复议期限内作出复议决定，系因复议程序中止，复议程序尚未终结，不属于不履行复议法定职责的情形。

6. 郭某爱等364人诉陕西省人民政府行政复议案【（2020）陕行终284号 最高人民法院发布全国法院系统2020年度优秀案例】

裁判要旨：在法定期限内作出复议决定是复议机关在行政复议程序中应当履行的法定职责。在法定期限内作出复议决定属于及时作出复议决定的范畴，因而针对未及时作出复议决定提起的诉讼，不能完全否定其可诉性。

未及时作出复议决定存在逾期作出复议决定和怠于作出复议决定两种表现形式。逾期作出复议决定指的是复议机关作出复议决定但违反了《行政复议法》第三十一条[102]的复议审理期限，属于程序性违法。《行政诉讼法的解释》第五十六条第二款规定：“依照行政诉讼法第四十五条的规定，复议机关不受理复议申请或者在法定期限内不作出复议决定，公民、法人或者其他组织不服，依法向人民法院提起诉讼的，人民法院应当依法立案。”复议机关在中止事由消除后不及时恢复复议程序，在实际上会对当事人进一步寻求司法救济产生非正常的阻断，势必会对当事人的合法权益造成不法的侵害，特别是在复议中止时间已极为不合理的情况下，中止行为必将对复议申请人的合法权利的保护造成延宕。因此，为有效保护复议申请人的合法权利，复议申请人对怠于履行复议职责的行为依法提起诉讼，人民法院予以受理不违背《行政诉讼法》第二十六条第三款规定的精神要旨。

第六十三条　变更决定

行政行为有下列情形之一的，行政复议机关决定变更该行政行为：

（一）事实清楚，证据确凿，适用依据正确，程序合法，但是内容不适当；

（二）事实清楚，证据确凿，程序合法，但是未正确适用依据；

（三）事实不清、证据不足，经行政复议机关查清事实和证据。

行政复议机关不得作出对申请人更为不利的变更决定，但是第三人提出相反请求的除外。

条文注释

本条是关于行政复议机关复议作出变更决定的规定，是本次修法的新增条款，在原有的行政复议法、行政复议法实施条例的基础上，将行政复议变更决定独立出来，成为独立的一类决定方式，同时，还将内容不适当与未正确适用依据两类情况分离，成为两类独立的变更决定依据。此外，本条还进一步明确规定了“行政复议

[102]《行政复议法》（2023年修正）第62条。

禁止不利变更原则”。

行政复议机关在符合法律规定的条件下，可以依职权直接改变原行政行为的全部或部分内容，行政复议机关变更决定作出后，全部改变的，原行政行为失去全部法律效力；部分改变的，原行政行为失去部分法律效力。

从本条的规定来看，行政复议机关作出变更判决的适用情形有三类：

（1）行政行为内容不适当的。这里的内容不适当，与行政法学理上的“明显不当”标准存在着一定程度的共通之处。所谓明显不当，是指存在自由裁量空间的行政行为虽然在表面上没有违反法律、法规的强行性规定，但是因为与法律的目的和精神相违背，损害了社会或他人的利益而表现出明显的不当。从实践中来看，明显不当的情形包括行政机关行使裁量权力时没有考虑相关因素或者考虑了不相关的因素，没有遵循业已形成的裁量基准、行政先例或者法律原则，以致处理结果有失公正等情形。值得注意的是，行政复议机关因行政行为内容不适当而作出变更判决，需要行政行为除内容不适当外，不存在其他的违法要件，即行政行为事实清楚，证据确凿，适用依据正确，程序合法，只有在此情况下，行政复议机关才能作出变更判决。

（2）行政行为未正确适用依据的。行政行为未正确适用依据，是指行政机关在作出行政行为时，适用了不应该适用的法律、法规，或者是没有适用应当适用的法律法规。在此情况下，若行政行为事实清楚，证据确凿，程序合法，仅存在依据适用错误问题，出于行政相对人申请行政救济的经济性问题的考量，行政复议机关应当决定直接变更行政行为。

（3）行政复议机关自行查清事实和证据的。在行政复议的过程中，行政复议机关亦需要针对行政案件进行审理，在此情况下，即便原行政行为事实不清、证据不足，行政复议机关亦有可能在审理程序中自行查清事实和证据。若行政复议机关在审理过程中自行查清了事实和证据，行政复议机关亦可以基于其行政监督权力，对于行政行为自行变更，依据其自行查明的事实和证据作出正确的行政行为，这一做法亦有利于节省行政资源，减少行政相对人申请救济的负担。

本条第二款规定了行政复议禁止不利变更原则。所谓行政复议中的不利变更禁止原则，是指行政复议机关在审查具体行政行为是否合法或适当的过程中，在申请人的行政复议请求范围内，不得作出对申请人更为不利的行政复议决定。也就是说，原则上不能将申请人置于更加不利的境地，既不能加重申请人的处罚或科以更多的义务，也不能减损申请人的既得权利或利益。

当然，行政复议禁止不利变更原则也不应是绝对的。如果行政行为属于复效行政行为，存在拥有相反利害关系的双方行政相对人，则行政复议机关可以在变更决定作出对原申请人更为不利的决定。之所以这样规定，主要是因为，在这种情况下，申请人和第三人存在相逆的利益。这时，行政复议禁止不利变更原则所体现的价值已经不能满足法律公平的需要，则可例外地允许加重对申请人的处罚。

相关规定

◎行政法规

《行政复议法实施条例》（中华人民共和国国务院令第499号　2007年8月1日）

第四十七条　具体行政行为有下列情形之一，行政复议机关可以决定变更：

（一）认定事实清楚，证据确凿，程

序合法，但是明显不当或者适用依据错误的；

（二）认定事实不清，证据不足，但是经行政复议机关审理查明事实清楚，证据确凿的。

第五十一条　行政复议机关在申请人的行政复议请求范围内，不得作出对申请人更为不利的行政复议决定。

◎部门规章

《住房城乡建设行政复议办法》（中华人民共和国住房和城乡建设部令第 25 号 2015 年 11 月 1 日）

第三十八条　行政复议机关在申请人的行政复议请求范围内，不得作出对申请人更为不利的行政复议决定。但利害关系人同为申请人，且行政复议请求相反的除外。

典型案例

1. 蔡某不服某市人力资源和社会保障局工伤认定案（陕西省西安市人民政府法制办公室提供）[103]

焦点问题评析：按照行政复议法的规定，工伤认定错误的，复议机关可以作出撤销或变更的决定，但法律并未对二者适用的优先顺序作出规定。因此，行政复议机关在具体案件办理过程中往往依靠法理、经验，甚至案件需要进行选择，由此导致了不同行政复议机关之间、不同办案人之间“同案不同判”结果的出现，不仅有损法律的严肃性，也不利于行政复议制度功能的有效发挥。本案中，行政复议机关在已认定蔡某所受伤害属于工伤的背景下，如撤销市人力资源和社会保障局的不予认定工伤决定并限期重做，无疑是将本来简单的问题复杂化，不仅浪费了行政资源，降低了效率，也增加了当事人的负累，做法显然不妥。因此，在类似案件的处理上，复议机关可直接进行变更，通过复议决定为当事人认定工伤。

2. 鹤壁某公司不服鹤壁市生态环境局行政处罚案（鹤政复决〔2022〕114 号）

决定要旨：但是，从轻处罚是指在法定幅度内选择较低限度予以处罚，减轻处罚是指在法定幅度内最低限以下予以处罚，被申请人既已认定应对申请人减轻处罚，即应在《中华人民共和国水污染防治法》第八十三条“并处十万元以上一百万元以下的罚款”的最低限 10 万元以下予以处罚，而其却仅在作出处罚决定时将参照《河南省环境行政处罚裁量标准》的“70 万元以上 100 万元以下”的档次“减轻”为“50 万元以上 80 万元以下”的档次，并依该档次的低限作出 50 万元罚款的决定，其实质上是在法定幅度内选择较低限度进行的从轻处罚，而非减轻处罚。这与《中华人民共和国行政处罚法》第五条第二款“设定和实施行政处罚必须以事实为依据，与违法行为的事实、性质、情节以及社会危害程度相当”的规定不符，违反过罚相当原则，也与其自身认定的应减轻处罚相悖。

综上，被申请人作出的 3 号《行政处罚决定书》认定事实基本清楚，证据充分，程序合法，适用依据正确，但在罚款数额上存在明显不当。根据《中华人民共和国行政复议法》第二十八条第一款第（一）项、第（三）项[104]第 5 目的规定，决定如下：

---

〔103〕国务院法制办公室行政复议司编：《行政复议年度案例选评（2014～2015）》，中国法制出版社 2015 年版，第 139－143 页。

〔104〕《行政复议法》（2023 年修正）第 63 条。

一、变更3号《行政处罚决定书》中“罚款50万元”为“罚款8万元”；

二、维持3号《行政处罚决定书》中的其他处理决定。

3. 再审申请人海南省人民政府诉被申请人海口农某商业银行股份有限公司无偿收回国有建议用地使用权及行政复议案【(2020)最高法行申4439号】

裁判要旨：复议机关对原行政行为的瑕疵治愈，仍应有一定的限度，不能违反基本的法治原则。不能迳行在行政复议程序中通过行政复议决定的方式代替行政程序中的行政处理决定。

4. 肖某春与辽宁省辽阳市人民政府行政复议再审案【(2019)最高法行申4324号】

裁判要旨：行政复议禁止不利变更原则体现了“申辩不加重”的本意，即要求行政复议机关不得因当事人申辩而加重处罚。但是行政复议禁止不利变更原则的适用也存在例外情形。在行政处罚案件中，排除禁止不利变更原则适用包括但不限于以下情形：一是被侵害人及被处罚人同为复议申请人。此类情形中被侵害人、被处罚人会明示请求撤销处罚决定；二是被侵害人或被处罚人申请了行政复议，另一方作为第三人在复议程序中存在有意识的默示申请撤销处罚决定的行为。

第六十四条 撤销或者部分撤销、责令重作

行政行为有下列情形之一的，行政复议机关决定撤销或者部分撤销该行政行为，并可以责令被申请人在一定期限内重新作出行政行为：

（一）主要事实不清、证据不足；

（二）违反法定程序；

（三）适用的依据不合法；

（四）超越职权或者滥用职权。

行政复议机关责令被申请人重新作出行政行为的，被申请人不得以同一事实和理由作出与被申请行政复议的行政行为相同或者基本相同的行政行为，但是行政复议机关以违反法定程序为由决定撤销或者部分撤销的除外。

条文注释〔105〕

本条是关于撤销、变更具体行政行为或者确认具体行政行为违法的行政复议决定的规定。撤销决定是行政复议机构经审查认定被申请行政复议的行政行为部分或全面违法而部分或全面撤销被申请复议的行政行为的决定形式。通过撤销判决，行政复议机关能够部分或全部否定被申请复

〔105〕 参见本书编写组编著：《〈中华人民共和国行政复议法实施条例〉释义》，人民出版社2007年版，第156-157页；参见江必新主编：《中华人民共和国行政诉讼法理解释用与实务指南》，中国法制出版社2015年版，第328-333页。

议的行政行为效力，是行政复议机关纠正违法行政行为，保护原告权益的重要手段。

1. 撤销决定的基本情形

其条件是，具体行政行为具备下列四个情形之一：

（1）主要事实不清、证据不足。行政机关作出影响相对人合法权利的行为，必须满足法律所确定的事实要件。主要事实是被申请人作出行政行为的基本事实，能够充分证明作出行政行为时的客观情况，它是行政机关适用法律的前提和基础。主要事实不清说明行政机关作出行政行为时，没有充分了解事实真相，缺乏必要的证据，此时行政机关所作出的行政行为就没有满足法律所设定的事实要件，因此构成行政行为违法。

主要证据不足的表现形式包括证据的数量没有达到充分的要求，或者证据的质量让人无法信服，主要表现包括：法定的事实要件缺少必要的证据证明；证据是否属实无法查证，证据无法采信；证据结论不具有唯一性，不能排除其他可能性等。

（2）违反法定程序。行政程序是由行政活动（包括行政行为）的步骤、顺序、方式、时限以及相关的程序性制度构成的行政行为的过程。法定行政程序是指由法律、法规、规章及其他合法有效的规范性文件设定的行政程序。违反法定程序是指行政机关作出行政行为时，没有按照法律、法规、规章或者其他规范性文件规定的方式、形式、手续、步骤、时限等程序行事。法定程序是保障相对人合法权益、防止行政机关违法行政的必要条件。这种事先和事中保障手段比事后纠正的手段在一定程度上更为重要，因此违反法定程序属于可以决定撤销的要件。

（3）适用的依据不合法，适用的依据不合法。从总体上来说是指行政机关在作出行政行为时，适用了不应该适用的法律、法规，或者没有适用应当适用的法律法规。从形式上说，是指本应适用某个法律、法规，而适用了另外的法律、法规；本应适用法律、法规中的某个条文而适用了另外的条文；本应适用有效的法律、法规，而适用了已经失效或者尚未生效的法律、法规；本应全面准确地适用法律、法规，而仅适用了其中的某一部分或者某一条款；本应适用上位法、特别法、新法，却适用下位法、一般法、旧法；本应适用某一条款，却没有说明所依据的法律或者援引具体法律条文。从实质上讲，适用法律、法规错误，除了某些技术性的错误以外（这种错误也可以导致定性和处理结果上的差错），通常表现为行政机关对事实的定性错误，对法律、法规适用范围和效力的把握错误，对法律、法规的原意、本质含义和法律精神理解、解释的错误，或者有意片面适用有关法律、法规等。

（4）超越职权或者滥用职权。超越职权，是指行政机关行使了法律、法规没有赋予该机关的权力，对不属于该机关职权范围的人和事进行了处理，或者逾越了法律、法规所设定的必要的限度等情况，分为职权僭越和逾越权限两种类型。职权僭越，是指行政机关在没有法律依据的情况下，行使了权力机关的立法权、审判机关的审判权、检察机关的检察权或者不属于本部门职权范围内的权力等情况。例如，海关行使了工商行政管理部门的职权。逾越权限，是指行政机关对某类事项虽有主管权，但超越了必要的限度等情况。例如，对相对人超过法定幅度予以罚款等。根据超越职权的主观状态，超越职权可分因过失引起的超越职权和因故意引起的超越职权。因过失引起的超越职权，是指构成行使职权前提条件的事实本来不存在，行政机关误认为其存在而超越职权。因故意引起的超越职权，是指行政机关明知构成行使职权前提条件的事实本来不存在而有意去行使该种职权。无论是因故意引起还是因过失引起的超越职权的行为，都是违法的行政行为，行政机关不能由于自己的错误而取得法律并未赋予的权力。此外，行政机关主张某种权限的事实存在，但不能提出足够的证明时，行政机关据此所采取的行为也是越权行为。需要特别注意的是，这里所说的超越职权，前提是作出行政行为的主体具有行政主体资格，如果作出行政行为的主体没有行政主体资格，则并非构成超越职权，而是构成无效行政行为，对此应当依法作出确认无效的判决。

行政机关滥用职权，是指行政机关作出的行政行为虽然在其权限范围以内，但行政机关不正当地行使职权，不符合法律赋予这种职权的目的，包括实体方面的权力滥用和程序上的权力滥用。与超越职权不同，滥用职权须是作出行政行为的人和组织具有行政工作人员的身份或者一定的行政职权，但是没有根据法律、法规的目的、原则和精神来执行法律，而代之以个人意志武断专横地实施行政行为。滥用职权通常与自由裁量权的行使相联系，出现在法律无具体、详尽的规定和限制或虽有规定但允许执行者裁量选择的场合。超越职权是针对违法行政行为的外部特征而言，而滥用职权是针对违法的行政行为的内容而言。判断某一行政行为是否属滥用职权，必须深究行政机关行使权力的意图，认定滥用职权应当考虑主、客观两个方面的因素或条件。主观方面必须具有违反法律规定的目的的情况存在。违反法律规定的目的通常表现包括：一是行政机关行使权力的目的不是出于公共利益而是出于私人利益或所属团体、组织、单位的利益。二是不适当的考虑，指行政机关为行政行为时，考虑了不应当考虑的因素，或者没有考虑应当考虑的因素。客观方面必须具有很不合理、显失公正等情况。这既包括行政机关所作出的决定违背一般人的理智，违反平等适用原则，违反通常的比例原则，或违反一般公平观念的情形，也包括行政机关严重违背“尽其最善”的原则，或者无视具体情况或对象，带有明显任性倾向的情形。

2. 撤销决定的方式及其效力

根据本条的规定，行政复议机关作出撤销决定及其效力可以分为三种：

（1）全部撤销。适用于整个行政行为全部违法或行政行为部分违法但行政行为不可分的情况。全部撤销决定作出后，行政行为不再对相对人发生任何效力，行政行为给相对人造成损害的，相对人有权请求赔偿。

（2）部分撤销。适用于行政行为部分违法、部分合法，且行政行为可分，因此行政复议机关只需作出撤销违法的行政行为的决定的情况。被撤销的部分行政行为的效力，与全部撤销决定的效力相同。

（3）决定撤销并责令被申请人重新作出行政行为。适用于违法行政行为撤销后尚需被申请人对行政行为所涉及事项作出处理的情形。行政复议机关决定撤销该行政行为或者确认该行政行为违法的同时，可以责令被申请人在一定期限内重新作出行政行为，避免行政关系长期处于不确定中，妨害对于行政相对人、第三人的权利义务的保护。

根据责令重新作出行政行为的撤销决定，行政复议机构的撤销决定生效之后，行政机关应当根据决定的要求重新对该事项作出行政行为。这种决定通常适用于行政行为事实不清，适用法律、法规错误，违反法定程序，显失公正等情况。行政复议机关决定撤销被诉行政行为并责令被诉行政机关重新作出行政行为，应根据具体情况，分别确定重新作出行政行为的条件和期限。一般说来，涉及事实不清的问题，宜作附期限的判决。

这类决定生效后，行政机关虽然可以就该事项重新作出行政行为，但不得以与原被撤销的行政行为所依据的同一事实、理由和法律重新作出相同或基本相同的行为。这里的“事实”，指的是行政机关所认定的据以作出行政行为的法律事实。这里的“理由”指的是行政机关据以作出行政行为的证据和所依据的规范性文件。判断行政行为的事实和理由是否与原行政行为同一，标准是看主要事实和主要理由是否一致。只要主要事实和主要理由一致，就属于同一事实和理由；如果只是次要事实和次要理由相同，主要事实和主要理由已经发生了变化，则不属于同一事实和理由。是否与原行政行为基本相同，主要是看两个行为的结果是否基本相同。行政复议机关判决被申请人重新作出行政行为，被申请人重新作出的行政行为与原行政行为的结果相同，但主要事实或者主要理由有改变的，不属于以同一事实和理由作出与原行政行为基本相同的情形。

需要注意的是，行政复议机关以违反法定程序为由决定撤销被诉行政行为，行政机关重新作出行政行为的，则不受此限制。之所以如此，主要是考虑到这类行政行为的特殊性，即事实与理由都属于实体问题，而不属于程序问题，违反法定程序固然可能影响实体处理的结果，但两者之间并无必然性的联系。也就是说，在法律上，原来的事实和理由仍可能适用于因违反法定程序而被撤销重作的行政行为。

相关规定

◎行政法规

《行政复议法实施条例》（中华人民共和国国务院令第499号　2007年8月1日）

第四十五条　具体行政行为有行政复议法第二十八条第一款第（三）项[106]规定情形之一的，行政复议机关应当决定撤销、变更该具体行政行为或者确认该具体行政行为违法；决定撤销该具体行政行为或者确认该具体行政行为违法的，可以责令被申请人在一定期限内重新作出具体行政行为。

第四十九条　行政复议机关依照行政复议法第二十八条[107]的规定责令被申请人重新作出具体行政行为的，被申请人应当在法律、法规、规章规定的期限内重新作出具体行政行为；法律、法规、规章未规定期限的，重新作出具体行政行为的期限为60日。

公民、法人或者其他组织对被申请人重新作出的具体行政行为不服，可以依法申请行政复议或者提起行政诉讼。

第六十二条　被申请人在规定期限内未按照行政复议决定的要求重新作出具体

[106]《行政复议法》（2023年修正）第64条。
[107]《行政复议法》（2023年修正）第63-69条。

行政行为，或者违反规定重新作出具体行政行为的，依照行政复议法第三十七条[108]的规定追究法律责任。

◎部门规章

《公安部关于适用〈行政复议法〉第二十八条第二款有关问题的批复》（公复字〔2000〕4号 2000年4月19日）

辽宁省公安厅：

你厅《关于如何适用〈行政复议法〉第二十八条第二款的请示》（辽公法〔2000〕47号）收悉。现批复如下：

公安行政复议机关以违反法定程序为由，决定撤销具体行政行为的，被申请人重新作出具体行政行为不受《行政复议法》第二十八条第二款的限制，即依法履行法定程序后，可以作出与原具体行政行为相同或者基本相同的具体行政行为。

典型案例

1. 广东省韶关市人民政府与秀某村民委员会大朱家村民小组土地行政复议再审案【（2019）最高法行再167号】

裁判要旨：乐昌市政府未进一步查实争议地内新开荒的旱地面积及管理事实，也并未根据查明的事实依照前述规定确定旱地权属，故6号处理决定主要事实不清、证据不足，韶关市政府作出97号复议决定撤销6号处理决定并责令乐昌市政府重新作出处理决定并无不当。

2. 曾某良诉湖南省益阳市赫山区人民政府复议案【（2017）最高法行申6434号】

裁判要旨：曾某良申请行政复议，赫山区政府认为泥江口镇政府作出的处理决定认定事实不清，证据不足，予以撤销，并责令重新作出处理决定。泥江口镇政府重新作出处理决定后，赫山区政府复议认为，重新作出的处理决定仍然没有提供有关争议地面积、四至等相关证据，且超出了复议决定规定的60日期限。决定撤销该处理决定，并责令泥江口镇政府重新作出处理决定。

3. 陈某莉、陈某举诉被申请人中华人民共和国公安部行政复议案【（2020）最高法行申14273号】

裁判要旨：本案中，公安部对湖南省公安厅所作《信息公开答复》进行复议审查后认为，湖南省公安厅在未要求补正的情况下，一概答复属于内部管理信息的认定，属于事实不清、定性不准确，且作出答复超过了法定期限。公安部根据《行政复议法》第二十八条第一款第三项规定，决定撤销被复议答复书，责令湖南省公安厅依法重新处理，并无不当。

4. 景某某不服北京市技术开发区管理委员会行政不作为案[109]

决定要旨：《市场监督管理行政处罚程序暂行规定》第十八条规定，办案人员应当全面、客观、公正、及时进行案件调查，收集、调取证据，并依照法律、法规、规章的规定进行检查。第二十九条规定，为查明案情，需要对案件中专门事项进行检测、检验、检疫、鉴定的，市场监督管理部门应当委托具有法定资质的机构进行；没有法定资质机构的，可以委托其他具备条件的机构进行。检测、检验、检疫、鉴定结果应当告知当事人。根据上述规定，被申请人作为市场监督管理部门应当对举报事项进行全面调查，并可以根据

---

[108] 《行政复议法》（2023年修正）第83条。

[109] 来源：司法部行政复议服务平台：首届“全国行政复议优秀文书”评选结果，https://xzfy.moj.gov.cn/c/2021-08-23/490125.shtml

办案需要委托专业机构对专门事项进行检测。本案中，第三人某公司在调查过程中称换回的商品未发现问题且已按二手渠道销售至经销商或客户处，无法提供商品进行检测，但被申请人未对该情况的真实性进行核实，仅以第三人作出的《情况说明》作为证据，属于事实认定不清，证据不足。此外，关于被举报产品是否存在以次充好，或者以不合格商品冒充合格商品等问题，需要在进行专业检测的基础上作出认定，即使被换回的商品已经销售至其他经销商或客户处，被申请人也可以对申请人留存的商品进行检测，被申请人在未进行检测的情况下，径行认定现有证据无法证明违法事实存在，属于未能全面、充分履行调查职责。综上，被申请人作出的不予立案决定事实认定不清，证据不足，依法应予撤销。关于申请人提出的责令被申请人对某公司予以立案处罚的请求，应由被申请人在查明事实的基础上，作出相应的处理。

根据《中华人民共和国行政复议法》第二十八条第一款第（三）项第1目的规定[110]，本机关决定如下：撤销被申请人作出的不予立案决定，责令被申请人自收到本复议决定书之日起对申请人的举报事项依法重新作出处理。

第六十五条　确认违法

行政行为有下列情形之一的，行政复议机关不撤销该行政行为，但是确认该行政行为违法：

（一）依法应予撤销，但是撤销会给国家利益、社会公共利益造成重大损害；

（二）程序轻微违法，但是对申请人权利不产生实际影响。

行政行为有下列情形之一，不需要撤销或者责令履行的，行政复议机关确认该行政行为违法：

（一）行政行为违法，但是不具有可撤销内容；

（二）被申请人改变原违法行政行为，申请人仍要求撤销或者确认该行政行为违法；

（三）被申请人不履行或者拖延履行法定职责，责令履行没有意义。

条文注释[111]

本条是关于确认违法决定的相关规定，是本次修法的新增条款，参考行政诉讼法的相关规定，将确认违法决定从撤销决定和撤销并重作决定中分离，并且设置了确认违法决定作出的条件。

确认违法决定，指的是行政复议机关

[110] 《行政复议法》（2023年修正）第64条第1款第1项。

[111] 参见江必新主编：《中华人民共和国行政诉讼法理解释用与实务指南》，中国法制出版社2015年版，第339-341页。

经审查后认为被申请复议的行政行为违法但不适合作出撤销决定或履行决定，转而确认被诉行政行为违法的决定。确认违法决定是对被申请复议的行政行为的一种否定性评价，是对撤销决定的修改和补充。

本条列举了五种应当适用确认违法判决的情形，分为两大类。需要注意的是，可以判决违法的情形并不以这两大类、五种具体情形为限：

1. 依法应当撤销但是由于利益衡平规则而不撤销的

（1）行政行为依法应当撤销，但撤销行政行为会给国家利益、社会公共利益造成重大损害的。行政行为依法应当撤销，指的是行政行为主要证据不足，或者适用法律、法规错误，或者违反法定程序，或者超越职权，或者滥用职权，或者明显不当，根据本法第六十四条的规定行政复议机关应当判决撤销或部分撤销的情形。但是，如果行政复议机关作出撤销判决，会给国家利益、社会公共利益造成重大损害，则应当以确认违法判决代替撤销判决。值得注意的是，根据本条规定，对于本应撤销或部分撤销的行政行为，只有存在撤销后损害国家利益和社会公共利益的情况，行政复议机关才能不撤销该行政行为，而是转为确认该行政行为违法，若撤销后仅对第三人的利益造成损害，则不能决定确认违法，而应径行决定撤销。同时，行政复议机关针对本应撤销的行政行为决定确认违法时，需要结合具体情况判断撤销行政行为带给国家利益、社会公共利益的损害是否符合“重大”的要求，这一判断应当具有合理性，能够为一般人所理解和预见，不能借助针对重大损害的判断纵容违法行政行为的存续。

（2）行政行为程序轻微违法，但对申请人权利不产生实际影响的。根据行政行为存在错误和违法程度的不同，违法的行政行为可以分为三类：轻微违法、一般违法和重大明显违法。根据本法第六十四条的规定，行政行为违反法定程序的，决定撤销。根据本法第六十六条的规定，如果行政行为构成重大明显违法的，应决定确认无效。如果行政行为程序轻微违法，对申请人权利不产生实际影响，则可决定确认违法。这一规定主要是出于行政效率问题的考量，针对存在程序轻微违法的行政程序，即使决定撤销，被申请人重新作出的行政行为一般也将与原行政行为相一致，在此情况下，决定撤销对申请人的实体权益无益处，仅能徒增行政机关、申请人的工作量。

2. 判决撤销或履行已无意义的

（1）行政行为违法，但不具有可撤销内容的。如果被申请复议的行政行为不具有可撤销内容而在事实上无法撤销的，则应作出确认违法判决。这种情况主要是指行政事实行为。所谓行政事实行为，指的是行政机关作出的不创设新的行政法律关系但在实际上影响当事人利益的行为。例如，执行行为或者与执行职务有密切联系的殴打行为、损毁财物行为。此类行为违法的，行政复议机关无法适用通常的撤销决定。此外，在政府信息公开领域，如果被申请人违法公开了政府信息，因事实上无法撤销，只能决定确认公开行为违法。

（2）被申请人改变原违法行政行为，申请人仍要求确认原行政行为违法的，如果行政复议机关经审查认为原行政行为违法的，则应判决确认原行政行为违法，而不是撤销原行政行为。这是因为，原行政行为经改变后在法律上已经不存在，无法撤销。

（3）被申请人不履行或者拖延履行法定职责，决定履行没有意义的。行政机关不履行或者拖延履行法定职责，根据本法第六十二条的规定，应当决定被告在一定期限内履行。但是，在一些案件中，由于申请人请求的时效性很强，或者时过境迁，请求的事项对于现在的申请人而言已然失去意义。比如，火灾发生时公民请求救火但公安消防部门没有去救火的，事后公民提起了行政复议。这种情况下，本法第六十二条规定的履行决定对于公民的权利救济无法起到效果。考虑到申请人此时提起诉讼的目的在于惩处行政机关的失职行为，并赔偿其损失，行政复议机关应当判决确认被申请人不履行或者拖延履行法定职责的行为违法，并可以同时判令被申请人采取补救措施，承担赔偿责任。

在上述的两类情况下，确认违法决定的效力并不相同。对于第一类依法应当撤销但依照利益衡平规则而未撤销的，行政复议机关的确认违法决定否定了被申请行政复议的行政行为的合法性，但是肯认了该行政行为的效力。这样的判决一方面维护了相应行政行为所确定的秩序，保障了国家利益和社会公共利益，另一方面也使得行政相对人满足了申请国家赔偿的基础要件。而对于第二类判决撤销或履行已无意义的，决定确认其违法，意味着被诉行政行为无论在合法性上还是在效力上都受到了否定性评价。申请人可以据此要求被申请人采取补救措施，并依法给予赔偿。

此外，还应注意，与行政诉讼一样，行政复议中的确认违法决定也具有补充性，它是撤销决定和履行决定的补充，不能作为主要的决定形式。从优先性上讲，如果对行政行为能够作出撤销决定或者履行法定职责决定的，应当优先考虑这些决定方式，只有在不能或者不需要作出撤销决定或者履行法定职责决定的情况下，才应作出确认违法决定。

相关规定

◎行政法规

《行政复议法实施条例》（中华人民共和国国务院令第499号　2007年8月1日）

第三十九条　行政复议期间被申请人改变原具体行政行为的，不影响行政复议案件的审理。但是，申请人依法撤回行政复议申请的除外。

典型案例

1. 陈某不服某省安全监管局行政处罚决定案（国家安全生产监督管理总局政法司提供）[112]

焦点问题评析：《行政复议法实施条例》第三十九条规定："行政复议期间被申请人改变原具体行政行为的，不影响行政复议案件的审理。但是，申请人依法撤回行政复议申请的除外。"根据该规定，撤销原行政处罚决定书的行为不影响复议案件的审理，复议机关仍需对原行政行为的合法性、合理性进行审查并作出相应的复议决定。如果行政复议机关经审理后发现该行为不合法应当撤销，由于被申请人已经将该行为撤销，不宜再作出撤销决定，此时作出确认违法的行政复议决定更为适宜。本案中，行政复议机关在复议期间，被申请人以未在处罚前送达《听证告知书》为由，自行撤销了被申请复议的处罚决定，该处罚决定的效力在复议期间已经消灭，处罚程序已恢复到处罚决定未作出时的状态，故陈某关于处罚决定实体存

[112] 国务院法制办公室行政复议司编：《行政复议年度案例选评（2014~2015）》，中国法制出版社2015年版，第92-98页。

在不当的理由，可在处罚程序重新进行时，作为陈述申辩意见向被申请人提出，被申请人亦可在听取其意见后再行斟酌是否处罚以及如何处罚。故在申请人仍有权益救济途径的情形下，行政复议机关以处罚决定违反法定程序且已被撤销为由，认定处罚决定程序违法，未对该决定的其他方面进行认定。

2. 项某诉浙江省杭州市富阳区人民政府行政复议案【（2019）最高法行申11553号】

裁判要旨：项某申请公开的选票信息在《公证书》中已经体现，富阳国土分局认可该信息客观存在，但因“人员多次调整、办公场所搬迁等原因无法找到”。鉴于富阳国土分局在信息保管方面存在疏漏，涉案信息已经灭失，客观上不具备重新答复的条件，故富阳区政府确认富阳国土分局的政府信息公开答复违法后未责令其重新答复并无不当。

3. 某公司不服淮南市人民政府行政批复案[113]

决定要旨：根据《中华人民共和国行政复议法》第二十八条第一款第三项[114]第三目规定，对违反法定程序的具体行政行为，行政复议机关依法应当决定撤销、变更或者确认该具体行政行为违法；决定撤销或者确认该具体行政行为违法的，可以责令被申请人在一定期限内重新作出具体行政行为。本案中，被申请人作出42号《批复》，符合法定权限，认定事实清楚，证据充分，适用依据正确，内容适当。但被申请人超过法定期限对不符合法定程序的《事故调查报告》予以批复，不符合法律规定，应当在今后工作中予以规范。鉴于42号《批复》所批准的《事故调查报告》虽存在部分程序违法，但不足以影响42号《批复》及其所批准的《事故调查报告》整体法律效力。从违法内容看，42号《批复》超期作出、《事故调查报告》超期及遗漏部分调查组成员签署意见等，其实体内容没有因上述程序瑕疵而产生实际影响；从违法程度看，参照《中华人民共和国行政诉讼法》第七十四条“行政行为有下列情形之一的，人民法院判决确认违法，但不撤销行政行为：……（二）行政行为程序轻微违法，但对原告权利不产生实际影响的”，42号《批复》应属于程序轻微违法，而非严重违法；从违法后果看，该轻微程序违法不足以在实体上侵犯申请人的合法权益，如果撤销42号《批复》，会影响《事故调查报告》的整体效力，不利于对涉案生产安全事故全面、及时、依法处理，本机关不宜作出撤销42号《批复》的决定。根据《中华人民共和国行政复议法》第二十八条第一款第三项[115]的规定，本机关决定：确认42号《批复》违法。

4. 来某根诉浙江省杭州市人民政府土地征收行政复议案【（2018）最高法行申7149号】

裁判要旨：涉案批复行政行为没有证据，但因涉及社会公共利益，如果迳行撤销涉案批复行政行为，极有可能影响市政道路建设，损害社会公共利益，这是一般社会公众所能够理解和预见的，因此，杭州市政府综合考量本案实际情况，依据

---

[113] 来源：司法部行政复议服务平台：首届“全国行政复议优秀文书”评选结果，https://xzfy.moj.gov.cn/c/2021-08-23/490125.shtml

[114] 《行政复议法》（2023年修正）第65条。

[115] 同上。

《行政复议法》有关规定以及《行政诉讼法》及司法解释的有关精神，采取了确认滨江区政府对涉案征地补偿安置方案的批复行为违法而未予以撤销的处理方式，于法有据，结果正确，并无不当。

第六十六条　责令履行

被申请人不履行法定职责的，行政复议机关决定被申请人在一定期限内履行。

条文注释〔116〕

本条是关于行政复议的履行决定的规定。本条所规定的履行决定，是指行政复议机关经过对行政复议案件的审理，认定被申请人具有不履行法定职责的情形，从而作出责令被申请人在一定期限内履行法定职责的决定形式。

适用履行判决必须同时满足如下的条件：

（1）被申请人负有履行某项义务的法定职责。按照现存的行政法律关系，作为被申请人的行政机关有依法行使职权、对作为申请人的相对人负有作出其所需行政行为的法定职责。约定职责、后续义务不属于法定职责，应当作为行政协议争议解决。

（2）在依申请才能作出行政行为的情况下，申请人向行政机关提出了合法申请，要求行政机关作出一定的行政行为，并且这种申请符合法律规定的条件与形式。如果该法定职责的作出是行政机关应依其职权主动作出的，则不需要申请人提出申请。

（3）被申请人不履行法定职责。所谓不履行，指的是行政机关以默示的或明示的方式，否定申请人的申请。拒绝通常有以下表现形式：拒绝而不说明理由或根本就没有理由；拒绝虽附有理由，但该理由不是法律、法规规章等所规定或认可的理由；拒绝虽有一定理由，但尚不足以构成作出行政决定的根据；表面上同意，但为相对人设定不能接受的履行条件或相对人根本无法具备的条件；等等。

（4）被申请人未履行法定职责没有法律所规定或认可的理由。

（5）被申请人有履行的能力。

（6）判决被申请人履行对申请人仍有意义。

在此情况下，行政复议机关可以作出履行决定，履行决定的内容核心为判决被申请人作出一定行为，包括三种情形：（1）决定被申请人依法履行职责；（2）决定被申请人依法履行职责并且对履行职责的方式提出原则性要求；（3）明确履行的具体内容。相较于行政诉讼，行政复议中行政机关虽然仍需考虑上下级机关之间的权力分工和行政自由裁量权的问题，但是作为直接基于行政权对于下级行政机关进行监督的制度，其在履行判决的判决方式上更具自由性。

相较于其他种类的决定方式，履行决定具有较强的执行力。行政复议机关决定被申请人履行法定职责的，应明确指出其所应履行职责的内容和履行期限。强制履行决定一经生效，被申请复议的行政机关必须依决定所确定的内容和期限履行职责。

---

〔116〕参见江必新主编：《中华人民共和国行政诉讼法理解释用与实务指南》，中国法制出版社2015年版，第334-335页。

相关规定

◎行政法规

《行政复议法实施条例》（中华人民共和国国务院令第 499 号　2007 年 8 月 1 日）

第四十四条　依照行政复议法第二十八条第一款第（二）项[117]规定，被申请人不履行法定职责的，行政复议机关应当决定其在一定期限内履行法定职责。

典型案例

袁某不服某住房和城乡建设主管部门行政不作为案[118]

决定要旨：《住房城乡建设领域违法违规行为举报管理办法》第七条规定，受理机构应当在收到举报后进行登记，并于 7 个工作日内区分以下情形予以处理：（一）举报内容详细，线索清晰，属于受理机构法定职责或检举下一级主管部门的，由受理机构直接办理。（二）举报内容详细，线索清晰，属于下级主管部门法定职责的，转下一级主管部门办理；受理机构可进行督办。本案中，被申请人在对申请人反映的房地产估价师有关行为未准确认定是否构成"出具虚假或者有重大差错的评估报告"前提下，认为该投诉举报问题不属于被申请人法定查处职责，并将申请人的查处申请转交下级机关处理，违反了《国有土地上房屋征收与补偿条例》及《住房城乡建设领域违法违规行为举报管理办法》的相关规定。关于申请人要求查处房地产估价师违法行为、宣告相关估价报告违法或无效、要求被申请人在法定期限内告知申请人等事项，被申请人未提供充分证据证明该事项不属于其法定职责，属于认定事实不清，证据不足，根据《中华人民共和国行政复议法》第二十八条第一款第（二）项[119]规定，本机关决定责令被申请人在法定期限内重新作出处理。

第六十七条　确认无效

行政行为有实施主体不具有行政主体资格或者没有依据等重大且明显违法情形，申请人申请确认行政行为无效的，行政复议机关确认该行政行为无效。

条文注释[120]

本条是关于决定确认无效的相关规定。2017 年行政复议法和 2007 年的行政复议实施条例中，均未规定行政复议机关可在复议过程中确认行政行为无效。本条是本次修法的全新规定，旨在丰富行政复议机关对于行政行为的处理手段，特别针对重大且明显违法的行政行为，配备更为合适的决定类型。

从行政法的一般法理来看，根据行政行为存在错误和违法程度的不同，行政行为的违法可以分为三类：轻微违法、一般违法和重大明显违法。其中，重大且明显违法是指行政行为存在一般正常人即可认

---

[117]《行政复议法》（2023 年修正）第 66 条。

[118] 来源：司法部行政复议服务平台：首届"全国行政复议优秀文书"评选结果，https：//xzfy. moj. gov. cn/c/2021-08-23/490125. shtml

[119]《行政复议法》（2023 年修正）第 66 条。

[120] 参见江必新主编：《中华人民共和国行政诉讼法理解释用与实务指南》，中国法制出版社 2015 年版，第 342-344 页。

识到的，违反重要法规、欠缺本质要件的违法性问题。重大且明显违法将导致行政行为无效，无效的行政行为自始不发生法律效力。而确认无效决定，就是指行政复议机关经审查认为被申请复议的行政行为属于无效情形而确认其无效的决定。

可确认无效的行政行为的违法情形已重大明显到任何有理智的人均能够判断的程度，因而没有公定力，不必经行政复议机构、法院等机构确认，公民就可以根据自己的判断而不服从。可撤销的行政行为尽管存在一般违法情形，但因其具有公定力，在被撤销之前被推定为有效，公民无权根据自己的判断而不服从。但是，由于涉及行政行为效力与行政相对人对抗权等方面的问题，经由行政复议机关或法院等公权力主体确认该行为无效更为妥当。

但是，由于确认无效的行政行为无效的基础来源于其本身的重大且明显违法的情形，而非行政复议机关所作的确认无效决定，因此针对无效行政行为提起的行政复议，不受行政复议期限的限制，而且也不受最长保护期限的限制。

确认无效决定直接从效力层面上否定了行政行为，属于对行政行为违法性最为严厉的评价，因此需要慎重适用。本条列举了两类属于确认无效的情形，其中，不具有行政主体资格是指作出行政行为的主体完全不具有行政主体资格，若作出行政行为的主体有行政主体资格而无相应职权，则属于超越职权的行政行为，应当决定撤销而非决定确认无效。而行政行为没有依据亦是指行政行为完全没有作为准据法的法律、法规和规章，若相应行政行为存在法律依据而行政机关未引用，则亦属于决定撤销或决定确认违法而非决定确认无效的范畴。

同时，应当注意的是，本条的条文表述为“实施主体不具有行政主体资格或者没有依据等重大且明显违法情形”，这里的“等”属于等外等，说明行政行为重大且明显违法的情形不仅局限于实施主体不具有行政主体资格、行政行为没有依据这两种具体情形。从司法机关的实践来看，其他重大且明显违反的情形包括：违背地域专属管辖；无法辨认作出行政处理决定的行政机关；未依法作成书面决定；客观上不可能实施的行为；行政行为的实施可能导致相对人犯罪等。

此外，还应当注意到，本条所规定的确认无效决定与本法第六十五条所规定的确认违法决定，在适用条件上有所不同。根据本条规定，行政复议机关决定确认无效的，应当以申请人提出确认无效的申请为前提，而确认违法的决定则不受此限。

第六十八条　维持决定

行政行为认定事实清楚，证据确凿，适用依据正确，程序合法，内容适当的，行政复议机关决定维持该行政行为。

条文注释〔121〕

本条是关于维持具体行政行为的行政复议决定的规定。根据本条的规定，只有在同时具备以下条件时，行政复议机关才应当作出维持决定：

1. 认定事实清楚，证据确凿

〔121〕　参见江必新主编：《中华人民共和国行政诉讼法理解释用与实务指南》，中国法制出版社2015年版，第322-323页。

认定事实清楚，证据确凿要求行政行为的合法性和适当性有可靠的事实基础和确凿的证据支持。“认定事实清楚”即行政行为所依据的事实必须能真实地、客观地再现事物的本来面貌，所认定的事实必须符合客观实际，事实之间不存在任何矛盾之处。“证据确凿”指被申请人作出具体行政行为的证据确实、可靠，对于所证事实具有证明力。一般来说应达到以下要求：一是，案件的事实均有相应的证据证明。如果一些事实有证据证明，另一些事实没有证据证明，就不能说已达到“证据确凿”。二是，各项证据均是真实、可靠的。对证据来源和有关各种情况已经进行了全面、深入地分析、评价和判断。三是，各项证据对所证事实是有证明力的。证据的证明力除了取决于证据的真实、可靠外，还取决于证据与所证事实的关联性。只有与案件事实密切相关的证据对相关事实才具有证明力。四是，各项证据之间互相协调一致，共同形成一个完整的证据链条。

2. 适用依据正确

适用依据正确，是指行政机关在作出行政行为时，正确地适用了相应的法律、法规等依据。行政行为所适用的行政实体法、行政程序法等依据均不存在任何问题。具体而言，本条规定的“适用依据正确”至少应包括以下内容：第一，行政行为的内容必须在法律、法规赋予该机关的权限范围之内，也就是说，被申请复议的行政机关作出的行政行为不得超越其职权范围。第二，行政行为必须符合法律的目的、原则和精神。行政机关作出的行政行为不仅要在其权限范围之内，而且要合法、正当地行使，不能有滥用职权和显失公正之虞。第三，行政行为所适用的法律规范必须是与本案法律关系相适应的法律规范，行政行为在适用法律方面无技术性错误。

3. 程序合法

程序合法，是指行政机关作出行政行为是根据法律、法规等规定的方式、形式、手续、步骤、时限等进行的，符合行政行为的法定“操作规程”。其具体要求一般包括：(1) 以符合法律规定的方式作出。(2) 以符合法律规定的形式作出。(3) 具备法律规定的手续。(4) 符合法定步骤。

4. 内容适当

内容适当，是指行政行为对于行政相对人权利义务的调整符合常理，能够为行政机关的自由裁量权所涵盖。在实践中，为应对多种多样的事实情况，法律往往赋予行政机关针对个案的自由裁量权，因此，行政机关可以根据实际情况和个体差异确定行为的幅度，以取得预期效果，保障行政管理的实效。

应当注意，行政主体在作出具体行政行为时应同时具备上述四项要求，而不是只具备其中的一项或者几项，行政复议机关才可以决定维持该具体行政行为。

相关规定

◎行政法规

《行政复议法实施条例》（中华人民共和国国务院令第499号　2007年8月1日）

第四十三条　依照行政复议法第二十八条第一款第（一）项[122]规定，具体行政行为认定事实清楚，证据确凿，适用依据正确，程序合法，内容适当的，行政复议机关应当决定维持。

---

[122] 《行政复议法》（2023年修正）第68条。

典型案例

1. 柳州市和某房地产开发有限公司诉被申请人广西壮族自治区人民政府行政复议决定案【（2019）最高法行申3210号】

裁判要旨：复议机关根据《行政复议法实施条例》第四十三条规定作出维持176号税务处理决定的复议决定，但确作出驳回复议申请决定。系适用法律错误。

2. 熊某强与宜昌市人民政府等土地行政复议纠纷再审案【（2017）最高法行申9297号】

裁判要旨：原土地使用权人对征收决定和补偿行为不服的，可以通过行政复议、行政诉讼等法定途径维护自身合法权益，但对于原房屋所有权人或土地使用权人起诉行政机关在其房屋被依法征收后收回国有土地使用权的行为或上级政府针对收回土地使用权的批复行为，则因为其不再具有利害关系，其诉求不会得到法院支持。

第六十九条 驳回行政复议请求

行政复议机关受理申请人认为被申请人不履行法定职责的行政复议申请后，发现被申请人没有相应法定职责或者在受理前已经履行法定职责的，决定驳回申请人的行政复议请求。

条文注释

本条是关于行政复议机关驳回申请人诉讼请求决定的规定，为针对行政给付类案件的专门行政复议决定类型。根据本法第十一条的相关规定，“申请行政许可，行政机关拒绝或者在法定期限内不予答复，或者对行政机关作出的有关行政许可的其他决定不服”“申请行政机关履行保护人身权利、财产权利、受教育权利等合法权益的法定职责，行政机关拒绝履行、未依法履行或者不予答复”“申请行政机关依法给付抚恤金、社会保险待遇或者最低生活保障等社会保障”等情形都可能涉及行政机关履行职责和给付义务的情形。

但是，行政复议申请人申请行政复议要求行政机关履行职责或给付义务必须有理由和事实根据，如果存在以下情形，可以认定为理由不成立并作出驳回决定：（1）被申请人并无履行职责或给付义务；（2）被申请人已经依法履行了职责或给付义务。

相关规定

◎行政法规

《行政复议法实施条例》（中华人民共和国国务院令第499号 2007年8月1日）

第四十八条 有下列情形之一的，行政复议机关应当决定驳回行政复议申请：

（一）申请人认为行政机关不履行法定职责申请行政复议，行政复议机关受理后发现该行政机关没有相应法定职责或者在受理前已经履行法定职责的；

（二）受理行政复议申请后，发现该行政复议申请不符合行政复议法和本条例规定的受理条件的。

上级行政机关认为行政复议机关驳回行政复议申请的理由不成立的，应当责令其恢复审理。

◎司法解释及文件

《最高人民法院关于适用〈中华人民共和国行政诉讼法〉的解释》（法释〔2018〕1号 2018年2月8日）

第一百三十三条 行政诉讼法第二十

六条第二款[123]规定的“复议机关决定维持原行政行为”，包括复议机关驳回复议申请或者复议请求的情形，但以复议申请不符合受理条件为由驳回的除外。

典型案例

1. 王某生诉周口市人民政府复议再审案【（2018）最高法行申152号】

裁判要旨：区分复议机关的驳回复议申请究竟属于因理由不成立而驳回，还是因不符合受理条件而驳回，应当适用实质性标准。名为驳回复议申请，甚至名为不予受理决定，但事实上对复议请求作出了实体审查的，也应当定性为驳回复议请求，进而构成对原行政行为的维持。

2. 董某心诉浙江省绍兴市人民政府行政复议案【（2021）最高法行申1302号】

裁判要旨：再审申请人之父董某宝已经签订相关安置补偿协议，且该安置补偿协议约定了包括再审申请人合法房屋在内的货币补偿安置款、奖励和装修附属物补偿款及各种补贴、提前奖励等，且上述各类补偿费用已经实际履行。再审申请人虽主张其没有获得相应征收补偿利益，但其并未提供有效证据予以证明，因此，被申请人认定浙江省绍兴市越城区人民政府已向再审申请人履行了房屋补偿安置法定职责并作出被诉不予受理复议决定。

第七十条　被申请人不提交书面答复等情形的处理

被申请人不按照本法第四十八条、第五十四条的规定提出书面答复、提交作出行政行为的证据、依据和其他有关材料的，视为该行政行为没有证据、依据，行政复议机关决定撤销、部分撤销该行政行为，确认该行政行为违法、无效或者决定被申请人在一定期限内履行，但是行政行为涉及第三人合法权益，第三人提供证据的除外。

条文注释

本条是关于行政复议被申请人举证责任的规定，本次修法增加了被申请人不履行举证义务的法律后果的例外情形。

举证责任不是单纯的诉讼义务或者负担。在诉讼法中，举证责任制度将当事人举证义务与最终的裁判结果直接关联，由于其行政司法的性质，在行政复议中，举证责任的性质与诉讼中应当是相类似的。即，如果法律明确规定当事人对待证事实负有举证责任，该当事人就负有提供证据证明待证事实存在或者不存在的义务，当事人不提供证据或者提供的证据达不到使审判者形成内心确信的程度，就必须承担不利法律后果。

[123]《行政诉讼法》第26条第2款规定：“经复议的案件，复议机关决定维持原行政行为的，作出原行政行为的行政机关和复议机关是共同被告；复议机关改变原行政行为的，复议机关是被告。”

因此，被申请人在行政复议程序中不提供或者不按照法律规定或者行政复议要求的期限提供行政行为的提出书面答复、提交作出行政行为的证据、依据和其他有关材料的，必须承担败诉后果。即使其作出行政行为时证据确凿、依据充分，行政复议机关也不能认可被申请行政复议的行政行为的合法性。被申请人因不提供证据而导致行政行为被决定撤销，是被申请人不履行举证责任的必然后果；被申请人因无正当理由逾期提供证据而导致行政行为被决定撤销，亦是违反证据规则的法律制裁。

但是，这一举证责任分配规则亦存在一定的例外。当被申请人的行政行为涉及第三人合法权益时，即便被申请人怠于履行举证责任，出于保护第三人合法权益的考虑，行政复议机关不能无视甚至拒绝第三人维护自身合法权益提供证据证明行政行为的合法性的努力，简单地判决被申请人败诉。因此，为保护第三人在被申请人不举证情况下的合法权益，需要确立第三人的举证权利。如果第三人因正当原因无法举证且需要行政复议机关调取证据的，行政复议机关可以根据第三人的申请调取相关证据、在查明相关事实的基础上，判断被申请行政复议的行政行为的合法性，不能简单地判决被申请人败诉。

此外，根据本条规定，被申请人举证时，除应提供作出行政行为时的证据外，还应提供行政行为的依据和其他有关材料。严格而言，规范性文件不属于证据范畴，不适用证据规则，因此也不适用举证责任制度。规范性文件通常是作为行政行为的依据适用，对于规范性文件的审查，有独立的法律适用规则加以调整。从广义的角度，行政机关作出行政行为所依据的规范性文件包括法律、法规、规章以及规章以下的规范性文件，狭义上只包括规章以下的规范性文件。本条所称的规范性文件，应从广义角度理解。之所以作出这样的规定，是因为法律、法规比较容易查到，但规章及规章以下的规范性文件，层级越低，查找越困难。为便于行政复议机关审查确定行政行为依据的内容，判断下位法规定的内容与上位法规定的内容是否存在抵触的问题，行政复议中要求被申请人提供规范性文件十分必要。需要注意的是，行政机关在行政执法时，可能依据法律、法规、规章以下的规范性文件作出行政行为。如果在行政复议中被申请人能够提供法律、法规依据，即使被申请人没有提供规章以下的规范性文件，行政复议机关一般也不能认定其缺乏法律依据。此外，在行政机关作出行政行为的过程中，还有可能依据上下级之间的请示、批复等其他的有关材料作出行政行为，作为基于行政监督权的行政内部监督制度，行政复议机关在行政复议过程中，应当对此加以审查。

相关规定

◎行政法规

《行政复议法实施条例》（中华人民共和国国务院令第 499 号 2007 年 8 月 1 日）

第四十六条 被申请人未依照行政复议法第二十三条[124]的规定提出书面答复、提交当初作出具体行政行为的证据、依据和其他有关材料的，视为该具体行政行为没有证据、依据，行政复议机关应当决定撤销该具体行政行为。

[124] 《行政复议法》（2023 年修正）第 48 条。

第七十一条　行政协议案件处理

被申请人不依法订立、不依法履行、未按照约定履行或者违法变更、解除行政协议的，行政复议机关决定被申请人承担依法订立、继续履行、采取补救措施或者赔偿损失等责任。

被申请人变更、解除行政协议合法，但是未依法给予补偿或者补偿不合理的，行政复议机关决定被申请人依法给予合理补偿。

条文注释

本条是关于行政协议案件的决定方式的规定，是本次修法的新增条款，这一条款立足于目前行政机关大量运用行政协议处理行政争议的行政实践，针对行政协议案件这一类全新的案件，设定了相应的决定方式。

根据本条的相关规定，针对行政协议案件，行政复议机关可以作出两类行政决定，即行政协议履行决定和行政协议补偿决定。行政协议履行决定主要是针对被申请人不依法订立、不依法履行、未按照约定履行或者违法变更、解除行政协议的情况，在此情况下，行政复议机关可以依据行政机关的违法行为在行政协议签订、履行的节点，分别作出要求被申请人承担依法订立、继续履行、采取补救措施或者赔偿损失等不同的要求被申请人承担相应责任的决定。

而若被申请人合法行使其单方变更、解除权，合法地变更、解除了行政协议，在此情况下，虽然行政机关所作的行政行为合法，但是合法并不等于不承担相应的义务，在此情况下，行政协议机关依然有义务对行政相对人给予公允的补偿。因此，若未依法给予补偿或者补偿不合理的，行政复议机关应当决定被申请人依法给予申请人合理补偿。

相关规定

◎行政法规

《市政公用事业特许经营管理办法》（2004年3月19日建设部令第126号　2004年5月1日生效）

第二十九条　主管部门或者获得特许经营权的企业违反协议的，由过错方承担违约责任，给对方造成损失的，应当承担赔偿责任。

《建设部关于印发城镇供热、城市污水处理特许经营协议示范文本的通知》（建城〔2006〕126号　2006年5月22日生效）

1801　**甲方法律责任**

1. 甲方违反本协议第403条规定，对乙方的特许经营权构成妨碍的，应当及时改正，并应赔偿乙方因此而遭受的经济损失；

2. 甲方违反本协议的有关规定，不将其投资建设的供热设施交付乙方使用或擅自处置其投资建设的供热设施的，应当及时改正，并应赔偿乙方因此而遭受的经济损失；

3. 甲方违反本协议有关规定，在征用过程中或本协议终止后，拒不按照协议的约定进行补偿的，应当及时按照协议的约定进行补偿，并应按照中国人民银行公布的活期存款利率向乙方支付逾期支付补偿的利息；

4. 甲方违反有关价格法规及本协议定价、调价程序，给乙方造成经济损失的，应当及时按照有关规定补偿乙方因此受到的经济损失。

5. 甲方基于对获得特许经营者的监管的权力采用非正当行为对乙方实施罚款、

吊销营业执照、撤销特许经营权，经法定程序（如行政复议、法院判决等）证明其行为错误时，应当改正其行为，并赔偿乙方因此受到的经济损失。

典型案例

某国际有限公司、湖北某高速公路有限公司诉湖北省荆州市人民政府、湖北省人民政府解除特许权协议及行政复议案【最高人民法院发布第二批10起行政协议诉讼典型案例之五】

裁判要旨：在行政协议的订立、履行过程中，不仅行政机关应当恪守法定权限，不违背法律、法规的强制性规定，履行协议约定的各项义务，作为行政协议的相对方的某国际公司亦应严格遵守法定和约定的义务，否则行政机关有权依照法律规定以及协议的约定，行使解除协议的权利。

本案中湖北省政府作出维持复议决定，表明复议机关亦可以依法受理行政协议争议。协议相对人存在根本违约行为，导致协议目的不能实现时，行政机关可以单方行使法定解除权。因行政机关不能以原告身份提起行政协议之诉，行政机关通常以单方通知或决定的方式，依法送达给协议相对人以解除行政协议，送达之日即为行政协议解除之时。行政机关单方解除行政协议的，应当在解除决定中就协议解除后的法律后果一并予以明确，尤其是协议相对人依法应当履行相应义务或承担相应责任的。关于行政协议解除的法律效力，可以参照适用有关民事合同法律规范。

第七十二条　行政复议期间赔偿请求的处理

申请人在申请行政复议时一并提出行政赔偿请求，行政复议机关对依照《中华人民共和国国家赔偿法》的有关规定应当不予赔偿的，在作出行政复议决定时，应当同时决定驳回行政赔偿请求；对符合《中华人民共和国国家赔偿法》的有关规定应当给予赔偿的，在决定撤销或者部分撤销、变更行政行为或者确认行政行为违法、无效时，应当同时决定被申请人依法给予赔偿；确认行政行为违法的，还可以同时责令被申请人采取补救措施。

申请人在申请行政复议时没有提出行政赔偿请求的，行政复议机关在依法决定撤销或者部分撤销、变更罚款，撤销或者部分撤销违法集资、没收财物、征收征用、摊派费用以及对财产的查封、扣押、冻结等行政行为时，应当同时责令被申请人返还财产，解除对财产的查封、扣押、冻结措施，或者赔偿相应的价款。

条文注释

本条是行政复议中针对行政赔偿请求进行处理的相关规定。

本条第一款是有关申请人申请行政复议时一并提出行政赔偿请求的处理。由于行政赔偿中的违法以过错原则为基础，和行政复议的范围并不一致，因此，行政机关作出的行政复议决定并不必然能够确定行政赔偿结果，行政复议机关需要额外对于行政赔偿请求进行处理。

根据本条的相关规定，若申请人所提出的行政赔偿请求不符合国家赔偿法的相关规定，行政复议机关应当在作出行政复议决定的同时决定驳回行政赔偿请求。若行政行为存在违法情形，且根据《国家赔偿法》的有关规定行政机关应当承担国家赔偿责任，行政复议机关应当在作出行政复议决定的同时作出行政赔偿决定。而若行政复议机关经审查后认为行政行为仅能确认违法而不能撤销，则行政复议机关应当同时决定责令被申请人采取补救措施。补救措施决定的意义在于使得确认违法决定对于申请人的实体意义能够体现，切实起到救济行政复议申请人权利的效果。值得注意的是，责令被申请人采取补救措施的决定，行政复议机关可以酌情作出，而符合国家赔偿法规定的情况下，被申请人依法给予赔偿的决定，行政机关必须依法作出。因此，行政复议机关对于是否作出责令被申请人采取补救措施的决定有一定的裁量权，对于行政补偿决定的作出则无裁量权。

本条第二款则规定了行政复议机关在行政复议申请人未提出行政赔偿申请时可自行决定行政机关进行行政赔偿的情况。一般而言，行政复议中的行政赔偿申请应当由申请人提出，行政复议机关则应坚持“不告不理”的原则，不得在申请人未一并提出行政赔偿请求的情况下，自行针对行政赔偿请求进行处理。但是，为强化行政复议化解行政争议的效果，本条额外规定了行政机关在特殊情况下在行政复议申请人未提出行政赔偿请求的情况下直接作出行政补偿决定的情形。根据本法的相关规定，在行政复议机关处理涉及罚款、征收征用、查封、扣押、冻结财产类涉及行政复议机关侵犯财产权类的案件时，经审理决定撤销或者部分撤销、变更罚款，撤销或者部分撤销违法集资、没收财物、征收征用、摊派费用以及对财产的查封、扣押、冻结，可以自行作出相应的行政赔偿决定，责令被申请人返还财产，解除对财产的查封、扣押、冻结措施，或者赔偿相应的价款。之所以作出这样的规定，主要是由于财产权益的特殊性。《立法法》明确规定，限制人身权益必须经由法律规定授权，因此，即便下级行政机关获得了法律的直接授权，有权作出限制人身权益的行政行为，但是作为上级行政机关行政复议机关却缺乏相应的授权，其监督权限仅限于对于下级行政机关的行为的性质认定，无权直接变更涉及人身权益的行政行为。但是，在财产权益领域，行政复议机关作为上级行政机关亦存在相应的处置权力，可以基于其作为上级行政机关的监督权直接进行变更。

相关规定

◎法律

《立法法》（2023年3月15日）

第十一条　下列事项只能制定法律：

（一）国家主权的事项；

（二）各级人民代表大会、人民政府、监察委员会、人民法院和人民检察院的产生、组织和职权；

（三）民族区域自治制度、特别行政区制度、基层群众自治制度；

（四）犯罪和刑罚；

（五）对公民政治权利的剥夺、限制人身自由的强制措施和处罚；

（六）税种的设立、税率的确定和税收征收管理等税收基本制度；

（七）对非国有财产的征收、征用；

（八）民事基本制度；

（九）基本经济制度以及财政、海关、金融和外贸的基本制度；

（十）诉讼制度和仲裁基本制度；

（十一）必须由全国人民代表大会及其常务委员会制定法律的其他事项。

《国家赔偿法》（2013年1月1日）

第三条 行政机关及其工作人员在行使行政职权时有下列侵犯人身权情形之一的，受害人有取得赔偿的权利：

（一）违法拘留或者违法采取限制公民人身自由的行政强制措施的；

（二）非法拘禁或者以其他方法非法剥夺公民人身自由的；

（三）以殴打、虐待等行为或者唆使、放纵他人以殴打、虐待等行为造成公民身体伤害或者死亡的；

（四）违法使用武器、警械造成公民身体伤害或者死亡的；

（五）造成公民身体伤害或者死亡的其他违法行为。

第四条 行政机关及其工作人员在行使行政职权时有下列侵犯财产权情形之一的，受害人有取得赔偿的权利：

（一）违法实施罚款、吊销许可证和执照、责令停产停业、没收财物等行政处罚的；

（二）违法对财产采取查封、扣押、冻结等行政强制措施的；

（三）违法征收、征用财产的；

（四）造成财产损害的其他违法行为。

第五条 属于下列情形之一的，国家不承担赔偿责任：

（一）行政机关工作人员与行使职权无关的个人行为；

（二）因公民、法人和其他组织自己的行为致使损害发生的；

（三）法律规定的其他情形。

第六条 受害的公民、法人和其他组织有权要求赔偿。

受害的公民死亡，其继承人和其他有扶养关系的亲属有权要求赔偿。

受害的法人或者其他组织终止的，其权利承受人有权要求赔偿。

第七条 行政机关及其工作人员行使行政职权侵犯公民、法人和其他组织的合法权益造成损害的，该行政机关为赔偿义务机关。

两个以上行政机关共同行使行政职权时侵犯公民、法人和其他组织的合法权益造成损害的，共同行使行政职权的行政机关为共同赔偿义务机关。

法律、法规授权的组织在行使授予的行政权力时侵犯公民、法人和其他组织的合法权益造成损害的，被授权的组织为赔偿义务机关。

受行政机关委托的组织或者个人在行使受委托的行政权力时侵犯公民、法人和其他组织的合法权益造成损害的，委托的行政机关为赔偿义务机关。

赔偿义务机关被撤销的，继续行使其职权的行政机关为赔偿义务机关；没有继续行使其职权的行政机关的，撤销该赔偿义务机关的行政机关为赔偿义务机关。

第八条 经复议机关复议的，最初造成侵权行为的行政机关为赔偿义务机关，但复议机关的复议决定加重损害的，复议机关对加重的部分履行赔偿义务。

第九条 赔偿义务机关有本法第三条、第四条规定情形之一的，应当给予赔偿。

赔偿请求人要求赔偿，应当先向赔偿义务机关提出，也可以在申请行政复议或者提起行政诉讼时一并提出。

第十条 赔偿请求人可以向共同赔偿义务机关中的任何一个赔偿义务机关要求赔偿，该赔偿义务机关应当先予赔偿。

第三十六条 侵犯公民、法人和其他组织的财产权造成损害的，按照下列规定处理：

（一）处罚款、罚金、追缴、没收财产或者违法征收、征用财产的，返还财产；

（二）查封、扣押、冻结财产的，解除对财产的查封、扣押、冻结，造成财产损坏或者灭失的，依照本条第三项、第四项的规定赔偿；

（三）应当返还的财产损坏的，能够恢复原状的恢复原状，不能恢复原状的，按照损害程度给付相应的赔偿金；

（四）应当返还的财产灭失的，给付相应的赔偿金；

（五）财产已经拍卖或者变卖的，给付拍卖或者变卖所得的价款；变卖的价款明显低于财产价值的，应当支付相应的赔偿金；

（六）吊销许可证和执照、责令停产停业的，赔偿停产停业期间必要的经常性费用开支；

（七）返还执行的罚款或者罚金、追缴或者没收的金钱，解除冻结的存款或者汇款的，应当支付银行同期存款利息；

（八）对财产权造成其他损害的，按照直接损失给予赔偿。

◎司法解释及文件

《最高人民法院关于审理行政赔偿案件若干问题的规定》（法释〔2022〕10号　2022年5月1日）

第十七条　公民、法人或者其他组织仅对行政复议决定中的行政赔偿部分有异议，自复议决定书送达之日起十五日内提起行政赔偿诉讼的，人民法院应当依法受理。

行政机关作出有赔偿内容的行政复议决定时，未告知公民、法人或者其他组织起诉期限的，起诉期限从公民、法人或者其他组织知道或者应当知道起诉期限之日起计算，但从知道或者应当知道行政复议决定内容之日起最长不得超过一年。

◎行政法规

《行政复议法实施条例》（中华人民共和国国务院令第499号　2007年8月1日）

第三条　行政复议机构除应当依照行政复议法第三条〔125〕的规定履行职责外，还应当履行下列职责：

（一）依照行政复议法第十八条〔126〕的规定转送有关行政复议申请；

（二）办理行政复议法第二十九条〔127〕规定的行政赔偿等事项；

（三）按照职责权限，督促行政复议申请的受理和行政复议决定的履行；

（四）办理行政复议、行政应诉案件统计和重大行政复议决定备案事项；

（五）办理或者组织办理未经行政复议直接提起行政诉讼的行政应诉事项；

（六）研究行政复议工作中发现的问题，及时向有关机关提出改进建议，重大问题及时向行政复议机关报告。

第二十一条　有下列情形之一的，申请人应当提供证明材料：

（一）认为被申请人不履行法定职责的，提供曾经要求被申请人履行法定职责而被申请人未履行的证明材料；

（二）申请行政复议时一并提出行政赔偿请求的，提供受具体行政行为侵害而造成损害的证明材料；

〔125〕已废止。

〔126〕同上。

〔127〕《行政复议法》（2023年修正）第72条。

（三）法律、法规规定需要申请人提供证据材料的其他情形。

第五十条 有下列情形之一的，行政复议机关可以按照自愿、合法的原则进行调解：

（一）公民、法人或者其他组织对行政机关行使法律、法规规定的自由裁量权作出的具体行政行为不服申请行政复议的；

（二）当事人之间的行政赔偿或者行政补偿纠纷。

当事人经调解达成协议的，行政复议机关应当制作行政复议调解书。调解书应当载明行政复议请求、事实、理由和调解结果，并加盖行政复议机关印章。行政复议调解书经双方当事人签字，即具有法律效力。

调解未达成协议或者调解书生效前一方反悔的，行政复议机关应当及时作出行政复议决定。

典型案例

1. 夏某英与山东省威海市人民政府行政复议再审案【（2018）最高法行再128号《最高人民法院公报》2020年第12期（总第290期）】

裁判要旨：若行政复议机关对被申请复议的行政行为的处理，和对一并提出的行政赔偿请求的处理，载于同一行政复议决定中，彼此可分，公民、法人或其他组织仅就行政复议决定中有关行政赔偿请求的处理提出起诉，人民法院应遵循不告不理原则，不就行政复议决定中有关行政行为的处理进行审理和裁判。

2. 魏某佰与浙江省杭州市萧山区人民政府司法行政行政复议纠纷再审案【（2020）最高法行申7379号】

裁判要旨：萧山区政府在本案中仅仅是驳回魏某佰的复议申请，不存在加重损害的情形，故一审法院驳回魏某佰的赔偿请求并无不当。

3. 单某诉温州市瓯海区人民政府行政复议赔偿案【（2018）最高法行申2710号】

裁判要旨：申请人在本案中主张的交通费和住宿费等支出，系其对行政复议行为起诉后参加诉讼所支出的费用，并非被申请人在行使行政复议职权时侵犯申请人的财产权所造成的损失，不属于国家赔偿法规定“直接损失”的范畴。

4. 郝某杰与山西省太原市万柏林区人民政府其他行政复议纠纷案【（2020）最高法行申5403号】

裁判要旨：国家赔偿法和行政复议法并未规定当事人可以就行政赔偿事项单独申请行政复议。在行政复议程序中，公民、法人或者其他组织提出行政赔偿请求应一并提出，复议机关对行政行为合法性予以审查时一并对行政赔偿事项作出处理。

5. 沈某海诉上海市奉贤区人民政府复议决定案【（2016）最高法行申3669号】

裁判要旨：复议申请人一并提出行政赔偿请求的，行政复议机关进行审查后，认为行政行为违法应当撤销、变更或者确认违法的，应当同时对复议申请人的赔偿请求进行审查，并作出是否赔偿以及赔偿数额的决定。

6. 尚某娟诉河南省洛阳市老城区人民政府行政撤销及行政赔偿案【（2020）最高法行再470号】

裁判要旨：该《回复函》实际系老城区政府对尚某娟提出的行政赔偿请求作出的不予赔偿处理决定，对尚某娟的权益产生影响，应当属于行政诉讼的受案范围。另外，尚某娟在起诉《回复函》的同时，一并提出了恢复原状或者折价赔偿的诉讼请求，根据《国家赔偿法》

第九条第二款的规定，人民法院应当一并予以审理。

7. 郝某杰与山西省太原市万柏林区人民政府其他行政复议纠纷案【（2020）最高法行申5403号】

裁判要旨：国家赔偿法和行政复议法并未规定当事人可以就行政赔偿事项单独申请行政复议。在行政复议程序中，公民、法人或者其他组织提出行政赔偿请求应一并提出，复议机关对行政行为合法性予以审查时一并对行政赔偿事项作出处理。

第七十三条　行政复议调解处理

当事人经调解达成协议的，行政复议机关应当制作行政复议调解书，经各方当事人签字或者签章，并加盖行政复议机关印章，即具有法律效力。

调解未达成协议或者调解书生效前一方反悔的，行政复议机关应当依法审查或者及时作出行政复议决定。

条文注释〔128〕

本条是关于行政复议调解的程序规定。

根据本条的规定，若行政复议以调解结案的，应当制作调解书。调解书应当载明行政复议请求、事实、理由和调解结果。行政复议调解书经双方当事人签字，并加盖行政复议机关印章后，即具有法律效力。双方当事人均不得再反悔或者拒绝履行调解书中规定的内容。

此外，调解不能久调不决。调解未达成协议或者调解书生效前一方反悔的，行政复议机关应当及时作出行政复议决定。行政复议机关不能在达不到其调解结案的目的后，故意拖延，应及时作出行政复议决定。

相关规定

◎行政法规

《行政复议法实施条例》（中华人民共和国国务院令第499号　2007年8月1日）

第五十条　有下列情形之一的，行政复议机关可以按照自愿、合法的原则进行调解：

（一）公民、法人或者其他组织对行政机关行使法律、法规规定的自由裁量权作出的具体行政行为不服申请行政复议的；

（二）当事人之间的行政赔偿或者行政补偿纠纷。

当事人经调解达成协议的，行政复议机关应当制作行政复议调解书。调解书应当载明行政复议请求、事实、理由和调解结果，并加盖行政复议机关印章。行政复议调解书经双方当事人签字，即具有法律效力。

调解未达成协议或者调解书生效前一方反悔的，行政复议机关应当及时作出行政复议决定。

典型案例

1. 张某与黑龙江省某市人民政府行政复议调解检察监督案【最高人民检察院发布2020年度十大行政检察典型案例】

---

〔128〕参见本书编写组编著：《〈中华人民共和国行政复议法实施条例〉释义》，人民出版社2007年版，第163-164页。

检察意见：某市人民政府作出的行政复议调解并非针对行政机关行使自由裁量权作出的具体行政行为，同时，双方争议也非行政赔偿或者行政补偿纠纷，某市人民政府作出行政复议调解违反《行政复议法实施条例》的规定，鹤岗市人民检察院于2020年8月18日向某市人民政府提出检察建议，建议市人民政府撤销行政复议调解书。

2. 兴安县兴安镇冠山村委枧头村第14村民小组与兴安县兴安镇冠山村委枧头村第15村民小组林业确认纠纷再审案【（2017）最高法行申4713号】

裁判要旨：复议机关组织调解应当遵循自愿原则。而在本案中，争议山场涉及当事人众多，利益诉求复杂，难以达成一致意见，缺乏调解基础。

3. 再审申请人贵州省黔东南苗族侗族自治州人民政府诉被申请人贵州省岑巩县大有镇白岩山村大坡村民组及原审第三人岑巩县大有镇异溪村巴木冲村民组、岑巩县大有镇异溪村岩湾村民组行政复议案【（2019）最高法行申114号】

裁判要旨：虽然大坡组与岑巩县大有镇异溪村巴木冲村民组、岑巩县大有镇异溪村岩湾村民组于1999年4月15日达成《关于大有乡异溪村岩湾、芭毛冲组与白岩山村大坡组为大坡山场权属争议的调解协议》，且调解协议由参会各方签字。但是，事后没有进一步开展丈量划界和栽立界桩的工作。据此，二审法院认为，该调解协议不能作为已经作出相关行政决定的证据，且争议双方没有尽快进行林权登记和依照协议内容向有关机关申请颁发林权证，不能认为已经经过林权确权程序，即复议机关认为后一次的确权裁决属于重复确权的理由不能成立，认定准确。

文书格式

行政复议调解书

〔　　〕　　号

申请人：（姓名）________ 性别________ 出生年月________

住所（联系地址）________

［（法人或者其他组织）（名称）________

住所（联系地址）________

法定代表人或者主要负责人（姓名）________ 职务________］

委托代理人：（姓名）________ 住所（联系地址）________

被申请人：（名称）________

住所________

法定代表人或者主要负责人（姓名）________ 职务________

［第三人：(姓名/名称)＿＿＿＿＿＿＿＿住所＿(联系地址)＿＿＿＿＿＿＿＿

委托代理人：(姓名)＿＿＿＿＿＿＿＿住所＿(联系地址)＿＿＿＿＿＿＿＿］

申请人对被申请人(具体行政行为)＿＿＿＿＿不服，于＿＿年＿＿月＿＿日向本机关申请行政复议，本机关依法已予受理。

申请人请求：＿＿。

申请人称：＿＿。

被申请人称：＿＿。

(第三人称：＿＿。)

经审理查明：＿＿。

根据《中华人民共和国行政复议法》第五条或者《中华人民共和国行政复议法实施条例》第五十条的规定，本机关按照自愿、合法的原则进行调解，当事人达成如下协议：＿＿。

上述调解结果，符合有关法律规定，本机关予以确认。

本调解书经双方当事人签字，即具有法律效力。

申请人：(签字或者盖章)　　　　　　被申请人：(盖章)

＿＿年＿＿月＿＿日　　　　　　＿＿年＿＿月＿＿日

［第三人：(签字或者盖章)　　　　　　＿＿年＿＿月＿＿日］

年　月　日

(行政复议机关印章或者行政复议专用章)

第七十四条 行政复议和解处理

当事人在行政复议决定作出前可以自愿达成和解，和解内容不得损害国家利益、社会公共利益和他人合法权益，不得违反法律、法规的强制性规定。

当事人达成和解后，由申请人向行政复议机构撤回行政复议申请。行政复议机构准予撤回行政复议申请、行政复议机关决定终止行政复议的，申请人不得再以同一事实和理由提出行政复议申请。但是，申请人能够证明撤回行政复议申请违背其真实意愿的除外。

条文注释[129]

本条是关于行政复议和解的相关规定。

行政复议和解，是指当事人在行政复议过程中自愿达成和解，行政复议机关经审查准许后，对行政复议案件不再继续审理的程序。在本次修法前，行政复议和解制度的规定规定于《行政复议法实施条例》中，这一制度设计的合法性存在着一定的争议。但是，从实践经验看，和解能够实现法律效果与社会效果相结合，达到息诉止纷、稳定社会的良好效果，是行政复议解决行政纠纷的一种有效方式。在行政复议和解案件中，复议机关可以在向申请人普及法律知识同时，指出被申请人执法中的不足，通过释法说理，令其纠正错误，提高执法水平。经和解结案的案件，申请人很少再提起行政诉讼，可以真正达到“定纷止争、案结事了”的社会效果。因此，本次修法吸取了旧行政复议法和行政复议法实施条例实行过程中的有益经验，将行政复议和解制度规定于行政复议法之中。值得注意的是，与调解一样，本次行政复议法修法过程中，亦服务于实质性化解行政争议的目标，拓展了行政复议和解的适用范围，取消了原有的针对行政复议和解的适用范围限制。

全面理解本条的规定，应掌握以下要点：

1. 和解的原则

和解应当坚持自愿、平等、合法的原则。和解建立在当事人自愿并达成合意的基础上，行政复议机关以及被申请人不得强迫、威胁、欺骗、利诱申请人，达成的和解协议不得损害国家利益、社会公共利益和他人的合法权益，违背法律、法规的强制性规定。行政复议和解制度的目的在于使得行政复议的争议双方互相协商，在平等自愿的基础上，合理合法地有效解决行政争议。

2. 达成和解的时间限制

申请人和被申请人达成和解，必须是在行政复议决定作出前。如果行政复议决定已经作出，双方当事人应服从复议决定，不得再达成和解。

实践中，应注意行政复议和解与调解的区别，调解是行政复议机构占据主导地位，积极主动地促成当事人通过平等协商解决行政争议，和解主要是当事人双方自愿让步，自己达成合意解决纠纷的活动。

3. 和解应有书面协议

行政复议和解作为法定的结案方式，

---

[129] 参见本书编写组编著：《〈中华人民共和国行政复议法实施条例〉释义》，人民出版社2007年版，第141-144页。

应有书面的文件为依据。作为当事人之间依法达成的协议，和解协议书在当事人双方之间具有法律效力，任何一方都应当诚实守信，切实履行。行政复议终止后，任何一方当事人不履行和解协议，另一方都可以要求对方履行。如果是申请人、第三人不履行，可以参照不履行行政复议决定来处理，由行政机关强制执行或者申请法院强制执行，如果是被申请人不履行，行政复议机关以及上级行政机关可责令其限期履行，情节严重的，要依法追究有关人员的法律责任。

4. 和解协议达成后的法律效力

根据本条第二款的规定，行政复议当事人达成和解协议后，可以申请撤回行政复议申请，行政复议机关应当决定终止行政复议。这是由于当事人之间达成和解协议后，行政争议已被化解，行政复议机关已经不再有继续审理行政复议案件的必要。

同时，防止申请人随意提起申请和撤回申请，维护行政机关和行政行为的正当权威，保障行政复议的有限资源获得充分利用，需要限制申请人任意撤回行政复议的行为，在行政复议当事人达成和解协议，撤回行政复议申请后，申请人不得再次提起行政复议。但是，在实践中，可能存在一些行政机关恶意利用这一条款，通过强制、胁迫等不正当手段与申请人达成和解协议，要求申请人撤回申请，在这种情况下，若不规定例外条款，则可能使得遭受行政机关强制、胁迫的申请人完全丧失通过行政复议手段获得救济的权利。因此，本条规定了在申请人能够证明撤回行政复议申请违背其真实意思表示的情况下，申请人仍能针对行政行为提起行政复议申请。

相关规定

◎行政法规

《行政复议法实施条例》（中华人民共和国国务院令第499号　2007年8月1日）

第三十八条　申请人在行政复议决定作出前自愿撤回行政复议申请的，经行政复议机构同意，可以撤回。

申请人撤回行政复议申请的，不得再以同一事实和理由提出行政复议申请。但是，申请人能够证明撤回行政复议申请违背其真实意思表示的除外。

第四十条　公民、法人或者其他组织对行政机关行使法律、法规规定的自由裁量权作出的具体行政行为不服申请行政复议，申请人与被申请人在行政复议决定作出前自愿达成和解的，应当向行政复议机构提交书面和解协议；和解内容不损害社会公共利益和他人合法权益的，行政复议机构应当准许。

文书格式

行政复议和解书

申请人：(姓名)＿＿＿＿＿＿性别＿＿＿＿＿＿出生年月＿＿＿＿

住所　(联系地址)＿＿＿＿＿＿

[(法人或者其他组织)　(名称)＿＿＿＿＿＿

住所　(联系地址)＿＿＿＿＿＿

法定代表人或者主要负责人(姓名)＿＿＿＿＿＿职务＿＿＿＿＿＿]

委托代理人：　(姓名)＿＿＿＿＿＿住所　(联系地址)＿＿＿＿＿＿

被申请人：　(名称)＿＿＿＿＿＿

住所＿＿＿＿＿＿

法定代表人或者主要负责人(姓名)＿＿＿＿＿＿职务＿＿＿＿＿＿

[第三人：　(姓名/名称)＿＿＿＿＿＿住所　(联系地址)＿＿＿＿＿＿

委托代理人：　(姓名)＿＿＿＿＿＿住所　(联系地址)＿＿＿＿＿＿]

申请人对被申请人(具体行政行为)＿＿＿＿＿＿不服，于＿＿年＿＿月＿＿日向　(行政复议机关)＿＿＿＿＿＿申请行政复议，　(行政复议机关)＿＿依法已予受理。

经申请人与被申请人协商，自愿达成如下和解协议：＿＿＿＿＿＿＿＿＿＿＿＿＿＿＿＿＿＿。申请人同时撤回行政复议申请。

本和解协议一式＿＿份，当事人各执一份，向　(行政复议机构)＿＿提交一份。

申请人：(签字或者盖章)

＿＿年＿＿月＿＿日

[第三人：(签字或者盖章)

＿＿年＿＿月＿＿日]

(行政复议机关全称)

被申请人：(盖章)

＿＿年＿＿月＿＿日

第七十五条　行政复议决定书

行政复议机关作出行政复议决定，应当制作行政复议决定书，并加盖行政复议机关印章。

行政复议决定书一经送达，即发生法律效力。

条文注释[130]

本条是有关行政复议决定的作出与生效的相关规定。

本条第一款规定了行政复议决定书的形式。行政复议机关作出行政复议决定后，为证明行政复议决定的存在，使申请人能够依据行政复议决定获得权利救济或向人民法院申请行政诉讼救济，需要制作成文的行政复议决定书，以此作为后续权利救济基础。此外，对于行政复议机关自身而言，作出行政复议决定，表明其需要针对这一行政行为承担对应的法律责任，因此，需要在行政复议决定上加盖行政机关的印章，以此证明行政复议决定的作出机关。

本条第二款是行政复议送达的相关规定。诉讼法中的送达，是指法院依照法定方式和程序，将诉讼文书送交当事人和其他诉讼参与人的行为。在行政复议中的送达，其意义与诉讼法中相类似。具体而言，送达的意义主要体现在两个方面：一是有利于全面保障当事人及诉讼参与人的诉讼权利。行政复议机关将复议文书送交当事人及其他参与人，让他们了解文书的内容，以便他们据此参加行政复议活动，行使权利，履行义务，维护自身权益。二是推动复议进程的发展。行政复议机关依法送达后，受送达人无正当理由没有在规定的时间内行使相关权利、履行相关义务，则须承担法律规定的后果。送达除了具有行为法上的意义，还具有制度上的意义。送达制度以规范文书在当事人与行政复议机关之间的传递为内容，由一系列的法律原则和具体制度所组成。它以保障当事人及复议参与人复议权利为核心，全面体现当事人和行政复议机关之间的法律关系。本款明确了行政复议中复议决定书送达的效果，根据本条的规定，行政复议决定在送达后生效立即生效，行政复议送达是行政复议决定书生效的标志。

相关规定

◎法律

《民事诉讼法》（2024 年 1 月 1 日）

第八十七条　送达诉讼文书必须有送达回证，由受送达人在送达回证上记明收到日期，签名或者盖章。

受送达人在送达回证上的签收日期为送达日期。

第八十八条　送达诉讼文书，应当直接送交受送达人。受送达人是公民的，本人不在交他的同住成年家属签收；受送达人是法人或者其他组织的，应当由法人的法定代表人、其他组织的主要负责人或者该法人、组织负责收件的人签收；受送达人有诉讼代理人的，可以送交其代理人签收；受送达人已向人民法院指定代收人的，送交代收人签收。

受送达人的同住成年家属，法人或者其他组织的负责收件的人，诉讼代理人或者代收人在送达回证上签收的日期为送达日期。

---

[130] 参见江必新主编：《新民事诉讼法条文理解与适用（上）》，人民法院出版社 2022 年版，第 418-421 页。

第八十九条 受送达人或者他的同住成年家属拒绝接收诉讼文书的，送达人可以邀请有关基层组织或者所在单位的代表到场，说明情况，在送达回证上记明拒收事由和日期，由送达人、见证人签名或者盖章，把诉讼文书留在受送达人的住所；也可以把诉讼文书留在受送达人的住所，并采用拍照、录像等方式记录送达过程，即视为送达。

第九十条 经受送达人同意，人民法院可以采用能够确认其收悉的电子方式送达诉讼文书。通过电子方式送达的判决书、裁定书、调解书，受送达人提出需要纸质文书的，人民法院应当提供。

采用前款方式送达的，以送达信息到达受送达人特定系统的日期为送达日期。

第九十一条 直接送达诉讼文书有困难的，可以委托其他人民法院代为送达，或者邮寄送达。邮寄送达的，以回执上注明的收件日期为送达日期。

第九十二条 受送达人是军人的，通过其所在部队团以上单位的政治机关转交。

第九十三条 受送达人被监禁的，通过其所在监所转交。

受送达人被采取强制性教育措施的，通过其所在强制性教育机构转交。

第九十四条 代为转交的机关、单位收到诉讼文书后，必须立即交受送达人签收，以在送达回证上的签收日期，为送达日期。

第九十五条 受送达人下落不明，或者用本节规定的其他方式无法送达的，公告送达。自发出公告之日起，经过三十日，即视为送达。

公告送达，应当在案卷中记明原因和经过。

◎部门规章

《交通运输行政复议规定》（中华人民共和国交通运输部令2015年第18号　2015年9月9日）

第十九条 交通运输行政复议机关作出交通运输行政复议决定，应当制作《交通运输行政复议决定书》（见附件11），加盖交通运输行政复议机关印章，分别送达申请人、被申请人和第三人；交通运输行政复议决定书一经送达即发生法律效力。

交通运输行政复议机关向当事人送达《交通运输行政复议决定书》及其他交通运输行政复议文书（除邮寄、公告送达外）应当使用《送达回证》（见附件12），受送达人应当在送达回证上注明收到日期，并签名或者署印。

《住房城乡建设行政复议办法》（中华人民共和国住房和城乡建设部令第25号　2015年11月1日）

第五十二条 行政复议机关可以使用行政复议专用章。行政复议专用章用于办理行政复议事项，与行政复议机关印章具有同等效力。

典型案例

1. 罗城仫佬族自治县四把镇四把社区苗洛甫村民小组等与罗城仫佬族自治县四把镇四把社区三堆村民小组等土地行政确认、行政复议上诉案【（2017）桂行终842号　最高人民法院发布第三届全国法院环境资源优秀裁判文书】

裁判要旨：复议决定未完成送达程序的不发生法律效力。

2. 顾某萍诉南京市人民政府要求履行法律文书送达法定职责案【（2017）最高法行申9218号】

裁判要旨：复议决定书的送达，是其发生法律效力的条件，送达并非独立的行政行为，依法不属于行政诉讼法的受案范围。

第七十六条　行政复议意见书

行政复议机关在办理行政复议案件过程中，发现被申请人或者其他下级行政机关的有关行政行为违法或者不当的，可以向其制发行政复议意见书。有关机关应当自收到行政复议意见书之日起六十日内，将纠正相关违法或者不当行政行为的情况报送行政复议机关。

条文注释〔131〕

本条是有关行政复议机关在审理行政复议案件中发送行政复议意见书的规定，是本次修法的新增条款。本条吸收了2007年行政复议法实施条例第五十七条的相关规定，调整了行政复议机关可以制发行政复议意见书的情况范围。

行政复议意见书制度，是行政复议机关在审理过程中发现被申请人或者其他下级行政机关的相关行政行为违法或不当的，依法制作行政复议意见书，责成被申请人或者下级行政机关纠正相关违法或不当行为，并将有关情况向行政复议机构报告的制度。行政复议意见书，是基于行政复议全面审查原则而确立的一项制度，行政复议机关对下级行政机关的违法行为具有监督权，对于行政复议中发现的有关违法问题，虽可能与行政复议审查的具体行政行为不同，但是却相互关联，需要引起重视或者予以纠正。但是，由于行政复议决定书只能针对行政复议申请人申请复议的行政行为作出决定，因此，行政复议机关无法在行政复议决定书中进行处理。对于此类情况，需要配套制度进行处理，行政复议意见书制度应运而生。行政复议机关可以通过行政复议意见书的方式实现对于下级行政复议机关的违法或不当行为的纠正。行政复议意见书的发送对象是被申请人或者其他下级行政机关，并不包括申请人。制作行政复议意见书的目的是督促下级行政机关纠正违法或者不当的相关行政行为。行政复议意见书与行政复议决定一样，要以行政复议机关的名义下发。行政复议意见书具有与行政复议决定同等的法律效力，有关行政机关收到行政复议意见书后，必须严格按照意见书的要求，立即纠正违法或者不当的行政行为，并在收到行政复议意见书之日起60日内将纠正违法行为或者做好善后工作的情况通报行政复议机构。如果有关行政机关不履行行政复议意见书，可以视作不履行行政复议决定，依法追究其责任。

相关规定

◎行政法规

《行政复议法实施条例》（中华人民共和国国务院令第499号　2007年8月1日）

第五十七条　行政复议期间行政复议机关发现被申请人或者其他下级行政机关的相关行政行为违法或者需要做好善后工作的，可以制作行政复议意见书。有关机关应当自收到行政复议意见书之日起60日内将纠正相关行政违法行为或者做好善后工作的情况通报行政复议机构。

行政复议期间行政复议机构发现法律、法规、规章实施中带有普遍性的问

〔131〕参见本书编写组编著：《〈中华人民共和国行政复议法实施条例〉释义》，人民出版社2007年版，第180-181页。

题，可以制作行政复议建议书，向有关机关提出完善制度和改进行政执法的建议。

◎规范性文件

《国务院办公厅转发司法部关于审理政府信息公开行政复议案件若干问题指导意见的通知》（国办函〔2021〕132号 2021年12月22日）

第十七条 行政复议机关在案件审理过程中，发现被申请人不依法履行政府信息公开职责，或者因政府信息公开工作制度不规范造成不良后果的，可以制作行政复议意见书并抄送相关政府信息公开工作主管部门；情节严重的，可以提出追究责任的意见建议。

上级行政复议机关应当加强对下级行政复议机关政府信息公开案件审理工作的指导监督。

典型案例

1. 冯某等不服某省人民政府核发国有土地使用证案（国务院法制办公室行政复议司提供）〔132〕

焦点问题评析： 善用行政复议意见书，“以点带面”推动各级行政机关行政行为的规范化。

《行政复议法实施条例》第五十七条第一款规定：“行政复议期间行政复议机关发现被申请人或者其他下级行政机关的相关行政行为违法或者需要做好善后工作的，可以制作行政复议意见书。有关机关应当自收到行政复议意见书之日起60日内将纠正相关行政违法行为或者做好善后工作的情况通报行政复议机构。”行政复议意见书制度是深度化解案件矛盾、“以点带面”推动各级行政机关依法行政，实现行政复议制度优势最大化的有效措施，行政复议工作机构应当善加利用。

本案中，由于农场土地管理机构的管理行为不规范，导致群众对省人民政府作出的具体行政行为产生争议。如果行政复议裁决机关仅仅就省人民政府具体行政行为的合法性作出裁断，难以深入化解案件症结。为此，行政复议裁决机关依法制发了行政复议意见书，指出涉案垦区农场土地管理机构自20世纪80年代起自行向职工家庭农场颁发土地证书不符合《土地管理法》及其实施条例关于国有土地由县级以上地方人民政府核发证书确认使用权的规定，而且这一不规范做法在某省垦区具有一定普遍性，引发了国营农场与职工家庭农场的土地使用权争议。要求被申请人依法纠正上述问题，并对同类情况进行认真清理，采取切实可行的整改措施，严格规范农场土地管理行为，防止类似问题再次发生，同时做好案件善后工作，妥善化解矛盾纠纷，维护社会稳定。

被申请人接到行政复议意见书后，省人民政府相关领导听取了专题汇报，并做了明确要求。省国土资源厅、省农垦总局积极稳妥清理了违法颁发的土地证书，对以颁发土地证书名义收取的费用全部退还；根据国家法律法规，并结合垦区实际，印发土地登记规范化的有关通知，加大了建章立制人员培训、责任追究力度，提高了基层土地登记管理工作规范化水平；同时，做好家庭农场的政策宣传和解释工作，依法明晰家庭农场与国营农场的权利义务关系，稳定土地承包合同。目前，有关裁决结果得到绝大多数家庭农场的理解和支持，取得了良好的法律效果和社会效果。

---

〔132〕 国务院法制办公室行政复议司编：《行政复议年度案例选评（2014~2015）》，中国法制出版社2015年版，第59-63页。

2. 罗某明诉惠州市惠阳区人民政府不履行行政复议职责及行政赔偿案【（2018）最高法行申2815号】

裁判要旨：根据《行政复议法实施条例》第五十七条的规定，行政复议机关是“可以”，而非“应当”制作行政复议意见书，即行政复议机关在行政复议期间并没有制作行政复议意见书的法定义务。

文书格式

行政复议意见书

〔　　〕　　号

（主送机关）：

（申请人）对　（被申请人）　（具体行政行为）　　不服提出的行政复议申请，本机关依法已予受理并已审理终结。

本机关在行政复议期间发现，你机关（相关行政违法行为）违反了　　　　的规定。（同时，就　　　　　　，需要做好善后工作。）

根据《中华人民共和国行政复议法》第七十六条或者《中华人民共和国行政复议法实施条例》第五十七条第一款的规定，提出如下意见：（纠正相关行政违法行为或者做好善后工作的意见）

　　　　　。

请你机关自收到本行政复议意见书之日起60日内，将纠正相关行政违法行为或者做好善后工作的情况通报本机关行政复议机构。

年　月　日

（行政复议机关印章或者行政复议专用章）

第七十七条　被申请人履行义务

被申请人应当履行行政复议决定书、调解书、意见书。

被申请人不履行或者无正当理由拖延履行行政复议决定书、调解书、意见书的，行政复议机关或者有关上级行政机关应当责令其限期履行，并可以约谈被申请人的有关负责人或者予以通报批评。

条文注释

本条是关于行政复议被申请人不履行、拖延履行复议决定书、调解书、意见书时，行政复议机关可以对其采取的处理措施的规定，是本次修法的新增规定。

本条第一款首先明确被申请人有履行行政复议决定书、调解书和意见书的义务，强调了被申请人履行生效的行政复议法律文书的义务。

本条第二款进一步规定了被申请人不履行或无正当理由拖延履行生效行政复议法律文书的情况下，行政复议机关或者有关的上级行政机关的处理方式。面对被申请人不履行生效复议法律文书的情况，行政复议机关首先应当责令行政机关履行生效的复议法律文书所确定的义务。从旧行政复议法及实施条例的相关规定来看，行政复议机关责令行政机关履行生效复议法律文书的行为与行政复议机关责令行政机关受理行政复议案件相同，均应当书面作出，并抄送申请人，以便于申请人了解情况，并督促被申请人履行义务。

若被申请人经行政复议机关或上级机关责令履行后仍不履行的，行政复议机关或有关上级行政机关可以针对被申请人的负责人约谈或通报批评。约谈通报是本次修法的新增制度，旨在提升行政复议对行政行为监督的强度。约谈是指行政机关针对约谈对象及其负责人存在的风险开展提醒告诫谈话、听取情况说明、提出整改要求的一种行政措施。作为一种新型的政府规制工具，约谈旨在强化对于重点问题的关注度，加大整改追责问责力度，防范重大风险，在食品安全、生态环境保护等领域试点运作的过程中，起到了良好的效果。因此，本次修法将约谈制度引入行政复议案件中，通过对被申请人的负责人的约谈，敦促被申请人履行行政复议文书所确定的法律义务。通报批评相较于约谈则更为严厉。作为一种申诫罚，通报批评将被通报批评主体的违法行为进行公开发布，以此起到制裁、教育违法行为人，广泛教育他人的效果。

值得注意的是，在本条第二款中，约谈和通报批评的对象均为被申请人的有关负责人。行政机关一般实行首长负责制，负责人对重要事务、决策有极大的决定权。被申请行政复议的行政机关是否履行生效复议法律文书很大程度上也取决于该行政机关负责人的意志，行政机关不履行相关义务，从实质上看也是该机关负责人怠于行使职责的外在表现。因此，本条规定直接针对被申请人的有关负责人进行约谈和通报批评，以此促使该机关负责人更积极地组织行政机关履行生效的复议法律文书。

第七十八条　行政复议决定书、调解书的强制执行

申请人、第三人逾期不起诉又不履行行政复议决定书、调解书的，或者不履行最终裁决的行政复议决定的，按照下列规定分别处理：

（一）维持行政行为的行政复议决定书，由作出行政行为的行政机关依法强制执行，或者申请人民法院强制执行；

（二）变更行政行为的行政复议决定书，由行政复议机关依法强制执行，或者申请人民法院强制执行；

（三）行政复议调解书，由行政复议机关依法强制执行，或者申请人民法院强制执行。

条文注释

本条是关于申请人不履行复议决定的处理的规定。根据本条的相关规定，行政复议强制执行以存在生效的行政法律文书为前提，具体而言，在申请人逾期不起诉的情况下或行政复议决定自身为不可提起行政诉讼的行政复议决定书的情况下，行政复议决定书才可以决定申请执行。

行政强制执行，是指行政机关自行或者行政机关申请人民法院，对不履行行政决定的公民、法人或者其他组织，依法强制履行义务的行为。根据《行政强制法》的相关规定，根据行政机关是否具有行政强制执行权力，行政强制执行可以分为行政机关经法律、法规的明确授权后依法自行强制执行和申请人民法院强制执行。

而在行政复议中，由于行政行为经过行政复议的审理，可能影响原行政行为的效力，因此，对行政复议决定书申请强制执行的，需要视行政复议决定书的内容来决定强制执行的行政机关。行政复议决定维持原行政行为的，由作出原行政行为的行政机关申请人民法院强制执行或依法自行执行。行政复议决定变更原行政行为或以调解结案，作出行政复议调解书的，由行政复议机关申请人民法院强制执行或依法自行强制执行。

本条吸收了2007年行政复议法实施条例执行过程中的经验，将第三人纳入行政复议强制执行的对象中。同时，本条还将行政复议调解书纳入可供强制执行的行政复议文书范围内，并规定由行政复议机关作为申请法院强制执行或自行强制执行的主体，进一步强化了行政复议调解书的效力。

相关规定

◎法律

《行政强制法》（2012年1月1日）

第三十四条　行政机关依法作出行政决定后，当事人在行政机关决定的期限内不履行义务的，具有行政强制执行权的行政机关依照本章规定强制执行。

第五十三条　当事人在法定期限内不申请行政复议或者提起行政诉讼，又不履行行政决定的，没有行政强制执行权的行政机关可以自期限届满之日起三个月内，依照本章规定申请人民法院强制执行。

第五十四条　行政机关申请人民法院强制执行前，应当催告当事人履行义务。催告书送达十日后当事人仍未履行义务的，行政机关可以向所在地有管辖权的人民法院申请强制执行；执行对象是不动产的，向不动产所在地有管辖权的人民法院申请强制执行。

第五十五条　行政机关向人民法院申请强制执行，应当提供下列材料：

（一）强制执行申请书；

（二）行政决定书及作出决定的事实、理由和依据；

（三）当事人的意见及行政机关催告情况；

（四）申请强制执行标的情况；

（五）法律、行政法规规定的其他材料。

强制执行申请书应当由行政机关负责人签名，加盖行政机关的印章，并注明日期。

◎司法解释及文件

《全国人民代表大会常务委员会法制工作委员会关于环保部门就环境行政处罚决定申请人民法院强制执行的期限有关问题的答复》（法工委复字〔2001〕17号）

国家环境保护总局：

你局2001年5月26日来函（环函〔2001〕100号）收悉，现答复如下：

同意国家环保总局的意见。

环境保护法第40条规定，当事人对行政处罚决定不服的，可以在接到处罚通知之日起十五日内，向做出处罚决定的机关的上一级机关申请复议；对复议决定不服的，可以在接到复议决定之日起十五日内，向人民法院起诉。当事人也可以在接到处罚通知之日起十五日内，直接向人民法院起诉。当事人逾期不申请复议、也不向人民法院起诉、又不履行处罚决定的，由做出处罚决定的机关申请人民法院强制执行。行政复议法第9条规定，公民、法人或者其他组织认为具体行政行为侵犯其合法权益的，可以自知道该具体行政行为之日起六十日内提起行政复议申请；但是法律规定的申请期限超过六十日的除外。行政诉讼法第39条规定，当事人直接向法院提起诉讼的期限为三个月，法律另有规定的除外。

根据以上规定，如果当事人自接到环保部门的行政处罚通知之日起，超过十五天未起诉，超过六十日未申请复议，又不履行处罚决定的，做出处罚决定的环保部门即可申请人民法院强制执行。

全国人大常委会法制工作委员会

2001年6月25日

附件：

关于环保部门就环境行政处罚申请人民法院强制执行期限有关问题的函

（国家环境保护总局局函

环函〔2001〕100号）

全国人大常委会法制工作委员会：

关于环境行政处罚申请法院强制执行的期限，法律规定之间不尽一致。根据《立法法》第55条关于“全国人民代表大会常务委员会工作机构可以对有关具体问题的法律询问进行研究予以答复的规定，现就环境行政处罚申请法院强制执行的期限问题，请示如下：

《环境保护法》第40条规定，当事人对行政处罚决定不服的，可以在接到处罚通知15日内申请复议，也可以在15日内直接向法院起诉；当事人逾期不申请复议、也不向法院起诉、又不履行处罚决定的，由环保部门申请法院强制执行。根据该法规定，环保部门申请法院强制执行应在处罚通知送达当事人之后15日，当事人不申请复议，也不向法院起诉时提出。

另据《行政复议法》第9条和第42条[133]当事人申请行政复议的期限为60日，法律规定的申请期限超过60日的除外。《行政诉讼法》第39条规定，当事人直接向法院提起诉讼的期限为3个月，法律另有规定的除外。

我局认为，根据以上规定，当事人对环保部门所作行政处罚不服，申请行政复议的期限应为60日，当事人直接向法院提起行政诉讼的期限则应为15日。

如果当事人在接到环保部门的行政处罚通知之日起，超过15日未起诉，超过60日未申请复议，又不履行处罚决定的，作出处罚决定的环保部门即可申请人民法院强制执行。

以上意见妥否，请函复。

◎行政法规

《行政复议法实施条例》（中华人民共和国国务院令第499号　2007年8月1日）

第五十二条　第三人逾期不起诉又不履行行政复议决定的，依照行政复议法第三十三条[134]的规定处理。

典型案例

再审申请人黄某书、洪某伦、陈某全诉贵州省镇宁布依族苗族自治县人民政府、贵州省镇宁布依族苗族自治县自然资源局（原贵州省镇宁布依族苗族自治县国土资源局）不履行法定职责案【（2019）最高法行申12829号】

裁判要旨：原镇宁县国土局作为作出八份处罚决定的行政机关，具有依据《土地管理法》第八十三条、《行政强制法》第十三条之规定申请人民法院强制执行八份处罚决定的法定职责。镇宁县政府作为复议维持八份处罚决定的复议机关，则不

[133]《行政复议法》（2023年修正）第62条。

[134]《行政复议法》（2023年修正）第78条。

具有自行强制执行或申请人民法院强制执行八份处罚决定的法定职责。

第七十九条　行政复议决定书的公开和文书抄告

行政复议机关根据被申请行政复议的行政行为的公开情况，按照国家有关规定将行政复议决定书向社会公开。

县级以上地方各级人民政府办理以本级人民政府工作部门为被申请人的行政复议案件，应当将发生法律效力的行政复议决定书、意见书同时抄告被申请人的上一级主管部门。

条文注释

本条是关于行政复议决定书公开和文书抄告转送的规定。

根据本条第一款的相关规定，行政复议机关是否公开行政复议决定书主要受两方面的因素的影响。一方面，行政复议机关是否公开行政复议决定书应当受被申请行政复议的行政行为的公开情况的影响。例如，若行政行为自身属于政府主动公开的范围，而行政复议决定书亦不存在依法不应予以公开的情形，行政复议机关应当将相关行政复议决定主动公开。若被申请行政复议的行政行为中所涉及的政府信息涉及国家秘密、商业秘密和个人隐私等信息属于依法不应予以公开的政府信息，行政复议机关不应将该针对行政行为申请行政复议的行政复议决定书对外公开。另一方面，行政复议机关是否公开行政复议决定书还应受《政府信息公开条例》等信息公开领域的法律、法规的调整。若行政行为属于行政机关主动公开或依申请公开的行为，但是在行政复议过程中，复议机关审理材料中包含涉及国家秘密、商业秘密和个人隐私等依法不应予以公开的政府信息的内容，行政复议机关亦不应当公开相应的行政复议决定书。

本条第二款则规定了行政复议机关向被申请复议的本级政府部门的上一级主管部门抄送行政复议决定书、意见书的义务。我国行政机关实施双重领导体制，本级地方政府是本级政府部门的领导机关，上一级主管部门是本级政府部门的业务指导机关，其对于本级政府部门的工作有领导权、监督权与决策权。修订后，新法取消了上一级主管部门针对政府部门的行政行为进行行政复议的权力，但是，上一级主管部门具有的领导权和业务上的专业性，对于指导本级政府部门纠正错误的行政行为，实现依法行政依然具有重要意义。因此，本条专门规定了针对本级政府部门的行政行为进行复议的行政复议机关，将发生法律效力的复议决定书、意见书抄送上一级主管部门的制度，旨在通过这一制度，强化对于被申请人的行政行为的监督力度，确保行政复议决定的有效执行。值得注意的是，根据本条的相关规定，行政复议机关应当对于符合条件的行政复议决定书、意见书抄告上一级主管部门，抄告行为属于行政复议机关的义务而非权利，行政复议机关对于抄告行为并无自由裁量权。同时，抄告的内容不仅限于发生法律效力的行政复议决定书，还包括行政复议意见书，但是行政复议调解决定不需要抄告。

相关规定

◎法律

《地方各级人民代表大会和地方各级人民政府组织法》（2022 年 3 月 12 日）

第八十三条　省、自治区、直辖市的人民政府的各工作部门受人民政府统一领导，并且依照法律或者行政法规的规定受国务院主管部门的业务指导或者领导。

自治州、县、自治县、市、市辖区的人民政府的各工作部门受人民政府统一领导，并且依照法律或者行政法规的规定受上级人民政府主管部门的业务指导或者领导。

◎行政法规

《政府信息公开条例》（中华人民共和国国务院令第711号　2019年5月15日）

第十四条　依法确定为国家秘密的政府信息，法律、行政法规禁止公开的政府信息，以及公开后可能危及国家安全、公共安全、经济安全、社会稳定的政府信息，不予公开。

第十五条　涉及商业秘密、个人隐私等公开会对第三方合法权益造成损害的政府信息，行政机关不得公开。但是，第三方同意公开或者行政机关认为不公开会对公共利益造成重大影响的，予以公开。

第十六条　行政机关的内部事务信息，包括人事管理、后勤管理、内部工作流程等方面的信息，可以不予公开。

行政机关在履行行政管理职能过程中形成的讨论记录、过程稿、磋商信函、请示报告等过程性信息以及行政执法案卷信息，可以不予公开。法律、法规、规章规定上述信息应当公开的，从其规定。

第十九条　对涉及公众利益调整、需要公众广泛知晓或者需要公众参与决策的政府信息，行政机关应当主动公开。

第二十条　行政机关应当依照本条例第十九条的规定，主动公开本行政机关的下列政府信息：

（一）行政法规、规章和规范性文件；

（二）机关职能、机构设置、办公地址、办公时间、联系方式、负责人姓名；

（三）国民经济和社会发展规划、专项规划、区域规划及相关政策；

（四）国民经济和社会发展统计信息；

（五）办理行政许可和其他对外管理服务事项的依据、条件、程序以及办理结果；

（六）实施行政处罚、行政强制的依据、条件、程序以及本行政机关认为具有一定社会影响的行政处罚决定；

（七）财政预算、决算信息；

（八）行政事业性收费项目及其依据、标准；

（九）政府集中采购项目的目录、标准及实施情况；

（十）重大建设项目的批准和实施情况；

（十一）扶贫、教育、医疗、社会保障、促进就业等方面的政策、措施及其实施情况；

（十二）突发公共事件的应急预案、预警信息及应对情况；

（十三）环境保护、公共卫生、安全生产、食品药品、产品质量的监督检查情况；

（十四）公务员招考的职位、名额、报考条件等事项以及录用结果；

（十五）法律、法规、规章和国家有关规定规定应当主动公开的其他政府信息。

第二十一条　除本条例第二十条规定的政府信息外，设区的市级、县级人民政府及其部门还应当根据本地方的具体情况，主动公开涉及市政建设、公共服务、公益事业、土地征收、房屋征收、治安管理、社会救助等方面的政府信息；乡（镇）人民政府还应当根据本地方的具体情况，主动公开贯彻落实农业农村政策、农田水利工程建设运营、农村土地承包经营权流转、宅基地使用情况审核、土地征收、房屋征收、筹资筹劳、社会救助等方面的政府信息。

第二十七条 除行政机关主动公开的政府信息外，公民、法人或者其他组织可以向地方各级人民政府、对外以自己名义履行行政管理职能的县级以上人民政府部门（含本条例第十条第二款规定的派出机构、内设机构）申请获取相关政府信息。

第三十二条 依申请公开的政府信息公开会损害第三方合法权益的，行政机关应当书面征求第三方的意见。第三方应当自收到征求意见书之日起15个工作日内提出意见。第三方逾期未提出意见的，由行政机关依照本条例的规定决定是否公开。第三方不同意公开且有合理理由的，行政机关不予公开。行政机关认为不公开可能对公共利益造成重大影响的，可以决定予以公开，并将决定公开的政府信息内容和理由书面告知第三方。

第六章 法律责任

第八十条 行政复议机关不依法履职的法律责任

行政复议机关不依照本法规定履行行政复议职责，对负有责任的领导人员和直接责任人员依法给予警告、记过、记大过的处分；经有权监督的机关督促仍不改正或者造成严重后果的，依法给予降级、撤职、开除的处分。

条文注释[135]

本条是关于行政复议机关不履行行政复议职责的法律责任的规定。根据本法的相关规定，行政复议机关的具体职责包括：（1）依法受理行政复议申请；（2）向有关组织和人员调查取证，查阅文件和资料；（3）审查申请行政复议的具体行政行为是否合法与适当，拟订行政复议决定；（4）处理或者转送对行政规范性文件的审查申请；（5）对行政机关违反行政复议法规定的行为依照规定的权限和程序提出处理建议；（6）依申请或者依法处理行政赔偿申请；（7）按照职责权限，督促行政复议申请的受理和行政复议决定的履行。

行政复议机关和行政复议机构存在不依法履行行政复议职责情形的，依照本法的规定，可以依法对直接负责的主管人员和其他直接责任人员依法给予警告、记过、记大过的处分；造成严重后果的，依法给予降级、撤职、开除的处分。

相关规定

◎法律

《公务员法》（2019年6月1日）

第六十一条 公务员因违纪违法应当承担纪律责任的，依照本法给予处分或者由监察机关依法给予政务处分；违纪违法行为情节轻微，经批评教育后改正的，可以免予处分。

对同一违纪违法行为，监察机关已经作出政务处分决定的，公务员所在机关不再给予处分。

第六十二条 处分分为：警告、记过、记大过、降级、撤职、开除。

第六十三条 对公务员的处分，应当事实清楚、证据确凿、定性准确、处理恰当、程序合法、手续完备。

公务员违纪违法的，应当由处分决定机关决定对公务员违纪违法的情况进行调查，并将调查认定的事实以及拟给予处分的依据告知公务员本人。公务员有权进行陈述和申辩；处分决定机关不得因公务员申辩而加重处分。

处分决定机关认为对公务员应当给予处分的，应当在规定的期限内，按照管理权限和规定的程序作出处分决定。处分决定应当以书面形式通知公务员本人。

第六十四条 公务员在受处分期间不得晋升职务、职级和级别，其中受记过、记大过、降级、撤职处分的，不得晋升工资档次。

受处分的期间为：警告，六个月；记

---

[135] 参见本书编写组编著：《〈中华人民共和国行政复议法实施条例〉释义》，人民出版社2007年版，第197-199页。

过，十二个月；记大过，十八个月；降级、撤职，二十四个月。

受撤职处分的，按照规定降低级别。

第六十五条　公务员受开除以外的处分，在受处分期间有悔改表现，并且没有再发生违纪违法行为的，处分期满后自动解除。

解除处分后，晋升工资档次、级别和职务、职级不再受原处分的影响。但是，解除降级、撤职处分的，不视为恢复原级别、原职务、原职级。

◎行政法规

《行政复议法实施条例》（中华人民共和国国务院令第499号　2007年8月1日）

第六十四条　行政复议机关或者行政复议机构不履行行政复议法和本条例规定的行政复议职责，经有权监督的行政机关督促仍不改正的，对直接负责的主管人员和其他直接责任人员依法给予警告、记过、记大过的处分；造成严重后果的，依法给予降级、撤职、开除的处分。

第八十一条　行政复议机关工作人员法律责任

行政复议机关工作人员在行政复议活动中，徇私舞弊或者有其他渎职、失职行为的，依法给予警告、记过、记大过的处分；情节严重的，依法给予降级、撤职、开除的处分；构成犯罪的，依法追究刑事责任。

条文注释

本条是关于行政复议工作人员在行政复议活动中渎职失职所应当承担的法律责任的规定。

行政复议机关工作人员在行政复议工作中出现徇私舞弊或其他失职、渎职行为的，应当承担相应的行政责任和刑事责任。徇私舞弊，是指行政复议机关工作人员在行政复议活动中出于私利，明知应当依法履行职责而弄虚作假不履行法定职责或不依法定程序履行职责的行为。渎职，是指行政复议机关工作人员滥用国家赋予的职权或者不履行、不认真履行自己的职权，致使公共财产、国家和人民利益遭受损失，破坏正常行政复议活动的行为。

根据本条的规定，针对行政复议机关工作人员的失职、渎职行为的严重程度，行政复议机关工作人员可能承担行政责任和刑事责任的追究。情节比较轻微，未造成严重后果的，给予警告、记过、记大过的处分；情节严重的，给予降级、撤职、开除的处分；情节特别严重，符合《刑法》第九章所规定的渎职犯罪的构成要件的，依法应当追究刑事责任。

相关规定

◎法律

《刑法》（2024年3月1日）

第三百九十七条　【滥用职权罪】【玩忽职守罪】国家机关工作人员滥用职权或者玩忽职守，致使公共财产、国家和人民利益遭受重大损失的，处三年以下有期徒刑或者拘役；情节特别严重的，处三年以上七年以下有期徒刑。本法另有规定的，依照规定。

国家机关工作人员徇私舞弊，犯前款罪的，处五年以下有期徒刑或者拘役；情节特别严重的，处五年以上十年以下有期徒刑。本法另有规定的，依照规定。

第四百零二条　【徇私舞弊不移交刑事案件罪】行政执法人员徇私舞弊，对依法应当移交司法机关追究刑事责任的不移交，情节严重的，处三年以下有期徒刑或者拘役；造成严重后果的，处三年以上七年以下有期徒刑。

《监察法》（2018 年 3 月 20 日）

第十一条　监察委员会依照本法和有关法律规定履行监督、调查、处置职责：

（一）对公职人员开展廉政教育，对其依法履职、秉公用权、廉洁从政从业以及道德操守情况进行监督检查；

（二）对涉嫌贪污贿赂、滥用职权、玩忽职守、权力寻租、利益输送、徇私舞弊以及浪费国家资财等职务违法和职务犯罪进行调查；

（三）对违法的公职人员依法作出政务处分决定；对履行职责不力、失职失责的领导人员进行问责；对涉嫌职务犯罪的，将调查结果移送人民检察院依法审查、提起公诉；向监察对象所在单位提出监察建议。

《公务员法》（2019 年 6 月 1 日）

第六十一条　公务员因违纪违法应当承担纪律责任的，依照本法给予处分或者由监察机关依法给予政务处分；违纪违法行为情节轻微，经批评教育后改正的，可以免予处分。

对同一违纪违法行为，监察机关已经作出政务处分决定的，公务员所在机关不再给予处分。

典型案例

王某国诉武汉市人民政府确认行政行为违法案【（2018）最高法行申 5752 号】

裁判要旨：再审申请人认为武汉市政府复议过程中存在徇私舞弊、渎职失职行为问题，依据《行政复议法》第三十五条[136]规定，属于是否予以行政处分或追究刑事责任问题，不属于行政诉讼的审查范围。

第八十二条　被申请人不书面答复等行为的法律责任

被申请人违反本法规定，不提出书面答复或者不提交作出行政行为的证据、依据和其他有关材料，或者阻挠、变相阻挠公民、法人或者其他组织依法申请行政复议的，对负有责任的领导人员和直接责任人员依法给予警告、记过、记大过的处分；进行报复陷害的，依法给予降级、撤职、开除的处分；构成犯罪的，依法追究刑事责任。

条文注释

本条是关于被申请人在行政复议活动中不履行法定义务、阻碍申请人申请行政复议、对申请人打击报复陷害的行为所应当承担的法律责任的规定。

根据本条的规定，在行政复议的过程中，被申请人的如下三类行为应当被追究法律责任：

（1）在行政复议活动中不提出书面答复或者不提交作出行政行为的证据、依据和其他有关材料。根据本法第四十八条的规定，被申请人有义务在收到申请书副本或申请笔录复印件之日起 10 日内，向行政复议机关提交书面答复以及作出行政行为的证据、依据和其他有关材料。被申请人拒不提出相关材料，属于不配合行政复议机关履行复议职责，拒绝上级行政机关的监督，干扰行政复议工作的正常运行，具有较强的主观恶性，需要对其加以

[136]《行政复议法》（2023 年修正）第 81 条。

规制。

（2）阻挠、变相阻挠行政相对人依法申请行政复议。这里的阻挠主要表现为用各种手段直接阻碍、阻止申请人向行政复议机关申请复议；变相阻挠则是指利用威逼、利诱等手段间接组织申请人向行政复议机关申请复议。阻挠和变相阻挠的行为体现了行政复议被申请人逃避接受上级行政机关监督倾向，扰乱了正常的行政秩序和行政监督机制，需要对于此类行为进行处理以遏制不正之风。

（3）对申请人进行报复陷害。报复陷害，是指作出行政行为的行政机关滥用职权、假公济私，对申请人进行打击报复、陷害的情形，以保障公民的行政复议申请权的正常行使。

根据本条的相关规定，对于行政复议机关不履行行政复议义务，不配合行政复议机关履行复议职责和阻挠、变相阻挠行政相对人依法申请行政复议的，可以对直接负责的主管人员和其他责任人员依法给予警告、记过、记大过的处分；而对于行政复议机关对申请人进行报复陷害的行为，行政复议机关抗拒上级行政机关监督、滥用国家公权力的主观恶性更为严重，因此，相应的制裁亦更为严厉。行政复议机关只要进行报复陷害行为，其负责的主管人员和其他责任人员就应当受降级、撤职和开除的行政处分；而若符合《刑法》第二百五十四条的相关规定，还应针对相应的国家机关工作人员追究刑事责任。

相关规定

◎法律

《刑法》（2024年3月1日）

第二百五十四条 【报复陷害罪】国家机关工作人员滥用职权、假公济私，对控告人、申诉人、批评人、举报人实行报复陷害的，处二年以下有期徒刑或者拘役；情节严重的，处二年以上七年以下有期徒刑。

《公职人员政务处分法》（2020年7月1日）

第三十二条 有下列行为之一的，予以警告、记过或者记大过；情节较重的，予以降级或者撤职；情节严重的，予以开除：

（一）在选拔任用、录用、聘用、考核、晋升、评选等干部人事工作中违反有关规定的；

（二）弄虚作假，骗取职务、职级、衔级、级别、岗位和职员等级、职称、待遇、资格、学历、学位、荣誉、奖励或者其他利益的；

（三）对依法行使批评、申诉、控告、检举等权利的行为进行压制或者打击报复的；

（四）诬告陷害，意图使他人受到名誉损害或者责任追究等不良影响的；

（五）以暴力、威胁、贿赂、欺骗等手段破坏选举的。

第三十九条 有下列行为之一，造成不良后果或者影响的，予以警告、记过或者记大过；情节较重的，予以降级或者撤职；情节严重的，予以开除：

（一）滥用职权，危害国家利益、社会公共利益或者侵害公民、法人、其他组织合法权益的；

（二）不履行或者不正确履行职责，玩忽职守，贻误工作的；

（三）工作中有形式主义、官僚主义行为的；

（四）工作中有弄虚作假，误导、欺骗行为的；

（五）泄露国家秘密、工作秘密，或者泄露因履行职责掌握的商业秘密、个人隐私的。

◎行政法规

《行政机关公务员处分条例》（中华人民共和国国务院令第495号　2007年6月1日）

第二条　行政机关公务员违反法律、法规、规章以及行政机关的决定和命令，应当承担纪律责任的，依照本条例给予处分。

法律、其他行政法规、国务院决定对行政机关公务员处分有规定的，依照该法律、行政法规、国务院决定的规定执行；法律、其他行政法规、国务院决定对行政机关公务员应当受到处分的违法违纪行为做了规定，但是未对处分幅度做规定的，适用本条例第三章与其最相类似的条款有关处分幅度的规定。

地方性法规、部门规章、地方政府规章可以补充规定本条例第三章未作规定的应当给予处分的违法违纪行为以及相应的处分幅度。除国务院监察机关、国务院人事部门外，国务院其他部门制定处分规章，应当与国务院监察机关、国务院人事部门联合制定。

除法律、法规、规章以及国务院决定外，行政机关不得以其他形式设定行政机关公务员处分事项。

第十六条　行政机关经人民法院、监察机关、行政复议机关或者上级行政机关依法认定有行政违法行为或者其他违法违纪行为，需要追究纪律责任的，对负有责任的领导人员和直接责任人员给予处分。

第二十五条　有下列行为之一的，给予记过或者记大过处分；情节较重的，给予降级或者撤职处分；情节严重的，给予开除处分：

（一）以殴打、体罚、非法拘禁等方式侵犯公民人身权利的；

（二）压制批评，打击报复，扣压、销毁举报信件，或者向被举报人透露举报情况的；

（三）违反规定向公民、法人或者其他组织摊派或者收取财物的；

（四）妨碍执行公务或者违反规定干预执行公务的；

（五）其他滥用职权，侵害公民、法人或者其他组织合法权益的行为。

第八十三条　被申请人不履行有关文书的法律责任

被申请人不履行或者无正当理由拖延履行行政复议决定书、调解书、意见书的，对负有责任的领导人员和直接责任人员依法给予警告、记过、记大过的处分；经责令履行仍拒不履行的，依法给予降级、撤职、开除的处分。

条文注释

本条是关于被申请人不履行或无正当理由拖延履行行政复议生效法律文书的处罚规定。本次修法扩大了本法中的行政复议法律文书的范围，使得被申请人不履行行政复议调解书、意见书的情况下，其负有责任的领导人员和直接责任亦应当根据本条规定接受处罚。

根据本条的规定，被申请人不履行行政复议生效法律文书主要有两种表现形式：(1) 被申请人不履行行政复议法律文书。这种情况主要是指被申请人不按照生效行政复议法律文书要求，履行该行政复议法律文书中所规定的义务。(2) 被申请人无正当理由拖延履行。这种情况主要是指被申请人虽未明确拒绝履行生效的行政复议法律文书，但是在行政复议法律文书所规定的履行期间内或法定的行政行为履行期间内，无正当理由不履行行政复议决定书、调解书、意见书所规定的义务。

此类不履行行政复议法律文书的违法行为，法律责任承担者是被申请人负有责任的领导人员和直接责任人员。对于不履行的行为，上级行政机关和其他负有监督公务员行为职责的行政机关可以按照其违法行为的情节轻重，分别对被申请人负有责任的领导人员和直接责任人员给予警告、记过、记大过的处分，并责令被申请人履行生效的行政复议法律文书所规定的义务；若被申请人经上级行政机关等机关责令履行后依然拒不履行生效行政复议法律文书所确立的义务，则可以视情节轻重对负有责任的领导人员和直接责任人员给予降级、撤职、开除的处分。

相关规定

◎法律

《公职人员政务处分法》（2020年7月1日）

第三十条　有下列行为之一的，予以警告、记过或者记大过；情节严重的，予以降级或者撤职：

（一）违反民主集中制原则，个人或者少数人决定重大事项，或者拒不执行、擅自改变集体作出的重大决定的；

（二）拒不执行或者变相不执行、拖延执行上级依法作出的决定、命令的。

第三十九条　有下列行为之一，造成不良后果或者影响的，予以警告、记过或者记大过；情节较重的，予以降级或者撤职；情节严重的，予以开除：

（一）滥用职权，危害国家利益、社会公共利益或者侵害公民、法人、其他组织合法权益的；

（二）不履行或者不正确履行职责，玩忽职守，贻误工作的；

（三）工作中有形式主义、官僚主义行为的；

（四）工作中有弄虚作假，误导、欺骗行为的；

（五）泄露国家秘密、工作秘密，或者泄露因履行职责掌握的商业秘密、个人隐私的。

◎行政法规

《行政复议法实施条例》（中华人民共和国国务院令第499号　2007年8月1日）

第六十二条　被申请人在规定期限内未按照行政复议决定的要求重新作出具体行政行为，或者违反规定重新作出具体行政行为的，依照行政复议法第三十七条[137]的规定追究法律责任。

《行政机关公务员处分条例》（中华人民共和国国务院令第495号　2007年6月1日）

第二条　行政机关公务员违反法律、法规、规章以及行政机关的决定和命令，应当承担纪律责任的，依照本条例给予处分。

法律、其他行政法规、国务院决定对行政机关公务员处分有规定的，依照该法律、行政法规、国务院决定的规定执行；法律、其他行政法规、国务院决定对行政机关公务员应当受到处分的违法违纪行为做了规定，但是未对处分幅度做规定的，适用本条例第三章与其最相类似的条款有关处分幅度的规定。

地方性法规、部门规章、地方政府规章可以补充规定本条例第三章未作规定的应当给予处分的违法违纪行为以及相应的处分幅度。除国务院监察机关、国务院人事部门外，国务院其他部门制定处分规章，应当与国务院监察机关、国务院人事

[137]《行政复议法》（2023年修正）第83条。

部门联合制定。

除法律、法规、规章以及国务院决定外，行政机关不得以其他形式设定行政机关公务员处分事项。

第十六条 行政机关经人民法院、监察机关、行政复议机关或者上级行政机关依法认定有行政违法行为或者其他违法违纪行为，需要追究纪律责任的，对负有责任的领导人员和直接责任人员给予处分。

第十七条 违法违纪的行政机关公务员在行政机关对其作出处分决定前，已经依法被判处刑罚、罢免、免职或者已经辞去领导职务，依法应当给予处分的，由行政机关根据其违法违纪事实，给予处分。

行政机关公务员依法被判处刑罚的，给予开除处分。

第十九条 有下列行为之一的，给予警告、记过或者记大过处分；情节较重的，给予降级或者撤职处分；情节严重的，给予开除处分：

（一）负有领导责任的公务员违反议事规则，个人或者少数人决定重大事项，或者改变集体作出的重大决定的；

（二）拒绝执行上级依法作出的决定、命令的；

（三）拒不执行机关的交流决定的；

（四）拒不执行人民法院对行政案件的判决、裁定或者监察机关、审计机关、行政复议机关作出的决定的；

（五）违反规定应当回避而不回避，影响公正执行公务，造成不良后果的；

（六）离任、辞职或者被辞退时，拒不办理公务交接手续或者拒不接受审计的；

（七）旷工或者因公外出、请假期满无正当理由逾期不归，造成不良影响的；

（八）其他违反组织纪律的行为。

第二十五条 有下列行为之一的，给予记过或者记大过处分；情节较重的，给予降级或者撤职处分；情节严重的，给予开除处分：

（一）以殴打、体罚、非法拘禁等方式侵犯公民人身权利的；

（二）压制批评，打击报复，扣压、销毁举报信件，或者向被举报人透露举报情况的；

（三）违反规定向公民、法人或者其他组织摊派或者收取财物的；

（四）妨碍执行公务或者违反规定干预执行公务的；

（五）其他滥用职权，侵害公民、法人或者其他组织合法权益的行为。

第三十四条 对行政机关公务员给予处分，由任免机关或者监察机关（以下统称处分决定机关）按照管理权限决定。

典型案例

李某英与湖北省人民政府不履行行政复议法定职责再审案【（2018）最高法行申3316】

裁判要旨：对被申请人不履行或者无正当理由拖延履行行政复议决定的救济，法律只规定了行政系统内部的监督渠道。

再审申请人还援引《最高人民法院关于举报人对行政机关就举报事项作出的处理或者不作为行为不服是否具有行政复议申请人资格问题的答复》（〔2013〕行他字第14号），认为该答复中提到的“相关违法行为人”，既可以是个人，也可以是行政机关，以此主张其具有行政复议申请人资格。经查，该答复的原意，系根据《行政复议法》第九条第一款、《行政复议法实施条例》第二十八条第二项的规定，对举报人是否与行政机关就举报事项作出的处理或者不作为行为具有利害关系、进而具有行政复议申请人资格进行界定。根据该答复，举报人是否具有行政复议申请人资格，取决于举报人是否“为维护自身合法权益而举报相关违法行为人”。通常来讲，这里所说的“相关违法行为人”，一般指的是行政管理对象，而非行政机关。如果“相关违法行为人”是行政机关，举报人认为该行政机关的“相关违法行为人”侵犯其合法权益，完全可以直接针对该行政机关申请行政复议或者提起行政诉讼，并无先行举报的必要。此外，举报人是否“为维护自身合法权益而举报相关违法行为人”，在行政复议受理条件中，只是一项必要条件，而非充分条件。即使是“为维护自身合法权益”，但复议事项不属于法定复议范围，行政复议机关同样不予受理。因此，再审申请人以自己对于上述答复的解读，主张湖北省政府应当受理其复议申请，理由亦不能成立。

第八十四条　拒绝、阻挠调查取证等行为的法律责任

拒绝、阻挠行政复议人员调查取证，故意扰乱行政复议工作秩序的，依法给予处分、治安管理处罚；构成犯罪的，依法追究刑事责任。

条文注释〔138〕

本条是关于妨碍行政复议人员调查取证的法律责任的规定。

根据本法第四十二条的相关规定，行政复议机关有权向有关单位和个人调查取证，有查阅、复制、调取有关文件和资料，向有关人员进行询问的权利。行政复议人员的调查取证权是由法律法规明确加以规定的，配合行政复议人员调查取证，是公民法人或者其他组织的法定义务。但实践中不配合甚至阻挠行政复议人员调查取证的事件时有发生，干扰了行政复议案件的正常办理，因此本条对妨碍行政复议人员调查取证行为的法律责任作了明确规定。

妨碍行政复议人员调查取证行为的主体，既可能是作为行政相对人的公民、法人或者其他组织，也可能是作为被申请人的行政机关或其他行政机关。实践中，大多数的情况是作为被申请人的行政机关拒绝或者阻挠行政复议人员调查取证。妨碍行政复议人员调查取证的行为具体表现为拒绝或者阻挠行为，拒绝就是对于行政复议人员合法的调查取证要求不予配合，对要求提供的证据不予提供，对要求说明的情况不予说明等；阻挠就是不仅不予配合，而且以作为或者不作为的方式阻止行政复议人员进行调查，获得证据和复制、调取有关文件和资料，致使行政复议人员的调查取证行为无法正常进行。

对于妨碍行政复议人员调查取证的违法行为，本条规定了两种法律责任：行政责任和刑事责任。

第一，行政责任。行政责任是行政主体或者行政相对人由于违反行政法律规范或不履行行政法律义务而依法应承担的行政法律后果。公务员承担行政责任的方式一般是行政处分，行政相对人承担行政责任的方式一般是行政处罚。因此，如果是行政机关工作人员拒绝或者阻挠行政复议人员调查取证、查阅、复制、调取有关文件和资料的，对有关责任人员依法给予行

〔138〕参见本书编写组编著：《〈中华人民共和国行政复议法实施条例〉释义》，人民出版社2007年版，第195-197页。

政处分，根据情节轻重，可以给予警告、记过记大过、降级、撤职和开除的处分。如果是公民、法人或者其他组织拒绝或者阻挠行政复议人员调查取证、查阅、复制、调取有关文件和资料的则应依《治安管理处罚法》处罚。依照《治安管理处罚法》第五十条规定，公民、法人或者其他组织阻碍国家机关工作人员依法执行职务的应当对有关责任人员处警告或者二百元以下罚款；情节严重的，处五日以上十日以下拘留，可以并处五百元以下罚款。该条规定的行为在客观上必须具备以下三个特征：（1）实施了阻碍行为。这里规定的"阻碍"，是指行为人以各种方法和手段，实施的阻挠、妨碍行为。（2）阻碍的行为对象必须是国家机关工作人员。所谓国家机关工作人员，是指中央及地方各级权力机关、党政机关司法机关和军事机关以及在依照法律、法规规定行使国家行政管理职权的组织中从事公务的人员，或者在受国家机关委托代表国家机关行使职权的组织中从事公务的人员，或者虽未列入国家机关人员编制但在国家机关中从事公务的人员。（3）必须是依法执行职务的行为。这里规定的"依法执行职务"，是指国家机关工作人员依照法律、法规规定所进行的职务行为。

第二，刑事责任。对于妨碍行政复议人员调查取证，情节严重、构成犯罪的，依法追究刑事责任。根据《刑法》第二百七十七条第一款规定："以暴力、胁迫方法阻碍国家机关工作人员依法执行职务的，处三年以下有期徒刑、拘役、管制或者罚金"。这里的"暴力"，是指对行政复议机关工作人员的身体实行打击或者强制，如捆绑、殴打、伤害等；"威胁"，是指以杀害、伤害、毁坏财产、损害名誉等相威胁。行为人承担刑事责任，必须是采取暴力、威胁的方法，如果只是吵闹、谩骂、不服管理等行为，不构成犯罪，可以依法进行行政处罚。

相关规定

◎法律

《刑法》（2024年3月1日）

第二百七十七条 【妨害公务罪】以暴力、威胁方法阻碍国家机关工作人员依法执行职务的，处三年以下有期徒刑、拘役、管制或者罚金。

以暴力、威胁方法阻碍全国人民代表大会和地方各级人民代表大会代表依法执行代表职务的，依照前款的规定处罚。

在自然灾害和突发事件中，以暴力、威胁方法阻碍红十字会工作人员依法履行职责的，依照第一款的规定处罚。

故意阻碍国家安全机关、公安机关依法执行国家安全工作任务，未使用暴力、威胁方法，造成严重后果的，依照第一款的规定处罚。

【袭警罪】暴力袭击正在依法执行职务的人民警察的，处三年以下有期徒刑、拘役或者管制；使用枪支、管制刀具，或者以驾驶机动车撞击等手段，严重危及其人身安全的，处三年以上七年以下有期徒刑。

《治安管理处罚法》（2013年1月1日）

第五十条 有下列行为之一的，处警告或者二百元以下罚款；情节严重的，处五日以上十日以下拘留，可以并处五百元以下罚款：

……

（二）阻碍国家机关工作人员依法执行职务的；

……

◎行政法规

《行政复议法实施条例》（中华人民共和国国务院令第499号 2007年8月1日）

第六十三条 拒绝或者阻挠行政复议人员调查取证、查阅、复制、调取有关文件和资料的，对有关责任人员依法给予处分或者治安处罚；构成犯罪的，依法追究刑事责任。

第八十五条 违法事实材料移送

行政机关及其工作人员违反本法规定的，行政复议机关可以向监察机关或者公职人员任免机关、单位移送有关人员违法的事实材料，接受移送的监察机关或者公职人员任免机关、单位应当依法处理。

条文注释

本条是关于行政复议机关移送行政机关及其工作人员违法事实材料的规定，明确了行政复议和纪检监察的衔接机制。为督促行政机关及其工作人员履行行政复议法规定的义务，行政复议法对行政机关及其工作人员违反行政复议法的法律责任作了明确规定。本条从程序上将这种追究责任的机制具体化，有利于行政机关及其工作人员更好地履行本法规定的义务。

本条所称行政机关主要是指行政复议机关以外的负有行政复议法律规定义务的行政机关如被申请的行政机关、负有协助行政复议机关调查取证的行政机关等。

行政机关及其工作人员违反行政复议法律的情形主要有以下几种：

（1）被申请人违反行政复议法规定，不提出书面答复或者不提交作出具体行政行为的证据、依据和其他有关材料；

（2）阻挠、变相阻挠公民、法人或者其他组织依法申请行政复议的；

（3）被申请人不履行或者无正当理由拖延履行行政复议决定的；

（4）被申请人在规定期限内未按照行政复议决定的要求重新作出具体行政行为，或者违反规定重新作出具体行政行为的；

（5）拒绝或者阻行政复议人员调查取证查阅、复制、调取有关文件和资料的。

根据2007年国务院颁布的《行政机关公务员处分条例》第十九条的规定，对拒不执行行政复议机关作出的决定的行政机关公务员，给予警告、记过或者记大过处分；情节较重的，给予降级或者撤职处分；情节严重的，给予开除处分。

第三十四条规定，对行政机关公务员给予处分，由任免机关或者监察机关按照管理权限决定。行政复议机构在行政复议过程中，发现行政机关定的，可以向人事任免机关或者监察机关提出，人事任免机关或监察机关应当依法处理。第十六条规定，行政机关经人民法院、监察机关、行政复议机关或者上级行政机关依法认定有行政违法行为或者其他违法违纪行为，需要追究纪律责任的，对负有责任的领导人员和直接责任人员给予处分。

行政复议机构发现行政机关及其工作人员有违法行为需要向人事、监察部门提出的，可以有两种方式：第一，向人事、监察部门提出行政机关及其工作人员违法事实的同时，提出对有关责任人员的处分建议；第二，不对违法的行政机关及其工作人员的违法行为提出具体的处分建议，直接将有关人员违法的事实材料转送人事、监察部门，由人事、监察部门根据事实材料依法予以处理。

收到行政复议机构提出的处分建议或

者转送的有关材料的人事、监察机关，应当严格按照法定期限、权限、程序对有关人员的进行处理，并将处理结果通报转送的行政复议机构。对于未经批准无故不作处理或者拖延处理的，要依法追究有关人员的责任。

相关规定

◎法律

《公务员法》（2019年6月1日）

第五十七条 机关应当对公务员的思想政治、履行职责、作风表现、遵纪守法等情况进行监督，开展勤政廉政教育，建立日常管理监督制度。

对公务员监督发现问题的，应当区分不同情况，予以谈话提醒、批评教育、责令检查、诫勉、组织调整、处分。

对公务员涉嫌职务违法和职务犯罪的，应当依法移送监察机关处理。

第六十一条 公务员因违纪违法应当承担纪律责任的，依照本法给予处分或者由监察机关依法给予政务处分；违纪违法行为情节轻微，经批评教育后改正的，可以免予处分。

对同一违纪违法行为，监察机关已经作出政务处分决定的，公务员所在机关不再给予处分。

《公职人员政务处分法》（2020年7月1日）

第三条 监察机关应当按照管理权限，加强对公职人员的监督，依法给予违法的公职人员政务处分。

公职人员任免机关、单位应当按照管理权限，加强对公职人员的教育、管理、监督，依法给予违法的公职人员处分。

监察机关发现公职人员任免机关、单位应当给予处分而未给予，或者给予的处分违法、不当的，应当及时提出监察建议。

◎行政法规

《行政复议法实施条例》（中华人民共和国国务院令第499号　2007年8月1日）

第六十五条 行政机关及其工作人员违反行政复议法和本条例规定的，行政复议机构可以向人事、监察部门提出对有关责任人员的处分建议，也可以将有关人员违法的事实材料直接转送人事、监察部门处理；接受转送的人事、监察部门应当依法处理，并将处理结果通报转送的行政复议机构。

《行政机关公务员处分条例》（中华人民共和国国务院令第495号　2007年6月1日）

第一条 为了严肃行政机关纪律，规范行政机关公务员的行为，保证行政机关及其公务员依法履行职责，根据《中华人民共和国公务员法》和《中华人民共和国行政监察法》，制定本条例。

第二条 行政机关公务员违反法律、法规、规章以及行政机关的决定和命令，应当承担纪律责任的，依照本条例给予处分。

法律、其他行政法规、国务院决定对行政机关公务员处分有规定的，依照该法律、行政法规、国务院决定的规定执行；法律、其他行政法规、国务院决定对行政机关公务员应当受到处分的违法违纪行为做了规定，但是未对处分幅度做规定的，适用本条例第三章与其最相类似的条款有关处分幅度的规定。

地方性法规、部门规章、地方政府规章可以补充规定本条例第三章未作规定的应当给予处分的违法违纪行为以及相应的处分幅度。除国务院监察机关、国务院人事部门外，国务院其他部门制定处分规章，应当与国务院监察机关、国务院人事部门联合制定。

除法律、法规、规章以及国务院决定外，行政机关不得以其他形式设定行政机关公务员处分事项。

第六条 行政机关公务员处分的种类为：

（一）警告；

（二）记过；

（三）记大过；

（四）降级；

（五）撤职；

（六）开除。

第十六条 行政机关经人民法院、监察机关、行政复议机关或者上级行政机关依法认定有行政违法行为或者其他违法违纪行为，需要追究纪律责任的，对负有责任的领导人员和直接责任人员给予处分。

第十九条 有下列行为之一的，给予警告、记过或者记大过处分；情节较重的，给予降级或者撤职处分；情节严重的，给予开除处分：

（一）负有领导责任的公务员违反议事规则，个人或者少数人决定重大事项，或者改变集体作出的重大决定的；

（二）拒绝执行上级依法作出的决定、命令的；

（三）拒不执行机关的交流决定的；

（四）拒不执行人民法院对行政案件的判决、裁定或者监察机关、审计机关、行政复议机关作出的决定的；

（五）违反规定应当回避而不回避，影响公正执行公务，造成不良后果的；

（六）离任、辞职或者被辞退时，拒不办理公务交接手续或者拒不接受审计的；

（七）旷工或者因公外出、请假期满无正当理由逾期不归，造成不良影响的；

（八）其他违反组织纪律的行为。

第三十四条 对行政机关公务员给予处分，由任免机关或者监察机关（以下统称处分决定机关）按照管理权限决定。

第三十九条 任免机关对涉嫌违法违纪的行政机关公务员的调查、处理，按照下列程序办理：

（一）经任免机关负责人同意，由任免机关有关部门对需要调查处理的事项进行初步调查；

（二）任免机关有关部门经初步调查认为该公务员涉嫌违法违纪，需要进一步查证的，报任免机关负责人批准后立案；

（三）任免机关有关部门负责对该公务员违法违纪事实做进一步调查，包括收集、查证有关证据材料，听取被调查的公务员所在单位的领导成员、有关工作人员以及所在单位监察机构的意见，向其他有关单位和人员了解情况，并形成书面调查材料，向任免机关负责人报告；

（四）任免机关有关部门将调查认定的事实及拟给予处分的依据告知被调查的公务员本人，听取其陈述和申辩，并对其所提出的事实、理由和证据进行复核，记录在案。被调查的公务员提出的事实、理由和证据成立的，应予采信；

（五）经任免机关领导成员集体讨论，作出对该公务员给予处分、免予处分或者撤销案件的决定；

（六）任免机关应当将处分决定以书面形式通知受处分的公务员本人，并在一定范围内宣布；

（七）任免机关有关部门应当将处分决定归入受处分的公务员本人档案，同时汇集有关材料形成该处分案件的工作档案。

受处分的行政机关公务员处分期满解除处分的程序，参照前款第（五）项、第（六）项和第（七）项的规定办理。

任免机关应当按照管理权限，及时将

处分决定或者解除处分决定报公务员主管部门备案。

第八十六条 职务违法犯罪线索移送

行政复议机关在办理行政复议案件过程中，发现公职人员涉嫌贪污贿赂、失职渎职等职务违法或者职务犯罪的问题线索，应当依照有关规定移送监察机关，由监察机关依法调查处置。

条文注释

本条是关于行政复议机关审理行政复议案件中认为有关公职人员职务违法和职务犯罪行为的处理方式。根据本条的相关规定，行政复议机关在审理行政复议案件的过程中，发现有关公职人员存在职务违法或职务犯罪问题，应将材料移送至监察机关。

根据《监察法》的相关规定，公职人员包含中国共产党机关、人民代表大会及其常务委员会机关、人民政府、监察委员会、人民法院、人民检察院、中国人民政治协商会议各级委员会机关、民主党派机关和工商业联合会机关的公务员，以及参照《公务员法》管理的人员；法律、法规授权或者受国家机关依法委托管理公共事务的组织中从事公务的人员；国有企业管理人员；公办的教育、科研、文化、医疗卫生、体育等单位中从事管理的人员；基层群众性自治组织中从事管理的人员；其他依法履行公职的人员等六类，其范围相当广泛。

从本法的相关规定来看，行政复议机关有权将审理行政复议过程中发现的上述六类公职人员的职务违法和职务犯罪的行为移送监察机关处置。这些职务违法和职务犯罪行为应当与被申请行政复议的行政行为有关且在审理过程中被行政复议机关所发现，但是，行政复议机关向监察机关移送相关案件线索，只要求存在可能，不需要充分证实确实存在职务违法甚至构成犯罪。受移送的监察机关应按程序认真处理，并及时将处理情况告知行政复议机关。

移送材料的操作方式一般为：(1) 整理有关认定行政公职人员职务违法或职务犯罪的线索和证明材料；(2) 制作移送案件通知书，陈述对移送材料的看法和移送理由，并将有关材料及时移送；(3) 违法犯罪人员如果可能有逃跑、串供或发生其他危害社会的行为的，可以结合案件具体情况，建议有管辖权部门依照法律规定，先采取紧急处置措施，然后移送主管机关。

通常情况下，上述材料移送工作不影响正常的行政复议活动。虽然公职人员在作出行政行为的过程中存在徇私舞弊、收受贿赂等违法犯罪行为的，可能导致行政行为的不正确，但行政行为本身往往具有确定力和拘束力，其效力只能通过生效的行政复议决定或生效的行政诉讼文书进行推翻，公职人员的职务违法和职务犯罪并不影响行政行为的效力。

相关规定

◎法律

《监察法》(2018 年 3 月 20 日)

第三条 各级监察委员会是行使国家监察职能的专责机关，依照本法对所有行使公权力的公职人员（以下称公职人员）进行监察，调查职务违法和职务犯罪，开展廉政建设和反腐败工作，维护宪法和法律的尊严。

第十一条 监察委员会依照本法和有

关法律规定履行监督、调查、处置职责：

（一）对公职人员开展廉政教育，对其依法履职、秉公用权、廉洁从政从业以及道德操守情况进行监督检查；

（二）对涉嫌贪污贿赂、滥用职权、玩忽职守、权力寻租、利益输送、徇私舞弊以及浪费国家资财等职务违法和职务犯罪进行调查；

（三）对违法的公职人员依法作出政务处分决定；对履行职责不力、失职失责的领导人员进行问责；对涉嫌职务犯罪的，将调查结果移送人民检察院依法审查、提起公诉；向监察对象所在单位提出监察建议。

第三十四条 人民法院、人民检察院、公安机关、审计机关等国家机关在工作中发现公职人员涉嫌贪污贿赂、失职渎职等职务违法或者职务犯罪的问题线索，应当移送监察机关，由监察机关依法调查处置。

被调查人既涉嫌严重职务违法或者职务犯罪，又涉嫌其他违法犯罪的，一般应当由监察机关为主调查，其他机关予以协助。

第三十五条 监察机关对于报案或者举报，应当接受并按照有关规定处理。对于不属于本机关管辖的，应当移送主管机关处理。

第三十七条 监察机关对监察对象的问题线索，应当按照有关规定提出处置意见，履行审批手续，进行分类办理。线索处置情况应当定期汇总、通报，定期检查、抽查。

第三十八条 需要采取初步核实方式处置问题线索的，监察机关应当依法履行审批程序，成立核查组。初步核实工作结束后，核查组应当撰写初步核实情况报告，提出处理建议。承办部门应当提出分类处理意见。初步核实情况报告和分类处理意见报监察机关主要负责人审批。

第四十五条 监察机关根据监督、调查结果，依法作出如下处置：

（一）对有职务违法行为但情节较轻的公职人员，按照管理权限，直接或者委托有关机关、人员，进行谈话提醒、批评教育、责令检查，或者予以诫勉；

（二）对违法的公职人员依照法定程序作出警告、记过、记大过、降级、撤职、开除等政务处分决定；

（三）对不履行或者不正确履行职责负有责任的领导人员，按照管理权限对其直接作出问责决定，或者向有权作出问责决定的机关提出问责建议；

（四）对涉嫌职务犯罪的，监察机关经调查认为犯罪事实清楚，证据确实、充分的，制作起诉意见书，连同案卷材料、证据一并移送人民检察院依法审查、提起公诉；

（五）对监察对象所在单位廉政建设和履行职责存在的问题等提出监察建议。

监察机关经调查，对没有证据证明被调查人存在违法犯罪行为的，应当撤销案件，并通知被调查人所在单位。

第七章 附 则

第八十七条 受理申请不收费

行政复议机关受理行政复议申请，不得向申请人收取任何费用。

条文注释

本条是关于行政复议不得收取费用的规定。

与行政诉讼不同，行政相对人通过行政复议制度获得行政救济不需要支付任何的费用，这一制度设计将行政复议建设为一种完全免费的矛盾化解机制，强化了行政复议制度的优势，能够推动更多行政争议进入行政复议领域中。

但是，行政复议不得收取费用，主要是指在受理行政复议案件时，不得向申请人收取案件受理费、手续费、听证费等费用，申请人申请检验、鉴定、勘验、审计的，依然需要先行垫付检验、鉴定、勘验、审计的费用。行政复议结案后，若检验、鉴定、勘验、审计结论与原行政行为所依据的结论一致的，检验、鉴定、勘验、审计费用由申请人承担；检验、鉴定、勘验、审计结论与原行政行为所依据的结论不一致，且证明原结论错误的，检验、鉴定、勘验、审计费用由被申请人承担。这是因为在诉讼法的法理上，检验、鉴定、勘验、审计等费用依法应由当事人负担，不属于诉讼费用，行政复议作为行政司法的一种，亦是如此。

第八十八条 期间计算和文书送达

行政复议期间的计算和行政复议文书的送达，本法没有规定的，依照《中华人民共和国民事诉讼法》关于期间、送达的规定执行。

本法关于行政复议期间有关“三日”、“五日”、“七日”、“十日”的规定是指工作日，不含法定休假日。

条文注释〔139〕

本条是关于行政复议适用民事诉讼相关制度的规定。

行政诉讼制度脱胎于民事诉讼制度，在许多国家与地区，行政诉讼法往往对于与民事诉讼相同或相似的内容略过不作规定，而准予援引民事诉讼法的相关规定，《行政诉讼法》第一百零一条亦采取了这一立法范式。而在行政复议中，作为行政司法的一种，需要计算行政复议期间，送达行政复议文书，因此亦需要规定期间、送达等配套制度。而行政复议制度作为在行政系统内部的行政司法制度，在条文中存在大量与行政诉讼相同或相类似的制度设计，在期间、送达等制度上面，没有必要设计独立的规定，和行政诉讼制度一

〔139〕 参见江必新主编：《中华人民共和国行政诉讼法理解释用与实务指南》，中国法制出版社2015年版，第449-451页。

样，直接准用民事诉讼的相关制度即可。这样的规定亦使得行政复议和行政诉讼制度中有关期间、送达的制度趋向于一致，有助于降低行政复议制度行政相对人对于复议、诉讼程序的学习成本，帮助行政相对人更好地在行政救济制度中救济自身权利。

值得注意的是，相较于行政诉讼，行政复议中适用民事诉讼相关制度的范围较为狭窄，仅能在期间、送达领域适用《民事诉讼法》的相关规定，同时，适用的前提条件是行政复议法对于该问题没有明确的规定，若行政复议法对于该期间、送达领域的问题有明确的规定，则不需要适用民事诉讼法的规定。本条规定中对于民事诉讼法是“适用”而非“参照”，因此关于期间、送达的程序规范，行政复议法没有规定的，可以直接适用《民事诉讼法》的相关规定，而非参照适用。

本条第二款规定了行政复议中期间计算的特别规定，本法中有关“三日”、“五日”、“七日”、“十日”的规定，并非自然日，而是工作日，因此不包含节假日和公休日。具体而言，本法中的三日、五日、七日、十日的计算中应当去除周六日和法定节假日等法定休假日；但是本法所涉及的其他期间，如“六十日”等，不受本款规定的限制，依然应当适用《民事诉讼法》第八十五条的相关规定计算期间。

相关规定

◎法律

《民事诉讼法》（2024年1月1日）

第八十五条　期间包括法定期间和人民法院指定的期间。

期间以时、日、月、年计算。期间开始的时和日，不计算在期间内。

期间届满的最后一日是法定休假日的，以法定休假日后的第一日为期间届满的日期。

期间不包括在途时间，诉讼文书在期满前交邮的，不算过期。

第八十六条　当事人因不可抗拒的事由或者其他正当理由耽误期限的，在障碍消除后的十日内，可以申请顺延期限，是否准许，由人民法院决定。

第八十七条　送达诉讼文书必须有送达回证，由受送达人在送达回证上记明收到日期，签名或者盖章。

受送达人在送达回证上的签收日期为送达日期。

第八十八条　送达诉讼文书，应当直接送交受送达人。受送达人是公民的，本人不在交他的同住成年家属签收；受送达人是法人或者其他组织的，应当由法人的法定代表人、其他组织的主要负责人或者该法人、组织负责收件的人签收；受送达人有诉讼代理人的，可以送交其代理人签收；受送达人已向人民法院指定代收人的，送交代收人签收。

受送达人的同住成年家属，法人或者其他组织的负责收件的人，诉讼代理人或者代收人在送达回证上签收的日期为送达日期。

第八十九条　受送达人或者他的同住成年家属拒绝接收诉讼文书的，送达人可以邀请有关基层组织或者所在单位的代表到场，说明情况，在送达回证上记明拒收事由和日期，由送达人、见证人签名或者盖章，把诉讼文书留在受送达人的住所；也可以把诉讼文书留在受送达人的住所，并采用拍照、录像等方式记录送达过程，即视为送达。

第九十条　经受送达人同意，人民法院可以采用能够确认其收悉的电子方式送达诉讼文书。通过电子方式送达的判决书、裁定书、调解书，受送达人提出需要纸质文书的，人民法院应当提供。

采用前款方式送达的，以送达信息到达受送达人特定系统的日期为送达日期。

第九十一条　直接送达诉讼文书有困难的，可以委托其他人民法院代为送达，或者邮寄送达。邮寄送达的，以回执上注明的收件日期为送达日期。

第九十二条　受送达人是军人的，通过其所在部队团以上单位的政治机关转交。

第九十三条　受送达人被监禁的，通过其所在监所转交。

受送达人被采取强制性教育措施的，通过其所在强制性教育机构转交。

第九十四条　代为转交的机关、单位收到诉讼文书后，必须立即交受送达人签收，以在送达回证上的签收日期，为送达日期。

第九十五条　受送达人下落不明，或者用本节规定的其他方式无法送达的，公告送达。自发出公告之日起，经过三十日，即视为送达。

公告送达，应当在案卷中记明原因和经过。

◎行政法规

《全国年节及纪念日放假办法》（中华人民共和国国务院令第644号　2014年1月1日）

第一条　为统一全国年节及纪念日的假期，制定本办法。

第二条　全体公民放假的节日：

（一）新年，放假1天（1月1日）；

（二）春节，放假3天（农历正月初一、初二、初三）；

（三）清明节，放假1天（农历清明当日）；

（四）劳动节，放假1天（5月1日）；

（五）端午节，放假1天（农历端午当日）；

（六）中秋节，放假1天（农历中秋当日）；

（七）国庆节，放假3天（10月1日、2日、3日）。

第三条　部分公民放假的节日及纪念日：

（一）妇女节（3月8日），妇女放假半天；

（二）青年节（5月4日），14周岁以上的青年放假半天；

（三）儿童节（6月1日），不满14周岁的少年儿童放假1天；

（四）中国人民解放军建军纪念日（8月1日），现役军人放假半天。

第四条　少数民族习惯的节日，由各少数民族聚居地区的地方人民政府，按照各该民族习惯，规定放假日期。

第五条　二七纪念日、五卅纪念日、七七抗战纪念日、九三抗战胜利纪念日、九一八纪念日、教师节、护士节、记者节、植树节等其他节日、纪念日，均不放假。

第六条　全体公民放假的假日，如果适逢星期六、星期日，应当在工作日补假。部分公民放假的假日，如果适逢星期六、星期日，则不补假。

第七条　本办法自公布之日起施行。

文书格式

行政复议文书送达地址确认书

<table>
<tr><td colspan="2">为维护行政复议当事人合法权益，维持行政复议正常秩序，经本人确认，遵守以下行政复议文书送达规定：
1. 当事人在送达地址确认书中所确认送达地址，适用行政复议期间送达相关行政复议法律文书。
2. 当事人拒绝提供送达地址的，自然人以其户籍登记中的住所地、经常居住地或者申请书所留地址为送达地址；法人或者其他组织以其工商登记或者其他依法登记、备案中的住所地为送达地址。
3. 当事人指定代收人的，指定代收人签收视为当事人本人签收。
4. 当事人送达地址发生变更的，应当及时告知受理案件的行政复议机构，未及时告知的，按原地址送达，即视为依法送达。
5. 复议机关采用行政复议邮政专递形式送达的，视为与复议机关送达具有同等效力。</td></tr>
<tr><td colspan="2">当事人：
代收人：
邮政编码：
联系电话：
签收行政复议文书的地址：</td></tr>
<tr><td colspan="2">当事人确认（签名或盖章）：
年　　月　　日</td></tr>
<tr><td>备注</td><td></td></tr>
</table>

第八十九条 外国人等法律适用

外国人、无国籍人、外国组织在中华人民共和国境内申请行政复议，适用本法。

条文注释〔140〕

本条是关于涉外行政复议的相关规定。涉外行政复议，是指行政复议机关受理、审理和执行具有涉外因素的行政案件所适用的复议程序。涉外因素是指行政案件的原告、第三人或者被执行人是外国公民、无国籍人或者外国组织。涉外行政复议有如下特征：（1）主体的涉外性。由于行政复议的被申请人只能是我国国家行政机关或者法律、法规、规章授权的组织，所以只有申请人、第三人或被执行人中至少有一方是外国人或者外国组织，才能形成涉外行政复议。（2）行政复议发生地点的特定性。包括两种情形：一是行政行为必须发生在我国领域内，由我国的国家行政机关或者法律、法规、规章授权的组织进行处理；二是外国当事人在我国提起行政复议或者参加到在我国行政机关进行的行政复议中。（3）原则和制度的特殊性。涉外行政复议在原则和制度上有诸多不同于一般行政复议的特点。

依照本条规定，外国人、无国籍人、外国组织对中华人民共和国行政机关或法律、法规、规章授权的组织及其工作人员的行政行为，认为侵犯其合法权益，有权依照本法规定向行政复议机关申请复议，涉外案件的行政复议中关于当事人、管辖、审理等均适用本法规定。

1. 涉外行政复议案件的当事人

（1）涉外行政复议的申请人。涉外行政复议的申请人是指认为中华人民共和国行政机关或法律、法规、规章授权的组织及其工作人员的行政行为侵犯其合法权利，而向行政复议机关申请复议的外国人、无国籍人、外国组织。

（2）涉外行政复议的被申请人。涉外行政复议的被申请人是指实施了作为申请人的外国人、无国籍人、外国组织所认为的侵犯其合法权益的行政行为，行政复议机关受理了申请人的复议请求后，而参加到行政复议中来的行政机关或组织。

（3）涉外行政复议第三人。涉外行政复议第三人是指同提起行政复议的行政行为有利害关系，为了维护自己合法权益而应行政复议机关的通知或自己请求参加到行政复议中来的人，既可能是行政机关或组织，也可能是外国人、无国籍人、外国组织。

2. 涉外行政复议案件的管辖

涉外行政案件的管辖依据是本法中有关管辖的一般规定。即本级政府审理对本级政府工作部门、下一级人民政府、本级人民政府依法设立的派出机关、本级人民政府或其工作部门管理的授权组织作出的行政行为不服的行政复议案件，省级人民政府管辖对本部门作出的行政行为不服的行政复议案件，和国务院部门管辖对本部门、本部门的派出机构和本部门管理的授权组织作出的行政行为不服的行政复议案件；垂直领导的行政机关、税务机关和国家安全机关的上一级主管部门管辖对于下级部门的行政行为不服的行政复议案件。

---

〔140〕 参见江必新主编：《中华人民共和国行政诉讼法理解释用与实务指南》，中国法制出版社 2015 年版，第 442-444 页。

3. 涉外行政复议案件的审理依据

行政复议机关审理涉外复议行政案件，应当依据中华人民共和国法律、法规和规章。地方性法规和地方政府规章适用于本行政区域内发生的涉外行政案件。审理反倾销、反补贴行政案件，应当依据中华人民共和国法律、行政法规、国务院部门规章，不适用地方性法规、地方规章。

至于涉外行政复议的送达、期间和司法协助等，则可适用《民事诉讼法》的有关规定。此外还应注意的是，当事人是我国港澳台地区的居民和组织的行政复议不属于涉外行政复议，只是考虑到这三个地区的特殊性，在行政复议中具体问题的处理上可以参照涉外行政复议的规定。

第九十条 施行日期

本法自 2024 年 1 月 1 日起施行。

条文注释〔141〕

本条是关于本法生效日期的基本规定。法律通过以后，就必然产生法律的生效时间问题。法律的施行时间就是法律的生效时间，是法律效力的起点。一部法律何时开始生效，一般是由该法律的具体性质和实际需要决定的。

关于本法修改前后的时间衔接问题。修改后的法律生效日期与修改法律的形式有密切关系。目前，修改法律主要有两种方式，相对应的生效日期也有两种形式：一种是对法律进行全面修订，即相当于重新制定一部法律，由此法律的施行日期也重新作出规定；另一种是对法律的部分条文通过修改决定的方式进行修改，将法律修改部分逐条列出，没有修改的条款保持原文不动，这样关于法律的施行日期就不变。换言之，属于重新修订法律的一般都重新公布法律的生效日期；属于对法律作修改决定的，一般不修改法律的生效日期，只是规定修改决定的施行日期。此次修法，对于行政复议法进行了全面的修订，因此需要对于法律的施行日期重新作出规定。

相关规定

◎法律

《立法法》（2023 年 3 月 15 日）

第六十一条 法律应当明确规定施行日期。

第六十二条 签署公布法律的主席令载明该法律的制定机关、通过和施行日期。

法律签署公布后，法律文本以及法律草案的说明、审议结果报告等，应当及时在全国人民代表大会常务委员会公报和中国人大网以及在全国范围内发行的报纸上刊载。

在常务委员会公报上刊登的法律文本为标准文本。

---

〔141〕 参见江必新主编：《中华人民共和国行政诉讼法理解释用与实务指南》，中国法制出版社 2015 年版，第 456 页。

图书在版编目（CIP）数据

行政复议法实务手册 / 郝安琪编著 .—北京：中国法制出版社，2024. 3

ISBN 978-7-5216-3845-5

Ⅰ. ①行… Ⅱ. ①郝… Ⅲ. ①行政复议法-法律解释-中国 Ⅳ. ①D922. 115

中国国家版本馆 CIP 数据核字（2023）第 161894 号

策划编辑：王彧　　责任编辑：王悦　　封面设计：周黎明

行政复议法实务手册

XINGZHENG FUYIFA SHIWU SHOUCE

编著/郝安琪

经销/新华书店

印刷/三河市紫恒印装有限公司

开本/880 毫米×1230 毫米　32 开　　印张/10. 5　字数/401 千

版次/2024 年 3 月第 1 版　　2024 年 3 月第 1 次印刷

中国法制出版社出版

书号 ISBN 978-7-5216-3845-5　　定价：39. 00 元

北京市西城区西便门西里甲 16 号西便门办公区

邮政编码：100053　　传真：010-63141852

网址：http：//www. zgfzs. com　　**编辑部电话：010-63141830**

市场营销部电话：010-63141612　　**印务部电话：010-63141606**

（如有印装质量问题，请与本社印务部联系。）